U0067316

創造思考教學的理論與實際

第六版

陳龍安　著

目　錄

作者簡介

陳 龍 安 ●●●●●●●

◆**學歷：**

國立台灣師範大學教育學系學士

國立台灣師範大學輔導研究所輔導學碩士

國立台灣師範大學教育研究所教育學博士

◆**現職：**

國立台灣師範大學創造力發展研究所兼任教授

中華創造力顧問有限公司首席顧問

國家文官學院講座

悠度創新教育研究院院長

◆**經歷：**

國民中小學教師、組長、教務主任

台北市立大學特殊教育學系教授兼創造思考與資賦優異教育研究所
　　　所長

實踐大學企業管理研究所教授

中華創造學會理事長

台灣教師專業發展學會理事長

◆**重要著作：**

陳龍安（1996）。幫助兒童上小學。香港：青田出版社。

陳龍安（1996）。獎懲的藝術。香港：青田出版社。

陳龍安（1996）。培養愛讀書的孩子。香港：青田出版社。

陳龍安（1997）。3Q父母。台北：師大書苑。香港：青田出版社。

陳龍安（1997）。兒童腦力開發。台北：師大書苑。香港：青田出版社。

陳龍安（1997）。創意的十二把金鑰匙，錄影帶25期。

陳龍安（1997）。為特殊兒童打開一扇新窗。台北：台北市立師範學院。

陳龍安（1999）。兒童諮商技術（修訂版）。台北：五南出版社。

陳龍安（1999）。創造與生活（修訂版）。台北：五南出版社。

陳龍安（2000）。幼稚園創造思考教學活動設計㈠㈡（修訂版）。台北：五南出版社。

陳龍安（2001）。創造思考系列有聲書六套。高雄：清涼音。

陳龍安（2002）。啟發學生創造力策略。北京：科學技術文獻出版社。

陳龍安（2002）。創造思考教學策略。北京：科學技術文獻出版社。

陳龍安（2002）。學生腦力開發策略。北京：科學技術文獻出版社。

陳龍安（2002）。創意語文挑戰站（小一至小六）十二冊。香港：商務印書館。

陳龍安（2004）。創造力個案研究。台北：教育部顧問室專案計畫。

毛　序

　　近世紀以來，知識日新月異，科技突飛猛進，傳統強調背誦記憶的
教育方式倍受詬病，學校的教育開始「求新求變」，更具「前瞻性」，
其主要任務不僅止於傳遞固有文化為滿足，更積極強調對未來充滿「挑
戰性」、「暫時性」、「多樣性」及「新奇性」的社會。

　　創造思考能力的培養，可透過各種不同的訓練方式，發明、作業、
評量、自我訓練、研習、夏令營、乃至培養學生創造思考能力的教學，
從許多文獻顯示，均有很高的成功率。

　　創造思考教學或訓練的主要目的，在鼓勵教師改進教學方法，充實
教學內容，以培養學生創造能力，因此在實施時宜注意下列要點：

1. 提供民主的教學氣氛

　　教師在教學時，若繃著臉孔，不苟言笑，則教室的氣氛必會趨向緊
張、嚴肅，而師生之間易產生一種壓迫感，學生不敢表達自己的想法，
創造思考無由產生。因此，教師教學的態度必須和藹可親，時常笑臉對
兒童，保持幽默，則學生上課如沐春風，必然勇於表達，相互激盪必可
綻出創造的花朵。

2. 悅納學生不同的意見，暫緩批判

　　許多教師在聽到學生不同意見時，常會用自己的想法束縛學生，或
給予傷害自尊的批評，造成學生不敢冒險提出和老師不同的意見，長久
下來，學生的想法，觀念都趨向一致，缺乏變通及獨創性。事實上，最
有創意的資優學生，他們往往跟別人看同樣的事情卻想出和別人不同的
意見，只要老師能夠有接受學生不同意見的雅量，就能鼓勵學生創造思
考。

3. 提出一些開放性，沒有單一答案的問題

　　創造思考能力的增進，可採用創造思考的發問技巧，在國內已有學

者證實。其基本原則即在提出一些開放性及無單一標準答案的問題，以供學生思考反應。這種問題較易引起學生應用想像力產生不平凡的回答。也容易適應學生個別差異，激發其學習動機。

4. 允許學生從事獨立學習的工作

國內外許多嶄露頭角，表現非凡的資優學生，他們的成就往往都不是老師教出來的，而是他們對某一方面特別有興趣，利用課餘時間鑽研的成果，他們知道如何獨立學習，尋找資料，解決問題。因此，教師在班級中若發現有特殊潛能的學生，則應允許其從事獨立學習的機會。平常教學時也可鼓勵學生在課後養成獨立學習的習慣。

5. 不排斥學生的錯誤或失敗

許多老師在學生犯錯之後，常立即給予懲罰或責備，造成學生恐懼失敗的心理。人難免會犯錯，如能由錯誤中獲得啟示與經驗，更容易邁向成功的目標。我們讓學生有改進的機會，引導他從錯誤中學習，從失敗中獲取經驗，最後，必定能從成功中獲得成長與滿足。

6. 改進作業及評量的方法，以增強學生創造的表現

教師在指定作業及命題方面，不要完全以書本為唯一的取材範圍，作業及命題應力求變化，計分應具彈性，充分運用擴散性思考的題目，鼓勵學生提出多種適切的答案，以增強其創造思考的能力。

7. 與家長密切配合，充分運用社區資源

創造思考教學是否有效，家長的支持與配合是重要的關鍵之一。因此，教師應多與家長溝通取得配合。有些家長曾表示，創造思考教學不但提高了學子的學習興趣，而且也增進了親子的感情，在家長的配合下，學生學習的效果必可大為提高。其次，充分運用社區資源以增廣學生見聞也是可行的方式。

8. 教師應不斷充實自己，以提昇教學的品質

實施創造思考的教學，並不是不要課前準備，相反的，由於師生共同的腦力激盪，教師面臨更多知識性的挑戰，唯有不斷充實自己，獲取新知識，才能更有效的安排教學，提昇教學的層次。

9. 奠定知識基礎，活用原則，推陳出新

創造思考並非無中生有，而必須以廣博的知識、經驗和健全人格為基礎，結合舊經驗推陳出新，鼓勵學生活用原則，開放心靈，把握目標，創新方法，同中求異，充分發揮自我的潛能。

10. 注重創造的倫理，輔導正向的發展

創造的理論指：(1)不違反法令和倫理道德；(2)提供積極正面的教材；(3)引導正確的思考方向；(4)有所變有所不變；(5)激發大眾欣賞能力的態度。注重創造的倫理，才能把握「動中有節，亂中有序」的原則，也才能對己、對人、對社會國家有所幫助。

陳龍安君多年來致力於創造思考的研究，先後在國內外學術會議宣讀論文，對於創造思考的推廣工作，不但專注而且不遺餘力，也經常接受各縣市的邀請，輔導各級學校推展創造思考教學及創造思考教育講座，目前主持台北市立師範學院創造思考教育中心，廣泛蒐集國內外文獻，更積極整理舊作及撰述新稿，策畫出版一系列創造思考叢書，精神可佩，相信對今後創造性思考教育之推展必有深遠的影響與卓越的貢獻，希望能百尺竿頭，提昇層次，全力以赴，為創造思考的理想開創更美好的未來！

茲值創造思考系列叢書付印之際，謹略述數語，是鼓勵，也是期待；同時也作為序言。

毛連塭

1988 年 3 月 12 日
於台北市立師範學院

自 序

　　我常想：一個人的生命有限，知識卻是浩瀚無涯！如果能窮畢生之力量，專注於某一領域，資料蒐集得比別人多，看的、想的比別人多，研究也比別人深入，而又有自己一套的人，就會成為這一方面的專家。

　　我很喜歡看「創造思考」的書、想「創造思考」的事，這幾年來也一直從事「創造思考教學」的研究，試圖全心貫注、全心投入，希望會有一些成果，貢獻給社會及有興趣的教育工作者。

　　跟「創造思考」結緣，是在 1979 年我就讀師大輔導研究所尋找碩士論文的題目時，同窗好友歐滄和君送給我一篇「創造力訓練」的文獻，細讀之餘，深深感受到創造力對我國教育的重要，乃決定以此為研究主題。從主題的確定，研究的進行，到論文的完成，指導教授毛連塭博士一直給予很大的關心、鼓勵與悉心的指正，並讓我有許多自我充實與發展的機會，奠定了我更深入去探討創造思考的信心，也指引我進一步研究的方向。

　　本書之出版係因為擔任師院「創造力與特殊才能」課程所需，將舊作加以整理修正，並增加一些新資料，全書共分十章，內容主要係以筆者碩士論文：「創造思考教學對國小資優班與普通班學生創造思考能力之影響」中的文獻探討為架構，除了修正部分內容外，並增加了阻礙創造思考的因素、創造思考教學模式、以及創造思考教學實例，可作為各級學校實施創造思考教學或訓練的參考，因篇幅所限，除共同策略外，本書無法分門別類列舉各科專門策略，而另行編撰《數學動動腦：數學創造思考教學研究》、《做個聰明人：創造與批判思考的自我訓練》兩書（心理出版社）補充，將來也會陸續修訂本書內容並出版其他創造思考叢書。

　　本書之出版承台北市立師範學院院長毛連塭博士及台中師範學院院

長簡茂發博士的指導，吳靜吉教授從我開始研究創造思考以來，給予我極大的關愛與指正，萬分感激；陳榮華院長、陳英豪院長、林清山教授、伍振鷟教授、吳武典教授、吳鐵雄教授、郭生玉教授、盧欽銘教授、林幸台教授、張玉成校長等多位師長不時的關心與鼓勵，同事好友們的協助，均此一併致謝。

　　我也要感謝內子錢秀梅女士，由於她的賢慧、照顧小兒宣文、宣武，讓我無後顧之憂，能夠專心工作及研究。

　　最後，謹以本書獻給孕育我成長的家鄉──金門，以及教導我的師長們。

　　　　　陳龍安 謹誌
　　　　　1988 年 3 月 12 日
　　　　　於台北市立師範學院創造思考教育中心

增訂版自序
——創造力生命之旅

「半畝方塘一鑒開，天光雲影共徘徊，問渠那得清如許？
為有源頭活水來。」

朱熹：觀書有感

創意是生命感動的泉源；

一個好的創意是用心用新，有愛也有感覺；

創造力可以教也可以學習，而且一經學會終生有效！

成功的秘訣是讓創意與生活結合，讓照亮你的生命，堅持走下去，
必會心想事成美夢成真！

壹、創造力是我的最愛，在我活著的每一天，我都會為創造力奉獻

如果有人問我：哪件事是我這輩子最引以為傲的事？我會不假思索
的回答：我一生都以推動創造力教育為志業，從未放棄過創造力的學習
與研究工作；我許下承諾：在我活著的每一天，我都會為創造力奉獻。

根據學者的研究從生手到專家大約要歷經十年的工夫，我雖不是個
「很有創意的人」，但長年與創造力為伍，現在常被別人稱呼是「創造
力專家」，算一算我投入這個領域大概歷經三十餘年，現在仍繼續學習
創造力。

回憶數十年來，人生就像旅程，一站又一站，如過眼雲煙，稍縱即
逝，人生真的短暫；記得高中快畢業時，一位李姓老師告訴我：你將來
一定會很有成就，到時候可以用「旅」當題目寫一篇回憶的文章。雖然
我現在不算有成就，但回首來時路，崎嶇坎坷途，從突破困境到否極泰

來，點點滴滴在心頭。

「一個人的生命有限，知識卻浩瀚無涯！如果能窮畢生之力量，專注於某一個領域，資料蒐集得比別人多，看的、想的比別人多，研究也比別人深入，而又有自己一套的人，就會成為這方面的專家。」

看看我的學經歷琳瑯滿目的俗氣頭銜，你相信這曾是一個從小資質愚鈍，木訥、自卑、沉默寡言，嚴重腦傷而學習障礙的孩子，長大後的表現嗎？

新加坡新聞曾報導：「為什麼小時候是庸才，長大變高才？」中學時老師給我的評語是：「做事積極認真負責，可惜悟性不夠」，因為小時候一次墜樓造成嚴重的腦傷，使我面對學習困境，九九乘法到高中還背不熟，學生生涯每考必敗，但屢敗屢考，而今「弱水三千我只取一瓢飲，茫茫學海中我只研究創造力」。

當我研究創造力以後發現：強烈的熱情可以彌補原始天賦的不足，創意始於對某種事物的喜好，就像是戀愛一樣。如同 R. J. Sternberg（1999）提到創造力的重要部分是：「深愛（deep love）」工作、享受工作之「愉悅」。愛因斯坦在小時候還被誤以為學習障礙的孩子，他對工作的投入卻可以連續好幾個小時，甚至是好幾天，思考同一個問題；他的口袋裡放著一本筆記本，以方便他隨時記下所想到的概念；最近日本策略專家大前研一他的成功是不斷的練習思考，樂此不疲，數十年如一日，「樂在其中才能成功」。

貳、梅花香自苦寒來，寶劍鋒從磨礪出

創造力與環境有關，每個人面對困難努力克服，都可成就自己。

生於金門，長於金門，歷經古寧頭戰役及八二三的洗禮，在窮困的環境成長，醞釀了艱苦卓越的性格。《家庭月刊》1996 年第一期由記者王恨報導我的成長故事，其中有一段文字：「他絕對不是一位『先知』，他執著地認為凡人只要抱著『明知不可為而為之』及『不信蠟炬盡成灰』的態度，那每個人均有拓展自己生命空間的實力。」那正是

「梅花香自苦寒來，寶劍鋒從磨礪出」的真實寫照。

　　1949 年 5 月我出生於一個金門窮困的農家，在剛有記憶時，便需跟隨父母下田幫忙農事，父母大字不識一個，爸爸種田、媽媽幫人洗衣服；特別重視七個兄弟姊妹的教育，以期他們能光宗耀祖、出人頭地。「父母親在我幼年時，會去向農會貸款，並用貸款的錢去買幾頭小豬回來飼養，待豬養大之後，再將豬變賣。」但倘若豬隻不幸染上了豬瘟而死去幾頭的話，家中馬上便會陷入愁雲慘霧中。因此，任何人都無法相信，幼年時期的我們一家人，曾用盡了全部的精神來「養豬」。

　　小學時為了家用及學費，每天清晨叫賣油條。由於年紀小身體瘦弱，無法與另一位壯年人競爭，年少的我就想出「送貨到家的服務」的行銷觀念；每當有人買，我就會問他隔天是否也要，以有計畫的預約方式讓顧客方便，也讓另一位競爭者大嘆後生可畏。

　　中學時，我面對學習困境以圖像記憶的方式及點燃廟宇撿來剩餘的微弱香火映著課本逐字閱讀，渡過學習的瓶頸；不但如此，為了賺取微薄的稿費，每晚站在書店，大量閱讀有關當晚要寫作主題的專書，以「小神龍」為筆名在《金門日報》發表散文，忝為年齡最小的「戰地文藝作家」之一，還曾與當時的名作家管管及鄭愁予交流。

　　1967 年高中畢業，遠度重洋到台北參加大學聯考名落孫山，準備返家種田，碰上金門中學特別師範科招生，僥倖敬陪末座；埋頭苦讀一年後，以學業及操行雙冠畢業，分發到多年國小服務，第二年轉調烈嶼上岐國小；那時雖未有創造思考教學之名，但用了許多創意方法輔導學生在學業與藝文活動屢創佳績。「特別師範專科」求學是我人生一個重要的轉捩點，也因此從事教職成為我終生的志業與專長。剛畢業到「多年」與「上岐」兩所國小教書的經驗，留下更多美好的回憶，使我堅信：每個人在困境中會努力奮發求上進，也是發揮創造力的大好時機。

　　記得在多年國小，十九歲的我，因為最年輕，被指派負責教小朋友參加全縣的舞蹈比賽。可憐我一個土里土氣的鄉下孩子，若要玩「人仔標」或「賭銅板」就簡單多了，怎麼辦呢？苦思了幾天，突然靈光一

閃，啊哈！我要藉助於小朋友豐富的想像力和可愛的肢體動作，每播放一段音樂，小朋友可以隨性的聞樂起舞當音樂一停，姿態動作最有創意的小朋友，就要出列表演給大家看，並且當小老師，孩子們樂不可支，我則負責指導小老師和挑選音樂曲目，很快的，一首集師生創作大成的舞曲誕生了。比賽結束，我們獲得全縣第二名（第一名從缺），為什麼不是第一名呢？我想是因為：我們其實是「雜牌軍」的緣故吧！因為這一次的獲獎，我又被選赴台灣參加康輔人員訓練一個月，也打通了我「怯場」的任督二脈，練就一身隨歌起舞的神功。

　　為鼓勵孩子們提早到校讀書，我會在桌子上放一份禮物，留一張紙條寫著「給第一位到教室唸書的小朋友」。很快的，話傳開來，第二天多來了四五位，我就準備更多的獎品，後來孩子們越來越早到校，最高紀錄有人四點就來了。禮物不勝負荷，於是改成「名次簽到簿」。看孩子們發奮努力，那麼早起，我就把美援的牛奶加稀飯煮給他們吃來禦寒，孩子們吃得開心，也養成了唸書的好習慣，在全縣會考的時候得到優異的成績。輪調到上歧國小，因為環境不同，鼓勵的方式改變成以「家」為單位。也就是挑選村莊裡屋子比較寬敞的家庭為基地，請附近的同學集中到這幾個「家」裡去，然後我再騎車到各家去巡迴指導功課，孩子們有團隊的激勵，同樣在會考時得到優異的成績。這些經驗也為我多采的人生，增添新的一頁，兩年後我獲得保送師大深造的機會。

　　這段經歷也驗證了創造力與環境有關的研究，「具有創造力的人，都有一種超越困境的人格特質，越是困苦的環境就越能激發鬥志；靠著毅力達到目標、完成希望。」我的指導教授毛連塭博士在推動創造思考教學時，常期勉我們境教的重要。老師出生於台南市的偏僻農村，從小在困苦的環境中成長，憑著一股毅力與環境搏鬥力爭上游，老師常說就因為環境的關係，養成他一生勤樸克難與創造思考的精神與態度，我從老師在生病期間永不放棄的與生命搏鬥的過程，尤其在病床上還不斷寫作，對學術傳承的執著，對創造思考教育的關心，都令我好感動。與命運搏鬥的音樂奇才——海頓，在困苦的環境依然創作不懈，范仲淹斷虀

划粥、苦學有成的故事，都深深讓我們感受「生於憂患，死於安逸」的
道理，「將相本無種，男兒當自強」，每個人面對困難努力克服，都可
成就自己。

參、每次創意都站在生命轉彎的地方照亮我的旅程

1970 年我進入師大教育系就讀，在心理學及教學法的課程中，初次
接觸創造力的學理，沒有鑽研只是懵懵懂懂的熟悉這個名詞。為了幫老
師整理書稿，犧牲返鄉渡歲的假期，每天到圖書館尋找資料，大量閱
讀，縱橫書海，卻也奠定了我的學術基礎；擔任社團幹部磨練了我的策
劃活動及領導的能力；選了英語系為輔系突破了學習語言的恐懼；每週
三次的家教讓我學以致用兼貼補家用……多采多姿的大學生涯擴展了我
的生命。63 級教育系同學的情誼互助合作讓我們在近四十年後仍然相知
相惜，真正體會「好友在身旁，地獄變天堂；好友如同一扇窗，讓視野
更寬廣」。

1974 年我放棄了留系當助教的機會，回到金門家鄉服務，離校前當
時系主任雷教授在溫州街的寓所約見我，並給我一席勉勵的話，印象最
深的是：「所謂專家就是在某個領域，資料蒐集得比別人多，看的、讀
的、寫的比別人多，而又有自己一套的人」，沒想到這段話在三十幾年
後竟成為我「縱橫四海」引以為傲的創造力知識管理系統的預言。在金
湖中小學擔任組長及教務主任期間，我從青少年的輔導資料著手，開始
發表文章，沒多久我即被金門地方法院禮聘為榮譽觀護人，也讓我有機
會前往政大教育研究所輔導組研修碩士四十學分課程，及後來考上師大
輔導研究所的原因。1975 年金門實施九年一貫的教學實驗，合併了金湖
國中及國小，我以校為家，為實驗計畫的進行不眠不休，先後編擬國小
英語實驗課本，辦理了全縣學藝的創意競賽，與校長及同仁同心協力將
學生的程度提昇，也讓我榮獲特殊優良教師獎。

更值得一提的是在這期間，我遇見生命中的貴人並結為連理，也是
讓我轉調台灣往學術發展的關鍵。

　　回憶這段的機緣巧合，是在進入師大就讀時，每個月底我把領來的家教費全數存入郵局，認識了正在郵局服務且就讀於師大的她。兩人在校時本是點頭之交；後來，畢業後我回到金門服務。某次，因前來台北郵局處理國小英語教材編印的運送，在郵局見到她，她希望金門學校若有教師職缺時能告知她。第一次，她因家人的反對而「爽約」，稍後又有一個老師職位空缺，再次將此訊息告訴她，她馬上就到金門上任了，在我情感的低潮及事業的啟程，注入生機，點燃希望，真的是「自古姻緣天註定」。

　　1979 年我轉任台北市立師專擔任市立師院特教中心助教後來接主任，配合台北市的教育政策積極推動創造思考教學，並考取師大輔導研究所開始了正式的創造力研究，研究所二年級時，我選修了當時擔任台北市教育局局長毛連塭老師的特殊教育專題研究課，有一天上完課，我看到老師正在收拾教材，我詢問老師需不需要幫忙？老師讓我幫他整理投影片，順路帶我一程，在車上老師問我最近的狀況，我跟老師報告我正在做創造思考教學論文準備及目前的一些發現，他說他邀請了美國的創造力專家學者來台北擔任中小學校長會議專題演講，希望我可以去聽聽，對我的論文會有幫助。車到南門市場時，老師接到一通電話後，告知有一位學者臨時有事不能來台北，他要我把剛剛跟他報告的資料加以充實，在校長會議中報告；我嚇了一跳，心想我只是助教及在職研究生，怎麼有能耐在這麼重要的會議報告，還來不及回應已到了愛國西路學校門口，下車後我呆在校門整整十幾分鐘，後來想老師可能只是說說而已，下午人事室主任就來辦公室告訴我局長室來電，通知我校長會議演講的時間。我開始不眠不休積極努力的 K 書找資料，這場演講奠定了我一生從事創造思考教育的方向及後來的成就。

　　1984 年以「創造思考教學對國小資優班與普通班學生創造思考能力之影響」的論文，獲得碩士學位，這篇論文的文獻就是本書的重要內容。1985 年我以推動創造思考教學有功榮獲師鐸獎。1988 年台北市師範學院設立全國唯一的創造思考教育中心，指定我擔任主任，辦理各項創

造思考活動，創造力教育在全國各級學校開始推動。1990 年完成師大教育研究所博士班學業，以「愛的（ATDE）」創造思考教學模式的建立與驗證為博士論文，後來有位口試委員覺得「愛的」名詞不甚學術，遂改為「問想做評」創造思考教學模式，也奠定了我發展創造思考教學的學術基礎，1992 年發起成立中華創造學會，擔任第一、二屆秘書長，後來獲選為第四、五任理事長，結民間團體的力量繼續推動創造力教育。每年主持國科會與教育部專案研究，也順利升等為副教授及教授，並擔任創造思考與資賦優異教育研究所所長。

　　1999 年教育部顧問室為推動「創造力與創意設計教育師資培訓」計畫，以工程領域為首期對象，有系統的規劃與執行「教材編撰」、「創意設計保護」及「競賽主題規劃」等三大項目。其中，「教材編撰」項目，依機械、土木、化工、電機及創意團隊為橫向規劃向度，以創造力培養與激發、創意設計技法及創意性工程設計方法為縱向規劃向度，分設「電機」、「化工」、「土木」、「機械」、「創意團隊」、「創造力培養與激發」及「創意設計技法」等七個小組，顧問室主任顏鴻森教授邀請我主持「創造力培養與激發」教材編撰的計畫，跟顏主任結緣是在大專院校教授創意活力營的課程，我們分別擔任兩門創意培養的講座，他的深度加上我的活潑度我們相互搭配合作無間，也獲得教授們的肯定，他也邀請我跟成大的博碩士研究生演講，介紹他的研究室及古鎖的蒐集趣事，我們也成為好朋友，後來受他之託研擬了 2000 年教育部知識經濟發展方案的培養學生創新及再學習能力計畫，也是後來發展成「創造力教育白皮書」的緣起，就研究台灣創造力發展的歷史來看，顏主任是一大推手；後來他離開了顧問室，我休假出國，加上新人輩出，我逐漸淡出整個計畫，也沒參與創造力白皮書的擬定；只完成了我最有興趣的創造力個案及創造力百科計畫，這兩項計畫花了我好多精力規劃，一心想建立一個可長可久的志業，而因沒有後援而作罷，十分可惜；我就想到學術界的人脈關係，也深深影響了所有的理念的推動。多年來，教育政策推動就像「插花式」的，舊部長的理念因離開而停止，

他所器重的人才或團隊也隨著為政者的離開而消失；新部長上台又重新端出一盆「新花樣」，一套新理念、新團隊，「官大學問大，一呼百應」，根本就違背了創造力集思廣益的精神，我突然想到大陸流行一首「跟誰走」的順口溜：毛主席臨終前把鄧小平叫到床邊說：「有件事我放心不下，我擔心黨內有同志不願跟著你走。」小平回答說：「放心吧主席，他們不願跟我走，我就讓他們跟你走。」中國自古的政治以「人」為本，「人存政舉，人亡政息」，推動創造力教育最痛且最危險者莫過如此，惟有人存政舉，人亡而政亦舉，創造力教育才有希望。「求人不如求己」為推動我的創造力理念，我建構了「陳龍安 3Q 創意工作室」的個人網站，為創造力無遠弗屆的網路世界增添一份力量。

2001 年 3 月我利用一年教授修假的機會，原本計畫前往美國波爾大學擔任訪問學者，因為簽證的問題，臨時決定闖蕩歐洲，這是生命中第一次的意外自助旅行，先把笨重的行李寄放在阿姆斯特丹機場，重新出發，行遍荷蘭、布魯塞爾、比利時、法國、義大利、瑞士、德國、英國……。這趟歐洲之旅，真正體會「行千里路，勝讀萬卷書」的涵意，看到歐洲的文化民情風俗與生活的創意，也深深感受到獨自旅行的孤獨憂慮，一次找不到旅館住火車站的經歷，改用「歐洲火車旅遊券」的方式，改變了整個旅遊形態，也解決了每次擔心買不到票、住不到飯店的窘境；在旅途中雖然被搶了很多次，但用智慧與創意化解，有驚無險；仔細思考才發現自己有被搶的特質：「單身、左手拿地圖右手拿攝影機、隨身帶電腦、好奇貪心什麼都想看個究竟……」，改變了特質就再也沒被搶過；6 月再重回美國，住在大學提供的學人宿舍，每天去圖書館及參加一些創意與資優的課程，跟著郭有通教授及留學生的活動，享受美國學術自由開放的經驗。

「在生命轉彎的地方」，這句話對我印象深刻，既生動又有意象。回憶我的一生從求學到進入社會，碩博士的在職進修，結婚都是我人生的轉捩點。我是個創造力的學習者、研究者及推動者，這些都是生命中外在有形的轉彎，看得到的改變。然而真正重要的是我內心的轉彎，也

就是觀念的改變，這種轉彎，雖然外表上沒有什麼改變，但對我整個人生創造了新的局面，煥然一新。轉變的關鍵讓生命指向一個不一樣的未來。尼采說：「一個可以鄙視的時代正在來臨，因為人們不再鄙視自己。」當我們覺得不夠理想時，才有改善的希望。當我覺得自己沒什麼了不起，就會產生奮鬥的意念，可以繼續往上提昇，我自己覺得不聰明所以我研究資優，我悟性不夠所以我研究創意。每次創意都站在生命轉彎的地方照亮我的旅程，指引我正確的方向。

肆、橫看成嶺側成峰，遠近高低各不同，不識廬山真面目，只緣身在此山中

2004 年 5 月我接受香港教育學院的邀請，擔任訪問學者一個月，這是我退休前的難得機會，我每天與教授及學生會面交流、參與研討會、擔任講座、客串課程，我離開台北前承諾我所帶領的 93Q 班學生，不管我有多忙，時間有多晚，每天都會在網站上發表當天的心得與心情，這段與學生網上的交流，留下一次完美的回憶。從香港這幾年推動創造力教學的經驗，深刻體會兩岸三地的教育改革必須從創造力教育著手。我觀察現在的教育，「教學有餘，實作不足；灌輸有餘，自發不足；模仿有餘，創新不足」，我們華人的子女成績好、記憶強、邏輯思考能力很棒、知識水平高⋯⋯，歐美的子女不及我們，但他們會思考、愛想像、能創造、樂在探討⋯⋯；我們的優勢在不久的將來都會被機器電腦所取代，這是值得我們省思檢討的地方，尤其推動創造力教育有十項必須突破的關鍵因素：

1. 知識完美主義，產生嚴重的習慣領域及功能固著。

2. 強調智育，輕德體群美育，忽略了學生多元智能的發展。

3. 重視非凡輕視平凡，偉人名人取向、專家學位導向。

4. 聚斂思考導向而忽略擴散思考導向，強調邏輯思維而輕想像培養。

5. 形式主義、升學主義、文憑主義掛帥，一味追求分數、成績忽視

其他。

6. 知識權威主義，缺乏批判思考訓練，官大學問大。

7. 自私、忌妒別人的表現，我行我素缺乏團隊合作、分享及尊重他人的民主素養。

8. 過度依賴缺乏獨立性、自主性，模仿重於獨創。

9. 太重視成就、成果，而缺乏優游文雅的生活型態。

10. 太重視表面工夫，過於短視而忽略持續性、堅持性。

這與吳靜吉（2002）在「華人學生創造力的發掘與培育」一文中，所指出的華人社會創力的障礙因素不謀而合，也是華人教育所要突破的困境，我在大陸中科院與其他地方講學，發現大陸的學者也有相同的觀點。2006 年 8 月大陸中科院心理所及香港政府資優教育組聘我擔任創造力顧問，我提出：教學生創造力策略去解決他們面臨考試及升學的問題，這樣將來考試的問題沒了，他們的創造思考策略還在，這樣的看法獲得兩岸三地的教育工作者及家長所認可。

2004 年 8 月我告別了服務三十幾年的公職生涯，本想浪跡天涯周遊列國，因內人過去在郵局服務的資歷無法併入退休年資，不能一起退休，只好再尋覓「第二春」，應徵了實踐大學家庭與兒童發展研究所教職，會到實踐大學是與謝孟雄校長有一段不為人知的「機緣」，2000 年 5 月我應邀到實踐大學擔任由謝校長主持的卓越教學研討會講座，謝校長不但聽完我兩小時的講座，在總結時對我的講座讚譽有加，會後還邀請我到校長室喝咖啡，並贈送他的攝影專輯，這是我有生以來第一位大學校長如此禮遇我，也讓我婉拒兩所大學的邀請而到實踐擔任教職的緣由。因為我多年來對創造力的鑽研，所以在校務會議中，決定讓我改入企業創新發展研究所任教，並擔任創造思考技法與創造力訓練實務的課程，也正式從教育界邁向企業界，開啟了我生涯的另一扇窗。

「橫看成嶺側成峰」，我用教育的方法導引企業的創新發展，原本以為會格格不入，沒想到他們是相通的，我應邀到各大企業培訓他們的

主管及員工，都獲得一致好評，這幾年也到香港、澳門、新加坡、馬來西亞及大陸中科院及其他機構擔任講座或主持工作坊亦有相同的成效。

伍、結語：創意是生命感動的泉源

我用我的姓名「陳龍安 Chen Lung An」當結語：

「陳」是推陳出新；「龍」是有容乃大，飛龍在天；「安」是平安。幸福創意是推陳出新而非無中生有；有創意的人必須有容乃大才能如飛龍在天；但更重要的是創意要能讓人平安、幸福，明天會更好！

用我的英文姓名就是：「C」Creativity 創意；「L」Life 生活、生命、工作；「A」Action 做、實踐；創意必須與生活結合，如果創意是魚，生活就是水；如果創意是鳥，生活就是林；創意與生活結合，才能如魚得水，如鳥入林，但最重要的是：做與實踐。

莊子說過：「吾生也有涯，而知也無涯。」我們很難用有限的生命去追求汪洋般無邊無際的知識，一生埋首書中，如果終其一生都不用創意，那必形成「智障」。創意與生命脫節，創意只是浪費時間而已。創意離開生活，創意是空洞的；生活離開創意，生活是盲目的。創意與生活攜手並行，生命才被照亮，人生才有意義。創意是有一種特殊的感覺。

「生活中的每個驚喜都是來自新奇；生命中的每個感動都是源自創意」，創意是生命感動的泉源；也是企業創新的原動力。產品的創新是要讓顧客感動、讓消費者讚嘆「wow！好棒」是企業努力的新方向，也是台灣廠商的新挑戰。 感動不一定等於創意，但一個好的創意，最重要的是要有Feeling，Feeling就是創意的泉源。感動是一種特殊的感覺像是「來電」touching 的感覺。

感動是一種心靈的感覺，往往很微妙，一句話，一個心思，一個動作，一個眼神，或一幅場景，都會使我們感動不已。每個人一生中都有很多能感動別人以及被別人感動的事，這就是生命的活水。感動的核心概念是「愛」，「愛，是一種特殊的感覺，沒有辦法用邏輯去判斷對

錯,那種感覺就是感動」、「創意就像愛一樣,使得萬事萬物絢麗輝煌」、No Love No Creativity!沒有了愛,創意就會失去意義。

在實施創造思考教學時,只要觀念通了,心情開放了,「老師的一言一行都是最好的教學,身旁的破銅爛鐵都可以當教材教具」;只要有「愛」加上「用心用新」,創意就會源源不絕的湧現。

事實上,本書的增訂歷程就是一段感動的過程,一群創意家族夥伴(詳如本書後記),熱心與全力的參與修訂、校稿與討論,使得修訂的工作順利完成。

本書增訂版除了修訂各章節的內容外,並增添了下列章節:台灣的創造力教育發展、台灣推動創造力教育問題與突破、創造力理論、推動創造力教育的助力與阻力、創造思考教學活動設計、漢英名詞索引,也補充近年來國內外創造思考教學之效果。

再次感謝所有參與修訂工作的創意家人,有你們的專業協助使本書更具價值!

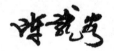

2006/8/28

第1章
緒　論

本章重點摘錄

　　近三、四十年來，培養學生創造思考的能力，已成為世界各國教育的趨勢，我國已邁入開發中的國家，要求工業升級、科技發展，根本之計應從教育著手，最重要的是我們教育的方法必須擺脫傳統權威的束縛，提倡創造思考教學，激發學生擴散思考，培養學生流暢、變通、獨創、精進的能力以解決所面臨的問題，開創教育的新紀元。

　　台灣創造力教育之發展始自 1911 年，歷經 1960 年代的萌芽階段、1970-1980 年代之初期實驗階段、1980-1990 年代之擴大推展階段，迄於今日之成熟階段，已有數十年的歷史。

　　一、萌芽階段（1960-70 年代）：資優兒童教育實驗對創造力培養的重視。

　　二、生根階段（1980 年代）：台北市毛連塭局長倡導推動創造思考教學。

　　三、醞釀階段：創造思考教育中心及民間組織的推動。

　　四、突破階段（1990-2000 年代）：世界教育改革及創新的潮流下政府再度重視。

　　五、成熟階段（2002 年《創造力教育政策白皮書》-2009 年）：推動「創造力教育中程發展計畫」。

　　六、轉化階段（2009 年至今）：從創造力教育基礎延伸轉化推動想像力教育。

　　為因應全球經濟型態之改變，迎接知識經濟時代，教育部（2002）公布了《創造力教育政策白皮書》，我們相信此一政策之實施其影響會遠超過以往的任何階段。

　　為了培養學生創造力，以適應多元化的社會，迎向卓越的未來，我們必須改進傳統教育方法，提倡創造思考教學。

　　一、創造思考教學與資優教育

　　資優教育特別強調啟發思考與創造的教學；但創造思考能力並

非資優生獨具，普通的學生亦有如此潛能。根據陶倫斯的研究：創造力與智力的相關甚低。創造力的培養可透過教學的歷程獲得。

二、創造思考教學的參考架構

實施創造思考教學，應包括：(1)提供有利創造的環境；(2)幫助學生發揮創造潛能；(3)激發創造的動機；(4)培養創造的人格；(5)發展創造思考技能；(6)鼓勵創造行為；(7)珍視創造成果。

本書的重要理念：創造思考教學的核心概念

一、創意教學是以培養學生的創造力（CQ）為主要的目標，但也要兼顧到 3Q，學生基本智能（IQ）及情緒（EQ）的發展。

二、創意的教學先「從心從新」以愛為出發點，用「問想做評」的方式實施創意教學，拋開標準答案的枷桎讓想像力起飛。

三、在原來學科中加上一點創意，活化教學，讓學科的學習更有趣，更有創意。

四、創意不是無中生有，必須有一些背景知識做基礎，閱讀有助於解開心靈的束縛，讓創意思考更奔放。

五、在班級教學中，運用學生團隊合作的力量，增加學生學習動機，減輕教師的壓力，把學習的責任交還學生。

六、教學生創意思考的策略，來面對考試及功課的壓力。

七、教師必須善用資源，建立自己的教學系統檔案。

八、教師必須不斷地學習充實自己，拓展自己的知識，做學生的典範。

九、創意教學的核心概念 ASK（attitude, strategy, knowledge）。

十、創意教學的太極法則，易有四易：簡易、變易、不易、交易。

近年來，由於資訊科技發展的突破、知識日新月異，加速了創新知識的產生，帶動了科技史上的空前變革，也徹底改變人類生活與生產的模式，我們已經無法用過去所學，來教導現在的孩子去適應未來世界。只靠傳統的注入式教育已經無法適應這個變遷的社會，我們應繼承傳統並推陳出新。因此，「培養具有創造力的人才」是二十一世紀知識經濟時代最重要的教育政策，傳統以製造業為主的經濟型態，已逐步被以知識為主的「知識經濟」取代，知識經濟高速變化時代的來臨，其特徵為全球化、虛擬化、多元化及網路化，經濟資本不再是有形的硬體設備，而在於無形的知識、技能、專利、品牌……等；人力市場主力，強調的是知識階層與菁英；國力盛衰則取決於知識之運用與發展。然如何因應新經濟，掌握知識新資本，無疑地，「創新」勢將為整體的核心動力與基石，最近企業界流行所謂「藍海策略」（Blue Ocean Strategy）就是以「創新」超越惡性競爭力創新思考（黃秀媛譯，2005）。因而創新人才培育與人力素質提昇，亦將為重要之影響關鍵，教育則為重要之基本手段（陳龍安，1998h）。

世界競爭力報告指出，2012 年在WEF 的 2012 年全球競爭力排名，台灣是 144 個國家中第 13 名（財團法人國家政策研究基金會，2013），台灣的競爭力在亞洲國家中排名第四，新加坡排名第一。新加坡第一的原因，不是因為它的教育做得比別人好，而是基礎建設做得好（天下雜誌編輯部，1999）。亞洲四小龍之一的新加坡，是藉著政府由上到下的力量在中學教育上推行思考方案（Thinking Program）（詹志禹，1998）。香港及大陸近年來對中小學創造思維能力的培養及師資培訓工作亦積極展開（新一代，2001），澳門亦將創造思考教學（creative thinking teaching）列為施政目標。美國長久以來強調以啟發、思考、自主、創新、競爭式教育，所奠下的基礎，在近幾年來該國經濟復甦上有著功不可沒的地位。

回顧我國教育之發展，過去台灣教育體制下所培育之人才，對我國的經濟成長有相當大的貢獻。然而，值得反省的是，我們的教育，長期

以來，受升學聯考的影響，考試引導教學，且大多是以直接式的知識傳授為主，較少關於創造力的啟發與創意思考能力的培養課程。面對整體知識經濟潮流，教育如何再為其迫切之創新人力需求，重新接軌，挹注新力，實為國家永續發展之核心。

　　他山之石足以攻錯。值此之際，以「全民創新、終身學習」為願景，透過國家創新體制之建立，持續推動教育改革，加強創新人才培訓，縮短我國與先進國家知識經濟的差距，開創本國國際競爭新優勢，將是台灣在激烈的國際競爭壓力下，指日可待之新藍圖。美國柏克萊前加州大學校長田長霖在第二屆全球青年領袖會議以「新世紀、新契機、新願景」為題發表演講指出：新世紀的競爭優勢是創造力與人才（田長霖，2000）。

　　有鑑於此，教育部顧問室乃推動「創造力與創意設計教育師資培訓」計畫，及公布了《創造力教育政策白皮書》（*The White Paper on Creative Education*）（教育部，2002），全面推動創造力教育打造一個創造力國度（Republic of Creativity, ROC），積極實施以下計畫：(1)創意學子（programs for creative learners）；(2)創意教師（programs for creative teachers）；(3)創意校園（programs for creative campuses）；(4)創意的發想與實踐課程（programs for creative design of curriculum and instruction in some domains）；(5)創意智庫（creativity information banks）；(6)創造力計畫推動（creativity promotion）；(7)創造力教育國際交流（international connection for creativity education）；(8)地方創造力教育推動計畫（local creative education programs）。並期望在十年內全面落實創造思考教學。

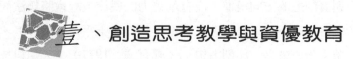

壹、創造思考教學與資優教育

　　我國各級學校的教育目標均列有啟發學生創造思考與解決問題的能力，尤其是特殊教育，更特別強調「對資賦優異者應加強啟發其思考與

創造之教學」。事實上，資優教育重視創造思考的教學，也帶動了一般教育教學方法的革新。

資賦優異（giftedness）兒童是國家民族的瑰寶，也是人類社會進步的泉源；過去學者對於資賦優異的看法較偏重一般智能，但目前則採取多元化的解釋，認為資賦優異除了要有超越一般水準的智力外，還必須具備高度的工作熱忱、內在動機，以及較高的創造思考能力（Runzulli, 1977; Wallace, 1982），此乃著眼於預期資賦優異者對社會國家能有長期貢獻的觀點而言。事實上，創造思考和問題解決能力的培養一直是資優教育（gifted education）所強調的重點（呂勝瑛，1982；Callahan, 1978; Feldhusen &Treffinger, 1980; Khatena, 1978）。資優教育中所強調的思考，不僅重視提供思考的機會，更強調提供具有激發作用的創造思考訓練，以增進其智力之發展（林幸台、曾淑容，1978）。

雖然資賦優異必須具備較高的創造思考能力，但根據近二十年來的有關創造與智力的相關研究，迄未找出一致的結論。有些學者認為創造力與智力屬於兩種能力，各自獨立，彼此沒有什麼關係。另有些學者認為創造力與智力兩者之間的關係很密切（張春興、林清山，1982）。

根據陶倫斯（Torrance, 1964）的研究發現：創造力與智力兩者的相關係數在 .30 以下，而高智力組與高創造力組之間的相關更低，也就是說，創造力最高的兒童，未必就是智力最高的兒童。國內的有關研究亦有相同的結果（張玉成，1983a；簡茂發，1982）。

由此可知，創造思考能力並非資優兒童所獨具，一般普通兒童也有如此的潛能。

名史學家湯恩比曾指出：一個民族或社會能否打開僵局開發前程，端賴其是否朝著創造的方向邁進，沒有創造力的民族或社會將無法面對「未來的衝擊」，亦不足以適應近代的世界動盪（于平凡，1981）。事實上，「人類文化史就是一部創造史」（郭有遹，1977）。人類科技的進步、文藝的創作，以及社會制度和人際關係的發展，都是人類創造能力具體表現的成果（簡茂發，1982； Evans & Smith, 1970）。創造思考

是人類所獨具的稟賦，也是促進社會進步的原動力。人類的進化、文明的躍昇、國家的強弱、民族的盛衰，都與創造力的發展息息相關。近代的工業革命、知識爆發、科技革新與全民福祉的增進，更是創造力開發的結果（毛連塭，1984a）。英國科學家赫勒（F. Hoyle）即指出：「今日不重視創造思考的國家，則明日將淪為落後國家而蒙羞。」（張玉成，1983a；Hullfish & Smith, 1961）

　　根據國內外有關文獻顯示，學生的創造思考能力，可經教學的歷程獲得增進（吳靜吉，1976；林幸台，1974；徐玉琴，1975；張玉成，1983a；陳龍安，1985a；賈馥茗，1970；David, 1982; Guilford, 1968; Torronce, 1972）。目前在美國也已發展出各種不同的創造思考教學方案，此種方案有的採實施長期的教學計畫，亦有實施短期的創造思考教學活動，而所提供的訓練材料多為成套的系統教學活動設計或作業練習，其結果都有高的成功率（Mansfield, Busse, & Krepelka, 1978）。

　　我國資賦優異兒童教育之實驗研究自 1972 年教育部訂定「國民小學資賦優異兒童教育研究實驗計畫」以來，先後擬定及實施第二階段與第三階段的實驗計畫並積極推展，回顧十年來資優教育的實驗，即以發展資優學生的創造思考能力為一項重要的目標（朱匯森，1983）。在全國資優班教師的努力以下，已有許多成效，但仍忽略了啟發學生創造思考的教學，一般資優班教師雖然已學會了各種創造思考教學的理論，但卻難以應用到實際教學上（陳英豪等，1990），他們所迫切需要的是啟發創造思考的教材及教法。資優教育如此，普通教育亦如是。尤其在國內一般人都有「升學第一與唯一」的觀念，致使學生一直在從事呆板而乏味的考試準備，而教師在家長「望子成龍」的壓力下，也不得不以填鴨方式指導學生反覆練習，為考試而背誦記憶，終至教成一群只會聽人吩咐、不會思考也不願思考的學生（賈馥茗，1979b）。此種機械式的教學，想要培養出許多富有創造思考能力之人才，談何容易。近些年來，優秀的中華兒女，在美國次第嶄露頭角，使國內各界對於資賦優異學生的教育起了巨大的迴響和關心（吳武典，1982）。引起大家重視的是，

美國那種鼓勵學生獨立思考與創造思考的教育環境與教學方法，確實值得我們學習。

　　基於上述的事實，並有鑑於我國教育行政當局近年來積極倡導創造思考教學及資賦優異教育實驗，而筆者曾任教於市立師範學院特殊教育系，擔負輔導國小資優教育工作，發現評量創造力工具之不足，創造思考教材教法之缺乏，尤其資優班學生之作業與普通班學生並沒有兩樣，這些問題存在已久，資優班教師殷切盼望輔導單位能針對癥結，力求突破，提供具體而實際的方法，以供資優班教學之參考。又筆者承毛連塭博士悉心指導，多次參與台北市國小創造性教學研討會及各科教材編輯小組工作，發覺在目前的教育環境下實施創造思考教學似可從活動設計及作業練習兩個方向努力，但若要有具體的成效，則必須先設計一套系統的方案，並從實證研究中驗證其可行性。因此於 1979 年開始即以配合實際需要，結合工作與研究，提供「創造思考教學對國小資優班與普通班學生創造思考能力之影響」的研究構想，以創造思考教學中的活動設計及作業練習兩項實驗作為研究的重點。此一研究從資料的蒐集、實驗工具的編訂與設計，乃至實驗計畫的實施、結果之統計分析，歷時四年，結果發現創造思考之教學效果良好，對我國國小教材教法的改進必有所助益（請參閱第八章）。針對目前國中小的教學，筆者提出教師在實施創造思考教學的一些建議：

　1. 教師態度的改變
　　(1)制度的改變固然重要，但教師的態度才是重點。打破「教師萬能」及「唯我獨尊」的觀念，允許學生自行探索，容納各種不同的意見，放棄權威式的發號施令，讓學生能夠自由的運用思考，依其能力與興趣學習。
　　(2)教師應有輔導的專業精神與知能。因為創造性教學的先決條件是老師尊重孩子，與孩子建立親睦關係；接納他們的意見，師生打成一片，在自由無拘束的氣氛下才可以使創造思考充分發揮，所以老師如果沒有輔導的精神和觀念，就談不上創造思考教學。

(3)建立無權威性的學習環境，以及無批判性的學習氣氛。

2. 教學活動富變化性

教學活動多變化可引起學生興趣，本書第六、七章中所述啟發創造思考的策略，有助於教學活動的生動有趣。

3. 改進教學時發問的技術

教師可利用創造性的發問技巧，啟發學生創造思考的能力，亦即是問題沒有固定標準及現成可得的答案，鼓勵學生應用想像力。本書第七章中，筆者歸納各種發問技巧，提出十種策略，可供參考。

4. 改進學生作業的方式

創造思考作業根據研究結果能顯著提高學生創造思考能力，因此在目前教師進修無法全面展開的情況下，改進作業方式，不失為可行途徑。因此教師在指定學生作業時，應避免抄抄寫寫的作業，而可使用創造思考的作業。本書第六章中提出了一套創造思考作業的編製策略及模式可供參考。同時筆者亦已編印國小國語科創造思考作業十二冊，並已交由出版社出版。

5. 學習效果評量方式的改進

教師命題時應減少記憶性的試題，而應偏重在應用、分析、綜合、評鑑等高層次的題目，並利用多種方式的評量，而不僅限於紙筆的考試，並能接受學生合理與老師不同的答案。

創造思考教學要能普遍實施，除注意上述對教師的建議外，教育行政機構的配合及推廣十分重要。

從各項研究中發現創造思考教學對資優學生及普通學生同樣具有增進創造思考能力的效果，因此可在正常教學中使用，教育行政當局應重視各級學校學生創造思考能力的培養，擬定發展計畫，並列為教育重點。除此之外，並希望教育行政單位能夠：

1. 結合學者專家擬定推展創造思考教學的具體方案，並以實證研究將結果提供教育主管當局及各級學校全面推展創造思考教學的參

考。

2. 成立編譯小組，有系統譯述國外有關培養創造思考能力的文獻及
  方案。並計畫出版有關叢書，編輯創造思考教學活動設計、作
  業、評量手冊，提供教師在職進修資料；亦可獎勵、出版教師有
  關創造思考教學之著作與研究。並希望能進一步檢討現行教科
  書、教學指引及學生習作的內容，增加啟發創造思考的材料。

3. 有計畫辦理教師在職進修活動，可採分批調訓行政人員及各科教
  師，以及分區辦理創造思考教學的觀摩，彼此交換經驗與意見。

4. 利用資訊媒體或公共電視，製作系列具有啟發創造思考能力節
  目，擴大影響層面，以期社會大眾的重視與支持。

5. 聯考命題內容增加創造思考的題目，以導引學校評量方式的改
  進。

6. 定期與不定期評鑑及輔導學生及教師實施創造思考教學。

　　這是一個瞬息萬變的世界，為迎接二十一世紀的到來，適應快速變
遷的社會，培養具有創造力的下一代，成為國家社會的中流砥柱，乃是
當前教育革新的首要任務，也是教育工作者神聖的使命。

貳、創造思考教學的參考架構

　　創造思考教學的主要目標在培養學生的創造力，一般來說研究創造
力的培養，基本上乃是在探討如何透過「創造的引導者」——教師。應
用創造思考教學的策略，提供創造的環境，亦能激發「創造者」——學
生的「創造動機」，培養「創造的人格特質」以發揮創造的潛能，而有
創造的行為或結果。但由於觀點不同，研究的範圍也有所不同。有人從
創造者本身去研究，包括創造力、創造的動機、創造者的人格特質，以
及創造思考的技能等；也有人從創造的行為去研究，包括創造思考過程
的內在外在行為等；另有人從創造品（創造的成果）去研究，包括有形

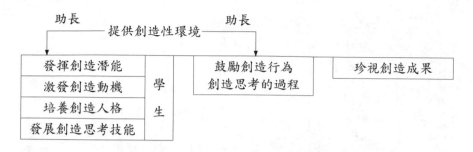

圖 1-1　創造思考教育參考架構

資料來源：毛連塭，1989。實施創造思考教育的參考架構。

的具體創造品和抽象的觀點或理論的創造，甚至超乎三者之外，研究足以助長創造力、創造動機、創造思考技能，和創造行為的創造性環境。歸納而言，要實施創造思考教育，應包括下列各項，並根據各要素間的關係，建立圖 1-1 的參考架構。

1. 提供有利於創造的環境。
2. 發揮創造潛能。
3. 激發創造的動機。
4. 培養創造的人格。
5. 發展創造思考技能。
6. 鼓勵創造行為。
7. 珍視創造成果。

　　上列各項要素，對於創造者的創造活動都是非常重要的，但要發揮適當功能，必須各項要素的綜合運作，才能提供創造者最有利的創造條件。缺少其中一項或數項，都會減弱創造的可能性（毛連塭，1989）。

　　筆者曾根據多年的經驗研擬創造思考教學的架構，並根據創造思考九大關鍵指標延伸發展創造思考教學的目標，再採以各種相關策略進行創造力訓練的活動設計，最後以創造評量方式進行評鑑，藉以評估整體的教學效果（見圖 1-2）（陳龍安，2003）。

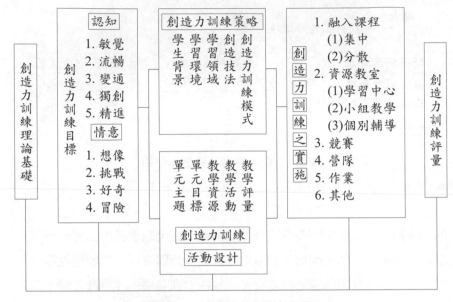

圖 1-2　創造思考教學架構圖

資料來源：陳龍安，2003。

　　運用此一基本架構，首先教師要有創造思考教學的基本素養與理論基礎，能掌握創造力的目標，運用各種創造力的策略，設計創造力的教學活動，採用多樣化的活動方式，達成培養創造力的目標。

 參、本書的重要理念：創造思考教學的核心概念

多年來從事創意的教學與訓練，深刻體會：

　　企業沒有創意，組織發展缺乏競爭力；
　　教學缺乏創意，學生的學習索然無味。

　　知識經濟時代的來臨，創新、創意、創造力變成核心智能，因為：

創意是企業永續經營邁向卓越的活水源頭；也是人力資源開發及管理的成功要素；創意是現代及未來人類所必須具備的能力；更是教養及學校教學成功的不二法門；面對新世紀的挑戰，我們要維持競爭力，必須擁有一批具創意頭腦靈活、想像力豐富、具溝通和應變能力且能面對新環境的人才。但目前的教育制度，科繁目多、功課重、考試壓力大，學生為應付考試只顧背誦、強記，沒有足夠的時間與空間發揮創意。

有一次我應邀到香港主持創意教學工作坊，剛好看到香港前教育署署長羅范淑芬向全港教師發放「真情電郵」，有一段話讓人感受深刻：「現行的教育制度和教學模式已不能應付新時代的需要，無可避免的要走上改革的不歸路」；「當我看見一批背著沉甸甸的書包，架著厚厚眼鏡的學童，或是一臉無奈、自暴自棄的年輕人，我便感到難受，覺得如果我們今天不好好掌握時機，坐言起行，歷史將控訴我們……。」真的，教育的改革應從教學開始，如果教學有創意，學生的學習就會有興趣；學生學習有興趣，教學的效果就會讓人滿意，因為「樂在其中，才會成功」。

創意是教學的活水，創意教學讓教師活化教學，讓學生喜歡學習又有創意。

許多教師在工作坊中表示香港的創意思維教學有很多困境，例如：考試壓力、課程多、時間緊，沒空做創意活動、學生不會反應，對於落實創意教學，我的基本主張是：

1. 創意是一種「不同而更好的想法」，創造力是一種創造思考能力可以透過教學提昇與培養，創意教學是以培養學生的創造力（CQ）為主要的目標，但也要兼顧到學生基本智能（IQ）及情緒（EQ）的發展，也就是「愛、智慧與創意」的具體呈現，更重要的是感恩惜福的精神實踐，也就是 IQ、EQ、CQ 及 3Q。

2. 創意的教學不能等到所有的條件都齊備了才開始，每個老師都能做到，馬上開始，先「從心從新」以愛為出發點，用「問想做評」的方式實施創意教學，拋開標準答案的框桎讓想像力起飛。

3. 在原來學科中加上一點創意，活化教學，讓學科的學習更有趣，
更有創意。

4. 創意不是無中生有，不會憑空而來，必須有一些背景知識做基
礎，因此在學習中鼓勵學生充分閱讀有助於解開心靈的束縛，讓
創意思考更奔放。

5. 在班級教學中，運用學生團隊合作的力量，增加學生學習動機，
減輕教師的壓力，把學習的責任交還學生。

6. 教學生創意思考的策略（例如圖像記憶、右腦思考），來面對考
試及功課的壓力；換言之，就是把考試當作是問題，運用創意解
決問題，也學到解難的方法。

7. 教師必須懂得偷時間及善用資源，才能讓創意教學落實，例如：
利用教學網路、合作備課、學生參與、建立自己的教學系統檔
案。

8. 教師也必須不斷的學習充實自己、終身學習、拓展自己的知識，
做學生的典範。

9. 創意教學的核心概念 ASK（attitude, strategy, knowledge）：(1)包
括教師的態度（attitude）有三個因素：情緒的或情感的、理智的
和行動的態度，創意教師的態度強調 PEC（positive, enthusiastic,
confident）積極、熱情與信心；(2)創意教學需要策略技法（stra-
tegies & skills），創意教師要懂得用工具方法。創意教學就是教
師在各科教學中運用創造思考的策略以啟發學生創造力的一種教
學模式；(3)創意教學不是無中生有，要有先備的知識（knowl-
edge）、內容和程序知識。所謂內容知識即是創意解決該問題所
需的概念和原則等等的內容，即英文裡的「knowing what」，而
程序知識則是解決問題所需的策略，即所謂「knowing how」。創
意教師要具備的即專門而廣泛的知識。

10. 創意教學的太極法則，易有四易：簡易、變易、不易以及交易。
創意教學其實很容易實施，主要的核心在改變教學的態度方法，

要持續則不易，交易是另一種行銷，其成功的秘訣是要交流溝通才會成功。

一位成功的教育工作者其秘訣是心中有菩薩，也就是以愛為出發，把學生當菩薩，處處用思考為核心目標。就像美國創造力之父基爾福特（Guilford）所說的：創造力就像愛一樣使萬事萬物絢麗非凡。愛就是從一顆心出發讓學生的希望不落空。就像LOVE這個字一樣：L: listen 聽，愛就是要無條件、無偏見地傾聽對方的需求；O: overlook 寬恕，愛是仁慈的對待，寬恕對方的缺點與錯誤，並找出對方的優點與長處；V: voice 聲音，愛就是要經常表達欣賞與感激，真誠的鼓勵，悅耳的讚美；E: effort 努力，愛需要不斷的努力，付出更多的時間，去灌溉屬於愛的良田。

心中充滿愛時，剎那即永恆！就像聖經裡所說的：愛是恆久忍耐又有恩慈，愛是不嫉妒，愛是不自誇不張狂，不做害羞的事，不求自己的益處，不輕易發怒，不計算人家的惡，不喜歡不義只喜歡真理，凡事包容，凡事相信，凡事盼望，凡事忍耐，愛是永不止息。

因此在實施創造思考教學時，教師的態度決定勝負，人一生的際遇，取決於自己的態度，所謂：命隨心改變！有創造力的教師要具備「配課態度」（PEC attitude）：

1. 積極 P for positive

   看孩子好的、善的一面，積極培養其創造力。

2. 熱忱 E for enthusiastic

   強烈的熱情可以彌補原始天賦的不足。

3. 信心 C for confident

   相信孩子成功才有可能成功，信心是成功的泉源。成功，有 90%是靠個人的自律、正面的態度，與對自己抱持正確看法而得來的，工作技能只占 10%。

邁向「知識經濟時代」的趨勢中，教育環境中的創新思維、創造力

的提昇及創意的實踐，為師資培育多元化帶來新的氣象。而創造力課程與教材應融入各科教學，融入生活，一方面應視不同教育階段之情境與需求，設計課程，另一方面應考慮當地文化因素，就地取材，發現在地之創意元素，使學生從日常生活中體驗並發揮創意。為了瞭解當今的教育工作者和政策決策者所提倡創意教學的時代趨勢下，面對第一線上的教師要採用何種教學策略，才能鼓勵學生創意的表現，增進創造才能的發展，本書的第二章開始將介紹創造思考教學的理論與實務，希望能讓教師對創造力教育及創造思考教學有更深層的認識和實作經驗，並提高教師專業素養，達成創造思考教學的目標。

肆、台灣的創造力教育發展

綜觀台灣的教育史，早期的創造力教育偏向於資優生與特殊領域學生創造力的發展，屬於培育少數菁英式的教育方針。之後由於台北市的倡導與推動，加上資優教育實驗成果的具體呈現，創造力教育真正受到廣泛的討論與推廣。隨著資訊科技的快速發展，面對變動的時代，配合九年一貫課程多元活潑、創新教學的全觀教育精神，教育部從早期的「創造力與創意設計教育師資培訓計畫」，到「創造力教育政策白皮書」政策的規劃與願景宣示，以及近期熱烈進行的「創造力教育政策白皮書」先期行動方案的推行，一再地向國人宣示了對於創造力教育的重視。大家都體認到培養學生終身有用的能力比知識學習更重要，創造力遂成為重要的教育議題（吳思華，2002）。

最近吳靜吉（2004）依據國際創造力教育趨勢的蒐集架構，將台灣創造力發展現況，做了系列的資料彙整，本書則本此基礎，從台灣創造力教育的回顧、台灣創造力教育的現況、台灣推動創造力教育問題與突破等方面深入探討。

一、台灣創造力教育的回顧

　　根據《創造力教育政策白皮書》所述，台灣創造力教育之發展自民國初年，歷經 1960 年代之萌芽階段、1970-1980 年代之初期實驗階段、1980-1990 年代之擴大推展階段，迄於今日之成熟階段，已有四十多年的歷史。筆者綜合相關文獻做如下回顧。

㈠萌芽階段（1960-1970 年代）：資優兒童教育實驗對創造力培養的重視

　　從 1962 年第四次教育會議重視優秀兒童的教育問題，到 1973 年教育部訂定「國民小學資賦優異兒童教育研究實驗計畫」；1979 年該計畫修正為「國民中小學資賦優異學生教育研究第二階段實驗計畫」；資優教育乃從過去實驗期的基礎，一方面逐漸向高中階段擴充，另一方面由過去實驗的階段，邁向全面推廣的階段（王振德，1991；吳武典，1994），這個階段的台灣創造力教育，只是資優教育課程的一部分，隨著「資優教育普通化、普通教育資優化」的趨勢，創造力教育的觀念及做法開始在普通教育中萌芽。

㈡生根階段（1980 年代）：台北市毛連塭局長倡導推動創造思考教學

　　創造力教育在台灣的生根始於 1983-1987 年台北市教育局長毛連塭的倡導及推動創造思考教學。由於教育行政首長的重視與倡導，結合學術與實務的推動，不但在首善之區的台北市全面展開，也帶動了台灣各縣市創造力教育的發展，可惜的是毛局長卸任後這股創造思考教學的風潮慢慢被淡化。

㈢醞釀階段：創造思考教育中心及民間組織的推動

　　毛連塭局長在台北市推動思考教學為台灣創造力教育發展播下一顆種子。毛連塭局長卸任後續任的教育局長並未承續創造思考教學的推

動，台灣創造力教育發展進入一段長達十年的醞釀階段，僅靠一些學者及民間組織在各地推動。

1. 台北市立師範學院創立創造思考教育中心：1988 年全國唯一的創造思考教育中心，由陳龍安創立，辦理各項創造思考講座、師資研習、親職活動，以及出版《創造思考教育》期刊，創造力教育便在各級學校默默推動。

2. 民間組織如中華創造學會等陸續成立：在台北市推動創造思考教學之後，民間陸續成立許多推動創造力教育的組織，例如：中華創造學會、中華創意發展協會、台灣數學建模與創意學會、東元科技文教基金會、信誼基金會、中華古機械文教基金會、中華資優教育學會、台灣傑出發明人協會、中華發明協會、台中YMCA發明學校……等喚起社會對創造的重視，促進創造力教育之發展的卓越貢獻。

㈣突破階段（1990-2000 年代）：世界教育改革及創新的潮流下政府再度重視

創造力教育在台灣沉澱了十幾年，在世界教育改革及創新的潮流下，再度喚醒國人對創造力教育的重視。尤其是政黨輪替的結果，台灣當局開始各項教育改革的措施，也頒布有關創造力教育的政策，最後訂定《創造力教育政策白皮書》。

1. 促進創造力教育的相關政策

1996 年「中華民國教育改革總諮議報告書」、1997 年修正「特殊教育法」、1998 年「科學與技術創造力專題研究計畫」、1999 年「教育基本法」、1999 年「台北市資賦優異教育白皮書」、1999 年「大學學術追求卓越發展計畫」、2000 年「九年一貫課程綱要」、2000 年「中華民國科技白皮書」、2001 年「國家科學技術發展計畫」、2001 年「提昇大學基礎教育計畫」、2001 年「新世紀人力發展方案」、2001 年經濟部成之立「創新育成中心」、2002 年「挑戰 2008 國發計畫」、2002 年「南方

創意產業平台」。

2.《創造力教育政策白皮書》的公布

2000 年起教育部顧問室推動「創造力與創意設計教育師資培訓」計畫、2000 年行政院院會通過「知識經濟發展方案」，並於 11 月 4 日、5 日召開「全國知識經濟發展會議」、2000 年教育部在「全國知識經濟發展會議」中提出「加強創新及再學習能力計畫」，希望能在 2010 年前讓各級學校皆能落實創新思考教學，建構「教學有創意、學習有興趣」的教育環境，2001 年教育部文教基金會終身學習列車——創造力教育推動策略聯盟開始運作、2002 年行政院第六次全國科技會議討論：「培養具創造力之人才」等議題、2002 年教育部公布《創造力教育政策白皮書》，分別針對幼教、小學、中學、大學、成教等不同教育階段與世界創造力教育之發展現況進行資料蒐集與研究，旨在實現「創造力國度」之願景。

過去台灣的創造力教育主要是由地方教育行政機關及教育學者的推動，到了這個階段，變成是由中央教育部的推動，其最重要的特點就是教育部公布《創造力教育政策白皮書》，這也是全世界第一次由政府制定的創造力教育政策，台灣的創造力教育獲得突破性的發展。

㈤成熟階段（2002 年《創造力教育政策白皮書》-2009 年）：推動「創造力教育中程發展計畫」，各縣市地方創造力教育遍地開花

這個階段的重點工作是教育部顧問室接續《創造力教育政策白皮書》之理念規劃，推動「創造力教育中程發展計畫」，由政府編列預算，並成立創造力教育推動的辦公室，推動各項創造力教育的行動研究方案，進而結合其他部會發展創造力及創新運動，主要的重點有：

1.《創造力教育政策白皮書》的執行與推動

2002 年教育部顧問室推動「創造力教育中程發展計畫」，其中包含六大行動方案（詳如台灣創造力教育的現況）。

2004 年教育部舉辦創造力教育博覽會：以「創意台灣　教育創意」

為主題，由各司處、經濟部及國科會等相關部會單位協同參與，以具備創意、創新相關之各項計畫或符合博覽會主題作為參展素材，並進行宣導推廣，總計二百二十至二百四十個攤位；參展單位總計將達二百八十個。除了攤位展區，大會設計了不同的靜態活動，例如：大會主舞台秀、研討會、創意競賽與創意學習課程等（吳靜吉，2004）。

2. 有助於創造力教育推動的重大政策

2003 年經濟部成立「全民創新運動推動委員會」。旨在鼓勵全民關懷鄉土，積極動腦研擬城鄉創意提案，增進創新活動之認知並進而促進地方經濟發展。

2003 年行政院提出「五年五千億，新十大建設」方案，強化創新研發、投資知識產業、發展文化創意……等。

茲將本階段台灣創造力教育的發展敘述如下：

1. 台灣推動創造力教育的藍圖：《創造力教育政策白皮書》

為因應知識經濟方案中具體的結論與建議，教育部成立了創造力教育推動小組及諮詢委員會，並成立了創造力教育政策白皮書研究小組，從學前、小學、中學、大學、社會及國際等六個方向，瞭解創造力教育的現況及相關因素，探討擬定《創造力教育政策白皮書》之具體方向，創造力教育不僅落實教改理念，其終極願景更以打造嶄新的「創造力國度」為願景。

2002 年 1 月教育部公布了《創造力教育政策白皮書》。旨在定位創造力在教育改革與知識經濟中的角色，整合相關政策，全面推動創造力教育。《創造力教育政策白皮書》之施行範圍涵括幼稚園到大學各教育階段。分別針對「生態文化」、「行政法制」、「學校經營」，以及「課程與教學」等四個層面，提出具體之策略。教育部顧問室為推動《創造力教育政策白皮書》，擬定了「創造力教育中程發展計畫」，工作重點包含《創造力教育政策白皮書》的六大行動方案：創意學子、創意教師、創意學養、創意生活、創意校園及創意智庫；並於 2002 年 4 月成立計畫推動辦公室，設置計畫推動辦公室網站，以利計畫行政業務與

資訊管理。其架構如圖 1-3。

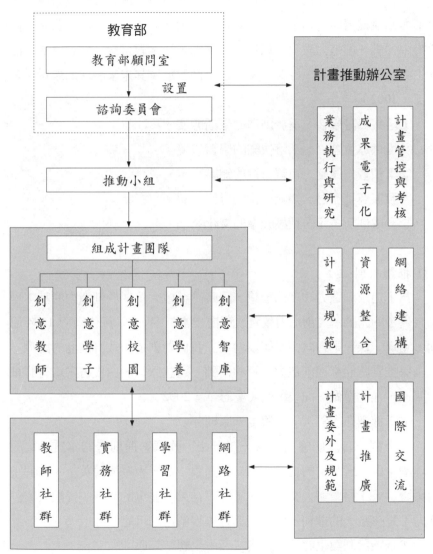

圖 1-3　創造力教育中程發展計畫架構

資料來源：http://www.creativity.edu.tw/info/info_3a.php#start

註：創意生活未啟動所以未列入圖中。

2. 台灣創造力教育的推動原則與做法

教育部公布之《創造力教育政策白皮書》，旨在定位創造力在教育改革與知識經濟中的角色，嘗試勾勒出「創造力國度」之清晰願景。白皮書中強調，創造力教育不只是一門課程、一本教材或一種教學法，而是生活、學習、產業、社會、文化之全面改造，其未來發展的願景（教育部，2002）：

①培養終身學習、勇於創造的生活態度。
②提供尊重差異、活潑快樂的學習環境。
③累積豐碩厚實、可親可近的知識資本。
④發展尊重智財、知識密集的產業形貌。
⑤形成創新多元、積極分享的文化氛圍。

(1)推動原則

為了追求創造力國度的願景，同時讓社會大眾對於創造力的基本理念有更多的認識，《創造力教育政策白皮書》中，同時研擬了「1234 原則」，這十條原則嘗試深厚與擴增過去我們對創造力教育內涵的認識，以確保推動時能掌握創造力教育的精神。這些原則於白皮書中均有詳細的闡述，在此僅做一簡要說明（吳思華，2002）。

①掌握創造本質：「全觀」一原則

「全觀」有兩個層面，第一為方法，強調掌握創造的本質，重視「理論」與「實務」的結合。第二為對象：係「大眾與菁英」、「個別與集體」、「科學與人文」、「過程與結果」並重的歷程，提醒大家創造力不是少數人的權利，任何人都有無限創造的可能。

②營造體制與生態：「結構」、「生態」二原則

在結構上，要獲得學校內行政體制的支持，學校行政人員的配合，尤其是校長的支持；在生態面上，整個大環境氛圍有助於創造力教育的推動。

③活化行政機制：「整合」、「銜接」、「賦權」三原則

強調創造力教育與其他教育政策之整合；注重創造力教育從幼教至成教各教育階段的整合銜接；賦權是要暢通溝通管道，充分授權，提供更多的空間與彈性。

④回歸人本精神：「動機」、「親近」、「體驗」、「融入」四原則

創造力教育需要從「人本精神」為出發，以學生為本。強調「動機」、「親近」、「體驗」、「融入」四原則。在動機方面，強調內發而非外塑；在體驗方面，在生活中體驗創造的樂趣與驚奇；在親近方面，創意的知識經驗成為可親可近的知識，提供給社會大眾；在融入方面，創造力融入所有教學活動，創意生活化、生活創意化才是教育的最高境界。

(2)具體做法

教育部顧問室為推動白皮書之政策，擬定創造力教育中程發展計畫，自 2003 年開始執行各項行動方案，並設置中程計畫推動辦公室，處理相關行政事宜。目前推動之方案特別強調以下五原則：

①以大學院校為實驗創新推手

《創造力教育政策白皮書》是由教育部顧問室主導並編列預算，顧及實務上的行政限制與彈性空間，本計畫主要以大學教授與學生為主體，透過與中、小學教師之協同合作，組織行動研究團隊，開始各項行動研究。

②賦權原則

本項計畫落實賦權原則，所有計畫均由下而上，鼓勵有意願推動創造力之學校、教師與學子主動提出構想，經專業審查後，採獎勵補助的方式來進行。

③營造具生命力的虛實創意社群

本計畫並非單一獨立的冀由透過各種活動營造出具生命力的創意社群。各研究團隊除透過營隊活動進行交流外，為順應資訊時代特色，破除時間與空間之限制，資訊可於第一時間傳送溝通，計畫辦公室也成立了各方案之專屬網站，藉由資訊科技之輔助，凝結團隊成員之注意力，

營造具生命力的虛實創意社群。

④e 化知識交流管理

為落實本計畫的實驗精神，所有行政業務、計畫徵件、會議舉辦、活動通知、訊息公告、會議紀錄及每一項執行計畫的活動歷程均在網站上登錄分類、整理與記載，完成知識管理與知識 e 化，作為未來大規模推動的參考。

⑤資源創新有效加值

在推動過程中，計畫推動辦公室除將創意教師、創意學子、創意校園、創意學養、創意智庫、創意教育國際交流委由來自不同大學院校之專家學者擔任計畫主持人以擴大參與對象與延伸支援系統之外，也將各項研習活動委由計畫外其他機構如教師會、基金會、企業體等協辦，藉以有效整合社群現有之各項資源，達成資源創新、有效加值之目的。

(3)計畫內容

從 2003 年開始陸陸續續推出先期計畫中的各項行動方案：

①創意學子栽植列車

以學生為主體，透過一系列創意活動，引導學生全面性參與，尤其鼓勵中輟生、低成就、文化不利之學生主動提案以開展自我生命意義，增進問題解決能力，激發創意潛能，讓創意蓬勃不絕，打破長久以來注重智育之制式教育藩籬。

期望大學生藉由課程與活動的多元學習組成「創造力學習團隊」，特根據《創造力教育政策白皮書》，邀請大專以上院校專家學者與學生組成創造力學習團隊，提出計畫申請。2002 年度共進行兩次計畫徵選。第一波徵選，總共有來自台灣大專院校九十三件計畫稿件，經評審後有二十二件入選，第二波亦有八十四件，入選十件。期間曾舉辦「第一波計畫工作坊」與「XOOPS（網站管理軟體）網站技術養成工作坊」，使各個計畫能彼此認識交流，對於創意學子網站之管理與使用有基礎技術與知識，以為未來社群經營之先期導引與訓練。

②創意教師成長工程

　　創意教師行動研究計畫（Cteacher）目前共有四十位創意教師行動研究團隊於實務工作面執行運作，分屬不同學科領域，主要從事的是創新教學研究與創造力的培育。研究議題包含創造力融入教學科目與學習領域、創新教學及開發課程、建構校園、促成教師社群。

　　2002 年進行兩次計畫徵選。第一波徵選，總共有來自台灣一百二十三件計畫稿件，經評審後有二十四件入選，第二波亦有一百六十三件，入選十六件。期間亦舉辦「第一波計畫工作坊」與「XOOPS網站技術養成工作坊」，使各個計畫能彼此認識交流，對於創意學子網站之管理與使用有基礎技術與知識，以為未來社群經營之先期導引與訓練。

　　③創意學校總體營造

　　建構有利於培育師生創造力之生活空間、學校經營及校園文化；鼓勵各校尋求學校本位特色打破以升學為導向之明星學校迷思轉型為多元主題特色學校。創意校園旨在改變校園建築的僵化氣氛，鼓勵校園的使用者親身體驗並主動參與校園的規劃，分為四種類型的計畫進行：創意校園整體規劃案、校園創意空間營造案、創意校園學習空間建置案，以及創意校園空間徵選大賽。

　　④創意生活全民提案

　　創意進駐家庭，融入生活結合社區發展，體現文化特色鼓勵全民創意，提昇生活品質與國家競爭力，此計畫尚未啟動。

　　⑤創意智庫線上學習

　　創意智庫旨在建置總體創意資料庫與創意發展數位平台，以提供教學資源、教學活動、創意競賽、創意作品、線上學習等資訊。

　　數位化創意智庫計畫重點分二大類：

　　A.創意個案數位典藏：創意個案不限知識領域，可為個別人物（如學生、教師、創意者）、團隊（如研發團隊、活動團隊）、機關組織（如學校、企業）或社群（如學會、縣市）等對象。

　　B.創意學習線上課程：課程內容不限知識領域，但必須以創造力培育為導群。2004 年將進行第一類：創意個案數位典藏八件；第二

類：創意學習線上課程十一件。

⑥創意學養持續紮根

創意學養旨在開發有利創造力教學的教材及教法，培育創造力師資。目前共有四種領域進行：工程、商學、教育、建築。其中工程類已結案，商學類進入第三年，教育和建築類，於 2003 年度中起跑。其推動之原則與程序為：a. 先期規劃；b. 示範建構（教材成型→課程推動→成效評估及推廣機制建構）；c. 多元推廣。各領域均採整合型跨校實驗團隊，扶植期限為二至三年，領域包含工程、商學與培育師資計畫。

⑦計畫推動辦公室

計畫推動辦公室主要扮演行政支援、宣傳推廣與知識管理等資源整合之角色，前面所述之各項計畫內容均可在創造力入口網站（http://crea-tivity.edu.tw）查詢到相關訊息。共分為以下四組：交流結盟、宣導推廣、創意營隊、電子報。

⑧教育部推動創造力教育移轉地方縣市

2005 年由教育部顧問室「創造力教育中程發展計畫」推動的「地方創造力教育推動計畫」，將於全國共二十一個縣市展開，一步步將創造力教育落實至各縣市。未來，地方教育局將建立地方創造力教育推動機制並落實：a. 成立地方創造力教育推動組織；b. 整合地方創造力教育資源；c. 規劃行政主管、教師、家長等相關人員之創造力教育學習內容與方法。而中央與地方將在不同的項目，各以下列內容為核心目標──創意學子：多元啟發學生自發學習與創造之能力；創意教師：增進教師在課程、教學與輔導等層面創新之能力；創意校園：營造有利創造力之學習空間與氛圍；創意智庫：建構創意知識分享與激盪之平台；跨領域：形成展現地方創造力教育特色與團隊。實際上，「地方創造力教育推動計畫」於 2004 年 11 月即開始，為促成各縣市教育局的地方創造力教育推動團隊順利推展地方創造力教育，教育部顧問室「創造力教育中程發展計畫」即陸續舉辦「創意環島大集結──北中南區創意實踐工作坊」，讓全國各縣市教育局及高中職、國中小校長教師代表，對創造力

教育有更深的認識。希望藉此延續各縣市教育局對創意的關注與行動，改善傳統教育內涵（http://www.creativity.edu.tw/）。

　　台北市教育局更將 2006 年定為「台北市教育創意年」，提出「教育十大願景」，以前瞻、突破、多元的思維，以學生為主體，結合地方特色、傳統文化、資訊科技等，來塑造多元、平等、豐富、創意的優質教育學習環境，讓學生的多元智慧能充分發揮，達成多元成就、開創新局的目標。

　3. 台灣民間團體推動多彩繽紛的創造力教育

　　近年來台灣民間團體推動創造力教育不遺餘力，所謂的民間團體泛指政府部門以外的資源，以文教基金會為例，依據教育部社教司的資料，截至 2004 年 5 月教育部立案六百三十四家，基金總額逾 330 億元，縣市政府立案一千餘家，基金總額逾 110 億元，文教基金會合計近二千家，基金總額近 500 億元（蘇玉枝，2004）。

　　台灣民間團體為推動創造力教育注入一股活水，成果不亞於學校機構，以教育部或其他政府部門立案的教育基金會來看，創造力教育推動策略聯盟：2002 年二十七家基金會五十個計畫，2003 年二十二家基金會三十六個計畫，2004 年二十五家基金會四十個計畫；創新創業教育策略聯盟：2004 年十三家基金會十五個計畫。在教育部終身學習列車計畫及創造力教育政策的支持下，東元科技文教基金會以「策略聯盟」的方式，整合民間團體的資源與力量，在 2002-2003 年召集國內二十家基金會成立「創造力教育推動策略聯盟」，在台灣各地全面推動創造力教育活動。包括聯合行銷研習、營隊、演講、工作坊、競賽、廣播、出版、表演、園遊會等。台灣的民間團體本著台灣永續發展的精神，以最大的努力追求專業、品質與效益，積極整合學術、產業、藝術文化等不同領域的資源，競相提出提昇創造力的具體活動與方案，其推展策略特別強調：

　　(1)促進領域知識之「可近性」與「可取得性」；

　　(2)建立良好審查機制，鼓勵不同的創意社群之建立；

(3)重視個人之內外在動機的啟發與知識技能的學習（教育部創造力
教育白皮書，2003），並為台灣的創造力教育盡一份心力。

㈥轉化階段（2009 年至今）：從創造力教育基礎延伸轉化推動想像力教育

隨著國科會 2009 年「想像力與科技實作能力培育」整合型研究計畫、教育部 2011 年推動「未來想像與創意人才培育計畫」四年計畫。引導學生看見世界的變化，以想像力與創造力探索、想像、選擇並創建未來，培養未來人才之「想像力」、「創造力」及「未來思考」三項核心能力。其六項行動方案為：(1)造艦計畫：國民中小學教育；(2)啟航計畫：高中職教育；(3)領航計畫：大學院校；(4)續航計畫：終身教育；依教育階段及主管教育機關劃分，推動培育未來人才想像力、創造力與未來思考力；(5)導航計畫：開發可評估核心能力的評量工具與程序；(6)維航計畫：協助教育行政人員強化前瞻思考、勾勒未來教育圖像。至 2013年教育部維持前五項行動方案之推動，而維航計畫併入造艦計畫推動。

高雄市 2011-2014 年在創造力教育推動基礎下發展想像力教育「2030未來家園——幸福交響曲」計畫，引導親師生透過與未來議題連結，以培育未來領導人才，領導台灣面對未來變遷，從創造力與想像力教育著手，啟發學子能善用知識改善生活，建構高雄 2030 未來家園。以高雄市環境範圍為想像空間，聚焦於四大主題，包括：山河、城市、島、生活機能發想行動，分四個樂章：第一樂章「山河戀探戈」、第二樂章「城市迪斯可」、第三樂章「海島華爾滋」、第四樂章「生活跳恰恰」。透過歷史踏查、問題探索、課程規劃、行動實踐、反思與回饋，教師運用戲劇、說故事、閱讀、討論、藝術等未來想像教學策略，融入課程，引導親師生透過議題連結，教案研發、社區重建等，建構具高雄地方特色的未來想像家園，以培育未來領導人才，以挑戰未來環境。2013 年有 47案學校創意提案、18 案主推計畫執行。2013 年高雄市創造力學習中心發展「傳遞未來幸福 8 大行動策略」：(1)找到幸福：邀約學校創意提案；

(2)灌溉幸福：教育政策理念宣導；(3)散播幸福：活化核心團隊，行動團隊創造力與想像力潛能開發；(4)創造幸福高手：強化教師創造力與想像力教育專業；(5)創造幸福舞台：提供學生展能競賽平台；(6)暢談幸福：建立專家諮詢團隊支持；(7)典藏幸福：成果實務發表與網站分享精進；(8)頒發幸福：頒發創意學校標章及促進創新想像教育獎勵實施計畫執行，期能帶動各校逐漸形成正向螺旋向上創新的力量，引領親師生將創造力與想像力教育紮根各校。

二、台灣推動創造力教育問題與突破

㈠台灣推動創造力教育的問題

　　在《創造力教育政策白皮書》中指出：台灣推動創造力教育面臨的問題：第一、對創造力之認知仍嫌褊狹與不足，認為創意是少數資優生的專利，是先天的能力，無法培養和學習。習於因循成規和舊制，不思求變，因而害怕改變、抗拒改革。升學主義與文憑主義掛帥，學校和家長過度重視才藝和學業成績；當前學習價值偏重立即短期之效果，獎勵成功，懲罰失敗，實有礙創造力之發展，不尊重智慧財產權。第二、既往教育政策均強調創造力，但相關法制亟待整合和加強：教育行政機關，對於創新發展未能積極提供資源。政策制定時，缺乏基層參與之常設管道。政府上級機構仍有輕微官僚化之虞，各級師資培育及在職進修系統常忽視創造力之培育；創造力政策績效之評鑑缺乏系統化之程序和制度。第三、推動教育創新之資源普遍不足，學校組織文化不鼓勵創新；評鑑學生時過度強調成果，重視標準答案；獎勵措施倚賴外在之酬賞；創造力教材不夠充足；教師工作負荷過重，無力從事教學創新與行動研究，只能沿用傳統之教材（教育部，2002）。

　　在台灣多年來的觀察，看到各種教育的興革潮流，隨著倡導者的理念唱和與消失，每個首長任職期間都會端出一項重點或一個口號，只要行政首長登高一呼，就會「一呼百應」，各級學校全力以赴；但當提倡

的首長調離職位後,這種教育措施就會煙消雲散,各級學校準備再應付下一位首長的「重點」,這種「上有政策下有對策」的方式,就像插花式的教育,沒有根、不會成長。

綜合簡楚瑛(2002)、詹志禹(2002)、吳武典(2002)、馬振基(2002)的研究,歸納為以下各點:

1. 在理念傳播方面

教育部雖然公布了《創造力教育政策白皮書》,但根據筆者對中小學教師的調查(陳龍安,2004),知道此事的只占 22%;而對《創造力教育政策白皮書》的內容不瞭解竟高達 90%;對教育部推動《創造力教育政策白皮書》不具信心的為 25%,可見此一政策的宣導仍有待加強。

長久以來學校的教育以紙筆測驗為教學重心,偏重語文、邏輯發展。師資培育與創造力教學脫節,缺乏信心、團隊合作及分享的意願;觀念守舊,墨守成規;在職進修淪為個人求取高學歷的手段;教師負擔過重,平日工作多如牛毛,存有「多一事不如少一事」的心態,影響其專業成長空間。更有教師指出,現在中小學太強調多領域學習,造成學生壓力過大負擔不了,只好應付了事。

2. 在生態文化方面

中國人傳統觀念都害怕樹大招風,因此有好的想法也不容易表達出來,固守傳統的士大夫觀念,缺乏行行出狀元的觀念。文化環境保守,人民奴性過強(可能和歷史朝代的演變使得華人有被統治的心態,習慣被奴役有關)。父母的價值觀只重智育、以升學主義為主、過度保護孩子養成倚賴心。由於長期以來的缺乏思考習慣,學生習慣「被動」學習模式,逐漸失去主動思考的能力。社會上對於智慧財產權的重視仍嫌不足,且社會領導人物未展現尊重、欣賞他人意見之風範。教師教學與態度的僵化,沒有創意生活經驗與教學經驗使學生即使有創造力的想法,也不敢提。教育上缺乏引發學生的主動學習動機,教學多講述法,未給予學生討論空間,學生缺乏互動,故無法提昇學生的創造力。

3.在行政與法制方面

法令制度限制太多，學校獨立性不足，行政效率太低、官僚體制下考核制度不公平，讓「混」的教師或不適任教師也生存得很好。教師創意教學的成果未獲有效推廣，未能被其他教師所利用。行政評鑑太多，學校和教師要做一大堆書面資料、報表和看板，犧牲教學品質。許多宣導性的研習不實用，被派參加的教師意願動機低落影響研習效果。

目前有不少學校皆在推動多元的評量方式，然而各種入學考試依舊停留在追求標準答案的窠臼中，致使在校的學習方式與升學制度無法有效連結。且由問卷調查結果發現，目前多元入學管道的實施並未紓解學生的升學壓力，對於創造思考教學的落實反倒是阻力。而廢除了資優生保送甄試之管道，對於提昇資優教育的品質恐有阻礙。而由自學方案、多元入學到九年一貫等，各類教育政策與實施方案雖不停在推動，但要如何落實、統整，並與創造力教育結合，仍嫌不足。

4.在組織經營方面

部分校長缺乏創意的領導與理念，或是領導經營以升遷為考量，為求管理方便，多求整齊畫一。學校行政及教學的負擔過重，造成教育行政的自主權受限。雖有《創造力教育政策白皮書》的制定，但學校方面對創造思考教學的宣導不足，有些學校沒有積極的推動相關政策，甚至不予支持；有些教師會批評有創意的教師，讓有心推動創造思考教學的教師倍感壓力。學校也缺乏與創造力思考相關的課程、環境及推動單位。一般而言，各校現有環境並不容易給勇於嘗試的教師適當的鼓勵，學校配合開設創造力教育方面的師資仍然缺少，行政人員認為創造力教學是任教老師自己的事，未能充分支援。學校的經營管理如此，教育行政的協調與橫向聯繫或團隊上，也存在諸多問題，例如教育部在行政院列管的知識經濟方案中列有未來師資的培養應將創造力列為重點之一，但從教育部最近公布的師資培訓相關法規及必修選修課程中，根本未將創造力列入，各司處真正將創造力列為施政目標者幾許，各行其實是各別苗頭，彼此缺乏溝通聯繫，過去如此，未來也是如此，加上社會資源

包括資訊與媒體缺乏整合，形成資源的嚴重浪費，都是推動創造力教育的絆腳石；這跟吳靜吉（2002）所指出華人社會創造力的障礙的十一項因素中的強調競爭表現、單打獨鬥，忽略團隊合作、知識分享；強調考試結果、忽略學習過程，重視學科本位、忽略課程整合是一致的。

㈡台灣創造力教育的突破之道

筆者最近完成一份台灣地區創造力發展調查報告（陳龍安，2004）發現：九成以上受訪者認同創造力對兒童生涯發展之重要性；53.4%受訪者表示現在兒童創造力受到不好的影響；認為現在兒童創造力受到父母的傷害最大，其次為教師；有35.9%的受訪者認為教育政策對兒童的創造力傷害最大，這顯示了受訪者對教育政策的不信任感；絕大部分（460位，74.4%）的受訪者認為現在的政治及社會環境對兒童創造力造成負面的影響；近五成的受訪者肯定現在學校教育重視兒童創造力的培養；超過五成的受訪者表示教師、父母的「態度」影響孩子創造力最大，「教學管教方法」次之。受訪者認為現行教育制度，「國中」階段對兒童的創造力有不好影響，「小學」次之；近六成的受訪者認為現行教育制度，「幼稚園」階段最重視兒童創造力的培養，其次是「小學」教育。由此可見，台灣創造力教育仍有待突破。筆者曾用此主題讓參加創造力培訓的學員腦力激盪並統合整理結果如下（陳龍安，2002）：

1. 政府政策支持下的全民創造力運動：創造力教育政策應是整個體制的配合而非只是某個單位的業務，加強橫向聯繫與協調並能有一個管控與輔導的機制，成立創造力教育研發小組，以及結合民間社團及機構成立創意圈全力發展創造力，普遍推廣至民間並鼓勵積極參與，落實創意生活化的活動與氛圍，多舉辦創造思考教學的研究會和觀摩會。

2. 重視創造力的師資培育，尊重教師的專業自主權：教改的內容要更完善、更適合孩子創造力的發展、師資培訓的過程中，要加入創造力的課程，加強在職師資在創造力教學的能力，改善制式化

的教學方式，讓學生表達意見，加強創造力政策宣導與教師、家
長之間的溝通。

3. 整合社會資源及資訊網際網路增進創造力：社會要給予個人有創
   造力的價值觀和態度，除政府機構外更要鼓勵民間團體多舉辦創
   意相關的演講、各種比賽，以提昇目前社會普遍欠缺的創造力，
   政府對創造力的資源要統整並結合資訊網際網路，研發一套可彙
   整師生家長及專家學者的創造力教育的資訊平台。

4. 落實本土化的創新教學——提昇創造力：創造力教育不能只是學
   習或移植國外模式，而應建立本土化的創新模式，多重視「人」
   的教育，不單只強調學科，賦予學生自由思考空間，評量要多
   元，教材要生活化、本土化，鼓勵創意團隊合作式的學習及培養
   創造力社群，營造多元的環境與合作的氛圍。

5. 營造一個尊重自由與具有創造力的家庭教育情境：加強創造力的
   親職教育，藉由創造思考活動增進親子互動，並提昇學童創造
   力。家庭不只是讓小孩被動的選擇父母的決議，而是尊重小孩自
   己的提議與問題。

6. 自我成長的法寶——勇於嘗試，多聽、多看、多學習：跳脫既有
   的思考模式，讓學生從小就在遊中學、戲中學、做中學、藝中
   學、動中學，以體驗創造之樂趣。多和別人討論、多蒐集關於創
   造力的資料，鼓勵自己參加創意發明的活動、多閱讀、增廣見
   聞、用不同的心看世界，創造力是世界共通的語言，從創造力的
   態度、技法及知識著手，形成創造的習慣，創造力必須與生活及
   工作結合才有意義。

　　過去半個世紀來，台灣人民胼手胝足創造了舉世稱羨的經濟奇蹟，
固然奠定了生存發展的命脈，然而隨著資訊科技的日新月異、貿易的自
由化發展以及知識經濟潮流的衝擊，台灣的經濟雖然也由傳統產業逐步
轉向以知識為基礎之型態發展，但相較於先進知識經濟國家，多數產業

在技術上仍處於追隨者的地位。究其關鍵，係因創新及革新力之不足！想要維持競爭力，不只現役人才需全面再教育、再提昇，根本因應之道，更須仰賴教育之全力配合，由基礎教育紮根做起。創造力與創新能力的培育，不僅是提昇國民素質的關鍵，亦為發展知識經濟的前提，所以創造力教育也就成為未來教育工作的推動重點。

　　台灣創造力教育的發展，行政的推動比學術的提倡影響力量大，但是教育行政機構把創造力的培養當作一項重要的政策，其影響固然比學術的倡導更為快速，但成效不見得也高，這跟美國的情形不同。美國的創造力發展行政的涉入較少，學者的提倡影響力大（吳靜吉，2002）。

　　台灣有關創造思考教學的學術研究，從文獻資料顯示：在創造思考教學的實證研究方面，從賈馥茗（1970）倡導創造思考能力的發展實驗起，才開始有創造力的科學研究；至於政府在政策推動創造思考教學，則始於 1983 年台北市政府教育局毛連塭局長的大力倡導台北市推動創造思考教學。根據筆者從國家圖書館全國博碩士論文資訊網摘要共蒐集222,491 筆中，在全文曾出現「創造力」、「創造思考」或「創意」等關鍵字的論文中進行查詢，發現學術的提倡在 1970-1982 年期間只占1.6%，而行政的提倡在 1983-2002 年期間則占 98%。

　　如以論文名稱中出現含「創造力」或「創造思考」或「創意」關鍵字的論文為對象查詢其結果，發現學術的提倡在 1970-1982 年期間只占7.2%，而行政的提倡在 1983-2002 年期間則占 92.7%。由以上的分析可知，透過行政的力量，其影響遠超過學術的提倡或呼籲。為因應全球經濟型態的改變，迎接知識經濟時代，教育部（2002）公布了《創造力教育政策白皮書》，我們相信此一政策的實施其影響會遠超過以往的任何階段。

　　未來台灣創造力教育的發展成功與否，關鍵在是否能透過系統而全面的方式，特別著重從結構面與生態面落實和普及等方面著手；在教育行政人員與教師的相互配合下，鼓舞學生、影響家長，並促成產業和民間組織的參與，進而形成尊重差異、享受改變的社會環境。秉承領導階

層與基層互為主體的原則，由上而下、由下而上，雙管齊下推動創造力
教育；而文化環境的支援和社會生態的影響攸關成敗，所以在推動過程
中，如何兼重結構面和策略面，除了個人的創造力，還應特別強調團隊
創造的重要。因此在執行上將從結構面著手，嘗試整合相關政策、體系
和組織，並藉企業品管的機制，有效地落實《創造力教育政策白皮書》
的政策。

動 腦 思 考

未來就是現在，調整現在才能創造未來！為了創造美好的未來，你
覺得現在的教育有哪些必須調整改變。

1._____

2._____

3._____

4._____

5._____

6._____

第 2 章
創造力的內涵與理論

本章重點摘錄

壹、創造力的內涵

創造力是指個體在支持的環境下結合敏覺、流暢、變通、獨創、精進的特性，透過思考的歷程，對於事物產生分歧性觀點，賦予事物獨特新穎的意義，其結果不但使自己也使別人獲得滿足。

一、創造是一種能力：五力

1. 敏覺力

2. 流暢力

3. 變通力

4. 獨創力

5. 精進力

二、創造是一種歷程：四期

1. 準備期

2. 醞釀期

3. 豁朗期

4. 驗證期

三、創造是一種人格特質：四心

1. 好奇心

2. 冒險心

3. 挑戰心

4. 想像心

四、創造力、創意與創新——創新源自創意，創意來自創造力。

五、創造的綜合意義與內涵——創造行為CB=IDEA，不同而更好的想法。

貳、創造力的理論

創造力理論可以依據個體創造之行為加以細分，根據學者的歸納，創造力主要有四種研究取向：認知（cognitive）、人格特質（personality）、社會心理（social psychological）及系統（systems）理論，分別有不同的詮釋觀點及研究方法。本書概括整理，試圖彙整重要的二十種創造力理論。

一、精神分析學派（Psychoanalysis）的理論

二、行為主義學派（Behaviorism）

三、完形心理學派（Gestalt Psychology）的理論

四、連結論（Association Theory）

五、知覺—概念理論（Perception-Concept Theory）

六、人本心理學理論（Humanistic Theory）

七、認知—發展理論（Cognition-Development Theory）

八、心理計量理論（Psychometric Theory）

九、互動理論（Interacting theory）

十、綜合理論（Synthetical Theory）

十一、精神病理學的理論（Psychopathological Theory）

十二、多元智能理論（Multiple Intelligences Theory）

十三、系統理論（System Theory）

十四、投資理論（Investment Theory）

十五、脈絡理論（A Context Perspective）

十六、歷史計量學（Historiometric Approach）理論

十七、演化理論（Evolutionary Theory）

十八、發展理論（Developmental Theory）

十九、擴散思考（Divergent Thinking）與水平思考（Lateral Thinking）理論

二十、創造力樂園的理論（The Amusement Park Theory）

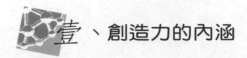

壹、創造力的內涵

創造力（creativity）一詞依據《韋氏大字典》的解釋，有「賦予存在」（to bring into existence）的意思，具「無中生有」（make out of nothing）或「首創」（for the first time）的性質（Gove, et al., 1973, p. 532）。創造力（creativity）則是一種創造的能力（ability to create）。也有學者稱之為創造思考能力（creative thinking abilities）。

所謂創造思考能力，教育學家及心理學家各有不同的看法，有人認為它是發明能力，有人認為是擴散思考、生產思考的能力，甚至有人認為是想像力（Torrance, 1984, p. 1）。

由於對創造力所持觀點的不同，論者對創造力的解釋亦有不同的看法，山本（Yamamoto, 1965）即以「創造力是瞎子摸象的報告」（creativity: a blind man's report on the elephant）為題指出，創造力研究者個人所持哲學觀點及立場的不同，而造成對於創造力的解釋有很大的紛歧。

許多學者（Golann, 1963; Goldman, 1967; Kneller, 1965）認為創造力具有以下之屬性：

1. 創造能力可決定於個人之產品（production），此種研究多重視創造的成果。
2. 創造能力乃是一種心理歷程（mental process），此種研究著重創造之發生及經歷，可用觀察及內省方法瞭解。
3. 創造能力決定於測驗之評量結果（measurement results），此種研究著重創造能力可由因素分析等方法，設立假說而編製測驗，再由測驗中表現每個人的反應情況。
4. 創造能力與人格特徵有關，亦即創造能力決定於某種人格特徵與動機特性（初正平，1973，頁2）。

泰勒等人（Taylor & Borron, 1963）亦曾就各家之觀點，歸納為四種

體系。其一為著眼於成果者，所重視的並非創造者而為其作品；其二為
著眼於歷程者，所重視的為創造的心理歷程；其三為著眼於創造者其人
者，重視創造者人格的表記；其四為著眼於環境者，重視文化及生理的
背景（賈馥茗，1979a，頁25）。

　　如上所述，欲確定一個完美的創造力的定義，誠非易事。針對創造
力紛歧的定義，許多學者嘗試以綜合性的觀點來加以界說。如柯拉克
（Clark）即以綜合的觀點把創造力涵蓋在理性的思考、高度的情緒發展
或情感、特殊才能與高度的身心發展，以及高度的意識狀態等四個領域
（如圖 2-1），形成所謂創造力環（林寶貴等譯，1987）。Sternberg
（1988）試圖從智力、認知思考風格，以及人格動機三層面探討創造力
的本質，而主張「創造力三面說」（three face model of creativity），強

圖 2-1　創造力環

資料來源：林寶貴等譯，1987。

調創造力的產生是上述三者交互作用的結果，唯有視其三面為一體，才能充分瞭解創造力的概念（毛連塭，1989）。貝羅（Barrow）也鑑於創造力的多樣性觀點，指出創造力是一個合於「規範的」（normative）字眼，提起創造力我們常常會往好的方面去看它，然而它的意義並不如我們想像的那麼明顯。

　　而近年來，對創造力的涵義亦有不同觀點。歸納言之，創造力可以有以下幾個觀點（錢秀梅，1990）：

1. 從教育的觀點來看，凡是對創造力這個名詞不太熟悉的人，大部分都會把創造力和任何一個領域中高品質的新產品聯想到一塊兒，特別是在藝術方面。例如貝多芬、梵谷和詹姆士・喬伊斯都是被公認典型的具有創造力的藝術家，愛因斯坦和弗來明則是具有創造力的科學家。一個有多項才能的人，例如達文西，他是義大利的畫家、雕刻家、建築家及工程師，可說是多方面具有創造力的代表。創造力在這一方面的意義有時候實在很難去判斷，然而它的意義尚稱明確，若是把傑出與獨創的概念連結在一起時，這種創造力則屬彌足珍貴。

2. 創造力的第二個概念，僅僅提到獨創力，認為創造力是指「想出別人所想不出的觀念」的能力，並且把創造力視為一種產品或任何創造的結果，當然那是指在表現良好的情況下所說的。在這種說法下，所有手藝精巧的工匠、建築師、藝術家都是有創造力的人，甚至於他們只要在為人能夠接受的傳統範圍內，好好完成製作工作就可以了。基爾福特（Guilford, 1977）也認為創造性思考發揮極致時，會產生實體的結果。例如一個計畫、一則故事、一首詩、一幅畫、一篇樂曲、一件發明或一篇科學理論。但大多數創造思考卻是較為平凡粗淺，沒有什麼傑出的結果，這種思考活動甚至可能沒有什麼可見的產品。

3. 創造力的第三個概念便是忽視所謂的質，而把產品看得比創意更為重要。例如有一位論著比別人出版得多的教授，或比別人製造

出更多火柴盒樣品的人，而不論他的產品價值如何。

4. 第四個概念強調思考運作的狀態比實際產品更重要。以這種觀點來看，創造便是某種特殊的心理過程。不管一個人的產品品質或獨創力如何，最低限度這個創造思考的過程與他們的自我表現同樣的重要。還有一個更複雜的觀念就是將創造的過程和靈機一動、茅塞頓開的經驗結合，這種認為創造（力）是一種過程的報告，前前後後發表的有無計其數，在個體本身產生靈機一動、茅塞頓開的經驗是主觀的創造，在別人身上發生則是客觀的創造。

5. 第五種概念則認為創造力與問題解決的能力有關，面對問題能夠尋求解決之道，就如創造思考的頭腦有了品質證明一樣。

Kaufman 和 Beghetto（2009）提出創造力的 4C 模式，由將近六十年的創造力研究顯示，目前有兩種創造力類型：

1. Big-C（大 C）：指的是傑出創造力，為創造天才者所擁有，學問精湛、成果非凡，是極有影響力、成功的創造，在歷史上有其定位，並獲得肯定，例如：貝多芬、愛因斯坦、甘地、孔子等人，但通常此類人物都已作古。

2. Little-C（小 C）：指的是日常的創造力，為每個人所擁有並且皆可達成的，例如：說故事、素描、教書、彈奏吉他、研究新食譜等。

後來，又加入了兩種類型：

1. Mini-C（迷你 C）：指的是初階段的創造力，當個人對於某件事物有興趣時，就會企圖去嘗試有意義性地創造，例如：寫一首打油詩、短篇故事的孩子、在牆上塗鴉、為自己縫一件衣服、用馬鈴薯雕刻等，這些都是展示迷你 C 的一種創意。

2. Pro-C（專業 C）：指的是當創意能產生效益時，即能展現專業的創作成果，例如：成為一個旅遊攝影師、工程師或室內設計師等專業人士。

創造力的 4C 模式，如圖 2-2 所示。

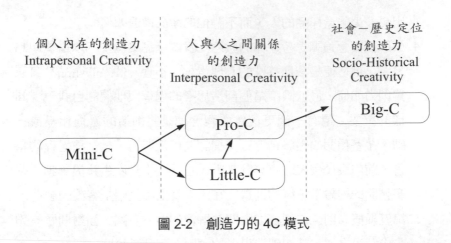

圖 2-2　創造力的 4C 模式

　　Rhodes（1961）曾蒐集數十篇有關創造力定義的文獻，認為創造力涉及四 P：即「創造的人」（person）、「創造的歷程」（process）、「創造的產品」（product）及「創造的環境」（place）。也有些學者把「創造的環境」改為「壓力」（press）；最近有學者（Simonton, 1988）把「壓力」改為「說服力」（persuasion），亦即一件創意必須使人能接受，尤其是專家的確認（郭有遹，1989）。於是創造力「6P」的概念形成，更使人印象深刻。大衛氏（Davis, 1986）也指出：創造力的定義不外由人、歷程、產品三方面加以界定。Guenter（1985）探討美國有關創造力研究的文獻分成三大類：智力與能力、人格特質以及教育訓練。另外，Gardner（1993）創造力是一個能夠經常性解決問題、產生新產品或能夠定義新問題的個體，而創造力的產生受創造者的智力、人格特質、社會環境及機會所影響。Runco 創造力是一種適應力的表現，是由經驗轉變、個體的主觀意識、動機、知識與經驗的結合運用。Lengnick-Hall 認為創造力是將已知事物或觀點連結成新的組合與關係之能力。

　　雖然各個學者對創造的看法不同，但各有其依據，以下就教學與訓練的觀點來介紹創造力。

一、創造是一種能力

創造是一種能力，通常包含擴散思考（divergent thinking）的幾種基本能力：敏覺力、流暢力、變通力、獨創力及精進力，這些能力可能透過測驗工具或評量者的觀察而瞭解，茲分別舉例說明如下：

㈠敏覺力（sensitivity）

指敏於覺察事物，具有發現缺漏、需求、不尋常及未完成部分的能力。也即是對問題的敏感度，例如當你改變兒童的玩具或作業，看他多久才能發覺，發覺之後是否比以前注意，越快發覺，能比平時注意越久，即表示其敏覺力越強。

㈡流暢力（fluency）

指產生觀念的多少，即是思索許多可能的構想和回答，是屬於記憶的過程，因人會將資料聚集儲存在腦中以供利用。觀察一個班級在討論問題的過程中，當學生對討論的主題提出許多看法和構想，或對他人的構想的實行提出幾個概念之時，就能觀察到流暢力。它是任何概念會發生的重要因素。一個學生若在概念產生的階段提出許多反應，就說明他的思考具有流暢力。

我們常形容一個人「下筆如行雲流水」，「口若懸河滔滔不絕」、「意念泉湧」、「思路通暢」、「行動敏捷」等都是流暢力高的表現。

在班級裡，如果我們以「空罐子有什麼用？」為題，讓學生寫出一些不平凡的用途，在一定限度的時間內（例如十分鐘）看看學生能寫出多少來。譬如有一個學生寫出：「做帽子、鞋子、裝水用、桌子、花盆、種花」等六項，則他的流暢力是六分；另一學生寫出十項，則流暢力為十分，後者比前者流暢力為高。

㈢變通力（flexibility）

是指不同分類或不同方式的思考，從某思想列車轉換到另一列車的

能力，或是以一種不同的新方法去看一個問題。在問題解決或創造力上，我們必須要能找到不同的應用範疇或許多新的觀念。變通力是指我們要能適應各種狀況，同時意味著不要以僵化的方式去看問題。有彈性的思考者能以不同的方式去應用資料。在一個班級討論中，當學生能輕易地從一個主題轉換到另一個主題，並且能針對討論的問題結合幾個選擇，便可觀察到變通力。一個學生若堅持於一個概念，或不能使自己的概念和他人產生關聯，就不具有變通力了。

　　我們常以「窮則變，變則通」、「山窮水盡疑無路，柳暗花明又一村」、「隨機應變」、「舉一反三」、「觸類旁通」來形容一個人的變通力。

　　舉「空罐子有什麼用？」這個例子：如果學生寫出「可以做煎鍋、咖啡壺、水壺、茶壺、烤麵包機」等五項，他的流暢力是五分，但因這五項都是「烹飪用具」一類，所以他的變通力只有一分，如果他寫出「煎鍋」（烹飪用具類）、「裝水」（容器類）、「果子模」（模型類）、「鐘鈴」（音樂類）、「盾」、「甲」（防護類），則他的變通力為五分。

　　天才型的作者 Joan Steiner 創作二本 *Look-Alikes*，就將變通力發揮得淋漓盡致，看似稀鬆平常的一幅圖，其實是由許多日常生活用品所組成，讓人不由得大讚佩服！

㈣獨創力（originality）

　　指反應的獨特性，想出別人所想不來的觀念；亦即「和別人看同樣東西，卻能想出和別人不同的事物」，指「萬綠叢中一點紅」、「物以稀為貴」，獨特新穎的能力。

　　獨創力是由某一項反應在全體反應所占的比例來決定，別人雷同越少，獨創力越高，通常我們依據學生反應的統計結果來決定，例如在陶倫斯圖形創造思考測驗上活動一反應次數在 5%以上的給 0 分；2%至 4.99%的給 1 分；2%以下的給 2 分。

　　市面上有許多造型或材質獨特的立體書，也都是獨創力的表現。例

如由 Child's Play 所出版一系列的立方體盒故事書，一邊說故事一邊展開，說完即可吊掛起來。

(五)精進力（elaboration）

是一種補充概念，在原來的構想或基本觀念再加上新觀念，增加有趣的細節，和組成相關概念群的能力。亦即「精益求精」、「錦上添花」、「描繪細膩」或「慎思熟慮」、「百尺竿頭更進一步」的能力。例如「杯子」是一個觀念，「奇妙的杯子」、「奇妙的」是在「杯子」，這個觀念加上的另一觀念，這個就是精進力。

又如「兩邊穿洞，用鐵線連起，當水桶用」。「當水桶用」是基本觀念，而「兩邊穿洞」、「用鐵線連起來」則是增加上去的二個細節。但學生在原有的基本觀念上所增加的細節，應該是跟主題有關的。

2003 年瑪丹娜創作的第一本童書《英倫玫瑰》，是童書中將色筆畫呈現精緻、精進力的典範。

二、創造是一種歷程

以創造為歷程，仍著重於思考，但卻不是從思考的類別著眼，而是重在推斷自意念的萌生之前至形成概念和整個階段（賈馥茗，1979a）。此種研究可由對於具有創造力者的個案研究及自傳的描述中獲知創造的過程。

大衛氏（Davis, 1986）認為創造的歷程，可從以下幾個方面來定：

1. 創意者用來解決問題的一系列步驟或階段。
2. 當新的主意或解決方案突然迸發的一剎那，是由於知覺的突然產生了改變或轉換。
3. 創意者有意無意間用來引發新的主意、關係、意義、知覺、轉換等的一些技巧和策略。

這種看法，不僅包括了傳統的階段說法，也把創造的技能包含在內。

帕尼斯（Parnes, 1967）提出創造性問題解決（creative problem solving, CPS）的模式包括下面五個階段：

1. 發現事實（fact finding）

包括蒐集一切和問題有關的資料。問題解決前必須先蒐集及審視所有可利用的資料，資料蒐集完成之後，應即開始分析並整理。有時候，我們必須將那些可能感到困惑的紊亂資料都檢查過，否則無法界定問題。而且一定要瞭解資料中的每一細節，才能幫助界定複雜而令人困惑的問題。

2. 發現問題（problem finding）

當所有的資料都蒐集好，且問題的線索也已呈現時，發現問題界定的工作就會自然顯露出來，在這個階段中，兒童就如海綿般的吸收所有組成問題的資料，等到全然滲透飽和之際，他們對問題會引起更廣泛的複述。藉著把資料反覆地從海綿中扭出和重新吸收之後，兒童就能夠分析問題中的每一要素，重新安排問題的陳述，並界定問題的目的。最後，可能將這個問題分成次要的問題，而且將每一個次要問題的成分分析為可利用的資料。

3. 發現構想（idea finding）

這是構想的產生和利用。一旦已將問題適當地界定，也辨認了一切有關問題和問題解決的資料之後，這個工作就演變成構想的產生，和選擇一個解決問題的方式。

4. 發現解決方案（solution finding）

當提出一系列的構想後，就必須找出最好、最實際、最合宜的解決問題的構想。Herien 認為發現解決方案是解決問題的基礎。這階段是評估前階段發現構想中所產生的概念，並且要應用最好的構想以為解決的策略。因此這是逐一考慮討論每一概念的時候。在沉思並苦心思索可能的問題解決方案時，有時難免會有批判思考產生；而在最後的分析中，最好的構想往往是非傳統的，或是包含徹底改變的構想。

5. 接受所發現的解決方案（acceptance finding）

　　這是創造力解決問題的過程中，最後一個步驟。在這一階段，你要對解決方案做最後的考慮，以便決定最好的而付諸實行。接受解決方案，和促使好的概念成為有用的概念是息息相關的（Feldhusen & Treffinger, 1980）。

　　帕尼斯上述的五個階段和奧斯朋（Osborn, 1963）在其《應用想像力》一書中所提到的創造性問題解決法：尋求事實、尋求觀念及尋求解答等三個歷程是一致的，都是兼顧到事實與想像，並特別強調暫緩判斷的原則。

　　大衛氏（Davis, 1986）認為創造性問題解決的模式（CPS model）是最佳的問題解決方案，因為此一模式不但是一個創造思考的過程，也最能用來解決實際遭遇到的問題。事實上，CPS 模式靈活運用（如圖 2-3）可用來從事下列的活動（蘇芳柳，1990）：

1. 教導一個很有效的創造性解題策略。
2. 增進對創造歷程的瞭解。
3. 提供學員有漸增的創造思考經驗。
4. 解決問題。

圖 2-3　靈活運用 CPS 模式

資料來源：Davis, 1986.

其後，Treffinger 等人（2000）將 CPS 分為六階段：製造機會、探
索事實、建構問題、產生主意、發展解決方法、建立接受。於第四章將
有詳細說明。

華勒氏（Wallas, 1926）所提出的創造歷程最具代表性，茲說明如
下：

1. 準備期（preparation）

蒐集有關問題的資料，結合舊經驗和新知識。

2. 醞釀期（incubation）

百思不解，暫時擱置，但潛意識仍在思考解問題的方案。

3. 豁朗期（illumination）

突然頓悟，瞭解解決問題的關鍵所在。

4. 驗證期（verification）

將頓悟的觀念加以實施，以驗證其是否可行。

世界資優教育學會主席格列格（Gallagher, 1985）對於創造歷程提出
如表 2-1 的模式。

表 2-1　創造歷程的模式

歷程階段	期望的形式	思考運作	人格特質要素／態度
準備期	純粹、良好的組織	認知記憶	好學、用功維持注意力
醞釀期	漫不經心	個人的思考	智力的自由
豁朗期	經常混淆，不協調	擴散思考	冒險、容忍失敗及曖昧
驗證期	純粹，良好的組織以及清楚的陳述	聚斂性思考評鑑思考	智力的訓練導引邏輯的結果

資料來源：Gallagher, 1985, p. 250.

上述創造過程的模式中，格列格對華勒氏的主張更進一步引申，並
融入基爾福特的思考運作，以及人格特質的要素。懷斯等（Wiles & Bon-
di, 1981）對於此一創造的歷程加以界定，認為第一階段準備期，和一般

學校進行的學習相似,個體經由學習獲得知識的基礎,重點在蒐集,整理及累積資料。因此,在這一階段,創造的心智(creative mind)與一般教育的心智(educated mind)並沒有什麼區別。

第二階段醞釀期,個體將基本資料儲存在前意識或潛意識之中。根據創造者的自我描述,認為在此階段中的思考,僅是一些象徵性的符號,而很少有具體的文字描述。也就是說,個體把基本資料轉換成一種速記或模式的形式,使得個體對問題更加熟悉。個體有時候表現出一種漫不經心的、個人的,以及多半以直覺式的操作資料。醞釀期常被認為是類似催眠的狀態,個體經常處於半睡半醒、有意識與無意識之間。在此階段,過去的經驗與思維會如夢境般再度呈現。其形式常是屬於變換的、片段的、扭曲的、迷失的、重新獲得的,或是再合成的。在此時期,個體常被認為是在作「白日夢」。

第三階段是豁朗期,個體表現出頓悟或因發現而體驗到「啊哈」豁然貫通的感覺。此時,雖然個體在如何及為何產生答案仍有一些困惑,但卻能將所有的觀念綜合有所發現,這種發現是經由直覺的,而其創造的心智是獨特的。具有創造心智者必須有信心,面對傳統智慧的挑戰,為了揭露新知,必須有不怕失敗或遭人譏笑的勇氣。

最後一個階段就是驗證期,就是將發明的概念加以證實,賦予實用的形式。也就是把觀念邏輯化,或變成一般的理論組織及語言。這個階段有時可能費時頗久,例如,愛因斯坦雖只花了幾個星期的時間創造了他的著名公式($E=MC^2$),但卻花了幾年的時間才整理出使別人能理解的形式。

在一般學校中較重視模式中的第一及第四階段,而忽視了第二及第三階段的發展,事實上,若想使創造思考教學方案成功實施,則必須把重點放在第二、三階段的行為內在化上(Wiles & Bondi, 1981, p. 10-12)。

奧爾森(Olson)在其所著《創造思考的藝術》一書(呂勝瑛、翁淑緣譯,1982a)對創造及問題解決,有系統地組織為四個階段,提出所謂的創造性「力行」(do it)的過程:

1. 界定問題（define the problem）

瞭解問題，陳述問題。在此一階段中，要集中焦點於要解決的問題上，對於問題的要素能夠把握並擴展這些要點，以確定問題的界限。

2. 開放心胸以容納各種可能的解決方法（open yourself to many possible solutions）

在確定構想的階段前，對各種不同的構想暫緩判斷，先列出心中構想，然後徵詢別人的意見，以提示自己的思想，也可以列舉一些奇想，或做自由幻想，最後綜合所蒐集的妙想，用以激發新構想。

3. 確定最佳的解決方法（identify the best solution）

首先統整構想，選擇最好的，然後修改缺點，增加優點，使構想強化，再進一步激勵構想，並決定是否可付諸實行。

4. 付諸行動（transform it into action）

創造過程乃是從有構想後就開始，要使構想付諸有計畫的行動，構想還要有修改的彈性，盡量力求適中，在行動中意志要堅毅，要有不怕失敗的勇氣，能越挫越勇地奮進，如此才能成功。

美國加州矽谷各大科技公司創造力顧問伊區（Roger Von Oech）博士，認為在發展新創意時，主要有兩大階段：

1. 萌芽階段

孕育新創意，而新創意出現後即不斷嚴密試驗。

2. 實用階段

新創意開始接受評價及採行（黃宏義譯，1983）。

美國學者陶倫斯認為：「創造思考是一系列歷程。包括對問題的缺陷、知識的鴻溝、遺漏的要素及不和諧等之察覺感受，進而發覺困難、尋求答案，再進一步求證；然後將獲得的結果提出報告，傳達給別人。」（方炳林，1974；賈馥茗，1970）

由上述學者對創造歷程的說法，大概都涵蓋於華勒氏的四大歷程。

事實上，創造的歷程因人而異，並沒有一個固定不變的模式，但創造的發生，必須先對問題有關的各項事實有明確的概念及認知，繼而運用各種心智能力去發展對問題解決的各項方案，最後發現並驗證有效的方案，並付諸實施。

王國維所謂古今之成大業、大學問者，必經過三種境界：

> 昨夜西風凋碧樹，獨上高樓，望盡天涯路。
> 衣帶漸寬終不悔，為伊消得人憔悴。
> 眾裡尋他千百度，驀然回首那人正在燈火闌珊處。

第一個境界指出對目標的熱望，可望而不可即，這是對問題的自察與認知；第二個境界象徵追求創造的歷盡艱苦，而不懊悔，這也是準備與醞釀的歷程；第三個境界象徵歷盡千辛萬苦，豁然發現成功就在眼前，這也是豁然開朗的頓悟階段，也是程伊川所謂「深思之久，方能於無思無慮處忽然撞著」（方炳林，1974）。

三、創造是一種人格特質

創造與人格特質有關，有學者認為創造力決定於某種人格特質與動機特性（初正平，1973）。

對於探討創造者之人格特質，一般都著重於瞭解創造者具有什麼特質，或者具有創造力者與較無創造力者之人格特質有何不同？從教育觀點看，具有創造力者，其人格特徵的研究，早為心理學者所重視。近十多年來，這方面的研究為數頗多，且已有相當的成就。但結果並不一致，主要係各研究之研究對象取自不同之領域和年齡層，而且所用之研究工具和技術不盡相同所致（張春興、林清山，1982）。根據泰勒（Taylor, C. W.）綜合各項研究的結果判斷，從若干證明中可見創造力的人格具有較多的自主力，自我滿足，有獨立的判斷能力，當其發現多數人的意見錯誤時，不惜挺身提出異議，對本身非理性的方面持開明的態度，

不過分自以為是。創造者比較穩定，在興趣方面接近陰柔，但有統治和決斷力，積極而能自制。敏感、內傾，卻又無畏的精神（賈馥茗著，1979a）。

另有些學者發現創造者個人所擁有的特質是：經驗的開放，評估內在化，精於運用構想，願意嘗試冒險，能從事複雜性的事物，容忍曖昧，積極的自我想像，工作時能全神貫注（Callahan, 1978, p.5）。克尼洛（Kneller, 1965）綜合各家有關創造性人格的特質，共有中等以上的智力、覺察力、流暢力、變通力、獨創力、精密力、懷疑、堅毅力、遊戲心、幽默感、非依從性及自信心等十二項（賈馥茗，1979a，頁 30-32）。

美國學者陶倫斯所做的研究結果，創造力高的兒童，多具有以下三種人格特徵：(1)頑皮、淘氣與放蕩不羈；(2)所作所為有時逾越常規；(3)處事待人不固執、較幽默，但難免帶有嬉戲。陶倫斯（Torrance, 1975）更進一步研究，並列出一長串創造性人格的特質如下（黃瑞煥、洪碧霞，1983）：

1.冒險性、試探極限	15. 貫徹始終
2.對於困惑的情境好發問	16. 喜複雜的工作
3.嘗試困難的工作	17. 孩子氣，喜嬉戲
4.完全投入於工作中	18. 記憶力佳
5.好奇、追尋	19. 獨斷
6. 堅定、不退縮	20. 自信
7. 富於感性	21. 自動
8. 假設、猜測	22. 幽默
9. 獨立的判斷	23. 誠懇
10. 獨立的思考	24. 追求高遠目標
11. 勤奮、忙碌	25. 要求證據
12. 富於直覺、頓悟	26. 勇於冒險
13. 喜獨自工作	27. 富於幻想、理想
14. 富於興趣	28. 為了真，寧可造成傷害

茲綜合史騰（Stein, 1974）、林格曼（Lingeman, 1982）和大衛氏
（Davis, 1986）所列舉出之創造者的人格特質，共七十二項如下（盧雪
梅，1990）：

1. 追求成就	26. 知變通	51. 喜複雜的事
2. 有冒險精神	27. 富幽默感的	52. 好質問
3. 審美的	28. 理想主義的	53. 急進的
4. 進取積極	29. 富想像的	54. 尋求認可
5. 雄心勃勃	30. 衝動的	55. 熟慮的
6. 有藝術的興趣	31. 獨立的	56. 富機智的
7. 果決的	32. 個人主義的	57. 好冒險的
8. 愛新奇	33. 勤勉的	58. 自我覺知
9. 興趣廣泛	34. 自動自發的	59. 自信的
10. 多才多藝	35. 自我引導的	60. 自律的
11. 自主的	36. 自我控制的	61. 自負的
12. 覺知自己的	37. 內向的	62. 尋求感覺
13. 創造性	38. 內省的	63. 敏覺的
14. 複雜的	39. 富直覺的	64. 率真的
15. 勇於冒險	40. 較不自覺的	65. 貫徹到底
16. 建設性批評	41. 好自由的	66. 忍受曖昧不明
17. 好奇的	42. 不喜交際的	67. 忍受混亂
18. 不自滿	43. 不從眾	68. 忍受不和諧
19. 支配性強	44. 需要獨處時間	69. 不在意別人的看
20. 富於情感	45. 開放	法
21. 精力充沛的	46. 心胸寬大	70. 不墨守成規
22. 熱情的	47. 富獨創性	71. 不抑制自我
23. 易興奮的	48. 富覺察力	72. 會被複雜、神秘
24. 好嘗試	49. 堅毅	事物所吸引
25. 勇於表達	50. 喜嬉戲；孩子氣	

懷斯等人（Wiles & Bondi, 1981）研究在教室內，具有創造思考能力的兒童，常有下列特徵：

1. 非語言的（nonverbal）

  敏於覺察事物，但很少和語文連結表達。

2. 綜合性（synthetic）

  聯絡各種事物，形成統整概念。

3. 類推性（analogic）

  能發現事物間相似處，而瞭解其隱喻的關係。

4. 非時間性（nontemporal）

  常沒有時間的觀念。

5. 非理性（nonrational）

  願意暫緩判斷。

6. 空間性（spatial）

  能發現事物之間的關係。

7. 直覺性（intuitive）

  以不完全的形式，感覺或預感來描繪事情的結論。

8. 全盤性（holistic）

  發現事物間的整體、共通性。

美國學者威廉斯（Williams, 1970）認為具有創造力者在情意態度方面具有好奇、冒險、挑戰與想像等心理特質。

1. 好奇心

  好奇心就是對事物感到懷疑，疑問即伴隨而來。問題產生時，便去調查、探詢、追問，雖然感到困惑，卻仍能繼續思索、沉思，以求明白事情的真相。

  「好奇心」是經由懷疑、思考、困惑而形成的一種能力，它是開始去發問、思索及嘗試的關鍵，好奇心經常是伴隨在能滿足於預知未來如何的意念中而產生的。

例如：當下列的事發生，你會好奇：

⑴拆開一個舊鐘，只是為看內部的一切。

⑵你問「為什麼」？

⑶你疑惑「假如……會發生什麼事？」

2. 冒險心

冒險就是有猜測、嘗試、實驗或面對批判的勇氣，它包括堅持己見及應付未知情況的能力。

例如：當你處在以下的情況時，你就是在冒險：

⑴你猜測在一分鐘內你可以吃多少脆餅。

⑵你以自製的車子和鄰居競賽。

⑶你決定參加攝影俱樂部主席的競選。

大部分的英雄都勇於冒險，當他們奮勇救人和極力維持法律及秩序時，他們都處在需要冒險且緊張萬分的情境之下。

3. 挑戰心

挑戰或複雜性是一種處理複雜問題與混亂意見以尋求解決問題的能力，它將邏輯條理帶入情境中，並洞察出影響變動的因素。

以下幾件事可以訓練你「具有挑戰性」的能力：

⑴為了宣傳學校展覽會，你設計並製作了一系列的海報。

⑵你能為學校、鄰居或家人安排棋賽的賽程。

⑶在收入許可的情況下製作預算表。

⑷做一道香菇煎餅當早點以代替麥片粥。

4. 想像心

所謂的想像力是指在腦中將各種意象構思出來，並加以具體化。它使我們能超越現實的限制，進入一個無所不能的世界。什麼時候你運用想像力呢？

⑴試想所讀故事中的人物或書中背景畫出來時。

⑵試想你若遲回家吃晚餐，母親會有何反應？

⑶幻想你做了多吃額外一份點心的決定時，後果為何？

(4)你作白日夢時。

陶倫斯（Torrance, 1975）從許多研究與測驗中擷取八十四種創造人物的一般特徵，其認為以下三十四種最為重要，如情感的敏銳、富於幻想、願意冒險、喜歡獨自工作、好奇、追尋、自我肯定、獨立思考、判斷、坦誠、有眾多興趣等。

林格曼（Lingeman, 1982）蒐集有關研究具高創造力者之人格特質的文獻而整理出五十五項特質。其選定這五十五項特質的標準如下：每一特質至少在五篇研究中達到統計上的顯著水準；或是在三篇研究中達統計上的顯著水準，而在另兩篇是列為創造力特質的。這些特質是包括：自信、開放、複雜、好奇、進取、流暢、幽默、自我知覺、獨立、獨創性等（Davis, 1986）。

基爾福特認為高創造性人物所具有的特質是一般人所沒有的。歷來對於具有高創造力者的研究非常多，且多半是傾向於正向的特質，出現頻率最高的當屬好奇心、有毅力、專注、自信、開放、具冒險性、獨創性等特質；而易於被列為負向特質的包括：不合群、不合於世俗等。歸納文獻的結果發現能符合Maslow（1970）所認為的高創意者是「自我實現者」；且Gowan（1981）觀察到具有高創意者其精力充沛，這似乎是高度心理健康的結果。

Sternberg（1988）則認為下列的人格特質對於創造的表現有正面的影響：能容忍混亂的狀態、有克服困難的意願、成長的意願高、內在動機、適度的冒險、被認定的需求，以及為爭取被認定而努力的意願。

美國學者Csikzentmihalyi（1996）以五年時間以深度訪談與文件分析的方式探究了九十一位當代傑出人士，他也發現到這樣的現象，並稱之為「複合性人格」，它們通常同時呈現在這些傑出人物身上。他以十對明顯正反的特質來說明這個現象：

1. 創造性人物往往精力充沛；但又經常沉靜自如。
2. 創造性人物向來聰明；但同時又有點天真。

3. 結合了遊戲與紀律，或責任心與無所謂的態度。

4. 創造性人物的思考，一邊是想像與幻想；另一邊則是有現實的根底，兩者相互轉換。

5. 創造性人物似乎兼具有內向與外向兩種相反的傾向。

6. 創造性人物也同時具備了不尋常的謙卑與自豪。

7. 創造性人物在某種程度上跳脫了嚴苛的性別刻板印象。

8. 創造性人物是叛逆而獨立的；但同時在某種程度上卻又是一個傳統主義者。

9. 大多數創造性人物對自己的工作都很熱情；但又能極為客觀。

10. 創造性人物的開放與敏銳經常使他們陷於悲喜交雜之境（引自杜明城譯，1999）。

郭有遹（1992a）整理出具創造力的人格特質如表 2-2。

我國學者賈馥茗綜括各家觀點，認為創造的人格特質是自由感、獨立性、幽默感、堅毅力及勇氣等五項。美國學者懷斯（Wiles）的研究認為具有創造力的人，大都具有以下的特質：(1) 較能接受各種新事物；(2)

表 2-2　具創造力的人格特質

1. 接受凌亂	2. 有冒險精神	3. 熱情	4. 顧及他人
5. 經常受困惑	6. 受混亂所吸引	7. 受神秘所吸引	8. 害羞
9. 建設性批評	10. 盡責	11. 不拘禮教	12. 有超越的願望
13. 價值分明	14. 使機關困擾	15. 易鬧情緒	16. 挑剔
17. 不以異於常人為懼	18. 愛獨處	19. 獨立判斷	20. 生活失調
21. 永不厭倦	22. 多問	23. 有些獷野之性	24. 對不同意見至為振奮
25. 有自信	26. 有使命感	27. 有幽默感	28. 規避權力
29. 真誠	30. 自動自發	31. 頑固	32. 偶爾退縮
33. 空想	34. 多才多藝		

資料來源：郭有遹，1992a。《發明心理學》（頁 102）。台北：遠流。

做事較能專注；(3) 樂於接受各種挑戰；(4) 勇於面對各種衝突。

由此可知，創造必須具備某種人格特質為多數學者所認可，唯各家說法不一，但歸納言之，創造性思考在運作過程中，常須突破戒規，超越習慣，以求新求變，冒險探究的精神、去構思觀念或解決問題，其行為表現出冒險心、挑戰心、好奇心、想像心等情意的特質。

四、創造的綜合意義與內涵

綜合上述不同的觀點，要想獲得一致性的創造力定義並不簡單。縱使定義困難，有許多學者則認為創造力是在創造力測驗上所表現的成績，但連測驗編製者本身也不能肯定測驗得分高者，即是有高的創造性行為表現（Torrance, 1984）。因此有些學者在探討創造力的內涵時，多採綜合的觀點。我國學者張玉成（1983a，頁 53-67）對於創造思考的意義與本質，採綜合性的觀點，歸納為下列九項要點：

1. 創造思考，是人類心智能力之一，屬於高層次認知歷程，但與智商有別。
2. 創造歷程雖仍未明確，但已有軌跡可循。創造的發生始於問題的覺察及確定，繼以心智活動的探索、方案的提出，而終於問題的解釋與驗證。
3. 創造思考運作過程中，首須保持新奇求變、冒險探究精神，並表現出敏覺、流暢、變通、獨創和精進特質。
4. 創造思考是目的性行為之一種，其成果常以新穎獨特及有效為要求。
5. 創造思考不能無中生有，須以知識經驗為基礎。
6. 創造能力是知、情、意結合，多種不同思考歷程並用的結果。
7. 創造能力高者確有與眾不同的人格特質。
8. 創造行為如何發生，仍有待研究探討。
9. 創造性思考可經由教育訓練予以增強。

以上九點可謂涵括了創造的意義與本質，但仍屬於一般性的敘述。

我國學者賈馥茗（1979a）以為統合的創造說，應著眼於三方面：其一為能力，其二為心理歷程，其三為行為結果。因此，「創造為利用思考的能力，經過探索的歷程，藉敏覺、流暢與變通的特質，做出新穎與獨特的表現」。

陶倫斯（Torrance, 1974）認為界定創造力，大都經由產物、過程、環境條件、創造者的角度來看；而事實上，這些都是創造力定義本身的重要部分。

高敬文等（1982）曾依 Klem（1982）對於創造的觀點，繪製「創造的結構圖」（圖 2-4）頗能包含上述的觀點。

圖 2-4　創造的結構

資料來源：高敬文，1982。

郭有遹（1989）認為創造的定義涵蓋創造者、創造過程與創造品，並提出下列定義，茲引述如下：

> 創造是個體或群體生生不息的轉變過程，以及智情意三者前所未有的表現。其表現的結果使自己、團體或該創造的領域進入另一更高層的轉變時代。

　　這個定義適用於創造者、創造過程與創造品三者中的任一種，也包括了三者之全部，以及各種創造品的層次。

　　陳龍安（1984d）曾綜合歸納各家有關創造力之意義，研擬以下創造力的定義：

> 　　創造力是指個體在支持的環境下結合敏覺、流暢、變通、獨創、精進的特性，透過思考的歷程，對於事物產生分歧性的觀點，賦予事物獨特新穎的意義，其結果不但使自己也使別人獲得滿足。

　　所謂「支持的環境」是指能接納及容忍不同意見的環境。接納是一種支持、鼓勵；容忍則是不批判、不壓制。創造思考的激發，首在提供學生一種自由、安全、和諧的環境與氣氛，學生才能敢於發表，勇於表現。

　　「敏覺、流暢、變通、獨創、精進的特質」是創造者的特質與能力。亦即敏於覺知問題、具有見解、聯想、表達的流暢；能夠做不同等級、方向或類別的反應；產生獨特新穎的見解；能夠精益求精，引申預測。

　　「思考的歷程」指的是創造者在解決問題時所經過的準備、醞釀、豁朗、驗證等階段。

　　「對事物產生分歧性的觀點」是指創造者對事物的認識，對問題的解決。不以唯一的答案為滿足，而能以擴散的思考，由已知傳至未知，並推衍出多種不同方案，亦即具備多元反應的能力。

　　「賦予事物獨特新穎的意義」是創造力最重要的特徵，創造者與別人看同樣的事物，卻能想出其他人所沒想到的事物，強調新奇而大膽的想像力，能產出獨具一格，別出心裁的作品。

　　最後，「創造的成果不但要使自己也能使別人獲得滿足」，創造力絕不能與社會脫節，創造的成果不但利己也是利他的。創造的成果「使自己獲得滿足」是因為個人對問題的解決歷經準備、醞釀等艱辛的過

程，突然豁朗貫通獲得自己前所未有的感受，這種成果使個人產生成功的滿足與喜悅。「也能使別人獲得滿足」是指創造成果具有適切性及實用性，對社會或他人有所貢獻，所以能被他人所接受。

綜合上述對於創造的涵義與本質之探討，茲歸納出下列幾點結論：

1. 創造力不是單純的心智狀態，也絕非屬於完全無法表達的形式。
2. 創造是一種能力，也是一種歷程，和個人的人格特質有關，可藉由創造者的行為或作品以客觀的標準來加以評量。
3. 創造力並非空中樓閣，而必須有充實的知識經驗背景，從原有的基礎上加以擴展引申，有「推陳出新」的涵義。
4. 創造力的發展以支持性的環境條件為第一優先，在民主與自由的環境下，才能容忍分歧的觀點，更能充分發揮個人的創造力。
5. 創造的成果強調獨特新穎，前所未有，但必須能與社會相結合，對人類有所貢獻。換言之，創造的定義應符合：(1)新穎性；(2)實用性；(3)進步性。判斷一件事物的創意首應考量新、有用及改良的效果。

雖然創造的定義因研究者的看法理念不同而眾說紛紜，筆者試圖化繁為簡，綜合各種創造的定義，認為創造是一種不同而更好的想法，而這種想法是可以被接受的。事實上創造就是一種創造的行為（creative behavior, CB）。行為有所謂內在與外在行為。內在行為就是想法，外在行為就是做法。

創造的行為 CB=IDEA

創造的行為是想像力（imagination）、資訊（data）、評鑑（evaluation）及實踐（action）四種因素的交互作用。這也是創造力重要的因素。

1. 想像力：愛因斯坦（Albert Einstein）說：想像力比知識更重要（Imagination is more important than knowledge!），因為知識是有

限的，而想像力是無遠弗屆的。記憶回溯過去、感官體會現在、
而想像則引導我們邁向未來，思考一切可能的發現與創造的遠
景。

2. 資訊：資料或知識，創造力要有知識為基礎，豐富的背景知識才
能讓創造力展現。知識是死的，想像力使知識活化、扭曲變形，
才能產生新的想法。Csikzentmihalyi 認為大多數的個人都必須接
受相當領域的知識教育，才有機會產生貢獻其領域或文化的變
異，既使是小的創造，也都有其知識的基礎。

3. 評鑑：新的想法不一定是有用的想法，唯有透過系統的評估選擇
才能篩選出適用的想法。

4. 實踐：好的想法必須透過行動落實才有意義，創造如果無法實踐
則想法往往胎死腹中。我們對知識價值的尊重，有可能產生知識
的傲慢而形成「知障」，知識的價值不再以論述的型態展示權
力，而在於誰能夠將知識實踐來解決問題。

綜上所述，創意就是點子（IDEA），一種不同而更好的想法（New,
Better, Different, & useful），而這種想法要可以被接受的。茲就其理論背
景敘述如下：

㈠不同而更好的想法是根據 Mayer（1999）統整 Amabile（1996）、
Benack、Basseches 和 Swan（1989）、Boden（1999）、Feist（1999）、
Gruber 和 Wallace（1993）、Hausman（1987）、Lubart（1999）、Lums-
den（1999）、Martindale（1999）、Nickerson（1999）、Sternberg 和
Lubart（1999）對創造的定義，指出創造具有兩個基本特徵：新穎性
（new）與有價值（valuable）。

1. 新穎、新奇、不同、原創（new, novel, different, original）。

2. 正確、有價值、適宜、適應、重要、有效、有用（correct, valu-
able, appropriate, adaptive, significant, utility, useful）。

㈡可被接受的觀點是基於 Csikzentmihalyi 守門人（gatekeepers）的

理論，個人的創意或變異必須經過行業或學門中的守門人之選擇，才有
機會進入領域或文化之中。新的想法必須由「社會」實體的「學門」來
界定，並由學門中的「守門人」認可後才算是適應成功、新穎且具價值
的創見，當然接受指當時被接受或以後被接受。

五、創造力、創意與創新

「創造力」（creativity）、「創意」（creative idea）與「創新」
（innovation）三者，無論在國內外的學術研究或實務的領域中，其意義
常混淆不清。

有學者認為彼此不能互通，例如 Forrester（2000）認為創新不同於
創造力，創新是關於新想法有的被實用採納，因此著重於想法上的實際
應用。但也有學者將其視為可相互替換（interchangeably）的名詞（Scott
& Bruce, 1994）。許多學者如 Tiedt 與在創造力研究領域中著名的學者
Donald W. Mackinnon 皆主張創意、創新與創造力是屬同義，他們認為創
造含有想像或發明的意義，想像會使人去思考從未經驗過的事，或是結
合過去的經驗去創造一些新的意象，而激發創新的動力（引自 Tiedt,

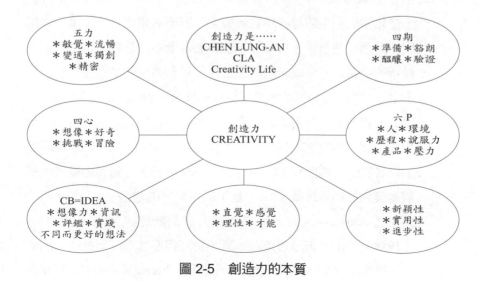

圖 2-5 創造力的本質

1976）。

《創造力教育政策白皮書》（教育部，2002）將廣義之創新能力，認為包括了創造力、創新機制及創業精神，而具體成果就是全體國民在各領域中的創意實現。狹義區分，創造力（creativity）是創新的知識基礎，創新（innovation）是創造力的具體實踐。「創造力」與「創新」為一體之兩面，相輔相成。創意的產生，有賴於創造力智能的發揮；創意的績效，取決於創新成果的展現。茲說明如下：

1. 創造力是一種能力或智能，毛連塭（2000）認為創造力有時是一種理性的表現，有時卻是非理性的表現，它需要智能的基礎，也需要有知覺、認知、聯想、趨合和符號化、概念化的能力，更需要有創造性的人格特質和環境，所以是一種獨特的能力。吳武典（1997）把創造力視為一種高層次的心智能力或思考能力；董奇（1995）則指出創造力是根據一定目標，運用所有已知信息，產生出某種新穎、獨特、有社會或個人價值的產品的能力。所以創造力是選擇知識、吸收知識、重新組合或改造知識的能力，從成果來看，也可以說就是解決問題的能力（陳龍安，1992）。

2. 創意（creative idea）是指在疑難情境中，為求問題得以解決，個人憑想像而產生超越經驗的新觀念。有學者指出創意是第一次提出的概念（徐新榮，1990），若將原本既存的事物（舊元素），做新的連結並組合成新觀點，便會使得新產生的創意效果超出原本單一事物所能陳述的效果（James Webb Young, 1975；轉引自 林國芳，1999），但這些必須是可以實行或實現之想法，有別於空想或幻想（林隆儀，1992），也就是將可能有用新奇點子發展並加以表達的一種歷程（Leonard & Swap, 1999）。這種觀點就如同前述談到的創造行為（CB）是不同而更好的想法。

3. 創新（innovation）是創意或創造力具體的實踐，Clark 和 Guy（1988）指出創新是透過人、事、物及相關部門的互動與資訊回饋，將知識轉換為實用商品的一種過程。Freeman（1982）則認為

創新乃指使用新的知識，提供顧客所需新的服務及產品，包括發明及商業化。而 Amabile（1988）認為個人創造性觀念的產生是創新過程的核心建構成分，而組織創新則為組織將個人創造力加以成功實踐的展現。吳思華（2002）綜合各學者觀點將創新定義為，將創意形成具體的成果或產品，能為顧客帶來新的價值，且得到公眾認可者。

綜上所述，雖然三者之間界線都是相當模糊且無定論，在某些層面上又可相互替代或是意義重疊，由文獻發現創造力是一種創造的能力，其創意是因為創造力所得到有用且獨特的成果，可能是一個點子或想法，所以創造力是創意的基石；而創新就是創意的實踐，獲得有用且被接受的產出。教育界常以創造力與創意為教學的指標，企業界常以創新為企業發展的指標。

創新源自創意，創意來自有創造力的員工。所以訓練學生的創造力，讓員工有創意才有創新的可能，故創造力是創新的核心，創造力是創新發展的根源。

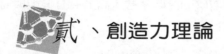 貳、創造力理論

創造思考教學是以培養學生的創造力為目標，但由於各學者專家所持的觀點以及所採取的研究途徑不同，以至於對於創造力的定義常有不同的說法，因此也衍生出各種不同的創造力理論。在進行創造思考教學之前，若要使教學更有效的實施，就必須對不同的創造力理論有所瞭解。

首先，創造力理論可以依據個體創造之行為加以細分，根據學者的歸納，創造力主要有四種研究取向：認知（cognitive）、人格特質（personality）、社會心理（social psychological）及系統（systems）理論，分別有不同的詮釋觀點及研究方法：

1. 認知論強調有創造力的人總會想出新穎的、有創意的且實用的方法來解決問題。
2. 人格特質論強調創造力的產生與人格特質有極大的關係。
3. 社會心理論主要關心的焦點在於創造力環境與因素的營造。
4. 系統論基本主張創造力不可能在真空的狀態下產生，而必須深植於文化環境中（王葳真譯，2003）。

　　除前述分類方式外，也有學者將創造力理論依據派典加以細分，分為精神分析學派、行為主義學派、完形心理學派、連結論、知覺─概念理論、人本心理學理論、認知─發展理論、心理計量理論、互動理論及綜合理論等（毛連塭，2000）。

　　有關創造力的理論多由心理學家或社會心理學家所提出。前者多從個人角度來看待創造力的產生，後者則從社會的層面來解釋創造力的形成，二者切入面雖有所不同，但對創造力概念的釐清卻都有其貢獻。各家學者所提理論眾多，發展趨勢由個人層次轉向系統脈絡層次，由單一論點逐漸走向多元匯合論點。本書概括整理，試圖彙整重要的創造力理論，僅提供創造思考教學的簡略參考，讀者若有興趣與需要，可再尋專書閱讀。

一、精神分析學派（Psychoanalysis）的理論

　　精神分析學派對於創造力的理論大都建立在對精神官能症患者的觀察。精神分析之父 Freud 對於創造成果的研究，是以心理分析的觀點來探討的，他認為創造是本我及超我之間潛意識作用的結果，是一種昇華說的論點。而 Kris（1952）則將創造力視為是本我的活動，是意識的心理運作。Kubie 和 Rogg（1958）則將創造力視為前意識的心理活動，也因此與白日夢及潛伏期有其相關性（引自 Davis, 1986; Kneller, 1965），而 Kitano（1986）則認為創造力是一種控制退化的能力，他認為理性控制的想法是無法產生新理念的，只有在理性暫時失控的時候，前意識的

想法才能得到自由的機會；Adler 重視勝過他人的欲求，即追求優越感並克服自卑感的欲求，主張創造來自於過度補償（overcompensation）（引自劉世南、郭誌光，2002）；榮格（C. G. Jung）也指出，創造有兩種表現方式，一是心理的，強調意識作用的歷程；二是幻想的，認為是潛意識或原始經驗的再現（引自 Busse & Mansfield, 1980）。

二、行為主義學派（Behaviorism）

行為主義學派認為人類的行為是因為環境刺激制約而來，認為個人的一切行為都是經由學習來的。Meltzman（1960）將原創性行為視為是經過增強後所產生的；Skinner（1971）認為人類所有的行為都是經由增強及懲罰所控制的（Davis, 1986；引自毛連塭，2000）；行為主義之父 Skinner 不認為有所謂真正原創的行為或見解，大抵只能算是特殊的個人經歷或遭遇而已（引自 Starko, 1995）；Skinner 認為任何的創造不可能是無中生有，而是時勢造英雄；外在的環境可造就一切，所有的創造都是歷史加上不斷地嘗試錯誤所累積而成的成果（Davis, 1986）。此學派相信，如果提供個體一個良好的創造思考環境，就可激發出個體的創造力（引自劉世南、郭誌光，2002）。張世彗（2001）整理理論後，說明創造是一種複雜的行為，創造也是經由學習而來的。因此該學派認為經過鼓勵及酬賞的作用便可以增進創造力（Davis, 1986；引自毛連塭，2000）。

三、完形心理學派（Gestalt Psychology）的理論

完形心理學派的核心論點是在經驗重整、知覺趨合（perceptive closure）現象及頓悟（insight）等三方面（毛連塭，2000）。

人類在成長過程中已有許多的經驗，但為了滿足生活上的需要，或更有效率地解決生活問題，於是產生重組舊經驗的活動，這就是創造過程中經驗重整的部分。知覺趨合現象是「局部代表整體」的概念，其包含視覺趨合（visual closure）和聽覺趨合（auditory closure）。這種「局

部代表整體」的趨合現象乃是一種重要的創造思考過程，當然趨合現象也建立在舊知識、舊經驗的基礎上，使我們可以從已知推測未知，亦更有利於問題的解決。例如：當我們看到人身體的一部分就知道是人的身體，此謂之視覺趨合，又如我們聽演講時，可以從演講者的片面字句瞭解整句意義，此謂之聽覺趨合。另外，創造思考過程中常會有頓悟的現象，可能是因素接近（contiguity）與情境相似（similarity）所形成的結果，造成整體衍生特質（emergent properties）的知覺與融通（consilicense）結構的連貫完形。

當新情境和舊情境具有相近或相似的要素時，新舊經驗加以重整、知覺加以趨合，因而有頓悟的情況產生，如同整體事件的轉化而頓悟。華勒氏（Wallas, 1926）認為創造的過程應包含準備期、醞釀期、豁朗期及驗證期，亦屬此派見解。

四、連結論（Association Theory）

連結論是由經驗主義學者 Hume 和 Mill 所提出的理論，認為創造是量多及質異（不尋常思想）連結的成果。Spearman（1931）說明該理論之論點中關於新觀念的產生之原因是由：⑴經驗原則：每個人都有其獨特的認知或感覺經驗；⑵聯想原則：當一個人接觸到兩樣事物時，就會連結兩事物之間的關係；⑶連結原則：當給予個體一件事物時，個體便會依其經驗產生新關聯的事物（引自劉世南、郭誌光，2002）。

Mednick（1962）對於創造力所下的定義是：「各元素之間的新結合過程，或是以不尋常的方法、途徑來連結各種觀念」（Busse & Mansfield, 1980），他認為聯想或連結有層級性。聯想有垂直聯想與水平聯想，垂直聯想是同類或同性質的聯想，水平聯想則是不同類或不同性質的聯想，一般人的思考模式，傾向於垂直聯想，而有創造力者較能水平聯想，越能夠將看似不相關的事物連結在一塊，也就是進行遠距聯想（remote association）。

Mednick（1962）亦主張：「創造力乃是創造者為特殊需要者或有

用的目的，將可連結的要素加以結合而成新關係的能力。」克尼洛
（Kneller, 1965）則認為：「創造的新意來自於已存在的想法再加以重組
及安排。」他們相信觀念、概念的連結是思想的基礎。因此，創造是受
個人的經驗與認知的型態所影響，經驗越多、越廣者，越可能產生創新
性及實用性的解決方法；而認知型態不同的人可能對同樣的事件產生不
同的組合模式，進而產生不同的創造品。

五、知覺─概念理論（Perception-Concept Theory）

知覺─概念理論的核心論點認為創造是一種重要的心理活動，與知
覺有若干程度的關係。知覺是在神經系統中組織訊息的過程，而創造行
為是產生新訊息的表徵，從知覺過程的觀點來看，有些因素可能影響創
造潛能。第一為鬆散的訊息組織過程；若訊息組織過程越嚴謹，思想的
過程將會越自動化，如此則無法產生創造行為，但是，當訊息組織鬆動
時，便容易析出創造潛能。第二為監控過程的能力（the power of execu-
tively controlled process）；例如：空間選擇性注意力、心理意象的運
作、心理表徵的過程。有些創造行為有賴於開放的心理過程，有些卻是
需要嚴格的監控能力。因此，在科學和藝術創造的過程中，人類若能夠
善用其視覺和聽覺意象，操作視覺和聽覺符號以察覺事物間的相互關
係，這些知覺與概念化的過程正是創造行為的部分（引自毛連塭，
2000）。

薛巴（Shepard, 1981）認為當人類能夠知覺特定事物的原理，且能
發現各特定事物間的共同屬性及其關係，就可創造出新的概念。有了概
念之後，人類可以繼續透過分析與綜合的方法再產生新的概念，從而繼
續創造新的理論、方法、技術或新事物，建立起人類的知識與文明（引
自毛連塭，2000）。

六、人本心理學理論（Humanistic Theory）

人本心理學理論的核心論點特別重視創造者的非認知特質，也就是

創造者的人格特質,特別著重在創造者「知」以外的「情」、「意」層面(引自劉世南、郭誌光,2002),一個具有創造性潛能的人,如果沒有創造的意願,其創造力便無法表現,亦即此理論強調動機、態度在創造活動中的重要性。具有自我實現特質者,最能展現創造力;有創造傾向的人,也較能推陳出新,反之,缺乏創造傾向的人常常是因循舊制,蕭規曹隨。

Rogers(1959)認為創造力的主要動機是個人實現自我,發現自我潛能的傾向,他認為必須在以下幾種情況下才能產生創造力:(1)對經驗持開放的態度;(2)對曖昧有容忍力;(3)對觀念的界限有彈性;(4)必須具有內控性人格;(5)喜歡嘗試新觀念。另外,Rogers(1954, 1959)從人際關係觀點指出,創造力須依個體具有良好的心理安全,心理自由方能表現出來,它是自我實現的象徵。視創造為一種開放的經驗、內在的評價、自信、獨立、心理的安全等(Busse & Mansfield, 1980; Rogers, 1954)。

Anderson指出人際關係與創造力之間的關係時,強調必須彼此承認對方的獨特性和人格尊嚴,然後才有創造之可能性。而Maslow則強調自我實現與創造力的關係,同時也發現當人們處於高峰經驗時,最能展露自己的個性,最趨於真實的自我。Maslow主張自我實現式的創造力是源於人格而表現在日常生活中(引自劉世南、郭誌光,2002)。Maslow(1968)並且將創造力的內涵區分成「原級的創造」(primary creativity)、「次級的創造」(secondary creativity)及「整合的創造」(integrated creativity)來說明創造力的層次性。如果個人內心深處能夠悠遊自如,思考歷程毫無阻礙,這是一種「原級的創造」;然而,偉大的作品不能只依靠靈感式的體驗,個體必須經歷長期的訓練和冷靜的思考,也就是說,在自然放任之後必須是深思熟慮的次級思考歷程,這便是「次級的創造」,包括一些科學的實驗、文學藝術作品或新的產品設計等觀念的發展及合併的結果;最後,如果個體能夠駕輕就熟地將上面兩種思考歷程做恰當的融合,並做適當的接續,則是「整合的創造」,在人類

社會中，偉大的哲學、藝術與科學，便是這種創造性的展現。

由上可知，人本心理學派特別重視創造者的創造傾向和人格特質，以健康、自然、和諧、發展的獨特潛能，達到自我實現的人生目標。

七、認知一發展理論（Cognition-Development Theory）

認知一發展理論的核心論點認為創造力的形成過程和智力一樣，是隨著智能的成熟和創造思考的訓練、創造態度的培養而逐漸發展出來。強調創造力是一種認知、理性的作用，特別是在解決科學問題時，常常要以智力作基礎，運用邏輯思考的方法，達到創造性解決問題的目的（引自毛連塭，2000）

該派學者亦主張人類創造力與原級認知過程及次級認知過程有關。Kris（1952）認為原級認知過程和次級認知過程在創造思考過程中形成一連續體，二者居於此連續體之兩端，具創造力者較能交替使用原級認知能力與次級認知能力，反之，缺乏創造力者往往固著於一方而無法做更多的變通思考。創造思考的培養與發展即是該兩類能力的增強（引自劉世南、郭誌光，2002）。

八、心理計量理論（Psychometric Theory）

心理計量理論核心論點認為創造力是一種心理作用的歷程，可以從心理測驗判別一個人的創造力高低程度。其中尤其以擴散思考（divergent thinking）與創造力之間有密切的關係存在。基爾福特及陶倫斯是心理計量學派學者，他們將創造力從智慧的概念中抽離出來，把擴散思考提昇至與聚斂性思考同等的地位，並主張可以透過測量得知創造力的程度。

Guilford於1950年提出「智力結構模式」（structure of intellect model, SOI），指出人類的思考可以從思考的內容、運作和結果三方面來探討，相當於輸入、運作和輸出的思考過程；並定義創造力的關鍵字彙，諸如：流暢力（fluency）、獨創力（novelty）、變通力（flexibility）、精密力（synthesizing ability）、分析力（analyzing ability）、現存概念的

再組織或再定義（reorganization or redefinition of already existing ideas）、複雜度（degree of complexity）及評量（evaluation）等成分概念。他認為創造力絕不等於智慧，並斷言測驗的必要性（Gardner, 1993），從此開啟了「創造力－擴散思考」測量的先河，雖然兩者之間連結的本質有所爭論，但擴散思考與創造力常被視為雙胞胎。Getzels 和 Jackson（1962）發表「創造力與智慧」（Creativity And Intelligence）更強化了這種傾向，而 Wallach 和 Kogan（1969）的研究也指出創造力與智慧是不同的結構，擴散思考就是創造力（引自劉世南、郭誌光，2002）。陶倫斯更進一步採用基爾福特的理論而應用於評量訓練創造力的效果，他的「創造思考測驗」（Torrance Tests of Creative Thinking, TTCT）包括語言和圖形的形式，用來測量流暢力、變通力、原創力和精密力，迄今為止，影響力仍大。

九、互動理論（Interacting theory）

有一些學者主張創造的活動並不是單純的個人事件，而是包括個人因素、情境因素與社會環境互動的結果。Rhodes（1961）提出研究創造可以從四個方向來著手：(1)創造的產品（product）；(2)創造者的人格特質（personality）；(3)創造的歷程（process）；(4)創造的環境或壓力（place/press），將創造視為一個涵蓋「創造個體的人格特質」、「心理歷程」、「創造個體與環境的互動」及「創造的產品」的整體。

國內學者（毛連塭，2000）則認為互動理論所謂的創造行為係前因事件與個人的認知因素、人格特質與情境與社會因素互動的結果。茲說明其中因素：

㈠前因事件：個人背景經驗的特質可能影響個人的創造力。包括性別差異、潛能大小、增強之背景及早期社會化情形。

㈡個人的認知因素：許多學者認為智能係為創造力的必要條件而非充分條件，智能成為創造力表現的限度，故重視創造力的認知、策略和思考方式。高創造者在解決問題時，往往較低創造者更能思考，更能反

應，也更有效率。在這部分的影響因素包括：

1. 擴散產出能力：根據基爾福特（Guilford, 1967）的設計，智力結構（SOI）中的運作層面包括擴散思考，配合內容層面的視覺、聽覺符號、語意和行為等，和結果層面的單位、類別、關係、系統、轉換、涵義等，產生流暢、變通、精密等能力。而基爾福特則特別強調轉換的能力。

2. 認知風格：個人解決問題時可能採取不同的策略或方式，稱為認知風格。包括場地依賴（field dependence）和場地獨立（field independence）。場地依賴者則無法分出重要與不重要因素；場地獨立者善於分析環境因素，能區別相關與無關因素。在大腦使用方面，基爾福特認為右腦型者較偏向擴散思考，詹秀美以國小學生為對象，研究其創造力的相關變項，結果發現右腦型較優於變通力，左腦型較優於精密力。

3. 其他認知因素：多數人認為擴散思考與創造力有相關，然而，懷爾斯亭和崔芬格（Firestien & Treffinger, 1983）認為聚斂思考和創造力也有關係，他們認為沒有聚斂思考能力，也就沒有行動，更無法決策。故創造力應包含擴散思考和聚斂思考。

㈢人格因素：伍德門（Woodman, 1981）認為創造力和人格理論有密切關係，他從三方面來說明創造行為，即精神分析、人文主義及行為主義三派。精神分析學派強調創造是一種前意識和潛意識的作用；人文主義者認為創造乃自我實現；行為主義學派認為創造行為和其他行為一樣，都是刺激或增強作用的結果所習得的新行為。另外，有人研究內外制握（internal-external control）和創造力的關係。內制握者相信行為結果另有報應，外制握者相信運氣。葉德雷和波連（Yardley & Bolen, 1986）發現外制握型女性在非語文流暢與變通方面優於外制握型男性。而創造性高的男性多為內制握型的人，而女性則反是。這些非認知成分的人格因素，使高創造者在解決問題時更能思考、更用心、更有興趣（引自毛連塭，2000）。

十、綜合理論（Synthetical Theory）

有些學者將創造力理論加以整合而成綜合理論，認為創造力的表現並不是單一成因，而是多元因素所形成的，此派學者提出創造力有時是一種理性的表現，有時卻是非理性的表現，需要智能的基礎，也需要有知覺、認知、聯想、趨合和符號化和概念化的能力，更需要有創造的人格特質和環境。

綜合理論係將兩種或兩種以上的理論綜合在一起所成的。根據Busse和 Mansfield（1980）的分析，有四位主張綜合理論的學者，分述如下（毛連塭著，2000）：

㈠ Hadmard：結合心理分析論及連結理論，將創造視為準備、潛伏、啟發、確認及結果的應用，四個步驟的過程。

㈡ Koestler：其理論稱為「雙重連結理論」（bisociation），是結合心理分析及連結理論。認為創造是將先前的兩個獨立因素或想法使之接觸及連結的過程（Bailin, 1988）。

㈢ Gruber：結合連結論、Gestalt 的問題解決理論及 Piaget 的認知理論。他認為創造的過程是：準備、創造性思想、尋求及探究的活動。

㈣ Haslerud：結合連結論、Gestalt 的思想及學習理論，將創造思考視為是複雜且相互依存的過程。其過程是：合併新的觀點在記憶中、評價邏輯性及適合性、利用可支援的技術來發展新觀念。

Clark 於 1983 年則提出創造力的「統合模式」，其「創造力環」理論認為創造乃是直覺、情意、感覺和思考等功能的統合作用（Clark, 1988）。Amabile（1983）認為創造力不能只視為人格傾向或普通能力，而是人格特質、認知能力和社會環境的綜合。

十一、精神病理學的理論（Psychopathological Theory）

精神病理學是對異常精神過程的闡釋及研究，其類別五花八門，精

神病理學家在探討創造力的本質時,多從遺傳生物學的觀點出發。由具有最高創造力的天才的分析來看,Lombroso 認為天才是瘋狂的,Kretschmer 認為天才是人類罕見的極端變種之一。宮城音彌(李永熾譯,1994)認為創造的原動力來源有三:意志、感情與心情,創造性的活動大多由積極、愉快而活動性氣氛(心情)所推動,但消極、憂鬱而內向的氣氛則是詩人創作的原動力。

　　許多具有創造力的人,似乎受到情緒困擾或過著心理複雜的生活,柏拉圖曾表示藝術家是被神賦予「神性的瘋狂」,意味著以更正向的觀點來看創造力,如人品、天賦或才智等也為如此。包括有躁鬱症的 Vincent Van Gogh,其漩渦狀的筆觸如同暗指他處於躁症期;而當代藝術家 Darcy Lynn 表示繪畫可以提供她逃離不安,展現自我的創作世界,也藉此說明生病雖然是負向的感受,但是藝術可以協助我們理解失去健康的情緒與靈性層面。然而創造力並非總是情緒混亂的結果,心理學家 Rollo May 於《創造的勇氣》書中提到創作歷程是探險而來,並非生病的結果(Malchiodi, 2012)。

　　宮城音彌(李永熾譯,1994)認為若將天才視為人類社會的變種來看,則不應太傾向生物主義,必須綜合生物學主義與社會學主義才能瞭解天才的本質,因為社會環境導致的性格異常才是天才的成因。天才常是不適應社會,而犧牲社會適應性以推展創造作用的人。宮城音彌從精神病理學的觀點認為創造誠如 Minkowski 所言,個體把最隱密的自我表露於外,並在未來的世界留下個人的烙印,想在無限的世界中確立自我。因此,自我不僅要順從世界,也要與世界對立。Bergson(楊軍譯,1998)所說的「飛躍」(hormie)越激烈,越是個人性的,自我與周圍的對立便越厲害。創造並非在與周圍認同、調和的時候產生,而是由對立推展。情緒與創造力的關係如何?如同 Hershman 和 Lieb 認為情緒促進創造力,溫和的躁狂與抑鬱是產生創造力最好的狀態,完成的作品在數量和質量兩方面都有提昇之勢(劉世南,2002)。

十二、多元智能理論（Multiple Intelligences Theory）

　　Gardner 於 1983 年提出「多元智能論」（The Theory of Multiple In-telligence），他指出人腦存在著至少七種潛在的智能形式，包括：語文（linguistic）智能、邏輯─數學（logical- mathematical）智能、視覺─空間（spatial）智能、肢體─動覺（bodily-kinesthetic）智能、音樂（musi-cal）智能、人際（interpersonal）智能、內省（intrapersonal）智能；1995 年他又提出第八種智能為自然觀察者（naturalist intelligence）智能（郭俊賢、陳淑惠譯，2000），而且可能還有其他的智能存在，例如：存在（existential）智能，但因為存在智能與其他智能的性質仍有一段差距，需要再深入研究才能確認，所以 Gardner 認為目前已知的人類智能類型可以說是有「八又二分之一」種智能（李心瑩譯，2000）。Gardner 在 1997 年提出他對多元智能論的兩項互補主張，第一個主張為「多元智能論可以說明人類認知的豐富性」，第二個主張為「每個人的智能組合都是獨特的」（李心瑩譯，2000）。

　　此理論以個體為起始點的社會互動，提出人類的認知能力，基本上包括下列八種智能：語文、邏輯─數學、肢體動覺、視覺空間、音樂、人際、內省及自然觀察等八種智能。主張每個人都具備不同程度的多元智能，各種智能呈現的方式也具多樣性，並指出多元智能是可以發展的。如同 Gardner 對多元智能的看法，他對創造力的觀點亦是如此。

十三、系統理論（System Theory）

　　傳統心理計量學派以紙筆測驗衡量個人創造力，不僅忽視社會壓力與認知過程，在預測上也遭遇到了困難；認知過程取向，忽略個人特質與社會系統的重要性；至於社會人格取向的研究方法，則是鮮少提及創造力的心靈表現與過程。因此，創造力研究已慢慢從「創造力為何？」的研究，轉換到「創造力何在？」的研究典範：創造力過程涉及的是一個體系的運作，而非僅是單一個體，這方面領導學者除了 Csikzentmihalyi

外，也包括 Gardner、Gruber、Davis、 Hennessey 和 Amabile 等人。

　　系統理論最早應可從 Morris Stein 所觀察到的現象，以及 Dean Sim-onton 蒐集到的大量資料中發現，經濟、政治與社會事件對創造性生產的速率之影響，可以歸因於新觀念或產品產生必須深植於文化中，個人以外的外在變數必須加以考量（Gruber, 1988）。

　　Csikzentmihalyi（1996）認為創造力並非單純地在人們的腦中發生，而是個人思維與社會文化互動的結果；創造力是一種系統性的，而非個別的現象，創造力是受到個體、領域及學門三者的影響。他相信主觀經驗的品質是人生活中最重要的面向，創造力不能以其作為一評估參考，若創造力要保存有用的意義，必須以新想法或產品，被其他人認同且採用，並以此過程作為評量基礎。原創性、新鮮感（freshness of percep-tions）、發散思考能力等雖然都是好的人格特質，但若沒有某種形式的公眾認可，仍然無法構成創造力。因此，創造力是一種現象，建構於創造者與消費者之間的互動（interaction between producer and audience）。創造力不是單一個人的產物，而是社會系統對個人產品所做的判斷（Csikzentmihalyi,1996）。

　　Csikzentmihalyi 認為創造力乃個人、領域及學門三大要素互動的過程，分別敘述如下（Csikzentmihalyi, 1996）：

　　㈠個人（individual person）：「個人」所指的範疇，涵蓋其人格特質及背景相關因素。

　　㈡領域（domain）：「領域」所指的乃是各個學習領域的象徵符號系統（symbolic system），各種相關的領域結合起來而形成的文化。領域的角色可說是創造力必要的成分要素，若無領域的存在，知識則無法產生變異。

　　㈢學門（field）：「學門」所代表的則是指新穎點子的篩選機制，即所謂的守門人（gatekeeper）的角色。系統模式中的守門人角色即屬學門這個範疇的執行者。

　　此理論認為一個足以改變人類文明的創造成果，並不只是決定於一

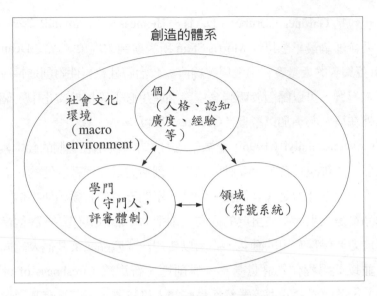

圖 2-6 創造力的系統模式圖

資料來源：Csikzentmihalyi, 1996.

個有創造力的個人。當個人產出一個創意產品時，就某一個領域（do-
main）的演進來看，即是產生了一種變異，但是這樣的變異是否會被留
存下來，並改變此一領域或成為該領域的重要成就時，也必須經過「選
擇壓力」的選擇，在領域中扮演「選擇」角色的即是主導此一領域的
「學門」（field），「學門」扮演守門人（gatekeeper）的角色，如果個
人的創意產品可以通過守門人的選擇，則可以進入領域成為領域中的一
個創造成就，而得以繼續傳衍下去。

十四、投資理論（Investment Theory）

Sternberg 的投資理論「買低賣高」（buy low, sell high）概念是由經
濟學的投資觀點來解釋創造力，以「買低賣高」的觀念來貫穿六項創造
力資源即智慧、知識、思考型態、人格特質、動機和環境等。他認為只
有當每項資源在某個均衡點上得以發展，創造力才能完全發揮。

其中，所謂「買低」是指主動追求別人尚未知曉的想法或是別人丟

棄但具有成長潛力的想法;「賣高」指的是在這個想法或產品替你賺了
很多錢,變成很有價值時,就要放手賣掉去進行新的創造(洪蘭譯,
1999)。

把創造力類比為一個投資「買低賣高」的過程,是一個十分具有創
意的觀點。尤其是加上了下列因素的考量,更加貼切(洪蘭譯,1999;
Sternberg & Lubart, 1995):

㈠風險成分:包括了市場風險與特定風險。市場風險決定於一個市
場或創意領域的整體金融健康狀況;特定風險則決定於某個特定企業或
領域的相對於一般市場走向的趨勢。

㈡投資策略:投資策略有許多種,但其中有三項特別值得討論,包
括:技術面分析、基本面分析與隨機漫步理論。技術面分析是研究過去
市場的表現,以預測未來市場的行為表現,應用到創造力上。基本面分
析則是透過對盈餘、紅利、成長、經營的觀察,決定應該集中在公司的
基本經營層面加以投資;至於隨機漫步理論,則是告訴投資者要分散投
資種類以達平衡。

㈢投資工具:在股票投資中有概念股、績優股、成長股等不同性質
的股票,投資者如果可以善用知識、智慧與動機,來加以投資,可以享
有相當好的獲利。

㈣資本:投資者決定要投入股票的類型,還要看手中資本額有多
大。累積豐厚的「人力資本」絕對是有效創新的不二法則。

㈤市場需求:環境的不同影響到需求價值的不同,對創造力的需求
就和股票一樣,分配是不均的,給予的報酬也會有所不同。

㈥投資評估:就像在投資前要對市場做判斷一樣,創意作品的價值
也須經過適當的評估。Sternberg 採用「同意」的方式來對創造力加以評
估,就必須冒著「團體思考」導致錯誤判斷的風險。

㈦代價:創意領域中的代價有許多種,最明顯的是極富創意的人在
成名後,因過多的雜事圍繞而無法專心創作。另一種代價是他人對新進
者想「買低」的拒絕及排斥,這是因為他擾亂了舊有的秩序,讓人產生

不安。最後一種代價,是在過多創意後產生僵固性,變成創意破產。

㈧利益:雖然投資有風險、有代價,但豐厚的獲利便是一切辛苦的回報,而創造力的利益可能是有形的物質獲利,更重要的是無形的成就感與滿足。

　　儘管創造力的價值,已經為大家所接受,但要把創造力充分的展現出來,必須要有其他資源的輔助,才能將隱藏於個人內在的創造力潛能加以激發出來,而這六項輔助的資源分別為:智慧、知識、思考型態、人格、動機、環境(洪蘭譯,1999;Sternberg & Lubart, 1995)。

㈠智慧:智慧在創造力中,主要有三個功能:綜合、分析與實際。在綜合面上,是用不同的表達方式說明同一個重點,也就是用新的眼光去看舊的問題;在分析面中,智慧在創造力中的第二個角色是能夠看出哪一個新想法是好的;在實用面上,能夠有效的把自己的成果表現給觀眾看,畢竟一個能成功宣揚想法、善用別人批評的智慧,是創造力實現的重要條件。

㈡知識:知識在創造力中扮演著基礎的角色,但過多的背景知識也會使思想僵化,使人成為知識的奴隸,所以想要有創意的眼光,除了要有知識之外,還要能夠超越原有知識的限制。

㈢思考型態:所謂思考型態是一個人如何利用或發揮它的智慧,它不是一種能力,而是一個人選擇用哪種能力的方法。思考型態是創造力的基本因素,創造力需要它才能完成整個路線。

㈣人格:在Sternberg的研究中發現,可以做到「買低賣高」的人格特質為有冒險性、能夠表明立場(take a stand)及幽默等特質,對創造力來說都是相當重要的特質。

㈤動機:「買低賣高」的創意人,之所以能夠不管其他人的想法,一心投入做出最好的投資,一定要有很強的動機才行。相關的研究則指出,最大的動機是內隱的。

㈥環境:有些環境鼓勵創意、有些環境扼殺創意。創意是一個人跟

環境互動的產物，因此環境因素在創造力產生的過程扮演著相當重要的角色。

十五、脈絡理論（A Context Perspective）

　　阿馬貝爾（Amabile）於 1983 年提出創造性行為的社會影響，討論創造力首先應考慮到創造歷程的認知、人格、動機及社會影響因素，並強調創造歷程的動機角色及社會環境對創造力的影響（Amabile, 1983）。

　　阿馬貝爾（1983）認為創造力概念化的最佳方式不是經由人格特質或是一般能力，而是經由來自個人特徵、認知能力與社會環境的連結（constellation）後的行為來概念化。阿馬貝爾提出以下的架構來描述工作環境中影響創造力的構成要素，三個要素間不僅相互作用，每一個別要素都受到許多內在與外來因素的相互影響，如圖 2-7 所示。

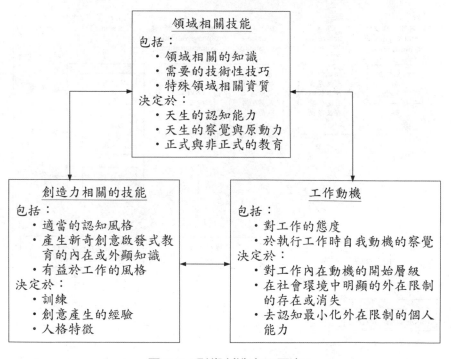

圖 2-7　影響創造力三要素

資料來源：Amabile, 1983.

　　影響創造力三要素中，「領域相關的技能」是最基礎的，要產生創意之前，必須先熟知某一領域中具有的技能與天分；其次，「創造力相關的技能」是指傳統上可以產生創造反應的認知與人格特徵；至於「工作動機」則是阿馬貝爾研究的焦點。此模型最主要的貢獻是納入過去研究者所忽視的二個部分，即創造歷程中動機的角色與社會環境對創造力的影響。

　　此要素架構與先前創造力研究最明顯的不同是「工作動機」，阿馬貝爾（Amabile, 1983）提出創造力內在動機的假說：「內在動機有利於創造力，外在動機有害於創造力。」內在動機是為自己去做某一活動的人，而外在動機是為完成某項外部目標而去進行某一活動的人，阿馬貝爾假設動機的不同會導致創造性表現的明顯差異。

　　阿馬貝爾後來修正原先的要素架構如圖 2-8（Amabile, 1996）：主要

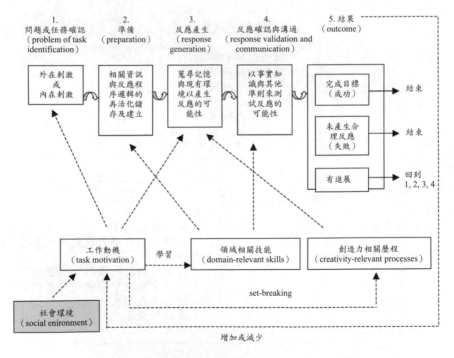

圖 2-8　脈絡透視（Context Perspective）理論

資料來源：Amabile, 1996.

認為創造力成為非序列，可在步驟間跳躍，並加入社會環境因素因影響
工作動機而影響創造結果。

阿馬貝爾同時亦根據後續的研究，對原先的「創造力內在動機的假
說」提出修正，修正後的假說如下：

> 內在動機有利於創造力，控制的外在動機有害於創造力；
> 但資訊形式的或是智能式的外在動機是有利於創造力的，特別
> 是在內在動機有很高的起始水準。會有這樣的修正是因為阿馬
> 貝爾發現某些外在動機可以結合內在動機產生正面的影響，阿
> 馬貝爾稱這些外在動機為「綜效性外在動機」（synergistic ex-
> trinsic motivations），另有非綜效性外在動機。

整體而言，Amabile 的理論是由三要素合成：工作動機、領域相關
技能與創造性相關技巧。三者交集越多，創造力越高。特色如下描述
（Amabile, 1996）：

㈠工作動機：阿馬貝爾早期提出內在動機假說，認為內在動機有助
於創造力而外在動機有害於創造力。對於動機的觀點是一種穩定不變的
特質。近期提出動機綜效觀點，主要關鍵在於對於動機觀點的轉變，阿
馬貝爾認為外在動機並非穩定不變，而是會隨著外在環境的影響而改變
的。除了依然認為內在動機有助於創造力，但是並非所有的外在動機都
會抑制創造力。外在動機當中，有一部分對於創造力是有幫助的，稱為
綜效性外在動機，分為兩類，一是訊息性外在動機，即提供訊息資源讓
個體進行創造的動機。另一是致能性外在動機，即提供資源讓個體擁有
能力去做一些事情，亦稱授權性外在動機。

㈡工作環境：阿馬貝爾的理論認為環境因素會對內外在動機造成影
響，而影響創作歷程的不同階段、對於領域相關技能的學習與打破創造
力相關歷程的思考限制，為檢視這樣的理念，阿馬貝爾相繼發展出 WPI
以測試創作個人的內外動機，發展出 KEYS 以測試工作組織氛圍對創造

力影響的有利與不利因素的衡量。

　　㈢以問題解決歷程為核心：由上圖 2-7 可知影響創造力三要素與環境因素是置於創造的問題解決歷程的脈絡下，詳細的檢視每一要素的此歷程不同階段的影響機制，這樣的細部機制可以明白相關要素的作用所在，對於研究或是應用、改善都易掌握其要點。

十六、歷史計量學（Historiometric Approach）理論

　　Simonton（1984）強調社會文化等大環境因素對天才的影響。其歷史計量取向主要是將科學（量化）研究應用於史料中，以發現創造者如何對歷史造成影響。這是一種方法論的取向，簡言之，即是以歷史上的名人（eminence）為研究對象，從各種相關史料去研究這些歷史名人何以成為具創造力者；在分析完史料之後，再將資料轉換，進而做下一步的統計分析，以找出共同的法則。關於歷史計量方法的解釋分為下列三個部分：

　　㈠歷史計量法試圖找出測量人類行為的原則性假說（nomothetic hypotheses）。其目標是為了發現在史料中出類拔萃的名字、日期、地點之一般性法則及統計上的關係。

　　㈡量性的分析在歷史計量法中是為必要條件。

　　㈢歷史計量法的樣本包括在一特定成就領域中能「創造歷史」的人格特質者。而在創造力研究的範疇中，歷史計量研究者即研究被稱為創造力天才的個體。舉例而言，當一個人獲得了諾貝爾文學獎或科學方面的獎項，不管他現在是否仍在世，歷史計量研究仍將他包含在研究的個體中。

　　Simonton（1990）認為創造力至少包含四要素：創造的個人、創造的過程、創造的產出、創造的情境。而 Simonton 所提出影響創造力的因素之中，包括個體發展因素及個體所處之社會文化因素（見圖 2-9）。在個體發展心理學層面的因素有出生序（birth order）、智力早熟（intel-

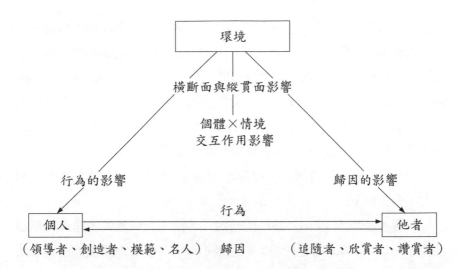

圖 2-9　Simonton 創造力環境影響觀

資料來源：Simonton, 1990.

lectual precocity）、童年創傷（childhood trauma）、家庭背景（family background）、教育與特殊訓練（education and special training）及角色模範與良師（role models and mentors）等因素；而來自於時代精神（the zeitgeist or ortgeist）的重大且非個人的影響，可略分為四個範疇：文化因素（cultural factors）、社會因素（societal factors）、經濟因素（economic factors）以及政治因素（political factors）。

十七、演化理論（Evolution Theory）

　　Lumsden 在「演化中的創造心靈：故事和機制」一文（李乙明，李淑貞，2005）中指出：人類的創造力其實只是在生命史無可計數的時間洪流裡，同一個主題一再重複出現的變奏而已。對新達爾文主義而言，演化是一種戲劇性的創造，儘管無意向的自然歷程的運轉，是以遺傳和塑造原始多樣化之間的緊張拉据為樞紐。

　　或許將來有一天會出現，但目前創造力的演化科學並不存在。因為，創造力這個被大家議論紛紛的心理現象，其微妙本質以及莫衷一是

的歷史性質，使得這項任務變得非常艱鉅，甚至是不可能的；但另一方面，也更加令人難以抗拒。詹志禹（1999）從演化論的觀點來分析「創造性」（creativity）的定義，以及關於創造力的四 P：個人特質（persons）、創造歷程（process）、創造性產品（products）及有助於創造的環境（place），認為演化歷程是宇宙當中最基本的創造歷程，而演化的最基本歷程就是「變異」（variation）與「選擇」（selection）在交互作用下所形成的「自我組織」（self-organizing）歷程，以演化觀點來看創造力，分析如下：

㈠從產品著手：Fox（1963）曾說：「創造並無意義，除非與創造性產品有關」；Brown（1989）則主張：「所有創造力測驗都應該以某種創造性產品作為外在效標，否則它的效度將成問題」；Mayer（1999）整理許多學者的看法，發現大部分作者都同意：「創造力涉及創造新穎而有用的產品，包括觀念與具體物品」。本文中「產品」一詞採廣義用法，包括觀念（如科學理論）、符號（如語言）、行為（如跳舞）、結構（如企業組織）與物品（如一幅畫、一個器具）等抽象或具體產品。

㈡創造性產品的條件：從「變異與選擇」的演化論觀點來看，創造性產品必須具備有「新穎的變異」及「禁得起某種選擇壓力」兩種特徵；換句話說，創造性產品必須新穎而且有價值。許多學者在界定創造性產品時，所舉出的條件與「變異與選擇」的演化論觀點相合。根據 Mayer（1999）整理 Sternberg 所編 *Handbook of Creativity* 一書中作者的看法，他發現大部分作者對於創造性產品的描述用詞雖然不同，但都認為創造性產品必須具有兩大類的特徵：獨創性（originality）與有用性（usefulness）；與獨創性有關的用詞包括新穎（new）、新奇（novel）、獨創（original）等，與有用性有關的用詞包括有價值（valuable）、適切（appropriate）、重要（significant）、適應（adaptive）、有效（utility）等，這類用詞大部分與問題解決有關。這兩大類特徵，剛好符合演化論當中「變異」與「選擇」這兩大概念，以文化層次的用語來說，也就是要考慮「新穎」與「價值」這兩個向度。

㈢兩種層次的「新穎」：所謂「新穎」，包含兩種層次：在個人層次而言是「自己前所未有」，在社會文化層次而言則是「其他人所未有」。Stewart（1950）主張，一個人只要想出自己前所未有的創意，即使該創意早有其他人在其他地方想出來，這個人仍然在從事創造性思考；Thurstone（1952）也強調個人層次的創造，他認為創造性的問題解決歷程必然隱含：思考者所發現的解決策略對個人而言是新穎的。另一方面，Stein（1953）主張，我們必須從文化層次來定義創造，所謂「新穎」就是意涵沒有任何其他人提出同型式的產品；Csikzentmihalyi（1988）主張系統觀點，也是強調文化層次的定義，他認為判斷某事物是否具有創造性的唯一方式，是「透過比較、評價與解釋」。從心理發展的觀點來看，個人層次的「新穎」與文化層次的「新穎」並不衝突，每一個人總是必須先追求自我的成長與進步，才可能逐步超越他人，做出對社會文化層次有貢獻的創造。從此一觀點來看，教育活動應該鼓勵學習者追求個人層次的創造，在經過個人層次無數次的突破之後，文化層次的創造就能自然達成。小學生雖然較難在文化層次做出創造，但在個人層次的創造並非難事。

㈣兩種層次的「價值」：所謂「價值」也有兩種層次：在個人層次而言就是「自己心中的評價標準與選擇原則」；在社會文化層次而言就是「相關社群的評價標準與選擇原則」。社群的評價標準與選擇原則，是透過溝通歷程所形成的部分共識，構成了「約定成俗」（convention）的一部分，但並非定型，而是永遠在演化當中。

㈤階段性的創造：聯合「新穎與價值」兩大向度以及「個人或社會文化層次」的考量，我們可以對「創造」形成一個漸進性的定義（a progressive definition），如表 2-3 所示。此種定義方式不違反演化論的觀點，同時對於創造力的教育歷程有所啟示；換句話說，從教育歷程來看，無論在哪一個學習領域，無論從什麼年齡開始，我們都無法一開始就要求學生做出對文化有貢獻的創造，而必須依下列階段循序漸進，鼓勵學生創造（方格中的數字意義，請參考表 2-4）。

表 2-3　階段性的創造產品與價值分析表

階　　　段	內　　　容
階段一（1）	創造一些對自己來說是新穎的、非習慣性的產品。
階段二（1＋2）	創造一些對自己來說是新穎的、非習慣性的、個人所珍視的產品。
階段三（1＋2＋3）	創造一些對自己來說是新穎的、非習慣性的、個人所珍視的，對社會文化來說是非傳統性的產品。
階段四（1＋2＋3＋4）	創造一些對自己來說是新穎的、非習慣性的、個人所珍視的，對社會文化來說是非傳統性的、社群所珍視的產品。

資料來源：詹志禹，1999。

表 2-4　創造性產品的漸進性定義

	新　穎	有價值
個人層次	1非習慣性產品。	2個人珍視的產品。
社會文化層次	3非傳統性的產品。	4社群珍視的產品。

資料來源：詹志禹，1999。

　　這四個階段雖然有其大致的順序，但在年齡上會產生重疊現象；此外，這四個階段應該是領域特定的（domain-specific），任何一個人在任何一個年齡學習任何一個領域，都可以追求這四個階段的發展，而且會在不同的領域處於不同的階段；最後，這四個階段的發展會有個別差異，就同一個領域而言，有些人可以在很年輕時就達到階段四，但有些人可能一輩子都達不到階段四。

十八、發展理論（Developmental Theory）

　　創造力研究已經從探討有限的能力，轉而朝向具有卓越貢獻的成就的發展過程進行研究。舉凡創造性個人的生物背景及生理基礎，到廣泛的歷史事件型態都是研究的主題。發展心理學家 Feldman（1986）在其

Natural Gambit 一書中擴展出一套創造力的定義，他指稱由於對洞察力
與啟蒙的需求，帶動了創造過程必須的轉換。其中一項最有用的結論便
是創造力是資優的一種延伸，認為創造力為一種特別的發展模式，對個
人與領域產生一種新奇而有價值的成果。在 1990 年的一場演說中，Feld-
man 將其創造力的發展理論圖表化，強調唯有當該領域轉換過後，才真
有創造力存在。富有創造力的人會在某一領域中的某一方面工作，並延
伸該領域方面的知識。創造力在每一種知識的範疇中都能顯示其生手階
段、見習階段、專門階段及神話階段。人們在專門階段運用創造力的方
法絕對不同於該領域的那些實務者。富創造力的人到達專門階段後，即
轉換並延伸該方向及領域。Feldman 認為創造力中有幾種不同的發展「區
域」（region），創造性成果或是轉換只有在富創造力的當事人發展完
成時才可能自洞察力中顯現。事實上，有許多因素包括個人的智力、人
格、社會，以及情緒的品質；家庭中的出生序和性別，以及家族歷代的
傳統；某一個領域的專業現場及其支持系統、選擇機制，以及其他因素
會影響創造力發展；研究創造力及其發展，雖然距離完整解釋創造力的
進展，眼前還是一條長路，但要克服困難，更完整地了解創造力，必須
結合心理學家、生物學家、哲學家、電腦科學家、藝術家，以及詩人
……等通力合作（李乙明、李淑貞，2005）。

十九、擴散思考（Divergent Thinking）與水平思考（Lateral Thinking）理論

擴散思考與水平思考都是創造思考教學中運用最多的思考策略。

基爾福特智力結構理論認為：人類的智力乃複雜思考的表現。在思
考的整體心理活動過程中，包括三個層面：(1)內容（content）；(2)運作
（operation）；(3)結果（product）。可視為立體結構的三個向度或三大
類要素，每個層面又各自包括多種次級要素。在整個立體式智力結構
中，理論上就可按三大要素的乘積，得出一百八十種不同能力；即 5（不
同內容）×6（不同運作方式）×6（思維產物）＝ 180。換言之，基爾

　　福特認為人的智力是由一百八十種不同能力結構而成的，而在思維運作的向度上包含的思維運作有六種：認知、記憶收錄、記憶保存、擴散思維、聚斂思維、評價。而其中擴散思維指的是：思路廣闊，能從不同角度思考問題的思維方式，所以在此智力結構中，擴散思考即代表人類的創造力，它包含以下幾種基本能力，而這些能力可透過測驗工具或評量者的觀察而瞭解（引自陳龍安、朱湘吉，1994）。

　　㈠敏覺力（sensitivity）：指敏於覺察事物，具有發現缺漏、需求、不尋常及未完成部分的能力；即是對問題的敏感度。

　　㈡流暢力（fluency）：指產生觀念的多少，即是思索許多可能的構想和回答。

　　㈢變通力（flexibility）：是指用不同方式思考，面對問題時能隨機應變。

　　㈣獨創力（originality）：指反應的獨特性，想出別人所想不出來的觀念。

　　㈤精進力（elaboration）：是一種補充概念，在原來的構想或基本觀念再加上新觀念，增加有趣的細節，和組成相關概念群的能力。

　　歸納言之，創造性思考在運作過程中，常須突破成規，超越習慣，以求新求變、冒險探究的精神去構思觀念或解決問題，其行為表現出敏覺、流暢、變通、獨特、精進等特質。

　　水平思考理論取向的學者（Adams, 1974, 1986; de Bono, 1971, 1985, 1992; Gordon, 1961; Osborn, 1953; von Oech, 1983; 引自 Sternberg, 1999）主要的關注焦點是在腦力激盪（brainstorming）。de Bono 的水平思考法，主要是針對人類習以為常的垂直思考提出另一種不同於垂直思考、卻既存於腦中的思維方式。

　　一般人慣用的是論理和分析的垂直思考法，也就是在同一個洞裡一直挖探；而水平思考法（lateral thinking）卻是在另外的地方設法再掘一個洞看看，也就是說不要在同一個地方鑽牛角尖而要另起爐灶。其四大

原則為（謝君白譯，1995）：

㈠絕對尊重各種不同的思考方式，以發掘創意。

㈡應從多方面觀察，或完全改變對某一件事的看法，以探索創意。

㈢必須完全脫離垂直思考法的領域而去觀察事物。

㈣應多利用偶發性的啟示，以創造新的構想。

此種方法完全擺脫過去的認知束縛，而以隨機應變、直覺判斷的方式突破問題點，以提高思考的效用，發揮創造力。de Bono 用 lateral（側面的）與 vertical（垂直的）對比使用，而不用 horizontal（水平的）這個字，揭示了思考三度空間的維度，強調出人的思考之立體性與能動性。此處「側面」即「中介」連結了垂直和水平，建立了思考從二度到三度的架構。思考除了向度問題，人的思維形式又可分為形象思維、抽象思維和靈感思維。

二十、創造力樂園理論（The Amusement Park Theory of Creativity）

創造力樂園理論是由加州大學的考夫曼（Kaufman）及萊德大學的貝爾（Baer）兩人在 2005 年所提出的反駁現今創造力理論的「技巧疊床架屋」（overlapping skills model）及「不同斜率的歸納」（varying gradient of generalizability model）模式之偏頗理念，而改以「遊樂場（Amusement Park）」的主題區來譬喻創造力學習的五個層次的最新創造力理論。雖然此一理論尚在建立的階段，但從其特色與內涵觀之，頗有發展的空間，尤其對創造思考教學有實質的幫助（Kaufman & Baer, 2005）。

創造力樂園的理論以玩迪士尼樂園（Disney Word）四大主題區為例，參考了數十年來的創造力相關理論，並歷經二年蒐集二千多位對創造力活動的概念化資料，做因素分析，獲得以下的創造力樂園理論的特質：

㈠創造力必備的基本條件

Cinitial requirements: "You must be this high to ride." 列出三個因素作為創造力必備但非充分的基本條件：

1. 智力（intelligence）

創造力不需要高智力但也必須有基本的智商，根據 Sternberg 和 O'Hara（1999）及 Winner（1996）發現，大多數的研究認為智力與創造力之間的相關，最低的智商為一百二十。

2. 動機（motivation）

讓一個人有意願，想去做某些事，才有可能成功，這就是為什麼動機是創造力必備的基礎，一個不動筆的人成就不了作家。

3. 環境（environment）

提供一個能鼓勵支持創造行為的家庭或社會，才能培養出傑出的創意者。

㈡一般主題區（general thematic areas："which theme park shall we go to - the Magic Kingdom, EPCOT, Disney - MGM Studies, or the Animal Kingdom"）

如果你有機會到迪士尼樂園，你必須從四個主題區中選擇你要去的，創造力也有三個重要的主題區：

1. 創造力的同理心與溝通（creativity in empathy / communication）例如人際關係。

2. 手動的創造力（hands - on creativity）；例如藝術─手工藝。

3. 數學與科學的創造力（math / science creativity）。

㈢**領域**（domains: "Okay, we're at the Magic Kingdom. Do we want to go to Fatasyland, Adventureland, Liberty square, Frontierland, Mickey's Toontown Fair, or Tomorrowland"）

　　每個一般主題區都會有一些較特殊的創造力領域，我們會做最適當的選擇，而產生專長的領域，在選擇領域時會受到動機的類型（the type of mativation）、知識、人格及環境的影響。

㈣**特殊的任務或微領域**（specific tasks, or microdomains: "This is Tomorrowland - now where is space Mountain"）

　　每個領域的任務都有其共通性及差異性存在，因些有其限度的轉換性，例如在某一類音樂專精的人，不見得其他特殊音樂都精通。

㈤**特殊的連接：出乎意料之外**（Strange connection: errors in the model - "The 3D show Honey I shrunk the Audience at EPCOT was fun, so let's try the Animal kingdom's 3D show It's Tough to be a Bug!"）

　　新組合、新發現讓人耳目一新，突發似的靈光一閃、茅塞頓開，啊哈！創意來了！

動 腦 思 考

一、請用創造力是（像）造句。

1.創造力是（像）＿＿＿＿＿＿＿＿＿＿＿＿＿＿＿＿＿＿

2.創造力是（像）＿＿＿＿＿＿＿＿＿＿＿＿＿＿＿＿＿＿

3.創造力是（像）＿＿＿＿＿＿＿＿＿＿＿＿＿＿＿＿＿＿

4.創造力是（像）＿＿＿＿＿＿＿＿＿＿＿＿＿＿＿＿＿＿

5.創造力是（像）＿＿＿＿＿＿＿＿＿＿＿＿＿＿＿＿＿＿

二、你最喜歡哪一個創造力理論？為什麼？

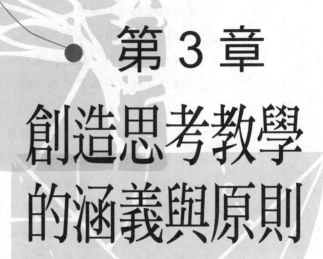

第 3 章

創造思考教學
的涵義與原則

本章重點摘錄

創造思考教學是為培養學生創造思考能力的教學，教師於教學時，以學生為主體，提供支持性的環境，配合創造思考策略，激發學習興趣，令學生有表達己見、容多納異、相互激盪想法的機會，以啟發創造思考。

本章歸納國外九位學者及國內十三位專家學者的研究，綜合提出有關創造思考教學的原則如下：

實施創造思考教學應考慮下列原則：

一、提供多元開放的支持性環境。

二、累積知識基礎，以利推陳出新。

三、活動具體可行活潑有趣，將創意與生活結合，增強解決問題的能力。

四、思考技巧傳授，自然融入課程。

五、擴散與聚斂思考兼顧，創意與批判思考並重。

六、團隊合作學習，異質創意交流。

七、結合家庭社會資源，配合多元智慧發展。

八、採用多元評量，莫讓創意溜走。

九、開創新意，兼顧創意倫理。

十、強化教師的教學反思及學生的後設認知。

最後作者更以實務工作者的觀點勉勵每位教育工作者，倘若要學生能快樂地學習，並且推動知性又有創意的教學，可以從兩方面著手：

一、從心。

二、重新。

壹、創造思考教學的涵義

　　創造思考教學，就教師本身來講，乃是鼓勵教師因時制宜，變化教學的方式（賈馥茗，1979a）。其目的在啟發學生創造的動機，鼓勵學生創造的表現，以增進創造才能的發展。在教學的過程中，教師根據培養創造力的原則，安排合理有效的教學情境與態度（張玉成，1988），透過多元活潑的課程內容、教學活動和學習環境（吳清山，2002），刺激並鼓勵學生主動地在學習中思考，以啟發或增進其「無中生有、有中生新」創造思考能力的一種教學方法（張玉成，2002）。就學生來看，學生能從原有的課程中去發現、尋找答案，同時也從這些問題中進一步去假設、反思與創造不同的反應，如此一來，除了能訓練其創造思考能力外，更能從多角度察覺問題，養成學習獨立研究的興趣（Baldwin, 2001）。

　　所以，就內涵來看：創造思考教學是教師透過課程的內容及有計畫的教學活動，在一種支持性的環境下，以激發和助長學生創造行為的一種教學模式（毛連塭，1984a）。也就是說：利用創造思考教學策略，配合課程，讓學生有應用想像力的機會，以培養學生敏覺、流暢、變通、獨創及精密的思考能力。因此，它有下列幾項特徵（林幸台，1974）：

1. 鼓勵學生應用想像力，增進其創造思考能力。
2. 學習活動以學生為主體，在教學中教師不獨占整個教學活動時間。
3. 特別注意提供自由、安全、和諧的情境與氣氛。
4. 教學方法注重激發學生興趣、鼓勵學生表達與容忍學生不同的意見，不急著下判斷。

　　事實上，創造思考教學從學習的種類來看，是屬於思考的、問題解決的。從創造的本質來看，是流暢的、獨創的、變通與精進的。不管

　　創造是一種思考的能力或歷程，都會表現在教學過程中，所以說創造思考教學並非特殊的或標新立異的教學方法，與傳統的教學法並不相衝突，反而能相輔相成、互為效果，例如在教學中應用發表教學法、欣賞教學法或啟發教學法，都可表現出創造性教學的特徵。所以創造思考教學，也可以說是指導學生發展創造的才能，鼓勵學生經由創造的歷程，學習做有效的創造活動（方炳林，1974）。

　　在文獻或實際教學中，常被「創意教學」、「創新教學」、「創造性教學」、「創造力教學」、「創造思考教學」、「創造思維教學」等名稱所困擾，事實上，這些教學可歸納為兩類：一為創造性教學（創意教學、創新教學）；一為創造思考教學（創造力教學、創造思維教學）。

　　一般人認為「創造性教學」即是「創造思考教學」，事實上，其中仍有些許差別。「創造性教學」（creative teaching），是指教學很有創意，透過教師的創意，以活潑有趣的方式將教材教授給學生，使學生享受學習的樂趣。「創造思考教學」〔teaching for creativity (creative thinking)〕則是指教學的目標在激發或培養學生創造力，鼓勵教師因人、因時且因地制宜，透過課程的內容及有計畫、彈性變化的教學方式，並利用創造思考教學策略，讓學生在支持性的環境之下，以培養學生的流暢、變通、獨創及精密的思考能力。因此創造思考教育是以創造力為重心，重視學生創造力的激發，助長創意才能的發展。最近也有人提倡創新教學或教學創新，也都能以其教學的目標來衡量。

　　以下就傳統教學、創造性教學與創造思考教學進行比較（表3-1）。

表 3-1　三種教學之比較

教學要項	傳統教學 traditional teaching	創造性教學 creative teaching	創造思考教學 teaching for creativity
教學理念	教師的任務是教學生熟悉教材	激發學生之學習興趣	創造力是可以培養的
教學目標	達成教學目標	讓學生對教學活動有興趣、鼓勵學生思考，樂於學習	培養學生創造思考能力
教學模式	固定模式	沒有固定模式	創造思考
教學方法	以講述為主	多元活潑，富有變化生動有趣	運用創造思考策略、多元彈性
師生角色	以教師為中心	教師主導教授者，引導者 學生配合	激發者、助長者 師生互動
教學資源	教材	多樣	多樣
教材教具	教科書、黑板、粉筆	多樣化教材	多樣化教材
教學評量	紙筆評量、標準答案	多元評量、標準答案	多元評量、非標準答案

陳龍安（1998）認為創造力教學有以下特徵：

1. 以增進創造力為目標：教師教學時，應鼓勵學生運用想像力，以增進創造思考能力。

2. 以學生為主體，互相激盪：教學設計與學習活動皆應以學生為主體，採取合作學習等令學生互相激盪想法的機會，教師不應獨占活動時間。

3. 在支持性的環境中思考：提供自由、和諧、安全，鼓勵發言、體驗與思考的支持性環境。

4. 以創造思考策略，啟發創造思考：以各種創造思考策略，激發學生學習興趣，鼓勵發言，對於各個學生所提出的意見能夠容多納異，延緩判斷。

貳、創造思考教學的原則

　　創造思考之教學原則，在情意方面，是發展學生的好奇心、想像力、不怕困難、勇於表現、樂於突破等特性；在知性方面，則能增進學生的敏覺性，提高其思考的流暢性、變通性、獨創性及精進力（張玉成，1991）。

　　以下歸納歷年來多位中外學者提出有關創造思考教學的原則與建議：

陶倫斯（Torrance, 1965）：

1. 重視學生提出的意見。

2. 重視學生的想像力與不平凡的觀念。

3. 使學生知道他們的觀念是有價值的。

4. 提供無評價的練習或實驗機會。

5. 鼓勵自發學習。

6. 聯繫因果關係的評價。

　　錢柏（Chamber, 1973）指出下列原則有助於培養學生的創造力（引自連啟瑞、盧玉玲，2001）：

1. 尊重學生。

2. 鼓勵學生獨立。

3. 以身作則。

4. 課餘與學生相處的時間多。

5. 對學生的能力具備信心。

6. 熱心。

7. 平等看待學生。

8. 鼓勵學生的創造行為。

9. 講課生動有趣。

10. 擅長個別教學。

柯拉漢（Callahan, 1978）：

1. 提供一個不緊張、沒有壓力感的氣氛。

2. 禁止任何價值批判。

3. 多提供一些創造思考及問題解決的機會。

4. 鼓勵學生發展各種不同的意見，並設法加以統整。

5. 提醒學生努力創造、發揮潛能，思考解決問題的新方法。

6. 增強學生不平凡的表現及創造的行為。

7. 盡可能提供各種感官的刺激。

8. 在自由沒有壓力的環境下實施暖身的活動。

9. 提供一些開放性，沒有單一答案的問題。

10. 用腦力激盪，充分自由討論。

11. 教師實際參與活動中。

12. 鼓勵學生以積極的、正面的方式，表達有關創造的意見，避免以負面的方式做自我衡量。

13. 教師對於教學所使用的資料，應有所瞭解並能深入探討。

14. 教師在班級中所使用的策略，僅能評量自己班上的學生及教學方法。

多湖輝（Tago Akira, 1978）：

1. 對問題本身要懷疑。

2. 懷疑理所當然的事物。

3. 當方法行不通時，將目的徹底加以思考分析。

4. 要考慮本身的機能可否轉變。

5. 把量的問題變為質的問題。

6. 擴大問題的時、空因素。

7. 懷疑價值的序列。

8. 活用自己的缺點。

9. 將具體問題抽象化。

10. 綜合兩種對立的問題。

11. 捨棄專門知識。

12. 站在相反的立場思考。

13. 返回出發點重新思考。

14. 把背景部分和圖形部分互相轉換。

15. 列舉與主題相關的各種聯想。

16. 歸納幾個問題成一個問題處理。

17. 把問題劃分至最小部分來研判。

18. 等待靈感不如蒐集資料加以分析。

19. 從現場的狀況來考慮問題。

20. 試著轉移成其他問題。

21. 強制使毫不相關的事物相互關聯。

22. 應用性質完全不同的要素。

23. 打破固定的思考方式。

24. 活用既存的價值觀念。

25. 勿囿於「思想轉變」的必然性。

費氏等（Feldhusen & Treffinger, 1980）：

1. 支持並鼓勵學生不平凡的想法與回答。

2. 接納學生的錯誤與失敗。

3. 適應學生的個別差異。

4. 允許學生有時間思考。

5. 促進師生間、同學間，相互尊重與接納的氣氛。

6. 察覺創造的多層面。

7. 鼓勵正課以外的學習活動。

8. 傾聽並與學生打成一片。

9. 讓學生有機會成為決定的一份子。

10. 鼓勵每個學生都參與。

威廉斯（Williams, 1982）：

1. 布置適當的環境，準備豐富的教材、教具，提供各種材料，以激發兒童的創造力與想像力。

2. 鼓勵兒童自己提出問題，透過獨立研究解決問題，讓他們體驗自尊及責任感，能自我想像。

3. 對於兒童所提出的問題以及表現獨立行為時，應給予增強鼓勵或接納。

4. 兒童表現低潮或退步時，教師應能體諒及尊重他們，並協助他們悅納自己，以度過難關。

5. 教導兒童如何加入團體，與別人建立良好的人際關係，以及如何善用自己獨處的時間，以探索自己內在的世界。

6. 有計畫並持續的訓練兒童創造力，並訂定指導的標準。

7. 瞭解兒童的才能與工作表現的差異性，並依其個別能力，允許在工作上的自由選擇，對於兒童的表現避免負向及價值的判斷。

8. 信任兒童，讓他們自己有決定以及對所作所為負責任的機會。

騰柏列克（Timberlake, 1982）：

1. 盡量讓教室的環境及氣氛保持平衡狀態，既不完全自由也不太過分嚴肅。

2. 允許學生從事獨立學習的工作。

3. 在上課發生一些搗蛋或打亂教學程序的事件時，教師的處理態度應具耐心及彈性。

4. 允許學生有經驗錯誤的機會。

5. 鼓勵學生提出不平凡或重要的問題。

6. 瞭解並評量一些習慣性的、一成不變的活動（如點名等）是否浪費時間，能否讓學生有興趣以及充分表達意見。

7. 多讓孩子有遊戲的機會，並能提供不同的材料，讓他們邊玩邊操作這些材料。

8. 在美術活動時讓學生用白紙，不要用一些半成品或複製品，避免固定不變的形式。

9. 鼓勵學生從做中學，嘗試一些以前沒有做過的事。

10. 讓學生有機會充分表達自己的作品，他們可以用故事、詩歌或寫成文章的方式來表達。

11. 教師能夠與學生分享創造的成果。

12. 保護學生的創造力，避免受到其他同學的批判與嘲笑。

13. 充分運用社區資源，例如圖書館、工廠、家長或是有創造力的社會人士……。

14. 與學生家長溝通，讓家長充分瞭解及支持孩子創造的努力及成果。

15. 教師也應該讓自己的思考自由奔放，有勇氣嘗試新的觀念。

阿馬貝爾（Amabile, 1989）：

1. 學習很重要且很有趣。

2. 兒童是值得尊重和喜愛的獨特個體。

3. 兒童是主動的學習者，應鼓勵他們將其興趣、經驗、想法，與所蒐集的資料投入學習中。

4. 兒童在課堂上應感到舒適和興趣盎然，絕無緊張和壓力。

5. 兒童在學習中應有自主權和自尊的意識。

6. 教師即是教學資源，兒童應尊敬教師，但教師也要讓他們感到滿意。

7. 教師是聰明的，但未必完美無缺。

8. 兒童能自由自在地與教師或同學討論問題，每個人都有責任幫助它進行得更順暢。

9. 合作總是優於競爭。

10. 學習應盡可能配合兒童的實際生活經驗。

柯羅伯里（Cropley, 1997）指出在教學中要有效助長創造力，絕非以窄化、有限的、照本宣科的創造活動即可達成的，教室中的教與學要忠於創造力助長的基本原則，如創造力的智力、個人、動機、情緒、社會部分皆要兼顧。在教室實施創造力訓練，教師應把握的原則：

1. 創造力要有一般知識（general knowledge）的累積做基礎。
2. 至少一或多個特定領域的知識。
3. 激發學生想像力。
4. 增強學生辨識、發現問題的能力。
5. 鼓舞學生看出關聯、重疊、相似性、邏輯關係的能力（聚斂）。
6. 能做出關聯、共聯、形成新架構的技巧（擴散）。
7. 鼓勵學生想出許多方式來解決問題。
8. 偏好調適多於同化。
9. 能評價個人工作的能力和意願。
10. 能有將結果與他人做溝通的能力。

簡茂發（1982）：

1. 及早發現具有創造才能的學生，給予及時與適切的輔導。
2. 提供適宜的環境以鼓勵學生創新發展。充實教學設備、革新教學方法、容許學生獨立思考、自由發表意見，且受到相當重視與鼓勵。
3. 改進成績評價方法以獎勵創造行為。命題方面不以課文為唯一取材的範圍，試題題型及計分方法應具彈性。
4. 培養和助長創造性人格特質。提供自由、安全和諧的情境，容許學生獨立思考和自我發現的學習活動。

林幸台（1974）：

1. 提供各種不同活動的機會，讓學生能主動而積極的參與，以發展各種不同的才能。

2. 提供獨立思考、行動和獨立研究的機會。

3. 提供擴散思考活動和機會。

4. 強調高層次的認知思考歷程，重視分析、評鑑、創造。

5. 鼓勵教師相互討論、改錯和溝通意見，並能接受學生不同的觀念和意見。

6. 使學生有安全感、自信心、好奇心、幽默感。

李錫津（1987b）：

1. 民主原則。

2. 彈性原則。

3. 共鳴原則。

4. 共同參與原則。

5. 溝通原則。

6. 積極原則。

7. 激發原則。

8. 延緩判斷原則。

陳倬民（1998）：

1. 布置支持性環境。

2. 提供彈性的教學環境。

3. 採多樣化教學。

4. 瞭解並適用學生的個別差異。

5. 激發學生創造思考意願。

毛連塭（1989）提出下列幾項原則：

1. 建立創造的氣氛：熱忱、安全、開放、獨立、擴散、幽默、溫暖、支持與激勵等。

2. 重視「人性」層面，而非聖賢。

3. 發展創造的途徑。

4. 鼓勵多種感官學習。

5. 少權威，多獨立學習，少做相互比較。

6. 不過度重視時間因素。

7. 不過度強調整齊。

8. 減少結構限制。

9. 增強自我，提高自信。

10. 強調社會讚許，而非社會壓力。

黃麗貞（1986）：

1. 提供學生自發性學習機會。

2. 安排無壓力學習環境。

3. 鼓勵學習。

4. 獎勵學生創造思考過程。

5. 培養學生思考，保持彈性。

6. 鼓勵學生自我評價與自我成就比較。

7. 幫助學生更具敏感性。

8. 常提創意問題。

9. 提供學生操作教材、觀念、工具等機會。

10.學生遭受挫折失敗時，給予支持。

李德高（1990）：

1. 課程進度不能太嚴格規定。

2. 不以各種考試方式來評量。

3. 不可硬性規定時間內一定完成某特定工作。

4. 不可採用一般評量的原則來評量。

蔡東鐘（1994）：

1. 支持學生的創造力。

2. 上課氣氛營造。

3. 善用教具與教材。

4. 非正式教學時機的應用。

陳龍安（1997）：

1. 提供自由、安全、和諧互動的氣氛。

2. 讓學生在輕鬆中互相學習，保持「動而有節」的原則。

3. 教師應常應用開放或擴散的問題來引導學生思考。

4. 重視學生所提的意見。

5. 鼓勵學生全面參與活動。

6. 從錯誤中學習，從失敗中獲得經驗。

7. 鼓勵學生嘗試新經驗的勇氣。

8. 讓學生充分利用語言、文字等方式表達自己的想法。

9. 教師的教材教法要多變化。

10. 對學生的意見不立刻下判斷。

11. 評估意見時，常問學生下列問題：是不是新的、實用性如何、是否比原來更好。

12. 與家長密切配合，充分運用社會資源。

吳宗立（1999）：

1. 營造活潑開放的教學情境。

2. 實施創意多元的教學評量。

3. 運用創造思考的教學方法。

4. 調整權威式的教學角色。

5. 鼓勵學生自由發表和操作。

吳世清（2002）：

1. 營造自由、民主、互動、和諧、相互尊重的氣氛。
2. 讓學生在輕鬆中學習，但保持「動而有節」的秩序。
3. 肯定學生所提出的各項與眾不同的想法。
4. 不排斥錯誤的例子，並引導學生學習正確的觀念。
5. 鼓勵學生多嘗試課本以外的學習活動，擴展學習空間。
6. 教材教法、策略多樣化，以激發學生的想像力。
7. 鼓勵每個學生都參與。
8. 充分運用學校及社會資源。

詹瓊華（2004）：

創造思考教學的原則應建立在學校支持的行政體系、豐富的教學環境、良好的學習環境氣氛及老師多變化的教學引導方式，以學生為主體的課程設計，讓學生多想、多做、多聽、多表達；教師更要有一顆包容的心，去包容每個學生的不同，多參與及接納學生的想法，在這樣的教學過程中，必有助於啟發學生的創造力。

郭雅惠（2004）：

1. 在教學者方面：實施創造思考教學的教師必須具備創造思考相關理論基礎，在教學中扮演引導者及催化者的角色，運用創造思考教學策略，並懂得在教學情境中靈活運用。
2. 在教學情境方面：注重良好師生關係，在安全、尊重下，營造自由、輕鬆、包容的氣氛。
3. 在學習內容方面：符合學生興趣及程度，並與生活經驗結合，設計具有挑戰性、活潑生動的課程，且課程內容、進度具彈性，可視學生學習狀況做修正調整。

針對以上的各項原則，由影響教學成效的各項因素進行分析，可以發現大部分的學者皆重視教師的教學方法與教學態度，並且強調以學生

表 3-2　國內外學者主張創造思考教學原則分析表

	學　者	年代	環境	氣氛	教師	互動模式	教學態度	教材教法	學生主體	多元評量	其他資源
國外研究	陶倫斯（Torrance）	1965	V				V		V	V	
	錢柏（Chamber）	1973			V	V	V	V	V		
	柯拉漢（Callahan）	1978	V	V	V		V		V		
	多湖輝（Tago Akira）	1978			V		V	V			
	費氏（Feldhusen）	1980		V	V	V	V	V	V		
	威廉斯（Williams）	1982	V								
	騰柏列克（Timberlake）	1982	V	V	V	V	V	V		V	V
	阿馬貝爾（Amabile）	1989			V	V	V		V		
	柯羅伯里（Cropley）	1997			V		V	V	V	V	
國內研究	簡茂發	1981		V			V	V	V	V	
	林幸台	1974			V			V	V		
	李錫津	1987	V			V		V	V		
	陳倬民	1988	V					V	V	V	
	毛連塭	1989		V			V		V		
	黃麗貞	1986	V			V	V	V			
	李德高	1992					V	V		V	
	蔡東鐘	1994		V	V	V		V			
	陳龍安	1997	V	V	V	V	V	V		V	V
	吳宗立	1999		V	V	V				V	
	吳世清	2002		V		V	V				V
	詹瓊華	2004		V	V	V			V		
	郭雅惠	2004		V	V			V	V		

資料來源：作者整理。

為主體。表 3-2 為各學者主張的創造思考教學原則分析表。

最後，綜合前述創造思考教學的原則，本書研擬出下列十項原則，作為創造思考教學與創造力訓練課程設計與實施的參考。

一、提供多元開放的支持性環境

所謂支持性的環境指的是一種民主自由，並且能讓學生有感應的環境，其中包含了教師與學生之間的互動，最重要的是教師對待學生的態度、學生間彼此尊重合作的氣氛。Csikzentmihalyi 與 Wolfe（2001）指出：「在一個機構中應該尊重創意的基本特質，具有創意的學生之態度、價值與行為，本來就是不尋常的，這種現象經常和強調學生應該服從和守紀律的教師有所衝突，結果許多本來可以有良好貢獻的年輕人，在備受威脅下，反而變成平凡無奇的人」（引自吳靜吉，2002）。

如前所言，創造思考教學並不是一種標新立異的教學法，而是一種教學的精神和內涵，只要教師能提供一個支持性的環境，以寬闊的胸懷接納學生各種不同的想法，善用擴散性的發問技巧及創造思考策略，鼓勵學生勇於思考、大膽表達，學生的創意潛能自然就比較容易被激發，教學的效果也將會加倍成長。

教師如何支持學生的創造力表現呢？Cropley 發現能支持創造力的教師常有以下幾項特徵：⑴鼓勵學生獨立學習；⑵教學風格採社會整合、合作模式；⑶引發學生精熟事實知識的動機，使學生擁有助於擴散思考的穩固基礎；⑷延緩評價，除非學生已思考過；⑸鼓勵變通性；⑹提昇學生自我評價能力；⑺認真思考學生的建議和問題；⑻提供學生接觸大量資料、情境的機會；⑼協助學生學會處理挫折和失敗，他們才有勇氣再嘗試新奇、不尋常的勇氣。

二、累積知識基礎，以利推陳出新

創造思考重視的是推陳出新，在原來的基礎上尋求改進與創新，創造力是系統化的認知歷程，沒有知識背景作基礎，談創造力就如空中樓

閎不切實際，所以創造思考教學必須鼓勵學生閱讀，創造力建立在廣泛及鞏固的知識基礎上，而不是憑空想像，必須以廣博的知識、經驗和健全人格為基礎，結合舊經驗推陳出新，要能夠結合知識、技能、努力工作，才是創造力的基礎，如同許多學者都強調領域（field）知識的重要性，例如：文學上的創造力需要語言的知識、科學的創造力需要數學及相關領域的知識。

因此，在教學方案中，教師應將創造思考能力列為教育的重要教學目標，從能力本位出發，為學生累積厚實的知識基礎，以培養學生的創造思考能力，讓學生擁有解決問題及突破困境的創造力。

三、活動具體可行活潑有趣，將創意與生活結合，增強解決問題的能力

創造思考教學並不是脫離現實生活的嚴肅教學，創造思考的過程應是自由的、開放的，教師對學生的態度應是包容、接納、尊重。因此，教學計畫應是具體可行，教學活動應是簡單有趣，學生才會樂於參與；在創造思考教學的課程設計方面，教師應考慮以學生在生活上面對的實際問題做設計的基礎主題，有時還要考慮跨學習領域及多元智能的培養；透過讓學生解決生活問題，活用思考技巧，熟悉解決問題的過程，使創造思考更生活化、實用化。

四、思考技巧傳授，自然融入課程

教師在進行創造思考教學時，可以考慮兩種模式，一為思考技巧的傳授，這是指有計畫地教導學生思考的技巧，讓他們熟悉創造思考策略，並且能有機會將所習得的創造思考策略與技巧應用於尋求問題的解決方案，這部分是技巧的訓練；另一種模式是教師必須將創造思考的概念及技巧融入於各學習領域中，這是把創造思考與學習領域的融合教學。在教學上，兩種模式皆可交互為用。

五、擴散與聚斂思考兼顧，創意與批判思考並重

　　基爾福特（Guilford, 1950）強調創造力訓練應同時著重擴散和聚斂思考：擴散思考是由可得的資料中分離出來，看出其他人可能未注意、想到的答案，這些許多不同的答案只待個人的聰明才智發現；聚斂思考是針對大量的資料，運用傳統的邏輯，聚焦出一個或最佳的答案，這答案是單一且既存的，只待發現。創造思考教學的主要目標是訓練學生的解決問題能力，在解決問題的過程中，必須是擴散性及聚斂性思維兼顧並重，創造性思維與批判性思維並存，才能幫助學生發揮潛能，所以兩者應被均等重視不能有所偏廢，方能達到教學的目標。

六、團隊合作學習，異質創意交流

　　創造思考鼓勵學生獨立思考，更鼓勵全體共同參與、分享討論意見。從 Gardner（1993）提出的「創造力互動觀」（interactive perspective）來看，創造力是展現於個人、他人及工作之間的互動。然而，吳靜吉（2002）提到華人學生的創造力仍然還在臥虎待啟、藏龍待醒的階段，其可能原因之一可能在於華人社會強調競爭表現、單打獨鬥，不重視團隊合作、知識分享；傳統的教學大都以個人的學習為主，進入社會後卻強調互助合作，無法以單打獨鬥的方式生存；創造思考教學與傳統教學不同的是，強調團隊合作的學習，包括領導與被領導的能力，以及如何在團體中與人共事。

　　教師要有高度的洞察力、敏覺力、樂在工作及富彈性的特質，以陶融創意文化，培養團隊創造力，「如果每個學生都能夠發掘自己的優點、擅長的智慧，展現自我的生活風格，在參加團隊的時候，他也能在團隊中創造利基（niche），因而能夠互相貢獻、互相欣賞，成員也就越能欣賞各自的優點、長處，因而產生異質交流的創意表現」（吳靜吉，2002）。

七、結合家庭社會資源，配合多元智慧發展

創造思考教學的實施，不應只重視單方面的技能，應顧及學生全方位的發展，並順應學生個別差異及適性發展，配合多元智慧的特徵，提供學生發展個人特殊潛能的機會，每個學生都可從語文、數學、音樂、身體動覺、人際、個人內省等層面發展創意。

另外，創造思考教學是否有效，家長的支持與配合也是重要的關鍵之一，有些家長曾表示，創造思考教學不但提高了孩子的學習興趣，而且也增進了親子的感情，在家長的配合下，學生學習的效果必可大為提高。在教學應用上，教師應多與家長溝通取得配合，也可充分運用社會資源以增廣學生見聞，配合家庭、社會，使學生有全方位發展。

八、採用多元評量，莫讓創意溜走

傳統的評量未能切合創造思考教學的需要，因一般學校的評量大部分會以總結性評量為主，即使有形成性評量，也都偏重於紙筆測驗的方式。創造力的開發必須採用多元評量，才能較全面地瞭解學生的創造力。

「多元」意謂評估不限於單一的紙筆測驗，或一個分數，而是從紙筆式的評量，轉變為動態的、真實的、功能的；從單一的轉成多樣的，從一次總結轉成多次評量，其中的精神在兼顧學習與生活結合，以及學生的個別差異。

例如：教師在指定作業及命題方面，不要完全以書本為唯一的取材範圍，作業及命題應力求變化，計分應具彈性，充分運用擴散思考的題目，鼓勵學生提出多種適切的答案，以增強其創造思考的能力。

九、開創新意，兼顧創意倫理

創造思考教學強調未來導向，但也兼顧創意的倫理；學生具有創造思考能力也要懂得對自己行為負責，對社會有責任感。具體而言，創意

的倫理是指：

　　㊀顧及道德倫理和不傷害自己、不傷害別人，也不違反法紀。

　　㊁提供積極正面的教材，引導正確的思考方向。

　　㊂明白創意絕非標新立異，有所變亦有所不變。

　　㊃激發大眾培養欣賞能力的態度。

　　注重創造的倫理，才能把握「動中有節，亂中有序」的原則，也才能對己、對人、對社會國家有所幫助。

十、強化教師的教學反思及學生的後設認知

　　教師在進行創造思考教學時，應該時時對教學保持省思的態度，反思的內容包括自己的教學表現、教學態度、學生回饋以及師生互動的過程，不斷地回顧、診斷、自我監控和自我調適，達到對不良行為、方法和策略的優化和改善，才能提高教學能力和水準，加深對創造思考教學活動的認識與理解，以促進教學專業的發展。

　　同時，教師在教學時，應當盡量協助學生在從事認知性的活動時，從學習過程中瞭解自己的思考模式，透過獲得認知與情意的知覺經驗，讓學生學習控制自己的思考模式，從而以增進學生有效的學習能力。

　　總之，要推動能增進學生知識又能激發創意且讓學生快樂的創造思考教學，每位教育工作者都必須要從心重新開始，可由兩方面著手：

一、從心：用心的教師讓學生感受深刻。教師的愛是創意活潑教學的主角，教師的愛就是從一顆心出發到四面八方，讓學生的希望不落空，做一個懂得欣賞學生的教師，多一點開放、敏感、感情，少一點防衛、批評、頑固。愛自己的教學工作，關心學生，激發學生潛能，完成徹底持久的改變，讓教學成為師生快樂的泉源。

二、用新：用新的教師讓學生興趣盎然。教師的新觀念、新方法、營造新的有感應的學習氣氛，可以使學生不斷地產生新的感覺和想法，

多利用音樂讓教室沒有威脅性、充滿積極的歡迎之意；對於教學的內容及方法不斷推陳出新，符合時代的潮流，將教學與資訊科技結合，讓學生動手做、試驗、觸摸、表達、發問、練習、活動化，做好教學的品質管理，移轉教師權威而不失控，讓團隊的學習帶動活力，並能持續更新以多元的評量方式達到超凡的學習效果。

總之，創造思考教學目的在激發學生創造力，教師在學習時若能創意是生命感動的泉源，教師在教學「用心、用新」就是「愛」（love）的表現，愛就是從一顆心出發到四面八方，讓學生的希望不落空，讓學生感動教育一定成功。「用心、用新」必能心想事成、美夢成真。

動 腦 思 考

創意是生命感動的泉源。請你寫出一些會讓學生感動的做法。

1. _____

2. _____

3. _____

4. _____

5. _____

6. _____

如果你要實施創造思考教學，請列舉你必須做的幾件事：

1. _____

2. _____

3. _____

4. _____

第 4 章

創造思考教學的模式

本章重點摘錄

一個良好的教學模式應符合以下五項標準（Maker, 1982）：(1)適合環境；(2)綜合性；(3)彈性或適應性；(4)實用性；(5)有效性。

國內外創造思考教學模式：

一、威廉斯三度空間結構的教學模式

1. 第一層面：課程（教材內容）。

2. 第二層面：教師行為（教學策略）。

3. 第三層面：學生的行為。

二、基爾福特創造思考教學模式

以學生的知識經驗為基礎，運用各種思考的運作，而獲得問題的解決。

三、帕尼斯創造性問題解決教學模式

以系統的方法來解決問題，強調在選擇或執行解決方案前，盡可能想出多樣的方法。

四、泰勒發展多種才能創造思考教學模式

多種才能的領域：創造的才能；做決定的才能；計畫的才能；預測的才能；溝通的才能；思考的才能。

五、創造思考教學的三段模式

1. 暖身活動：引起動機。

2. 主題活動：包括「問、想、說、寫」。

3. 結束活動：指定下次主題或規定作業。

六、陳龍安「愛的」（ATDE）創造思考教學模式

1. 問（asking）：提出創造思考的問題，供學生思考。

2. 想（thinking）：鼓勵自由聯想、擴散思考。

3. 做（doing）：從實做中尋求解決問題方法。

4. 評（evaluation）：師生共同擬定評估標準，共同評鑑。

根據國內外有關創造思考教學模式，研擬「愛的」（ATDE）教學模式：

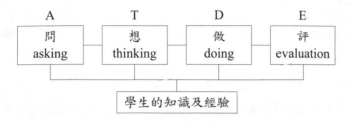

愛的（ATDE）創造思考教學模式具有下列三項：

㈠推陳出新

在學生原有知識背景之上實施問、想、做、評的活動。

㈡有容乃大

強調愛的教育，暫緩批判，能容忍不同或相反意見的雅量，以及提供和諧的教學氣氛。

㈢彈性變化

問想做評的程序依實施情況彈性調整，可問→想→做→評，也可以問→做→想→問→想→做→評，靈活運用。

「創造思考教學」是指教師運用啟發或增進創造思考之原理與原則、教學策略及教學模式，培養學生創造思考能力或創造性傾向的教學。

創造思考教學是否需要有一個固定的模式供教師遵循呢？這個問題曾在台北市政府教育局所舉辦的創造性教學研討會，引起學者專家及教師們的爭論，就實際工作者的立場，他們希望能提供一套創造性教學的模式，作為學校實施創造性教學的依據。但有些學者則認為：不宜把創造性教學變成一個「模式」，以免教師「照本宣科」，而限制了其範圍。

事實上，問題的癥結在於對「模式」的界說為何？所謂「教學模式」是指在教學情境中，用以形成課程、設計教材及引導教學的一種有系統的計畫，也就是一種有系統的教學歷程（劉明秋，1991；劉信吾，1992；引自魏秀恬，2001）；賴美蓉（1991）則認為「教學模式」是一種結構化的組織架構，用來發展特殊學習活動和教育環境，可能具有理論與抽象的性質，也可能富有實際性。

吳靜吉（1983）指出每位教師在教學上有其教學目標，為達成此教學目標須考慮所有的教學因素，之後才能根據這些因素去評鑑，這一連串的程序或做法即稱為教學模式。Maker（1982）認為良好的教學模式應符合：(1)適合環境；(2)綜合性；(3)彈性或適應性；(4)實用性；(5)有效性。

因此，創造思考教學並沒有一個固定的模式可供遵循。創造思考教學的模式，就像創造思考教學本身一樣，是多樣的、多變的、適合個別差異的，每位教師可依自己的需要與實際情況，擷取或創造屬於自己的教學模式。

以下所介紹的創造思考教學模式，即針對上述的實質意義，提供不同的方案，供教師實施創造思考教學的參考，期能舉一反三、觸類旁通、創新模式，使創造思考教學更易實施（陳龍安，1984d）。

壹、威廉斯創造與情境的教學模式

威廉斯曾為小學進行創造思考的培養，而發展出一種三度空間結構的教學模式（陳英豪等，1980；Williams, 1970）。

這是一種強調教師透過課程內容，運用啟發創造思考的策略以增進學生創造行為的教學模式，如圖 4-1。圖中所呈現的是一個三度空間的結構，它強調現行學校課程中，各種不同的學科（第一層面），經由教師的各種教學方法（第二層面），來激發學生四種認知和四種情意的發展（第三層面），以達到預期的教學目標。

第一個層面列舉了語文、數學、社會、自然與生活科技、健康與體育、藝術與人文、綜合活動等，為現行國民中小學課程中的七大領域。

第一層面→第二層面→第三層面

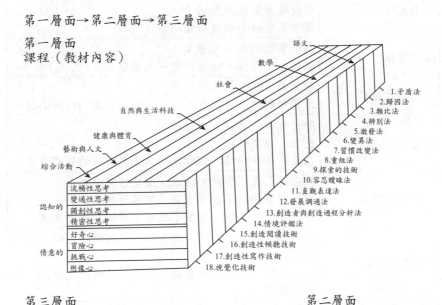

圖 4-1　威廉斯創造思考教學模式

資料來源：Williams, 1970，陳英豪等，1980, 1990。

第二個層面列舉了十八種創造思考教學策略（如表 4-1）。

表 4-1　威廉斯創造思考教學策略

名　　稱	定　　義
1. 矛盾法	發現一般觀念未必完全正確； 發現各種自相對立的陳述或現象。
2. 歸因法	發現事物的屬性； 指出約定俗成的象徵或意義； 發現特質并予以歸類。
3. 類比法	比較類似的各種情況； 發現事物間的相似處； 將某事物與另一事物做適當的比喻。
4. 辨別法	發現知識領域不足的空隙或缺陷； 尋覓各種訊息中遺落的環節； 發現知識中未知的部分。
5. 激發法	多方面追求各項事物的新意義； 引發探索知識的動機； 探索並發現新知或新發明。
6. 變異法	演示事物的動態本質； 提供各種選擇、修正及替代的機會。
7. 習慣改變法	確定習慣思想的作用； 改變功能固著的觀念及方式，增進對事物的敏感性。
8. 重組法	將一種新的結構重新改組； 創立一種新的結構； 在凌亂無序的情況裡發現組織並提出新的處理方式。
9. 探索的技術	探求前人處理事物的方式（歷史研究法）； 確立新事物的地位與意義（描述研究法）； 建立實驗的情境，並觀察結果（實驗研究法）。
10. 容忍曖昧法	提供各種困擾、懸疑或具有挑戰性的情境，讓學生思考； 提出各種開放而不一定有固定結局的情境，鼓勵學生擴散思考。
11. 直觀表達法	學習透過感官對於事物的感覺，來表達感情的技巧； 啟發對事物直覺的敏感性。

（續）

名　　稱	定　　義
12. 發展調適法	從錯誤或失敗中獲得學習； 在工作中積極的發展而非被動的適應； 引導發展多種選擇性或可能性。
13. 創造者與創造過程分析法	分析傑出而富有創造力人物的特質，以學習洞察、發明、精密思慮及解決問題的過程。
14. 情境評鑑法	根據事物的結果及涵義來決定其可能性； 檢查或驗證原先對於事物的猜測是否正確。
15. 創造閱讀技術	培養運用由閱讀中所獲得知識的心智能力； 學習從閱讀中產生新觀念。
16. 創造性傾聽技術	學習從傾聽中產生新觀念的技巧； 傾聽由一事物導致另一事物的訊息。
17. 創造性寫作技術	學習由寫作來溝通觀念的技巧； 學習從寫作中產生新觀念的技巧。
18. 視覺化技術	以具體的方式來表達各種觀念； 具體說明思想和表達情感； 透過圖解來描述經驗。

參考資料：Williams, 1970，陳英豪等，1990。詳細說明及實例請參閱第六章。

　　第三個層面是學生的行為，包含了發展學生創造思考的八種能力之重要過程。其中流暢的思考、變通的思考、獨創的思考和精密的思考等四種，是有關學生擴散思考發展的心智歷程，屬於認知的領域。與認知同樣重要的另一個領域是情意的領域，這個領域包括了好奇心、冒險心、挑戰心和想像心等四種，關係著學生的態度、價值、欣賞及動機等特質。這些特質能促使學生與知識、事實、資料等發生實際的連結，產生有意義的學習。這些過程的訓練，幫助學生兼顧邏輯與情感，使他們對其所敏感或好奇的事物去進行猜測、假設、推敲、證驗，也使他們能坦然接受自己的玄想、直覺。

　　茲將這八種學生行為的名稱及定義列表（表4-2）說明如下。

表 4-2　威廉斯創造思考教學能力

	名　稱	定　義
認知的領域	1. 流暢的思考 fluency （想起最多的……）	量的推演； 思路的流利； 反應數目的多寡。
	2. 獨創的思考 originality （以新奇而獨特的方式思考）	持有特異的反應； 提出聰明的主意； 產生不同凡響結果。
	3. 變通的思考 flexibility （對……採取不同的途徑）	提出各種不同的意見； 具有移轉類別的能力； 富有迂迴變化的思路。
	4. 精密的思考 elaboration （對……有所增益）	能夠修飾觀念； 拓展簡單的主意或反應使其更趨完美； 引申事物或看法。
情意的領域	5. 冒險心 risk-taking （能夠勇於……）	勇於面對失敗或批評； 勇於猜測； 在複雜的事物中採取批評； 辯護自己的想法及觀點。
	6. 挑戰心 complexity （能面臨……的挑戰）	積極找尋各種可能性； 明瞭事情的可能及與現實間的差距； 能夠自雜亂中理出秩序； 願意探究複雜的問題或主意。
	7. 好奇心 curiosity （樂於……）	富有尋根究底的精神； 與一種主意周旋到底，以求徹底瞭解； 願意接觸曖昧迷離的情境與問題； 肯深入思索事物的奧妙； 能把握特殊的徵象，觀察其結果。
	8. 想像心 imagination （富於……的能力）	將各種想像加以具體化； 喜於想像從未發生過的事物； 依憑直覺的推測； 能夠超越感官及現實的界限。

資料來源：Williams, 1970，陳英豪等，1990。

　　本模式適用於國小或國中各年級之教學，教師可在各學科中，選擇適當單元配合進度教學，亦可利用時間單獨教學。在教學時宜採遊戲化

方式，以便學生在不怕受到評判的自由氣氛下，開放其心靈，發揮想像、推測、直覺判斷的擴散思考。茲列舉下列教學活動為範例（陳英豪等，1990）：

單元名稱：一新耳目
目　　的：啟發獨創、精密的思考及挑戰性
教學方法：教學策略之六——變異法
　　　　　教學策略之七——習慣改變法
　　　　　教學策略之九——探索的技術
　　　　　教學策略之十八——視覺化技術

在我們平常所見的日用品中，雖然各有其特定的用途，但是如果我們把它們設計得更別致，更美觀創新，就更能增加人們的購買慾。

例如：骰子不一定是方方正正的，也可做成陀螺狀；開罐器也可以做成人在跑步時的樣子。這些設計都改變以往固有型態，卻不減其原有的用途。現在請你為下列的日用品用心設計，使他們看起來比常見的樣式更吸引人。請你設計在白紙上，必要時加上文字說明。

1. 鉛筆盒
2. 手機
3. 燈

 貳、基爾福特創造思考教學模式

美國學者基爾福特（Guilford, 1967, 1977）曾提出智力結構的教學模式（詳見第六章），並且依此結構設計一種以解決問題為主的教學模式（如圖 4-2），強調問題的解決。以記憶儲存（知識經驗）為基礎，問題解決的過程始於環境和個體的資料對傳達系統的輸入，經過注意的過程以個人的知識儲存對資料加以過濾選擇，然後引起認知的運作，瞭解問題的存在與本質。接著進行擴散思考，醞釀各種解決問題的方法，透

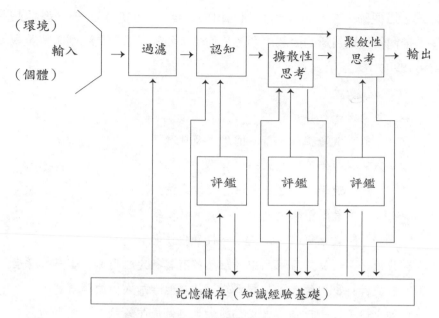

圖 4-2　基爾福特創造思考教學模式

資料來源：Guilford, 1967, 1977.

過聚斂思考選擇解決問題的方案。有時候則可能未經擴散思考而直接以聚斂思考解決問題，而在此過程中，如有任何部分產生反對的觀點時，則必須靠評鑑的運作，這些評鑑的作用仍須以個人記憶中的知識資料做雙向的兩度評鑑，但在擴散思考的情況下，有些取出的資料則避開評鑑的作用，也就是奧斯朋所謂的「拒絕批判」，這在創造思考教學中非常重要。模式中所有朝下指向記憶儲存庫的箭頭，表示我們所進行的每一階段的資料已納入記憶庫。

　　從這個模式中，我們瞭解創造思考的教學仍須以學生的知識經驗為基礎，運用各種思考的運作，而獲得問題的解決。

參、帕尼斯創造性問題解決教學模式

　　創造性問題解決（Creative Problem Solving）的教學模式係由美國學

者帕尼斯（Parnes, S. J., 1967）所發展出來的（毛連塭，1987），此一模式係以系統的方法來解決問題，特別強調問題解決者在選擇或執行解決方案之前，應盡可能想出各種及多樣的可能方法。

這個模式有二個基本的假設：

1. 在學生學習方面，認為每個學生都具有不同程度的創造力，也可以透過實例和練習來增強創造的行為。而知識在創造力的培育中仍非常重要，一個人如果沒有預先儲備的知識則不能創造。

2. 在教師教學方面，認為教師能夠而且應該教導創造行為。為了安排一種易於學習創造行為的氛圍，教師必須：建立一個能自由表達的環境、鼓勵幽默，也醞釀一些想法，以及要求思考的質和量。

Parnes 在 1967 年發展出 CPS 五階段、循序漸進的解題模式（Isaksen, et al., 1993）：發現事實（fact-finding, FF）、發現問題（problem-finding, PF）、發現構想（idea-finding, IF）、發現解答（solution-finding, SF）、尋求接納（acceptance finding, AF）。在每一階段中皆先有擴散思考，再有聚斂思考。如圖 4-3，說明創造性問題解決過程中五個步驟的進展情形。

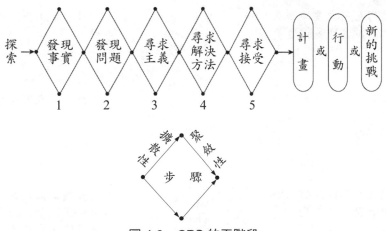

圖 4-3　CPS 的五階段

資料來源：江美惠，2005； Parnes, 1967。

根據帕尼斯的研究，創造性問題解決的步驟要能夠按部就班、循序漸進。

Isaksen 和 Treffinger（1985）在發現事實之前增加一個階段：發現困惑（mess finding, MF），發展出創造性問題解決的六步驟，其策略如圖4-4 所示。

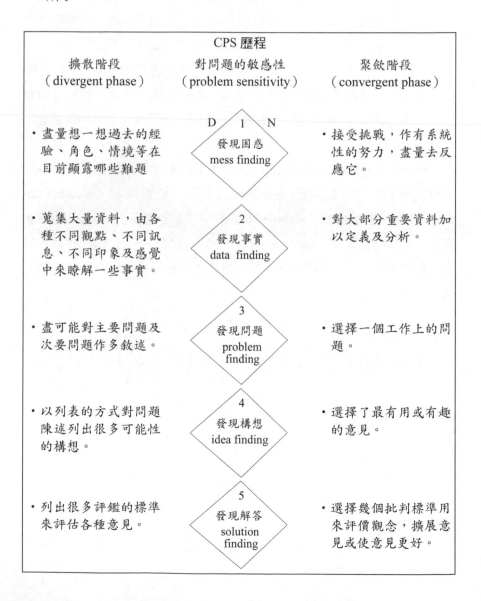

CPS 歷程

擴散階段 （divergent phase）	對問題的敏感性 （problem sensitivity）	聚歛階段 （convergent phase）
• 盡量想一想過去的經驗、角色、情境等在目前顯露哪些難題	D 1 N 發現困惑 mess finding	• 接受挑戰，作有系統性的努力，盡量去反應它。
• 蒐集大量資料，由各種不同觀點、不同訊息、不同印象及感覺中來瞭解一些事實。	2 發現事實 data finding	• 對大部分重要資料加以定義及分析。
• 盡可能對主要問題及次要問題作多敘述。	3 發現問題 problem finding	• 選擇一個工作上的問題。
• 以列表的方式對問題陳述列出很多可能性的構想。	4 發現構想 idea finding	• 選擇了最有用或有趣的意見。
• 列出很多評鑑的標準來評估各種意見。	5 發現解答 solution finding	• 選擇幾個批判標準用來評價觀念，擴展意見或使意見更好。

（續）

・考慮所有能給予幫助或支持的條件。

6
尋求接納
acceptance
finding

行動或新的挑戰

・面對大部分可獲證實的解答，準備採取行動，並形成計畫。

圖 4-4　創造性問題解決的步驟

資料來源：Isaksen, Treffinger, 1985.

　　圖 4-4 說明創造性問題解決過程中的六個步驟。圖中的菱形表示在每一個步驟中嘗試用不同的處理方法時，一再產生擴散和聚斂的思考。例如，在第四步驟，列出許多不同的想法（擴散思考）之後，解決問題者選擇了一些最重要者（聚斂思考）放在如圖 4-5 的評鑑表中。在尋求解決方法的步驟，問題解決者必須決定要用的標準，將自認為最重要者列入表格，根據等級（例如，等級 1 表示不好，等級 2 表示尚可，等級 3 表示好），加以統計，再做綜合評估。到第五步驟，重點在「這個計畫是否被接受？」。假如是，問題即被解決，解決問題者終於有一個能被接受的計畫、行動，或者可能面對新的挑戰。假若計畫不被接受，解決問題者則回到第四步驟，選擇不同的主意，再度將其列入表，可以依同樣的標準加以評鑑，但是也可以有所變化或重新安排，以便改變主意。

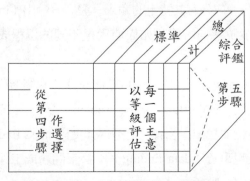

圖 4-5　解決方法之評鑑表

資料來源：Isaksen, Treffinger, 1985.

表 4-3　CPS 的三成分六階段模式

◇MF◇ ◇DF◇ ◇PF◇	發現挑戰 發現事實 發現問題	成分一： 準備問題
◇IF◇	發現點子	成分二：激發點子
◇SF◇ ◇AF◇	發現解答 尋求接受	成分三： 行動的計畫

資料來源：湯偉君、邱美虹，1999。

　　1987 年 Isaksen 持續修訂 CPS，發現人們在進行解題活動時會傾向於把這六個階段組合成三個成分：準備問題（getting the problem ready）、激發點子（generating ideas）、行動的計畫（plan for taking action），如表 4-3 所示。

　　Dorval、Noller 和 Firestien（1993）把原來的六個階段匯集成包含瞭解問題（understanding the problem）、激發點子（generating ideas）、行動的計畫（planning the action）等三個成分，且不再是線性的依序連接，如圖 4-6 所示。每一成分有其特定的輸入－發展－輸出（input-processing-output），以助於瞭解何時或是如何使用這不同的過程成分（湯偉君、邱美虹，1999）。

　　1994 年 Treffinger 等人將 CPS 的三種成分、六個階段如下所示：
成分一：瞭解問題（understanding the problem），分成三個階段。
　　階段一：定位並找出一目標、任務或問題（mess finding）。
　　階段二：發現事實（data finding）：探索問題或工作的諸面向，並
　　　　　　決定焦點所在。
　　階段三：發現問題並確定之（problem finding, identification）：發展

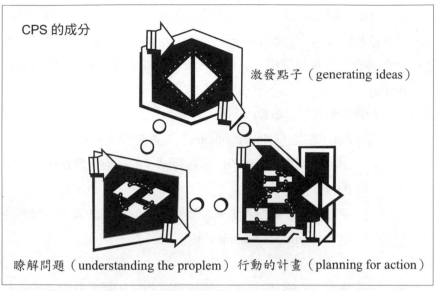

圖 4-6 CPS 成分

資料來源：Dorval, Noller, Firestien, 1993.

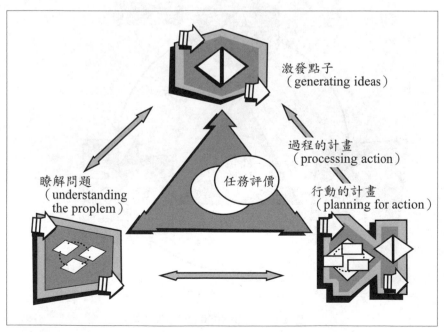

圖 4-7 1994 年的 CPS 版本

資料來源：湯偉君、邱美虹，1999。

問題的敘述，並精鍊而釐清之。

成分二（亦為階段四）：激發點子（ganerating ideas）：此時要盡可能找出各種點子、他種選擇、另種解法，新奇或古怪的都可接受（idea finding）。

成分三：行動的計畫（plan for taking action）。

　　階段五：找出答案（solution finding）：首先要發展出一套評價標準，並釐清前一階段所提各種點子的真義，然後使用選定的標準去評估。

　　階段六：接受所發現的解決方案：發展特定的行動計畫，同時實踐之（acceptance finding）。

總之，從線性的CPS模式發展到非線性的模式，顯示其中各項能力

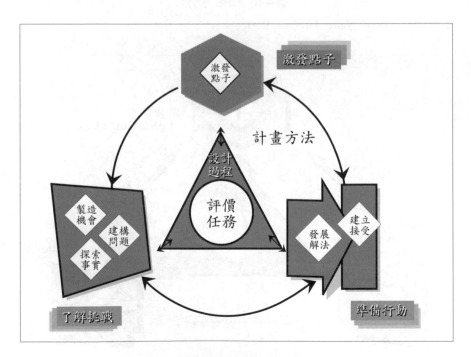

圖 4-8　2000 年的 CPS 版本

資料來源：江美惠，2005，Treffinger,Isaksen,& Dorval,2000。

彼此有交互作用的。而 CPS 最新的模式出爐於 2000 年，Treffinger 等人
（2000）將 1994 年版本修訂如下：

成分一：瞭解挑戰（understanding the challenge）：分為三階段，確定自
　　　　己在正確挑戰方向及目標上。

　　階段一：製造機會（constructing opportunities）：定義及選擇一個寬
　　　　　　廣的目標。

　　階段二：探索事實（exploring data）：探索任務及決定的許多方面。

　　階段三：建構問題（framing problems）：產生許多可能的問題陳
　　　　　　述，並選擇一個特定陳述來使用。

成分二（亦為階段四）：激發點子（generating ideas）：在前面步驟有效
　　　　應用下激發點子。

成分三：準備行動（preparing for action）：分析定義發展解決方法及行
　　　　動步驟。

　　階段五：發展解決方法（developing solutions）：小心檢視最允許的
　　　　　　可能性，並形成解決方法。

　　階段六：建立接受（building acceptance）：探索解決方法，形成行
　　　　　　動計畫。

創造性問題解決自 1953-2000 年的發展沿革整理如表 4-4。

表 4-4　創造性問題解決（CPS）發展沿革一覽表

年代	提出者	內容	階段名稱或主要改變	表示	出處
1953	Osborn	創造過程七階段	導向（Orientation） 準備（Preparation） 分析（Analysis） 假設（Hypothesis） 醞釀（Incubation） 綜合（Synthesis） 驗證（Verification）	文字說明	Applied Imagination 初版
1960	Osborn	創造過程七階段	導向（Orientation） 準備（Preparation） 分析（Analysis） 想點子（Ideation） 醞釀（Incubation） 綜合（Synthesis） 評價（Evaluation）	文字說明	Applied Imagination 十二版（邵一杭，1987）
1966	Parnes	CPS 五個階段	發現事實，FF 發現問題，PF 發現點子，IF 發現解答，SF 尋求接納，AF	文字說明	Isaksen, et al.（1993） 決定解答實際測試解答
1967	Osborn	CPS 三個階段	FF、IF、SF	文字說明	Applied Imagination 1967 版
1967	Noller & Parnes	CPS 五個階段	FF、PF、IF、SF、AF	水平圖示	Creative behavior guidebook（1967）
1977	Parnes	CPS 五個階段	FF、PF、IF、SF、AF	文字說明	王文科（1990）
1982	Treffinger, Isaksen & Firestein	CPS 五個階段	把聚斂思考的重要性與技巧提昇至與擴散思考平衡	文字說明	The handbook of Creative learning（1982）
1985	Isaksen & Treffinger	CPS 六個階段	發現挑戰，MF 發現事實，DF PF、IF、SF、AF	垂直圖示	Creative problem solving: the basic course
1987	Parnes	CPS 五個階段	FF、PF、IF、SF、AF	文字說明	Journal of creative behavior

（續）

年代	提出者	內容	階段名稱或主要改變	表示	出處
1992	Treffinger & Isaksen	CPS 三成分六個階段	三成分：瞭解問題、激發點子、行動的計畫 六階段：同上欄	垂直圖示	Creative approach to problem sloving（1992）
1992	Isaksen & Dorval	CPS 三成分六個階段	同上欄	循環圖示	引自 Isaksen, et al.（1993）
1994	Isaksen, Dorval & Treffinger	CPS 三成分六個階段	同上欄	循環圖示	Creative Approaches problem solving（1994）
2000	Isaksen, Dorval & Treffinger	CPS 三成分六個階段	三成分：瞭解挑戰、產生主意、準備行動 六階段：製造機會、探索事實、建構問題、產生主意、發展解決方法、建立接受	循環圖示	Creative Problem Solving: An Introduction.（3rd ed.）（2000）

資料來源：江美惠，2005。

　　相關於 Treffinger 等人（2000）的 CPS 模式並列出擴散思考及聚斂思考之相關表，如表 4-5。

表 4-5　CPS 模式擴散與聚斂思考

製造機會	擴：產生可能的機會和挑戰來考慮。 聚：藉由定義最有希望的機會來聚焦。
探索事實	擴：從不同的角度檢視事實的來源。 聚：定義出關鍵或最重要的事實。
建構問題	擴：產生許多、多樣性和不尋常的方式來陳述問題。 聚：選擇或形成一個特定的問題陳述。

（續）

	成分：激發點子
激發點子	擴：產生許多、多樣化和不尋常的主意。 聚：定義有趣、潛在的主意來發展及使用。
	成分：準備行動
發展 解決方法	擴：組織、分析、精鍊或延伸有希望的機會。 聚：連結、評鑑、排序或選擇有希望的解決方法。
建立接受	擴：考慮多樣助力及阻力的來源，和可能應用的行動。 聚：規劃特定計畫以產生支援來實現及評鑑行動。

資料來源：江美惠，2005。

　　Treffinger等人（2000）並建議使用者注意管理者成分，稱為「計畫你的方法」，共有兩步驟：

1. 評價任務：是否適合用 CPS，與以下四種內涵相關，如圖 4-9。

(1)定義及考慮和任務有關的人們：包含對任務的影響及關聯（關鍵所在）。

(2)定義渴望的結果：幫助決定 CPS 的適當性。

(3)檢視背景：提供考慮的資訊，幫助瞭解行動的可能性。

(4)決定 CPS 的適當性：前三者可行即適當。

2. 設計過程：如何決定用更有效的方法應用三成分六階段。

(1)證實／查清對 CPS 語言及字彙的瞭解：知行合一。

(2)確定特定的主從關係：主～引導者；從～成員。在評價任務時使用過，再次使用對任務的所有權有幫助（自己的行動是否對任務有所幫助、改變）。

(3)澄清應用CPS的角色：參與者瞭解自己的角色及責任，特別是小組應用 CPS 時。小組成員不需要是 CPS 的專家，而是要瞭解任務及過程的人。

(4)定位 CPS 過程的工作重點：評價任務後即定位如何使用CPS，

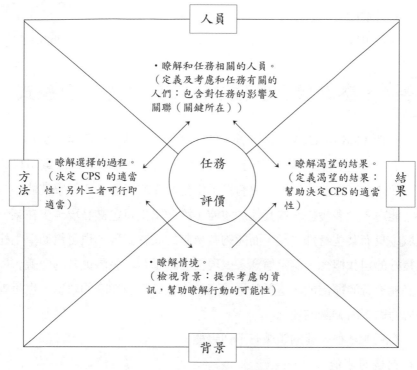

圖 4-9　任務評價圖

資料來源：Treffinger, Isaksen, & Dorval, 2000.

包含選擇策略及選擇成分。

Howe（1997）曾總結各種 CPS 模式的共通特色（引自湯偉君、邱美虹，1999），包括：

1. 利用多階段方式循序達到創意解決問題的目的。

2. 每個階段都用了聚斂思考、發散思考。

3. 每一階段都始於發散思考，而後為聚斂思考，後者是用評價、釐清，並聚焦於前者生成之效果，並為下一階段思考的內容做準備。

4. 可以用於群體，也可用於個人解題。

5. 可以使用其中一部分階段即可。

6. 各階段未必要按照一定順序來使用。

7. 各步驟未必是以一種線性模式呈現,而可以交互螺旋型的出現。

# 肆、泰勒發展多種才能創造思考教學模式

泰勒(Taylor, C. W.)的多種才能教學模式的基本假設是:認為「幾乎所有的學生都具有某種才能」,但大多數的教師卻常只注重學科成績,而忽視了這些才能,也沒有給予學生發揮的機會;如果學校能在學科才能之外,多發掘一些其他的才能,許多學生將會被發現至少在某一領域中具有某些特殊才能,而能夠有卓越的成就表現,也可幫助學生建立良好的自我概念、奠定信念、表現自發的學習、發展更多的知識。最後必能充分發揮潛能,這種效果遠高於由教師教授知識的教學,也是創造思考教學所強調的理念。

泰勒的多種才能的領域有下列幾種:

1. 創造的才能

創造的才能是一種能將零碎或無關的資料組合成新產品的能力,具有流暢、變通及獨創性的特質。

2. 做決定的才能

是指在做判斷之前具有審慎評鑑資料的能力,並能從事實驗及邏輯的評鑑工作。

3. 計畫的才能

是指能夠從事具有精密性、敏感性及組織性等三個層面技巧於計畫的能力。

4. 預測的才能

是指對未來有預測的能力,能夠評鑑某一項活動的後果及其影響,而預知可能發生的事。包括推測、洞察及社會覺知的能力。

5. 溝通的才能

是指能以語言的或非語言的方式,將訊息傳遞給對方瞭解,這種能

力包括了表達的流暢性、聯想的流暢性及語言的流暢性。

6.思考的才能

是一種生產性思考的技巧，包括擴散、聚斂及評鑑思考的能力。

實施「多種才能發展模式」時必須考慮下列重點：

1. 在課程開始之初，應讓每一位兒童經歷每一種才能的訓練，觀察他們在各種活動中的參與情形，以發現他們的長處及短處。當經驗越多時，教師與學生就越能瞭解個人的優點及缺點，而學生間便可分組活動，也可以從當中選擇自己專長的領域。

2. 重視教學的過程，強調知識的獲取歷程重於其所獲得的結果。

3. 多種才能發展模式教學應以開放性的、發現性的、自由選擇性的，以及多樣性的方式進行。學生們在大部分活動中發展計畫、進行預測及設計程序，而後教師提出問題，要求學生實施部分過程。

4. 在團體討論中，通常都會出現許多不同的答案及反應，教師應該引導學生去發現一些有效的方式，以成功地解決問題。教學者必須重視學生的觀念、疑問及困難。

5. 在非學業活動中鼓勵學生獨立性的學習。這項能力在計畫、做決定及預測才能領域中尤其需要。在計畫能力訓練中，強調學生在班級中為個人或為團體做計畫，他們必須設計自己的宴會、參觀活動、秩序維護及其他種種學習活動。在做決定訓練中，學生必須檢視自己的決定是否有效；而在預測能力訓練中，學生們也得練習去預測他人的反應。這些預測和決定如同其他的學科活動一樣，與學生之間的互動有著密切的關係。

在發展創造性才能時，開放性（擴散性）及接納性也是泰勒模式的一個重點，與帕尼斯相同，都強調在學生提出意見時，量勝於質，不多做批評，而考慮各種新觀念被實現的可能性。同時鼓勵教師與學生們從

各種不同的意見中選擇最好或獨特的意見，並能嘗試將意見付諸實施，以評估其可能性。

綜合上述重點，泰勒模式在創造才能方面的教學模式，包括八個步驟（見圖4-10）。

茲以實例說明此模式：

例如在第一個步驟中，教師可以要學生考慮下述問題：「你是一個科學家，對於住在一個週期性爆發的活火山附近的居民十分關心，並對火山塵埃之於居民身體健康的長、短期效應十分好奇，你能想到解決這個問題的方法有哪些？」。在第二個步驟中，採用分組活動方式，學生

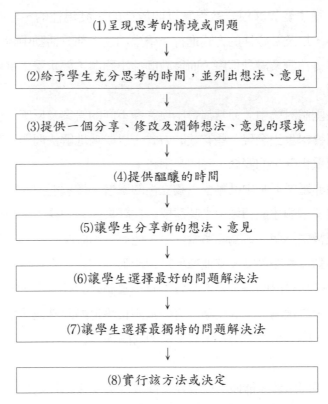

圖 4-10　泰勒多種才能發展的創造思考教學模式

資料來源：改編自林寶貴等譯，1987。

討論了這個問題，並列出一些想法、意見。在小組活動之後，他們將這些主意在全班同學面前報告，並盡可能列出其他想得到的方法。在第三個步驟中，學生選擇一個或兩個他們認為最好的想法、意見，並且指出一些方式，使該主意更合乎實際，這些修正過的觀念又經過小組的討論。在第四個步驟中，學生暫時保留這些觀念，隔天再帶回課堂。在第五個步驟中，全班同學做腦力激盪，看看有多少想法、意見能再被加入。在第六及第七個步驟中，學生回到小組中，選擇他們認為最獨特、最好的解決方式，但最獨特的方式未必是最好的。最後，在第八個步驟中，小組開始去實行他們認為最好的方式（毛連塭，1987）。

伍、創造思考教學的三段模式

陳龍安（1984e）曾提出創造思考教學的三段模式（如圖4-11）。此一模式把教學歷程分為暖身、主題及結束活動三段，其中主題活動包括

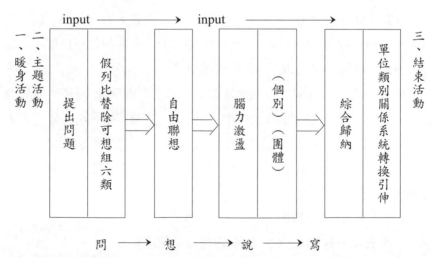

註：此一模式可變化，例如：問、想、寫、說；問、想、說、問、想、寫、說；⋯⋯

圖 4-11　創造思考教學的三段模式

資料來源：陳龍安，1984e。

「問、想、說、寫」四個步驟，茲舉例說明如下。

一、暖身活動

所謂暖身活動（warm up）就是引起動機準備活動。例如上課時，老師在胸前掛一個百寶袋，從百寶袋中依次拿出上課所需要的東西，引起低年級學生的好奇心，或用一個紙盒來裝上課所需的教具讓學生猜，學生提問題，老師回答是與不是，讓學生來猜中紙盒中所裝的物品。

這樣的方式可以集中小朋友的注意力，引起學習的興趣，使教學氣氛更加活潑生動。

二、主題活動

這是教學的主要活動，包括「問、想、說、寫」。

㈠問

就是提出問題。教師充分運用發問技巧，以激發學生的創造力；問題可分為「硬性的問題」和「軟性的問題」；也有人將它分為「開放性的問題」和「封閉性的問題」。軟性的問題如：哪些顏色可以使人有溫暖的感覺？硬性的問題如：這是什麼顏色？

在整個教學過程中，並非全部都要用軟性的問題，而是「軟硬兼施」，在教學中硬性的問題、認知性的問題，在奠定學生的基礎；而軟性的問題在激發學生想像及擴散思考。在這一階段老師可依據筆者所研究出來的創造思考問題口訣：「假、列、比、替、除」提出問題。茲將各類發問的技巧加以說明：

1.假「假如」的問題：

可依人、事、地、物、時組合成十二種策略。

例一：「人」、「過去」：假如你是文天祥，你會怎麼做呢？

例二：「人」、「現在」：假如你是王老師的話，如何讓同學努力讀書？

時		人	事	地	物
	過去	1	2	3	4
	現在	5	6	7	8
	未來	9	10	11	12

$$4 \times 3 = 12$$

2. 列「列舉」的問題：

　　例一：國家有難，請小朋友列舉出小學生可以盡力的方式？

　　例二：你知道的顏色有哪幾種？

3. 比「比較」的問題：

　　例一：可以比較人、事、地、物。

　　例二：比較甲和乙的相同、相異處。

4. 替「替代」的問題：

　　例一：媽媽炒菜時發現沒有味精了，可以用什麼替代呢？

　　例二：想喝水而沒有杯子，怎麼辦呢？

5. 除「除了」的問題：

　　例一：媽媽炒菜時除了用糖來替代味精外，還可以用什麼？

　　例二：茶杯除了裝水以外，還可以做什麼用？

6. 可「可能」的問題：

　　例如：漁民出海捕魚可能會遭遇哪些問題？

7. 想「想像」的問題：

　　例如：想想看一百年後的華江國小會是什麼樣子？

8. 組「組合」的問題：

　　例如：用天、地、人三個字，組合成一個句子。

9. 六「六 W」的問題：

　　利用英文中五個 W、一個 H 的問題──誰（Who）、為什麼（Why）、何時（When）、什麼（What）、如何（How）、哪裡（Where）。

10. 類「類推」的問題：

例如：貓和冰箱有什麼地方一樣？

各種策略可能會有重疊、重複之處，不過我們應瞭解各種策略的目的都是要激發學生的創造思考，所以是條條大路通羅馬，提問題時，要注意語言的品質，要配合小朋友的理解能力。

㈡想

就是自由聯想提問題之後，教師要忍受沉默，留給學生思考的時間，鼓勵學生擴散思考、自由想像。

㈢說

就是運用腦力激盪的策略，讓全體學生討論發表；腦力激盪可分為個別及團體思考。個別是讓學生自己說；團體思考是大家一起討論，相互激盪，產生更多的意見。

腦力激盪前要記得提醒規則：(1)不可批評別人的意見；(2)可以自由想像；(3)意見越多越好；(4)可以把別人的意見加以組合。

㈣寫

就是讓學生歸納整理，教師將學生的意見加以綜合，一般來說可依基爾福特（Guilford）模式的結果分為：(1)單位；(2)類別；(3)關係；(4)系統；(5)轉換；(6)應用等六類。

三、結束活動

主要是師生共同評估，指定下次主題或規定作業。

本模式的重點在「主題活動」，再以「字詞」的教學為例：

1. 問：看到「豬」這個字，你想到哪些詞？

　想：讓學生自我聯想。

　說或寫：鼓勵學生自我發表。

教師將學生所發表的詞寫在黑板上。

例如：骯髒、懶惰、豬肉、黑色、白色、米飯、黃豆。

2. 問：這些詞怎麼分類？

想：讓學生思考。

說：鼓勵學生發表。

例如：米飯、黃豆、豬肉→都可以吃。

骯髒、懶惰→都表示不好。

黑色、白色→都是顏色。

寫：教師綜合歸納，學生筆記。

3. 以五上「嫦娥奔月」課文深究的教學為例：

問：「嫦娥到了月球，可能有哪些有趣的發展？」

想：教師可提出一些引導的問題，讓學生自由聯想。

例如：(1)可能發生的問題：找旅館？找食物？

(2)阿姆斯壯登陸月球的震撼。

(3)經過了漫長的歲月，嫦娥有什麼感觸？

寫：學生以個別腦力激盪的方式，把自己的聯想寫出來。

例如：阿姆斯壯到了月球，拿出科學儀器尋尋覓覓，終於找
到了廣寒宮。看到了風華絕代的嫦娥仙子，真是驚為
天人，一見傾心，馬上掏出一大把的黃金美鈔，想博
取她的歡心。無奈「落花有意，流水無情」，嫦娥把
星條旗一丟，就閉門謝客，阿姆斯壯只得失望的走
了。

嫦娥在廣寒宮，每天癡癡的等著，等著，等著一位手
執青天白日國旗的青年來接她回美麗的台灣。

4. 教師選擇富有創意的作品，指導學生口述，師生共同欣賞。

以「誇張法」的作文教學為例：

問：丟給學生一個思考的問題。

描寫一件事，要怎樣才能讓人印象深刻？

想：運用思考，讓學生尋找關鍵性的問題。

(1)與眾不同：有兩隻眼睛不稀奇，若有三隻……。

(2)加油添醋：吹牛的功夫，廣告的效果。

(3)趣味性：有趣則不厭。

說：腦力激盪。

用「誇張法」來形容「天氣很熱」，看誰最能表現熱的感覺，而且又叫人拍案叫絕。

（請學生一個一個站起來自由的發表）

(1)今天的天氣真熱，連路上的柏油都融化了。

(2)今天的天氣真熱，自來水都可以用來泡茶。

(3)今天的天氣好熱，跳進游泳池裡，就好像跳進了油鍋。

寫：綜合歸納及應用發展。

應用「誇張法」寫一篇作文——夏天。

陸、陳龍安「愛的」（ATDE）創造思考教學模式

教學模式是一種結構化的組織架構，用以發展特殊學習活動和教育環境；美國學者喬斯和魏爾（Joyce & Weil, 1972）研究發現有八十種教學模式，各模式有其不同的目的和中小領域，在選擇教學模式時應考慮到教學的環境及教學模式本身；必要時必須綜合數種模式，以適用於不同的情境（毛連塭，1987；Maker, 1982）。

創造思考教學是否應有一個固定的模式以供遵循，學者見仁見智、意見紛紜；一個良好的教學模式應符合以下五項標準（Maker, 1982）：(1)適合環境；(2)綜合性；(3)彈性或適應性；(4)實用性；(5)有效性。

綜合上述基爾福特（Guilford, 1967, 1977）的智力結構模式；帕尼斯（Osborn, 1963; Parnes, 1977）的創造性問題解決模式；泰勒（Taylor）的多種才能發展模式；威廉斯（Williams, 1970）的創造與情意教學模

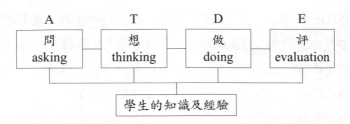

圖 4-12　愛的（ATDE）創造思考教學模式

資料來源：陳龍安，1990b。

式，以及其他教學模式後提出「愛的」（又稱「問想做評」）（ATDE）教學模式。所謂 ATDE（愛的）係由問（asking）、想（thinking）、做（doing）及評（evaluation）等四個要素所組成，其模式如圖4-12所示。

ATDE 模式，其代表意義如下：

1. 問（asking）

　　教師設計或安排問題的情境，提出創造思考的問題，以供學生思考。特別重視聚斂思考（convergent thinking）問題及擴散思考（divergent thinking）問題，也就是提供學生創造思考與問題解決的機會。

2. 想（thinking）

　　教師提出問題後，應鼓勵學生自由聯想，擴散思考，並給予學生思考的時間，以尋求創意。

3. 做（doing）

　　利用各種活動方式，讓學生做中學，邊想邊做，從實際活動中尋求解決問題的方法，而能付諸行動。

　　在此一階段中，不同的活動方式，是指寫（writing）、說（speaking）、演（playing）、唱（singing）……等實際操作或活動。

4. 評（evaluation）

　　是指師生共同擬定評估標準，共同評鑑，選取最適當的答案，相互欣賞與尊重，使創造思考由萌芽而進入實用的階段。在此階段所強調的是師生相互的回饋與尊重，也是創造思考「延緩判斷」原則的表現。

　　在 ATDE 模式中，非常強調學生的知識及經驗基礎，創造思考並非
「無中生有」，而係「推陳出新」，在學生原有的基礎上，提供擴散思
考的機會，讓學生充分發揮潛能。而 ATDE 諧音為「愛的」，事實上，
愛是創造的原動力，創造思考教學非常重視提供自由、民主、安全及和
諧的環境和氣氛，亦即「愛的表現」，也即強調師生應「有容乃大」，
容忍不同的意見，尊重別人，接納別人，所以 ATDE 又稱「愛的」模式。

　　綜合上述說明，ATDE 模式具有下列三項基本假設：

1. 推陳出新

　　在學生原有知識背景之上實施問、想、做、評的活動。

2. 有容乃大

　　強調愛的教育，暫緩批判能容忍不同或相反意見的雅量，以及提供
和諧的教學氣氛。

3. 彈性變化

　　問想做評的程序依實際情況彈性調整，可問→想→做→評，也可以
問→做→想→問→想→做→評，靈活運用。

　　此模式圖後經修正如圖 4-13。

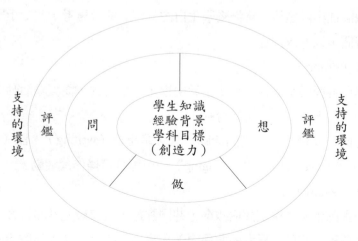

圖 4-13　「問想做評」創造思考教學模式

資料來源：陳龍安，1990b。

動 腦 思 考

用「問想做評」的教學模式，設計一個教學活動或遊戲。

第 5 章
阻礙創造思考
發展的因素

本章重點摘錄

　　如果你要讓生活充滿創意，讓學生發揮創造力，那麼設法打開阻礙創造力的心智枷鎖。到底創造思考的絆腳石是什麼呢？

　　本章列出國外八位學者及國內四位學者的研究，並綜合提出阻礙創造思考發展的因素有下列要項：

一、個人的障礙：(1)處理問題的態度不積極；(2)缺乏自信心；(3)怕別人批評；(4)錯誤的成功觀念；(5)比較傾向；(6)早年不利的條件；(7)缺乏自知之明；(8)缺乏正面的感覺和情緒；(9)熟悉的需求；(10)強迫順從；(11)慣性與依賴；(12)妄想與戀舊；(13)冷漠與疏離。

二、解決問題的障礙：(1)只抓住一點；(2)過早下判斷；(3)只關心答案；(4)過分積極；(5)鑽牛角尖；(6)忽略想像的重要性；(7)缺乏慎思熟慮；(8)沒有目標與計畫；(9)對問題的不瞭解。

三、環境與組織的障礙，墨守成規、安於現狀。

　1. 家庭因素。

　2. 學校因素。

　3. 社會因素。

四、其他阻礙創造力的因素。

　　本章也列出台灣推動創造力教育在四方面的助力與阻力。

一、理念傳播方面。

二、生態文化方面。

三、行政與法制方面。

四、學校經營方面。

　　最後，作者以突破障礙、激發創造力列出台灣學生缺乏創造力的原因及增進之道。

創造力像流鼻涕一樣，在孩童時隨時可見，但長大以後就越來越少見了，那是因為受到許多的阻礙，每個人都具有創造思考的能力，這些能力要加以開發才能發揮人類最大的潛能。因此，開發創造力的重要條件之一就是瞭解阻礙創造思考發展的因素，並設法加以排除。歷年來有關阻礙創造思考發展的因素之論述頗多，茲根據現有資料引述介紹：

 **壹、國外的研究**

一、辛柏克的研究

辛柏克（A. L. Simberg）曾提出足以阻遏創造思考的三種障礙，此三種障礙為知覺的、文化的、情緒的（賈馥茗，1979a，頁 69-73）。

㈠知覺的障礙

知覺障礙是指對問題缺乏敏覺性，無法覺察解決問題所需要的資訊，也不能確實看出問題之所在。具體來說，有下列障礙：

1. 不能辨析問題的關鍵，無法看出問題的癥結。

2. 管窺蠡測：只注意問題的細微處，不能瞭解問題情境的全貌。

3. 不能界定術語：無法瞭解語言的意義，也不能傳達及瞭解問題，更難解答問題。

4. 不能在觀察時應用全部感覺：不能善用各種感官感覺去觀察。

5. 不能見及遠處的關係：不能由一個答案中，看出其多方面應用的能力。

6. 不能覺察明顯之處：習慣從複雜隱晦處觀察問題，而忽略明顯簡單的部分。

7. 不能辨別因果：判斷因果時，無法下結論。

㈡文化的障礙

　　文化的障礙是由於某些既定的模式所造成的障礙：社會中的習慣、思想與行動要求依從所致，始於家庭，經過學校要求兒童表現好行為造成。

1. 依從承襲的類型，附和多數，被類型所束縛。
2. 為求實際與經濟，以致魯莽滅裂，忽略了想像力的重要。
3. 囿於好問失禮，多疑非智的俗見。
4. 過分強調競爭與合作，使人失去個人獨特的創造力。
5. 過分相信統計數量：取信於代表性數字，難於明瞭實況。
6. 過分的概括籠統：以偏概全，忽略整體概念。
7. 過分相信理由與邏輯：常恐不能合理或違反邏輯，而限制了創造。
8. 執一不可的態度：固執己見，不肯接納別人意見。
9. 所知過猶不及：所知過多，自以為專家，不屑於瞭解其他方面問題；所知有限，則一知半解。
10. 以為空想無益：以效果衡量行動，相信徒思無益，以致創造意念無由產生。

㈢情緒的障礙

1. 害怕犯錯、失敗、不敢冒險嘗試。
2. 堅持初起的觀念：不願再多加思考，產生更好的觀念。
3. 固執己見：不肯修正或接納他人的意見。
4. 急功好利：不願等待、深思，急切得到成就與結果。
5. 缺乏挑戰性：誤信墨守成規，抱殘守缺為安全之道。
6. 懼上疑下：恐懼高於己者，懷疑同輩或低於己者，終日不安。
7. 有始無終：做事沒恆心，好大喜功，終致一事無成。
8. 決而不行：得到問題答案後，不付諸實行，以致前功盡棄。

二、賀爾曼的研究

另外，賀爾曼（R. J. Hallman）列舉阻礙創造才能發展的教學，有下列九項（賈馥茗，1979a，頁74-75）：

1. 強迫依從，課程完全依從教師的決定。

2. 權威，禁止自由學習，強制兒童只能依指導而行。

3. 嘲笑的態度，教師對於學生的錯誤，予以訕笑。

4. 教師的固執，使得學生不敢表示異議。

5. 以成績為主，忽略新發現。

6. 過重確切性，只重單一標準答案的尋求。

7. 強調成功，只求結果，不事改進。

8. 反對異常的人格，學生不敢有不同流俗的表現。

9. 不容嬉戲，截然劃分工作與遊戲的界限，循規蹈矩，使得不尋常觀念無由產生。

三、陶倫斯的研究

陶倫斯（Torrance）曾就美國社會文化中，指出五種影響美國兒童創造力發展的因素，茲列於下（張春興、林清山，1973，頁192）：

1. 過分重視成就，養成兒童不敢有超越常軌行為的習慣。

2. 在社會團體的生活壓力下，個人不能不放棄自我的特立獨行，去遵從大眾，迎合別人。

3. 教師不鼓勵甚至阻止學生發問書本外的問題，因而阻滯兒童想像力的發展。

4. 社會上過分強調兩性角色差異，忽略了女性創造思考能力的培養。

5. 把遊戲與工作截然劃分，使得工作情境嚴肅、緊張，因而不能從中養成創造思考的習慣。

四、柯里納的研究

柯里納（Krippne）以為阻礙創造力發展的因素如下（黃瑞煥、洪碧霞，1983，頁 104-105）：

1. 每件東西都必須有用。

2. 每件事情都必須成功。

3. 凡事都應完美。

4. 每個人都應喜歡你。

5. 你不該喜歡獨處甚於群居。

6. 你必須認真、注意。

7. 你不可越出社會性別角色的常模。

8. 不要過度表現自己的情感。

9. 凡事力求清晰，別曖昧混淆。

10. 不能動搖文化的基礎。

五、柯拉克的研究

柯拉克（Clark）提出下列幾項不利發展的因素：

1. 對同儕及社會壓力的馴服。

2. 忽略了探索、想像。

3. 工作與遊戲的嚴格區分。

4. 對於準備過分的執著。

5. 權威主義。

6. 對於幻想、白日夢的藐視。

六、奧爾森的研究

奧爾森（Olson）也提到阻礙創作的因素，茲摘其標題如下，供作參考（呂勝瑛、翁淑緣譯，1982a）

1. 習慣（固執）。

2. 時間（不足）。

3. 被問題所擊垮。

4. 沒有問題。

5. 恐懼失敗。

6. 尋求立即的答案。

7. 難於從事有目的的心智活動。

8. 不能放輕鬆的嬉戲。

9. 難於分辨解決方案的優劣。

10. 怕被別人批評。

七、奧斯朋的研究

奧斯朋在其所著《應用想像力》（邵一杭譯，1972，頁 27 - 32）一書中，對抑制創造力的因素，提出如下的看法：

㈠習慣性有礙問題的解決

由於教育和經驗閱歷的結果，使我們產生一種限制，思考時囿於固定的形式；而且這些習慣上的限制，妨礙我們運用想像力的方法，去解決新的問題。

㈡自我沮喪為創造力的障礙

有很多人常會因對自己失去信心，而感到失望與沮喪，對任何事失去嘗試的勇氣，以致不敢提出自己的看法，而埋沒了創造能力。

㈢企求「一致」，阻扼了創造力的趨向

由於怕被別人譏笑，怕被別人視為奇異，因此凡事以跟別人一樣為主，而不敢稍有不同，形成了守舊的傳統，因而阻礙了創造力的產生。

㈣膽怯有抑制觀念的傾向

　　一般人常因對自己產生懷疑，缺乏信心，因此，即使產生若干觀念、構想，每為猶豫不決之心理所阻，而不敢提出，就因為膽怯的心理而阻礙了創造力的發展。

八、伊區的研究

　　伊區博士《當頭棒喝》（黃宏義譯，1983）一書中，所探討的「心智枷鎖」，也可以供作阻礙創造力發展因素之參考，謹略述如下：

㈠正確答案

　　目前教育制度傾向於教導學生只有一個正確答案，因此，當得到一個答案之後，就會停止追求其他的答案，如此一來，嚴重影響我們面對問題思考方式，相對地影響到產生解決問題的創新方法。

㈡這不合邏輯

　　在創造的構想須付諸實行時，邏輯性的思考是非常必要的，但是，當欲尋找靈感、創意時，過分的邏輯性思考，將使創造思考發生「短路」現象，因為邏輯只能瞭解本質一致而矛盾的事物，卻無法啟開人類擅於探索的心靈，不探索也就影響了創造力的產生。

㈢遵守規則

　　由於日常生活中的行為，常會在有意無意間，依循一定的方向去做，遵守某種規則行事的結果，常會忽略其他方式的可行性，因此，也就無從發現其他創新的構想了。

㈣實事求是

　　由於人們慣於以實際的標準來衡量一件事物，因此無法脫離實際事

物去想像、思考，一旦缺乏想像思考，創造也就無從產生。

㈤避免模稜兩可

常有人會認為模稜兩可的情況，會使人迷惑，而無法清晰、真確地瞭解事物，殊不知在模稜兩可的情況下，常會刺激想像力，激發你產生疑問，而運用思考力去孕育新創意。

㈥犯錯是壞事

在人類的觀念中，總認為犯錯是不好的，要求一切都要正確；其實在正確之前，往往得要先產生錯誤的，然後針對錯誤，加以修正改良，最後才能正確無誤。由此可知，犯了錯，才會刺激人去思考自己的錯誤所在，也才能產生創造性的思考。

㈦遊玩是無意義的

有人認為在嚴肅的工作氣氛中，才能辦好一件事、想出構想，而把遊玩當作無意義的活動，殊不知嬉戲的態度是創造性思考的起點，這是因為解除了防衛心理，打開心智枷鎖，不必實事求是，不必墨守成規，而且不怕犯錯，可以自由學習、想像，自然創造性的構想就因應而生。

㈧這不是我的領域

就創造思考的策略而言，一旦劃定範圍，就可能導致封閉的態度，將自己枷鎖在一狹小的領域中，對於其他領域的知識，無法觸類旁通，尋求新創意或新見解。

㈨別傻了

事實上傻子的行徑，愚蠢的思想，對人們心靈的衝擊，就如同潑冷水使熟睡的人清醒一般，可迫使人們運用思考力，去思考一些習以為常的事物，讓視野大大擴展，激發出創造靈感。

㈩**我沒有創造力**

　　通常一個有創造力的人，總是認為自己有創造力；而缺乏創造力的人，總是認為自己欠缺創造力。換句話說，凡對自己的創造力深具信心的人，在創意萌芽階段，善加運用自己的智慧，並反覆思考自己擁有的知識，如此一來，創意也就產生了；反之，若自認「我沒有創造力」，則會封閉自己的創造力，限制自己的思考、想像。

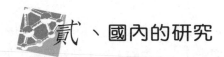

貳、國內的研究

一、賈馥茗的研究

　　賈馥茗（1979a）所提到的阻礙創造的因素，茲摘其標題如下，供做參考（陳淑惠，1996a）：

　　1. 害怕失敗。

　　2. 自認愚笨。

　　3. 不願思考。

　　4. 固執己見。

　　5. 急功近利。

　　6. 墨守成規。

　　7. 懼上怕下。

　　8. 有始無終。

　　9. 決而不行。

二、陳龍安的研究

　　陳龍安（1997）曾向數百位國小及幼稚園教師調查，歸納阻礙兒童創造力發展的「三十六忌」為：

　　1. 經常被責罵、壓抑，不被尊重。

2. 怕失敗，認為犯錯是壞事。

3. 怕別人譏笑、批評，怕被視為異類。

4. 事事依賴他人，被動不積極。

5. 文化刺激少，基本知識不足。

6. 環境布置呆板、沒變化。

7. 家庭氣氛不和諧，缺乏溝通和發表的機會。

8. 父母管教不當。

9. 不會表達自己的意見。

10. 缺乏創造的環境。

11. 不能分析問題的關鍵。

12. 不能善用各種感官感覺去觀察。

13. 有始無終；做事沒恆心。

14. 遵從大眾，迎合別人。

15. 師生或親子之關係不融洽。

16. 只關心答案，不會從各個方面去觀察問題或多加思考。

17. 墨守成規，不知變通。

18. 缺乏自信心，感到失望、沮喪，失去嘗試的勇氣。

19. 沒有目標與計畫。

20. 缺乏積極進取和好奇冒險的精神。

21. 不開放、不活潑。

22. 不願等待、深思，企望成就與結果。

23. 缺乏慎思熟慮的能力。

24. 敏覺力差。

25. 優柔寡斷，沒有主見。

26. 過於情緒化。

27. 很難對於解決問題的方案分辨好壞。

28. 沒有遠見，眼光狹窄，只停在問題表面。

29. 能想出一個點子來解決問題就非常自滿。

30. 對快樂、興趣、鼓勵及意外的喜悅都反應冷漠。

31. 不會發問。

32. 不能傳達及瞭解問題。

33. 無法放鬆，容易緊張。

34. 不能舉一反三、觸類旁通。

35. 過分強調競爭與合作。

36. 只重單一標準答案。

三、魏美惠的研究

魏美惠（1996）所提到的阻礙創造的因素，茲摘其標題如下，供做參考（陳淑惠，1996a）：

1. 比較的心態。

2. 缺乏安全感。

3. 怕人批評。

4. 不敢嘗試新事物。

5. 缺乏遠見。

6. 鑽牛角尖。

7. 得失心較重。

四、吳靜吉的研究

吳靜吉（2002）在「華人學生創造力的發掘與培育」一文中，指出華人社會創造力之障礙的因素與培育華人創造力的重要原則。

㈠什麼樣的因素阻礙學生的創造力？

1. 過分強調 IQ 而忽略創造力。

2. 重視外在動機而忽略內在動機。

3. 強調知識來自權威的傳授，而忽略意義的主動建構。

4. 強調競爭表現、單打獨鬥，忽略團隊合作、知識分享。

5. 強調考試結果，忽略學習過程。

6. 重視紙筆測驗、記憶背誦，忽略真實評量、多元表現。

7. 支持乖男巧女、標準答案，排斥好奇求變、獨立思考。

8. 重視創造知識的傳授，忽略創造歷程的體驗。

9. 強調努力認真，忽略樂在其中。

10. 重視言教要求，忽略潛移默化。

11. 重視學科本位，忽略課程整合。

㈡如何發掘華人學生的創造力？

1. 從學生的多元成就發掘創意。

2. 重視具有華文特色的創造歷程評量。

3. 強調生活風格的評量。

4. 強調創意文化（包括動機氣候）的評估。

5. 重視守門人的影響。

㈢在培育華人學生的創造力方面

1. 積極建立創造力的價值與態度。

2. 形塑創造的生活風格。

3. 以多元智慧為架構培育創造力。

4. 採取匯合取向或科際整合取向培育創造力。

5. 陶融創意文化。

6. 妥善選擇創意守門人。

7. 包容、尊重與支持多元團體與個別差異。

8. 強調創意歷程與樂在其中的體驗。

9. 將創造力融入各科教學與課程統整。

10. 創造力相關技巧與特定領域創造技巧並重。

11. 同時重視多元與真實、個別與團體、歷程與產品的評量。

12. 謹記「上行下效」比「掌控管教」更有效。

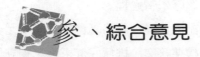

參、綜合意見

從前面的探討我們深知：狹窄的觀念，沮喪的心情，受到壓抑、限制等等，都會使我們缺乏創造力；可喜的是，現在我們能夠認識障礙，進而克服障礙，促使創造力的產量增加。

猶如排水溝平常積塞了一些穢物，若經雨水沖洗之後，穢物清除又可以順利地排水了。同樣地，我們每個人都需要消除個人和環境的障礙，使我們的創造力更為奔放。有關阻礙創造力發展的因素，可綜合歸納為以下幾項（Raudsepp, 1981）。

一、個人的障礙

㈠處理問題的態度不積極（被動）

缺乏創造力的一般特徵，即是被動、不積極。他們只對發生的事物、情況做反應，並不將自己帶入一個新情境，而創造一個新環境。他們常常認為快樂會自己來敲門，如果他們不快樂，他們會認為環境不好；他們並不瞭解，或者拒絕承認，真正不快樂的原因是他們自找的。

大部分有創造力的人都具備冒險的精神，也真誠地、樂意地去爭取機會，而採取這種態度的人們，幾乎都敞開了想像力與意志的力量，克服恐懼。

㈡缺乏自信心

懷疑自己的能力，就是缺乏自信的表現。譬如：害怕與人比較、害怕自己的表現顯得愚蠢、怕犯錯、怕失敗。大部分有創造力的人都堅信他的理想、工作和能力。

有一種好方法是來恢復信心的，那就是找出我們過去成功的事蹟，用表列出來（不管是工作方面或是個人生活方面）：⑴描述你成功的

事；(2)為什麼你會成功？(3)在什麼時候？(4)在什麼地方？(5)有誰參加？
(6)有什麼困難是你能克服的？然後決定選四樣你最重要的成就，問自己
還想再做一次嗎？如果現今再做，你能比上次更好嗎？再簡短地寫下你
下回所要的成功是什麼？

㈢怕別人的批評

大部分人對明顯或暗示的批評都很敏感：

缺乏自信的人，通常也是源於畏懼他人的批評。所以養成
少做少錯的觀念。一個鮮少發表意見的學生，為了減少接受批
評的創傷，他選擇「少做少錯，少說少錯」的行為模式，這樣
的情況會讓自己陷入孤立的自我意識中。

㈣錯誤的成功觀念

大部分的人都認為得到財富、勢力、名譽就是成功的。大多數人也
認為成功是一種物質的需求。心理學家 Lila Swell 對成功所下的定義：
「成功就是自己對某種事物或經驗的自我滿足。那可能是體能、社交、
智力或美感經驗，任何事物要能使自己有用、快樂、重要，都是成
功。」

㈤比較傾向

在我們這個複雜的世界裡，有許多成功和成就的程度，幾乎不可能
做到一個簡單、有效的比較。

一個有創造力的人，往往對自己真誠，他不太需要把自己的能力和
創造成就與別人相比較。他明白本身的能力和限度，因此只跟自己比
較，和自己先前完成的創造相比較。

㈥早年不利的條件

創造力在兒童早期,很可能遭到無知的父母,或僅遵守慣例習性的成人所阻斷。美國精神疾病醫師 O. Spurgeon 的個案統計分析,指出許多不開明、無知的父母對兒童創造力的負面影響。

許多研究都發現,早年的挫折與傷害,導致害怕、罪惡感、禁止感、行為反射等各種的障礙,確實不利於創造力的培養。這些已受傷害的人,不只是害怕再遭遇孩提時所受到的批評、指責,而且每當他們想從事某件創造性的工作時,立刻引發一種反抗父母的罪惡感。

㈦缺乏自知之明

自知是心理健康和創造性的基礎。心理學家 Carl R. Rogers 做成千個治療的患者身上得到一個結論:在每一個病人的問題裡,都有一個共同的心中主題──「我真正的自己是什麼?」「我要如何與隱藏在我日常行為習慣中的真正自我取得聯繫?」自知之明也是一種內省及反思的能力,缺乏這種能力的人,往往不瞭解自己,容易好高騖遠、不切實際。

容易緊張,許多創意唯有當精神緊張而無法放鬆自己時,才阻塞了創造性的思考;尤其是思考僵化與固執的情況下更抑制了創造力的發展。

㈧缺少正面的感覺和情緒

創造力的基本條件是要專心,所謂「負面的影響」如憤怒、沮喪、害怕、卑屈、厭惡等等,這些心理狀況會分散我們的注意力,減弱我們的創造力。

為了要減少負面的影響,增加正面影響的功能,如快樂、興趣及意外的喜悅等等,最好的方法是從事一些有建設性的活動,才不會時常憂慮自身的生活瑣事,又恢復自尊和自信,而這時負面的情緒也就自然地消除了。

㈨熟悉的需求

　　假使人長期待在一成不變的環境裡，大多易變得故步自封，老成而世故，總覺得陳舊的、熟悉的事物比較具有安全感；易對新的事物有所猜忌、猶豫，遲遲未能接納，這就是「熟悉的需求」作祟之故。

㈩強迫順從

　　處理意見的態度，可以顯示個人創造性活動的能力。有三種意見的類型是創造力的絆腳石。

1. 受人支配型

　　這種類型的人，事事依著別人的意見來判斷事物，對自尊和自我的價值完全仰賴他人來決定，他總是模仿別人，凡事跟著規則走。

2. 多向選擇型

　　這種類型的人，從外表看來彷彿很有主見，但事實上他為了省去「麻煩」，處處都依別人的意見；團體中，他是個被動的觀察者，而非積極的參與者。

3. 消極否定型

　　這種類型的人，什麼事都反對，即使是對的事也反對，他是因反對而反對，在團體中他是徹底的破壞者。

㈡慣性與倚賴

　　舉凡人類幾乎都害怕單獨的行動。我們日常獨處的時候，本能地會從事一些慣性的活動。而很少有人會主動單獨地進行一些思考及創造性的活動。其實對有意義的創造性思考來說，孤獨與自由的空間是必要的。

㈢妄想與戀舊

　　對某些人來說，生命是寄望於未來的，他們一直在計畫將來會得到

什麼；而生活在過去的人，則是抱怨時間走得太慢了，他們永遠只是往後看。其實創造性的生活，就是在享受一種及時的經驗，而且更強調目前的存在、目前的計畫與立即的行動，也唯有這樣的生命力，生活才會更豐富、更有意義。

(三)冷漠與疏離

現代人很少表露自己的感情，有些人過分強調理性、冷靜及秩序的傾向，將原有的感覺和情感凍結起來，而顯得冷漠、不易與人群相處。創造性的活動需要自由奔放的想像，勇於表達自己。過多拘泥與限制，是創造力的絆腳石。

二、解決問題的障礙

(一)只抓住一點

多數人在遭遇問題時多認為，若能及時想出一個點子來解決問題就非常滿意了；很少人是在想出許多點子之後，再從中挑選一個較好的因應計策去解決問題。創造性的思索不會單只抓住一點，他是集思廣益地從各個角度尋求解決問題的方法。

(二)過早下判斷

我們如果習慣於過早下結論，經常會遺漏一些新消息和新資料，相對地也就限制了具有創造性的解答。

(三)只關心答案

一般人碰到問題時，就希望趕緊找到答案。事實上創造力乃從各個方面去觀察問題，意即關心問題而不單只是關心答案。心理學家梅爾羅門（Norman R. Maier）發現從關心答案到關心問題態度上的轉變，使創造力的百分點從十六增加到五十二。

㈣過分積極

有些人為了表現效率，而顯得過分積極。這種急切的心態會導致一些反效果，如：(1)只想很快去找到線索來解決問題，卻輕易地放棄許多更好的解決方法；(2)不能全盤性地觀察問題，也看不清個別因素之間的關聯性，因而會產生誤導。

㈤鑽牛角尖

有些人很鑽牛角尖，思想固執不通，越鑽越迷糊，以致身心疲累卻未能掌握住問題的核心。當我們面對問題百思不解時，不妨暫時把問題擱置一旁，經一段時間的醞釀之後，再重新面對問題，這時可能就會產生一些創造性的方法。

㈥忽略想像的重要性

具有創意的產品，往往需要想像和直覺的靈感。假如開始思考問題時，就專注於具體與實際的功能，卻忽略了想像的重要性，往往會阻塞思考的運行，以至於經常發生事倍功半的困擾。

㈦缺乏慎思熟慮的能力

具有創造性思考能力的人，在面對問題時他會：(1)思考各種可能解決問題的方法；(2)衡量、過濾不同的、矛盾的觀念、因素及參考事物等等；(3)鍥而不捨地追根究柢。所以缺乏慎思熟慮的人，無法從事創造性的工作。

㈧沒有目標與計畫

人若缺少一個值得他去努力和自我訓練的目標，相對地，也就缺乏創造的動機。每個人都會過於自我膨脹或高估自己的能力、知識及技術；更甚的還以枯坐幻想的方式等待目標降臨，而不肯做必要的努力及

訓練。

我們遭遇困難時，應該避免以直覺下評斷，因為任何未成形的想法都是片段的、創造的、未完整的，此時切忌有任何決定性的結論或批評。

(九)對問題的不瞭解

下列是一些解決問題的障礙：

1. 對問題敘述錯誤、定義錯誤。
2. 找不出問題的癥結所在。
3. 以狹窄的眼光看問題。
4. 採用不正確的線索及錯誤的資料。
5. 只停在問題的表面。

三、環境與組織的障礙，墨守成規，安於現狀

環境可以分成家庭環境與學校教學環境及組織三方面來討論：根據台北市立教育大學（前台北市立師院）發表一項調查顯示（陳龍安、蔡偉琪，2004），父母是孩子的創造力最大殺手，其次是教師。依年齡層分幼稚園最有創造力，到國中幾近無存，因此升學主義也是扼殺創造力的殺手。而父母和教師卻可能就是傷害創造力的主要原因，父母部分包括：要求過高、對孩子沒信心、缺乏讚美、過分重視考試成績、放縱孩子沉溺電視及網路、父母事事代勞、過多填鴨學習等。至於教師為何會扼殺孩子創造力，則是因為升學主義掛帥、太重視考試成績、教學太呆板、沒有接受學生不同意見雅量、吝於讚美學生、過於譏諷、責備學生錯誤、凡事要求標準答案、缺乏情緒管理能力及幽默感、過多抄寫式作業等。

(一)家庭因素

家庭是一個人從小成長的所在，所以家庭環境因素對個人的創造能

力發展影響很大,家長的教養方式,親戚鄰居或兄弟姊妹的相互影響,如果是在暴力、責難、害怕畏縮的環境下成長,都會有礙創造力的發展。湯誌龍(1999)研究發現:嚴格、專制、控制及冷漠的管教方式,對創造發展有不良影響。

因此創造力的發展會因家庭的社經地位、家庭氣氛、父母的教育程度、態度、管教方式、與子女相處的時間等因素的不同而產生影響。根據研究指出,家庭社經地位高者,創造力多半高於家庭社經地位低者;父母教育程度與子女創造力有顯著正相關;創造力高的個體家庭和父母表現出民主和寬容的態度。父母與小孩關係密切(初正平,1973;鄭金謀,1976)。詹秀美(1990)亦指出父母社經地位高、以民主方式管教、父母提供子女充分的關注與支持,有助創造思考能力的發展(李世程,2002)。

㈡學校因素

個人人格的陶冶與塑造、道德的養成及知識獲取與累積,須透過學校的教育方能有效發展與成長。學生在教育過程中會受到同儕的示範與壓力。教師的特質、教學方式及學校內在環境的影響,個人創造力的發展亦有所不同。Brown(1989)指出,創造力會隨年級的增加而下降:年級越高做出創意的東西機會將越少,因此,學校對於學生創造力的啟發應越早越好。而教師的創意行為、教師的教學態度以及教室氣氛良好與否均影響學生創造力之發展(湯誌龍,1999);郭有遹(1989)則指出,威權式教育,強調團體要求、消極的教學態度、不斷的批評、缺乏幽默的教學等,都足以抑制學生創造思考的表現。可見學校因素中教師及其教學是影響學生創造思考能發展的關鍵所在(李世程,2002)。

㈢組織因素

有些人深怕接受新觀念,是因為這可能引起他們的困擾,且又平白無故地加添了許多工作和責任。所以他們經常推辭說:「已經有夠多的

問題,為什麼還要增加一些我們無法應付的問題呢?」

　　基於排拒新觀念的心理,因而缺乏創造性的想法,只好因循抄襲。有人說:「創造好比一塊石頭丟上山,而習慣就像往下奔馳跌落的石頭。」觀念保守的人思想較為封閉,他們對「變遷」有強烈的排斥感與抗拒力。愛迪生說:「社會完全不準備接受新的觀念,任何新的觀念都被拒絕,在我引進新觀念給大家時,需要先花幾年功夫。」歷史上幾乎每一個具有創意的作者、發明家,都曾忍受社會給予他們不平等的待遇、批評及壓力。

　　改革就像挖掉一個人的安全保障,對個人的收入、地位及工作都是一種威脅。譬如工業革命造成失業人口遽增的社會問題;舉凡新制度的創立、技術工具改革或思想的輸入,皆帶來新的衝擊與變遷,這時直接受到威脅的守舊分子就會起來抵制或反抗。

　　社會分工越細,人與人之間的依賴感越重。例如公司的職員,經常被動地去接受命令,以保護他的飯碗,而不做創造性的思考。

　　依賴感經常源於害怕挫折與失敗,個人的想法若經由大家同意,挫折感就相對減少;但是如果採用的是別人的想法,失敗時卻可推說這是他人的想法。這就是為什麼我們經常採用那些比自己想得還糟的想法,甚至僅僅是為了共同分擔失敗感而已。

　　下列一些自我排拒與隔離的因素也影響了創造思考的發展:

1.過分奔波忙碌

　　多數人認為忙碌就是有效率。這些人每天從早到晚過著繁忙緊張的生活,唯恐時間不夠,甚至連休息時也無法放鬆自己,讓自己獲得充分的休息,根本無暇做創造性的思考。

2.缺乏興趣

　　一般人工作都是為了生存,真正為了興趣而工作者仍占少數。這也是阻礙創造力發展的原因。

3.與創造環境隔離

　　創造力需要彼此相互激發,以獲取更多具有創意的構思;與創造力

環境的隔離，直接影響到創造力的發展。

4. 人事管道的阻礙

創新的構想經常需要別人的支持、贊助或投資才可能付諸實行，有時因為人際關係或立場的差異而遭到否決的命運。

5. 不願他人參與

新構想有時需要他人合作或提供意見，然而有些自我主義者孤芳自賞，一再拒絕別人的意見，因而造成他人的反感，無法引起共鳴，使新構想不能得到預期的效率。

四、其他阻礙創造力的原因

1. 資料不充足。

2. 處理問題不切實際。

3. 缺乏幽默感。

4. 固執己見。

5. 語言技巧貧乏。

6. 太相信統計結果。

7. 因果不分明。

8. 缺乏遠見。

9. 敏感度不夠。

10. 優柔寡斷沒有主見。

11. 缺乏冒險進取的精神。

12. 過分信賴權威。

13. 缺乏好奇心。

14. 缺乏自動自發的精神。

15. 偏執而不易妥協。

16. 拙於表達己見。

17. 自我保護主義者。

18. 興趣狹窄。

19. 無法鬆弛自己。
20. 情緒化。
21. 沉於幻想。
22. 缺乏開放活潑的心靈。
23. 刻板印象。
24. 缺乏引導。

肆、推動創造力教育的助力與阻力

　　創造力教育推動的成敗關鍵因素之一，是如何化阻力為助力。教育部在創造力教育白皮書擬定之初，委託一些學者規劃一系列的研究；其中有一項涉及創造力教育推動的助力與阻力，筆者詳加閱讀並歸納整理，以下就是簡楚瑛（2002）、詹志禹（2002）、吳武典（2002）、馬振基（2002）在教育部創造力教育政策白皮書子計畫中，探討及調查我國各級學校推動創造力教育的助力與阻力的資料，係以吳武典（2002）的架構綜合統整而成的，其結果如下。

一、理念傳播方面

㈠助力

1. 教師具有創造力的人格特質：對新觀念開放、好奇、獨立、堅持、冒險的態度、衝勁；教師自己本身具有創造力，能接受新的、不同的觀點；教師有強烈的求知欲，樂於與學生接觸（師生互動）。教師能創造無壓力的學習空間。
2. 教師肯定創造的價值，努力建立起具有高創造力的班級，接受異於他人的觀念；樂於接受個體所提出的任何可能性。
3. 允許學生表達不同的意見及行為，允許以不同的方式去解決問題；自由表達是安全的。

4. 尊重學生的感覺與想法，免於受制約的教育環境；重視學生的興趣與想法；對學生所提的新奇意見應予以重視；學生的質疑是被尊重的、重視提問。

5. 放棄權威態度，教師透過專業知能研習、成長團體及師資培育機構培訓，能獲得專業成長，並提昇觀念。

6. 部分學校經過多年的經營，其教師樂於分享經驗，也樂意被觀摩並觀摩別人。

7. 進入 WTO 之後教師來自世界各國，提昇創意與創造力觀念。

8. 學生的態度，學生對創新教學的需求增強。

9. 社會環境對於創造能力的重視與激發，目前在社會上已漸漸蔚為風氣，尤其在企業界中的研發部門更是需要創新的人才與理念。

10. 網際網路的盛行，多媒體教學的提昇，電子化的流通方便將有助於現階段在大專院校推展創造力思考資訊流暢。

㈡阻力

1. 教師過度依賴現成的事物或方法，缺乏主動持續追求成長的動力。

2. 以紙筆測驗為教學重心，偏重語文、邏輯發展。

3. 缺乏創造力教學的專業知能及種子教師。

4. 兼任行政工作、受教學進度、定期評量之影響，無餘力發展課程、創新教學。

5. 教學負擔重，平日工作多如牛毛，存有「多一事不如少一事」的心態。

6. 普遍地認為任何問題都可用科學方法與金錢來解決。

7. 缺乏時間和經費來從事行動研究。

8. 缺乏分享的機會。

9. 師資培育與創造力教學脫節、在職進修淪為個人求取高學歷的手段、教師負擔過重，影響其專業成長空間。

10. 觀念守舊、墨守成規，反對改革。

11. 缺乏思考和創造的時間。

12. 缺乏信心和團隊合作意願。

13. 部分教師不願意分享，因為心靈太封閉、怕太突出、同儕壓力或缺乏時間和體力。

14. 缺乏跨校觀摩交流的時段與機會。

15. 部分教師會不理性、強勢侵權，教師為反對而反對，阻撓各政令。

16. 教師多無法與行政人員協商，只是被指派工作，專業領域的創造動機非常弱。

二、生態文化方面

㈠助力

1. 家長會凝聚教改共識，配合創意的教學活動。

2. 家長、政府、產業界皆重視創造思考教育的推廣。

3. 著作及專利權之保障。

4. 社會大眾重視多元的通識教育及第二專長之培育。

5. 企業重視創造力，將創造力列入求才條件。

6. 常舉辦一些相關的創意競賽或活動，提昇全民重視創意思考的能力。

7. 政府大力推動「知識經濟」，倡導就業的多樣化，使大眾瞭解創新之重要性。

8. 資訊教育的普及開拓學生的學習廣度，提昇創造思考的流暢性。

9. 思考模式隨社會潮流、國際現況，保持彈性。

㈡阻力

1. 保守嚴肅的文化環境禁忌；恥笑夢想、深思、懶惰、狂狷；只容

　　小孩有稚氣與玩心；缺少幽默；輕視感覺、直覺、求樂與價值判
斷，重視理智、邏輯、數字、功用與實務；尊重傳統，不求變化
創新、權威。

2. 學校組織文化不和諧、權威式領導。

3. 父母的價值觀只重智育、升學主義為主，學生已失去主動思考的
　　能力。

4. 家長思考定型，阻礙創意教學。

5. 父母過度保護孩子，養成倚賴心。

6. 升學主義扼殺創造力，不注重創造與批判。

7. 社會上對於智慧財產權的重視仍嫌不足，且社會領導人物未展現
　　尊重、欣賞他人意見之風範。

8. 學生習慣「被動」學習模式。

9. 長期以來的缺乏思考習慣。

10. 學校本身不具學術風氣。

11. 缺少開放空間，教學資源不足。

12. 校園環境缺乏創造素材與探索空間及觀察。

13. 文化不利、城鄉差距。

14. 教師教學與態度的僵化，使學生即使有創造力的想法，也不敢
　　　提。

15. 學生未能充分瞭解「創造力教育」的內涵。

16. 學生基礎學養不足，創作在技術層面流於膚淺。

17. 社會環境讓小朋友形成「商品性格」，盲目追逐流行，不利創
　　　造。

18. 沒有創意生活經驗與教學經驗。

三、行政與法制方面

㈠助力

1. 著作及專利權之保障。
2. 推動小班教學，有利於適性、個別化及創新教學。
3. 多元入學的實施，新生可依作品成果入學，有利創造力的繼續發展。
4. 政府正推動「知識經濟」，就業的多樣化，大家開始重視創新之重要性。
5. 教育基本法提供創造機會與教學實驗法源基礎。
6. 現今中小學課程內容大幅更新，鼓勵開放式教學，因此對於未來大專院校學生已醞釀出一個有利推展創造式思考教學的環境。
7. 實施九年一貫課程（20%自編課程），上課時數有彈性，協同教學、彈性課程能激發教師創造力。
8. 教育逐漸鬆綁，可擷取之資源充沛。

㈡阻力

1. 教師創意教學的成果未獲有效推廣，未能為其他教師所利用。
2. 行政效率太低、官僚制度。
3. 考核制度不公平，讓「混」的教師或不適任教師也生存得很好。
4. 中央的決策不夠提前，政策經由地方政府到達各校時又產生遲滯，經常打亂各校既有的規劃。
5. 評鑑太多，學校和教師要做一大堆書面資料、報表和看板，犧牲教學品質。
6. 許多宣導性的研習不實用，被派參加的教師意願動機低落，影響研習效果。
7. 目前的聘任制度，無法讓學校聘到所需特色的教師。

8. 由問卷調查結果發現，目前多元入學管道的實施並未紓解學生的升學壓力，對於創造思考教學的落實反倒是阻力。而廢除了資優生保送甄試之管道，對於提昇資優教育的品質恐有阻礙。

9. 由自學方案、多元入學到九年一貫等，各類教育政策與實施方案不停在推動，但要如何落實、統整，並與創造力教育結合，制定明晰的創造力政策乃是重要課題。

10. 目前有不少學校皆在推動多元的評量方式，然而各種入學考試依舊停留在追求標準答案的窠臼中，致使在校的學習方式與升學制度無法有效連結。

11. 師資培訓，教材中文化不足（大學）。

12. 法令制度限制太多，大專院校獨立性不足。

四、 學校（組織）經營方面

(一)助力

1. 提供愉快、沒有壓力及有創造力的校園環境。

2. 有些校長擅於創意領導、專業領導和鼓勵同仁。

3. 有些學校組織氣氛和諧，教師勇於分享與專業對話。

4. 部分學校擅於為教師提供舞台，透過錄影、臨床回饋等方式協助教師成長。

5. 多元的資訊來源與學習管道。

6. 校際觀摩有助於創意啟發。

7. 部分學校能「不為評鑑做評鑑」，利用平常的累積成果提供評鑑。

8. 有些學校學藝競賽能配合學生多元智慧的開發。

9. 有些校長非常支持教師的各種可行的計畫。

10. 由於家長及教師已較能接受多元智能的理念，所以多元價值觀的社區與校園已成為趨勢及共識。有不少學校的校長頗有創新理

念，帶動全校師生推動一些頗具教育理念的創新方案。

(二)阻力

1. 九年一貫課程正式實施之後，補助經費就不見了，教師教學方法缺乏創新。

2. 學校無專責行政單位及經費之提供不足。

3. 學校行政及教學的負擔過重，造成教育行政的自主權受限。

4. 校長缺乏創意的領導、理念，或是領導經營以升遷為考量。

5. 在學校方面，創造思考教學的宣導不足，學校沒有積極的推動相關政策，甚至不予支持；而有些教師會批評有創意的教師，讓有心推動創造思考教學的教師倍感壓力。

6. 製造競爭的環境卻又缺乏多元選擇的機會。

7. 課程相關的創意資料、教材取得不易，學校對於新開的課程，皆須經校務課程委員會通過才可開課，導致新課程難以推動，學校課程安排有限制。

8. 缺乏與創造力思考相關的課程、環境及推動單位。

9. 各種甄選、展覽「都在拚高下」。

10. 部分學校仍然要求太多統一考試和紙筆測驗。

11. 資源不足。

12. 人力無法配合。

13. 各校現有環境並不容易給勇於嘗試的教師適當的鼓勵。

14. 學校之配合開設創造力教育方面的師資仍然缺少。

15. 行政人員認為創造力教學是任教老師自己的事。

16. 為求管理方便，多求整齊畫一。

17. 教材不足。

18. 物力（私校）不足。

19. 園地及獎勵不足。

伍、突破障礙激發創造力

筆者最近在幾次創造力的課程中，以一、為何華人缺乏創造力？及二、如何發掘台灣學生的創造力？讓學員腦力激盪，並將結果利用KJ法整理歸類如下：

一、台灣的學生為何缺乏創造力？

(一)教育環境——教學方式缺乏多元化

1. 教育與生活環境的體制僵化。
2. 教育上缺乏引發學生的主動學習動機。
3. 太強調多領域學習，造成學生壓力過大負擔不了，只好應付了事。
4. 強調專業課程，因而忽略了五育並重及可激發潛能和創意的課程。
5. 教學多講述法，學生缺乏互動，故無法提昇學生的創造力。
6. 學校使用單向教學，未給予學生討論空間。
7. 教學多只注重記憶方面的能力，缺乏活用、實用的課程。
8. 填鴨式的教育方式：老師認為學生不要問那麼多。
9. 老師以權威式教育，壓抑學生思考。

(二)評量——強調結果，不重過程的單一評量方式

1. 強調結果不重視過程（升學制度影響）。
2. 有沉重的考試與升學壓力。
3. 非多元評量方式——記憶式的測驗。
4. 教學方式：填鴨與考試為導向。
5. 考試評量方式，封閉式，強調固定唯一的標準答案。

6. 學校使用單向教學，未給予學生討論空間。

(三)文化思想──東方人和西方人思考方式不一樣

1. 國人思想上依附傳統，較於保守，不敢突破，西方人則反之。
2. 國人有需求才發明，西方人先發明，才去想可以應用的地方。
3. 西方人多以左手書寫為主，而左手可訓練右腦開發，而右腦又主控創意方面的機制。

(四)文化傳統──害羞保守、過於謙虛、害怕樹大招風

1. 中國人傳統觀念都害怕樹大招風，因此有好的想法也不容易表達出來。
2. 傳統的士大夫觀念：缺乏行行出狀元的觀念。
3. 文化環境保守，人民奴性過強：歷史朝代的演變使得國人有被統治的心態，習慣被奴役。
4. 民俗風格及生長背景：較為害羞和保守，西方風氣熱情開放。
5. 道德的束縛：謙虛的表現被視為美德，自信的表現卻被視為自大、愛現、狂妄的表徵。
6. 注重傳統：遵循古法，不重視創新。

(五)制度政策──聯考壓力、教改搖擺、政策混亂、無法接受

1. 教改政策搖擺不定，造成教師實行的困難、繁雜。
2. 政府教育機關推廣尚不普遍、不生活化。
3. 聯考制度：分數的強調，阻礙學生想像的空間。
4. 學生讀書、學習的態度：重成績不重目標 、理想。

(六)家庭因素──過於制式、少見開放

1. 家庭教育過於嚴謹，父母對子女期待過高：家長常因望子成龍、望女成鳳的心態，使孩子感受過大壓力。

2.權威式的教育：無法與小孩進行有效的溝通。

3.家長及師長的觀念：跟別人一樣就是對的，而西方較為尊重青少
　年的想法，並鼓勵其勇於表達自己的意見。

(七)受限環境——有限空間、扼殺創意

1.生活環境中給發展創造力的空間太小。

2.啟發創造力的人太少。

3.創造力課程是最近才引用到台灣的。

4.台灣創造力的教學起步太晚，資源不足、人力不足。

5.過去生活環境過苦，著重賺錢，沒有休閒娛樂習慣，因此沒有時
　間放鬆思考及創造。

6.生活環境小，人口密度高。

7.缺乏被開發的機會。

(八)人格特質

1.個性自私。

2.見不得別人好：師父永遠會留一手，不願與他人分享。

3.多做多錯，少做少錯，不如不做：沒有敢於嘗試新事物的精神。

二、如何才能增進台灣學生的創造力？

至於要如何才能增進台灣學生的創造力？經過腦力激盪的結果如
下：

(一)政府政策下的全民創造力活現

1.政府應普遍推廣至民間並鼓勵積極參與，落實創意生活化的活
　動，例如舉辦創意競賽。

2.政府的政策要投入經費去開發創造力，實際運用於日常生活。

3.創意競賽：政府出相關經費或由廠商贊助，鼓勵全民創意大躍

　　進。

4. 政府放下身段請益各領域專家，各司其職。

5. 人才的選拔任用不受政黨影響，放眼國際。

6. 活化行政人員→錄取時就以創造力為甄選材料。

7. 公共建設用徵稿的方式，鼓勵去多思考。

8. 多旅遊，接受不同文化的洗禮。

9. 週休三日全民休假補助及強制出國休假。

㈡教育制度——重視創力的師資培育，尊重教師的專業自主權

1. 就政府而言，教改的內容定要更完善、更適合孩子創造力的發展。

2. 改變教育制度，尊重自我及他人。

3. 由教育著手，改善制式化的教學方式，多讓學生表達意見。

4. 加強創造力方面師資的培育。

5. 師資培訓的過程中，要加入創造力的課程。

6. 加強師資在創造力教學的能力。

7. 學校理想落實：培訓精良的師資。

8. 改善升學制度。

9. 加強政策與老師之間的溝通。

10. 學校的風氣要自由、開明、開放。

11. 學校考核教師職員時，要考核其「創造力」。

12. 太過老舊、呆板的校規應廢掉，多參加各方面的活動，欣賞不同的意見，激發不同的想像空間。

㈢ 利用社會資源增進華人創造力

1. 社會要給予個人有創造力的價值觀和態度。

2. 多舉辦創意相關的演講、各種比賽，以提昇、傳播社會欠缺的創造力。

3. 藉由外來文化的進入去改變文化背景的差異，多學習其他文化的優點。

4. 各公司行號選拔人才時，除重視專業能力，也要重視創意。

5. 崇尚自我實現者，非只有特定類型成就，也就是尊重差異。

6. 改變國人觀念，多加宣導。

7. 由媒體宣導。

8. 要提供平等上網機會，廣收資訊。

9. 與非華人通婚，強調優生學。

(四)創新教學——提升創造力

1. 讓學生瞭解每一項工作都是神聖的使命，只有努力完成才有其價值存在，而沒有貴賤之分。

2. 給予學生多一點的鼓勵和成功經驗，適時的給予學生有創意的空間。

3. 培養學生能尊重別人的發言，分享個人的經驗，學習他人的優點。

4. 多重視人之教育，不單只強調學科。

5. 除了專業課程的教授，也應力行發展創造力、創意之訓練講座、課程。

6. 加強創造力教學，給予學生自由思考空間。

7. 鼓勵多元思考，獎勵新意見。

8. 不要輕易否定學生的創意與獨立思考。

9. 鼓勵雙向互動式的教學活動，訓練發問技巧。

10. 做評量要多元，不只有智力方面的測驗，可加入實作的評量。

11. 教材生活化，本土化。

12. 問問題的方式改變，不再是只有是非題、選擇題的標準答案，以申論題、問答題的方式鼓勵學生去思考。

13. 注重「教學生活化」，學習把知識運用在生活當中。

14. 允許學生有不同的答案。

15. 建構式的學習方式。

16. （網路）網站設立每日創意標語。

㈤家庭教育──營造一個尊重自由與具有創造力的情境

1. 家庭不只是讓小孩被動的選擇父母的決議，而是尊重小孩自己的
   提議與問題。

2. 家庭裡的一些事務應給予一個範圍去自由發揮。

3. 家長不要毀掉小孩的獨創力。

4. 「一枝草、一點露」，讓孩子適情、適性發展。

5. 家長及師長的觀念應隨時代潮流的變遷而有所進步，以身教、言
   教的方式鼓勵青少年勇於說出自己的看法，並學會去尊重他人的
   意見、智慧。

6. 改變飲食習慣，不要過分重視味覺享受。

7. 家庭隨時有創意，相信處處有新意。

8. 可訓練左右手並用，以訓練開發左右腦的潛在能力。

9. 加強創造力的親職教育。

㈥自我成長的法寶──勇於嘗試、多聽、多看、多學習

1. 跳脫既有的思考模式，多和別人討論。

2. 多蒐集關於創造力的資料，鼓勵自己參加創意發明的活動。

3. 多閱讀，增廣見聞。

4. 多交友，互通有無。

5. 鼓勵嘗試，勇於表達自己的意見，不要害怕搶鋒頭。

6. 用不同的心看世界，創造力是世界共通的語言。

7. 常常使用創造力。

以上所列雖係研究創造力的學員即席的思考激盪結果，不一定具有
系統性，但卻是一般大眾的想法。

動腦思考

看完了本章阻礙創造力的一些因素，想想看，在日常生活中有些
「創意殺手」的語言，例如：

■ 諷刺的話：

- 你發病了呀！
- 你真是天才耶！
- 你是外太空人啊！

- 如果行的通，天會下紅雨。
- 你算老幾？
- 吃飽了撐著。
- 你以為你是發明家啊！

■ 批評的話：

- 你行嗎？
- 別傻了！
- 做不出結果的。
- 別作夢了！
- 太誇張了！
- 少俗了！

■ 逃避、推託的話：

- 以後再說吧！
- 太麻煩了！
- 以前沒有人試過。
- 太冒險了。
- 等一等，先看別人怎麼做。
- 這不是我負責的部分。

■ 打擊自信心的話：

- 公司請你來作夢的嗎？
- 這是天方夜譚。
- 太陽打從西邊出來。
- 真是天馬行空。

■ 保守的話：

- 這未免太現代化了。
- 大眾不會接受的。
- 這不合邏輯。
- 這不合標準。

整理自潘裕豐（2005）演講資料

_____

_____

_____

_____

第6章
創造思考教學的
策略（上）

本章重點摘錄

創造思考教學的策略（上）：

一、一般創造思考教學暖身策略：創造的心法和態度

　　1. 心中有菩薩：具備「配課 PEC 態度」。

　　2. 放下身段、擁有童稚的心。

　　3. 解凍或暖身。

　　4. 提供創造的線索幫助學生成功解決問題。

　　5. 鼓勵與讚美。

二、一般創造思考技法

　　1. 腦力激盪。

　　2. 六六討論法。

　　3. 六頂思考帽。

　　4. 六雙行動鞋。

　　5. 卡片思考法：KJ 法，CBS 法，六三五（默寫式）激盪法。

　　6. 列舉法：屬性列舉法、特性列舉法、優點列舉法、缺點列舉法、希望列舉法。

　　7. 型態分析法。

　　8. 六 W 檢討法。

　　9. 單字詞聯想。

　　10. 分合法。

　　11. 目錄檢查法。

　　12. 自由聯想技術。

　　13. 檢核表技術。

　　14. 心智圖法。

　　15. 曼陀羅法。

　　16. 創意十二訣。

17.「彩虹」思考法

18. 世界咖啡館法

三、創造性問題解決的思考策略

1. 創造性問題解決的涵義。

2. 創造性問題解決的步驟及策略。

3. 創造性問題解決的原則。

4. 創造性問題解決訓練實例。

歷來中外文獻對於啟發創造思考的策略敘述頗多，有些學者以創造一種策略而聞名，有些學者則綜合各種策略而提出整套的模式，在這一部分文獻裡，筆者希望有系統地將各種可供創造思考教學使用的方法，做一歸納介紹，以作為實施創造思考教學者擬定創造思考作業的依據，為求敘述及整理便利，特將許多單元的策略劃歸為一般創造思考教學的策略，而有關成套的策略則冠以著述者的姓名。

壹、創造思考教學暖身策略：創造的心法和態度

在教學過程中，我們可運用各種啟發創造思考的策略，使教學更生動活潑，有助於培養學生創造思考的能力。但必須從心法開始：

一、心中有菩薩：具備「配課 PEC 態度」

一位成功的教育工作者其秘訣是心中有菩薩，也就是以愛為出發，把學生當菩薩處處用思考為核心目標。就像美國創造力之父基爾福特所說的：創造力就像愛一樣，使萬事萬物絢麗非凡。愛就是從一顆心出發讓學生的希望不落空。就像 love 這個字一樣：L: listen 聽，愛就是要無條件無偏見的傾聽對方的需求；O: overlook 寬恕，愛是仁慈的對待，寬恕對方的缺點與錯誤，並找出對方的優點與長處；V: voice 聲音，愛就是要經常表達欣賞與感激，真誠的鼓勵，悅耳的讚美；E: effort 努力，愛需要不斷的努力，付出更多的時間，去灌溉屬於愛的良田。心中充滿愛時，剎那即永恆！就像聖經裡所說的：愛是恆久忍耐又有恩慈，愛是不嫉妒，愛是不自誇不張狂，不做害羞的事，不求自己的益處，不輕易發怒，不計算人家的惡，不喜歡不義只喜歡真理，凡事包容，凡事相信，凡事盼望，凡事忍耐，愛是永不止息。

因此在實施創造思考教學時，教師的態度決定勝負，人一生的際遇，取決於自己的態度，所謂：命隨心改變！有創造力的教師要具備

「配課態度」PEC attitude：

  1. 積極 P for positive

    看孩子好的、善的一面，積極培養其創造力。

  2. 熱忱 E for enthusiastic

    強烈的熱情可以彌補原始天賦的不足。創意始於對某種事物的喜
好，就像是戀愛一樣。

  3. 信心 C for confident

    相信孩子成功才有可能成功，信心是成功的泉源。成功，有 90%是
靠個人的自律、正面的態度，與對自己抱持正確看法而得來的，工作技
能只占 10%。

二、放下身段，擁有童稚的心

    童稚的心的特質就是快樂，能隨心所欲，重拾童年的好奇、疑惑，
透視世界、自信、興趣、好問、遊戲、思考靈活。找回童心、自由自
在、無憂無慮。教師要放下身段重拾赤子之心，經常笑口常開，幽默風
趣，時時懷抱夢想。

    當失去夢想時，就形同死亡。我們的周圍有許多人像行屍走肉，卻
不自覺。事實上，想從創意受惠的人所要做的只是鼓起勇氣，像孩子般
勇於嘗試新事物，拋開老套，試做自己不擅長的事。

    有一種秘訣能使人青春永駐，快樂成功：

    　　再度成為一個孩子的自由自在，免於煩惱的自由，免於知
    識的自由，免於成見的自由，努力嘗試新事物，會作夢。

三、解凍或暖身

    「冰凍三尺，非一日之寒」，有些教師平時上課採軍事管理，學生
進教室都坐得直挺挺，雙手背在後面，像五花大綁似的，規定不能隨便

講話，一個命令一個動作。這種學習的環境，如何能激發學生的想像力呢？因此，在創造性教學時，如何讓學生的心情放鬆，這是第一要件。學生在自由無拘束及無評價性的氣氛下，才能充分發揮創造能力。因為如果在一種權威或控制的壓力下，學生怎麼敢提出跟教師不一樣的看法或答案呢？解凍的基本原則有：

1. 打成一片：教師和學生打成一片，共同研討，建立良好的師生關係。
2. 充分表達：給學生充分自由表達意見的機會，讓學生敢想也敢講。
3. 獎勵代替形式：盡量獎勵不平凡而有價值的問題或意見，取消點名、要求學生立正發言等形式的活動。
4. 共同評估：對學生的作品及意見，不要立刻下評斷，留到最後讓全體學生共同評估。
5. 同儕和諧：養成學生間和諧的關係，能容忍不同看法的態度，不譏笑他人的意見。

解凍的方法很多，但最重要的是教師對學生的態度，筆者常在許多場合談到一句話，作為改善師生關係的參考，這句話是：

微笑和點頭，專心聽他說。

「微笑」是代表一種親密關係，是一種「我不討厭你」，或「我喜歡你」的具體表現，微笑常能解決人際關係固著的現象，或成為增進師生關係的營養劑，也是教師態度改變的第一個步驟。

「點頭」表示你接納對方，是一種鼓勵、一種增強，讓對方能繼續表示他的想法，學生看到教師對自己點頭，常會受寵若驚，對老師倍感親切。

「專心」是一種專注行為的表現，老師透過眼神、手勢、姿態，以

及適當的口語反應等方式，集中精神與學生溝通。專注行為對學生的影響是：鼓勵他們自由地說出他們的觀念和想法，也就是說教師尊重學生，是一種強而有力的增強作用。

「聽他說」是一種傾聽，除了包含以耳朵聽學生的話外，更要以眼睛注視學生的身體語言，而且也包含了整個的知覺體系。「聽」也是解決問題的新方法，在人與人的相處上，可以發揮很大的力量。聽，可以減輕情勢的緊張與壓力，因為不管是一個多麼狂暴、憤怒或衝動的場面，當一方在專心傾聽的時候，整個氣氛便已被緩和了。

教師在平時與學生相處時，就可以用「微笑和點頭，專心聽他說」的方式，增進師生良好的關係。而在班級教學時，有時候會碰到很嚴肅、氣氛很緊張的場面，這時候教師可以「非正式的談話」，也就是說些輕鬆的主題，往往會有意想不到的效果。當然，也可做一些有趣的活動，來緩和緊張的氣氛（陳靜惠譯，1983；陳龍安，1984b；Fedhusen & Treffinger, 1980）。

四、提供創造的線索幫助學生成功解決問題

有時候在實施創造性的問答或活動時，學生因受到知識背景的限制，很可能「沉默」太久，或無從反應，這時候，教師必須提供一些線索或指引，以激發學生的思考。例如：當教師採用「屬性列舉」的技術，要學生提出桌子的屬性時，學生弄不清楚如何提出，教師可告訴學生一些例子，比如說在名詞方面的屬性，桌子有用木頭做的，用塑膠做的……等，學生即能舉一反三，聯想到白金、鐵、水泥、竹子……等特性。有些學生比較內斂含蓄，教師適時提供協助，讓學生有成功的機會。

當教師提出問題讓學生思考時，學生都會利用過去所學的舊經驗，以及課本上的材料，分別試著去解決。然而，每個學生有個別差異，各人的經驗不同，常會遭遇到挫折，使得學習動機與興趣降低，因此，教師就必須以「助產士」的角色，提出一些線索，適度的輔導學生去探討

問題的關鍵，蒐集有關資料，或請教別人，加以綜合、重組，以創造一些新觀念或新方法，解決遭遇到的問題（汪榮才，1980；陳龍安，1984b）。

五、鼓勵與讚美

有一句話說：「孩子都是往大人鼓勵的方向發展。」當學生提出一些不平凡的意見或問題時，教師應多給學生鼓勵和讚美，以激發學生創造思考的動機。更重要的是，其他學生看到教師鼓勵提出各種不同答案的同學，無形中也會激勵他們，大膽提出一些新的構想，形成「百花齊放」、「爭先發言」的場面及氣氛，有助於培養創造思考的人才（汪榮才，1980；陳龍安，1984a）。

六、營造開放自由民主的學習情境

建立良好的學習環境，是發展創造思考力教學的首要原則。優質的學習情境除了培育學生創造思考之人格特質與發展創造思考的技能外，還可以助長學生創造力行為（陳啟榮，2008）。

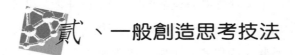

貳、一般創造思考技法

一、腦力激盪

腦力激盪（brainstorming）就是「三個臭皮匠，勝過諸葛亮」，是一種「集思廣益」的技法。由美國奧斯朋博士所倡導的，它是利用集體思考的方式，使思想相互激盪，發生連鎖反應，以引導出創造性思考的方法。腦力激盪會議，通常以六至十八人組成為宜。在班級教學中，可以小組方式或分組實施，也可以全班參加，有時也邀請對此一問題有研究的人士參加，或邀請一些新人來，以轉變班級的氣氛，使討論的方式不會呆板。

在教室中使用腦力激盪的步驟如下：

㈠選擇及說明問題

選擇的問題範圍要狹小，且能具有分歧性的答案。以一般小朋友所熟悉，且較簡單，而可隨便談論的問題最恰當，集合大眾擴散思考的方式，產生最多的點子，再經批判性收斂思考選出最佳的方式（林孟逸，2008）。例如：「怎樣使班上保持整潔」或「替輔導室的信箱取一個名字」等問題。

問題選妥後，教師應對這個問題加以說明，例如：「信箱的名字」，希望越新奇活潑越好，讓大家都喜歡。

㈡說明必須遵守的規則

1. 不要批評別人的意見，暫時均予以接納並作記錄。
2. 觀念、意見越多越好。
3. 自由思考，應用想像力，容許異想天開的意見。
4. 能夠將別人的許多觀念，加以組合成改進的意見。

㈢組織並激發團體的氣氛

目前在國小班級中，大多為三十五位小朋友，用分組的方式，並由小朋友推選一位主持人，教師進而激發他們討論的氣氛，也就是造成一個自由、愉快而又願意表達的情境。

㈣主持討論會議

各小組分開討論，教師可提供下列問題，供腦力激盪時採用：

1. 其他用途
   它有哪些其他用途？
   將它改良後有何其他用途？

2. 定義

　　它像什麼？

　　它提供哪些啟示？

3. 修改

　　如何將它扭曲成新的形狀？

　　如何改變它的顏色、大小、形狀、聲音、氣味？

4. 擴大

　　能增加些什麼而使它改變？

5. 縮小

　　能不能使它變小、變短、變輕、變低？

　　能不能使它分割或刪去某一部分？

6. 代替

　　能不能將它改作其他用途？

　　能不能用其他材料代替？

7. 重組

　　能不能將各部分交換？

　　能不能改變程序或重組因果關係？

8. 反轉

　　能不能將它反轉？

　　能不能扮演相反的角色？

9. 聯合

　　能不能將各部分聯合？

　　能不能將目標合併？

10. 變形

　　能不能改變其形式？

　　能不能將它燒灼、鑽洞、塗漆？

㈤記錄大家所提出來的意見或觀念

　　每一小組應推選一位或二位記錄，將小組成員的意見記下來。

㈥共同訂標準並評估，以選取最好的意見

　　腦力激盪術的使用，特別強調暫緩判斷及批評，以克服對於創造力的阻礙。此種技巧重在鼓勵學生產生許多構想，包括荒誕和愚蠢的構想。希望這些構想能夠引導學生想出具有創造力的構想，但最後仍須依據問題的目標訂下評估的標準，以選取好意見採用。

　　在班級教學中，可由一組實施腦力激盪，另外一組實施評估的工作。評估的標準可由師生共同提出，以下有一些評估意見的標準，可供參考：

　1. 預期結果

　　就是評估某一構想能否產生預期的結果，例如：這個構想是否合乎需要？是否能節省金錢？

　2. 提供效率

　　對於現況是否能有很大的改進？是否有創意？能否使問題獲得改善，有助於問題解決？

　3. 符合規範

　　就是不違反法令、傳統倫理道德。如果一個構想很有創意，但違反了現行社會的一些規範，如四維八德或法律，則這個構想就不適用了。

　4. 配合目標

　　是否合乎自己的目標？與自己的意願是否相符？

　5. 時機恰當

　　所提構想在目前既有的條件下，是否可行？需要多少時間？

　6. 可行性高

　　評估構想的可行性，浪費的精力、金錢和所得的利益是否成比例？

7. 手續簡化

所提構想簡單易行，容易實施。

在評估構想時，不一定用得到上述七個標準，端視所提問題的性質，例如：小學生在討論「買什麼東西給媽媽當母親節禮物」的問題時，提出好幾十種禮物，這時評估的第一個標準可能是「是否花很多錢」而決定在一百元以內，則超過這個標準的就被刪除了。評估的標準可由師生共同決定，以下舉一實例說明此種方式：

討論的問題：母親節買什麼禮物送給媽媽？

當問題提出後，盡量鼓勵學生發表意見，教師將學生的意見條列在黑板上，例如學生提出的構想有：化粧品、自製卡片、購買卡片、鞋子、洋娃娃……等禮物。教師詢問母親節送禮物給媽媽需要考慮哪些事，師生可共同提出一些評估的標準，然後依標準，按照：(1)暫時保留；(2)修改；(3)放棄；(4)決定採用……等評估的結果來選取適當的構想。以下有評估構想的表格可供參考（見表6-1）。

腦力激盪術，在創造性教學中是最常用的方法，效果最好，而且也

表 6-1　腦力激盪評估表

評估題目：母親節以什麼禮物送給媽媽

結果構想＼評估標準	評估標準				評估結果			
	1.有意義	2.金錢	3.手續簡化	4.	1.暫時保留	2.修改	3.放棄	4.決定採用
化　粧　品	✓	✕	✕		✓			
自　製　卡　片	✓	✓	✓		✓	✓		✓
購　買　卡　片	✓	✓	✓		✓	✓	✓	
鞋　　　子	✓	✕	✕		✓			
洋　娃　娃	✕	✓	✓					

最容易實施，其所以具有理想的效果，最主要的因素是腦力激盪時，大家都不會批判別人的意見，所提的構想都為大家所接納，沒有挫折感；其次是意見或構想具有感染的作用，當某一學生提出一個構想時，不但引發了自己的想像力，也引發了別人的想像力，產生一連串的連鎖反應，就像點燃一長串的鞭炮一樣；第三個原因是每個人都有不認輸，不甘示弱，或要求表現的心理，看到別人或別組提出那麼多意見，自己也會被迫想出一些構想來。

　　有些教師在實施腦力激盪時，會遭遇到學生沉默，不願提出構想的情形，這時，教師可利用一些訣竅來激發學生的思考。

　　1. 停止─繼續：提出問題後，先讓學生沉默思考三至五分鐘醞釀答案，讓學生不至於太緊張，能夠從容不迫地想像、思考答案。

　　2. 一個接一個：教師可任意指定一個人提出構想，接著往後輪流發表，如果當時沒構想，就可跳到下一個人，如此一個接一個的巡迴方式，很多新的創意就會產生，直到討論結束。

　　3. 分組比賽：教師將全班分成數組，每一組選一位當記錄，在黑板上劃分幾組記錄的位置，當一聲令下，開始提構想，先舉手後再由教師指定發言，各組的記錄在黑板上記下構想，如此比賽競爭，往往有很多很好的構想出現。

　　4. 分組討論：教師可利用「六六討論法」或「小組討論」，各組針對問題分開討論，最後一位代表提出各組討論的結果。

　　最後，全班對所提的構想，加以評估（邵一杭譯，1972；官如玉譯，1983；陳樹勛，1973；Callahan, 1978; Feldhusen, & Treffinger, 1980）。

㈦腦力激盪的成功口訣

　　1. 腦力激盪不是自由座談。

　　2. 腦力激盪避免拋磚引玉。

　　3. 腦力激盪擔心沉默是金。

4. 腦力激盪拒絕過早批判。

5. 腦力激盪歡迎荒謬構想。

6. 腦力激盪強調以量取質。

7. 腦力激盪可以結合歸納。

8. 腦力激盪鼓勵自由聯想。

9. 腦力激盪每人心胸開放。

10. 腦力激盪營造兼容並蓄。

11. 腦力激盪創造輕鬆氣氛。

12. 腦力激盪採取記錄公開。

13. 腦力激盪激發創造潛能。

14. 腦力激盪允許海闊天空。

15. 腦力激盪偶爾休息一下。

㈧腦力激盪的十大法則（the rules of brain storming）

1. 延緩批判（defer judgement）。

2. 多多益善（go for quantity）。

3. 異想天開（encourage wild ideas）。

4. 搭人便車（build on the ideas of others）。

5. 不離主題（stay focused on topic）。

6. 圖像思考（be visual）。

7. 一次一個（one conversation at a time）。

8. 跳脫框限（out of the box）。

9. 暫緩討論（avoid any discussion of ideas or questions, as these stop the flow for idea）。

10. 休息一下（take a rest and try again）。

㈨引導式腦力激盪法

凱文・柯伊恩（Kevin P. Coyne）與蕭恩・柯伊恩（Shawn T. Coyne）在《百發百中：瞄準靶心的腦力激盪術》（*Brainsteering: A Better Approach to Breakthrough Ideas*）一書中，針對腦力激盪會議的缺點提出不同看法。他們認為，傳統的腦力激盪會議主張自由開放，容許與會者提出異想天開的意見，但又不容許批評，其帶來的結果是浪費時間，而且得不到具體的成果。

他們認為，個別思考的重要性不下於團體思考，擴散性思考必須受到適度範圍的限縮，並強調分析性思考的必要性，因此提出：

創意（右腦）＋邏輯（左腦）＝強效構想
創意思考＋批判思考＝強效思考

引導式腦力激盪主要有兩個要訣：

1. 問對問題：好點子來自好問題。
2. 用對方法：能讓人不斷創新突破的好方法，往往與先前學的方法不一樣。

引導式腦力激盪會議的進行方式如下：

1. 先明確說明提案的門檻和限制，避免好不容易獲得的成果，因為規章的限制而無法執行，不僅浪費時間，也會打擊士氣。
2. 提出好問題，確定每個討論主題的關鍵性；如果問題的重要性不夠，寧可刪除，也不浪費時間討論。
3. 選擇對的人參與會議，主管、專家和太喜歡講話的人都是影響會議成果的不當人士。
4. 每組人數三至五人，每個階段構思一個指定的主題，時間約四十五分鐘，由主席視情況調整時間的長短。階段完成後，各小組交換主題，繼續進行下一個階段，共進行四至五個階段。
5. 在開始分組討論之前，主席先對全體人員進行任務說明，讓每一個成員確實了解會議目的及進行討論的固定公式，同時可設定激勵措施，例如：各組捐出若干彩金，由提出最佳構想的小組獨得，最佳構想則由各小組一同評定。

6. 各小組討論後，每個主題自行選出二至三個最佳構想，在全體會議中發表。

7. 討論成果是否確實執行，應在最短時間（隔天）決定，並告知成員。

二、六六討論法

菲立普（J. Donald Phillips）首創，以腦力激盪為基礎，適用於大團體時的討論方式。將大團體分為每組六人的小組，只進行六分鐘的小組討論，再回到大團體中分享成果，最後進行評估。其方法與程序為：

1. 決定主題。

2. 六個人一組，每一組推選一位主席，由主席指定一位計時，一位記錄及一位發言人。

3. 六個人輪流發言，每人限時一分鐘，而且要剛好講足一分鐘，時間未到不可停止發言。

4. 一分鐘到，主席應即切斷發言，輪到第二位發言。

5. 每個人發言一次剛好費時六分鐘。

6. 發言人整合六個人的意見，上台報告本組的結論，費時一分鐘。

7. 以三十六人的會議為例，分為六組，說明進行方法費時五分鐘，選組長及指定計時、記錄及發言人費時三分鐘，分組討論九分鐘（留三分鐘緩衝），各組報告九分鐘（同樣有三分鐘緩衝），再加上主持人做綜合結論三分鐘，總共花費三十分鐘（一分鐘緩衝）。

三、六頂思考帽

㈠六頂思考帽的意義

思考就像戴帽子一樣，每次只戴一頂，六頂思考帽代表六種思考型態及方向，是由迪波諾所創立的，期望藉由此一方法，提昇思考能力、集中思考焦點減除自我防衛心理、拓廣思考技巧。帽子有六種顏色，每

種顏色代表一種思考方式。

㈡六頂思考帽的種類

思考是一種可以被教導的技巧，使用六種不同顏色的帽子來代表六種思考方式。詳細說明如下：

1. 白色思考帽（white for objective facts）：資料

白帽子代表思考中的證據、數字和訊息問題。如：哪些是我們已知的訊息？我們還需要去求取哪些訊息。

2. 紅色思考帽（red for emotions）：情感

紅帽子代表思考過程中的情感、感覺、預感和直覺等問題。如：我此時此刻對這件事情的感覺如何？

3. 黑色思考帽（black for negative thoughts）：批判

黑帽子代表思考中的謹慎小心，事實與判斷是否與證據相符等問題。如：是否符合實際情況？它是否有效？它是否安全？它的可行性如何？

4. 黃色思考帽（yellow for constructive thoughts）：理性

黃帽子代表思考中占優勢的問題，利益所在，可取之處等。如：為什麼這件事可行？為什麼會帶來諸多好處？為什麼是一件好事等等。

5. 綠色思考帽（green for creativity）：創意

綠帽子代表思考中的探索、提案、建議、新觀念，以及可行性的多樣化這些問題。如：這方面我們能做些什麼？還有沒有不同的看法等等。

6. 藍色思考帽（blue for control the other hats）：決定

藍帽子代表對思考本身的思考。如：控制整個思維過程，決定下一步思維對策，制定整個思維方案等等。

㈢六頂思考帽的使用方式與價值

當你戴上某一顏色的帽子，你就扮演一個思考者的角色，成為一位

真正的思考者，也就是扮演起這頂思考帽所定義的角色。當你換一頂思考帽時，就必須更換自己的角色成為另一頂帽子的特色。

教師在上課時，可以讓自己戴上這頂或那頂帽子，甚至可以先擺好一排帽子，再一頂一頂都試一試，並介紹各頂帽子的特色，讓學生理解。當使用對象是學生時，你可以要求學生戴上某一頂帽子或脫下某一頂帽子。當使用對象是團體時，教師可以請求某學生或整個團體戴上、脫下或換掉一頂帽子（Edward deBono 著，芸生、杜亞琛譯，1999）。

使用思考帽的情況可分為兩種：偶爾使用與系統使用。偶爾使用，是最常見的使用方法。通常一次只使用一頂帽子進行思考，也可以用兩頂帽子進行思考。這種方法可以使人們採用某種特定的思考方式，或是換一個思考方式來進行。而系統使用，就是思考者事先擬定好同時使用各種思考帽進行的方案，然後依次戴上各種帽子來考慮問題。通常在需要迅速有效的解決問題時使用這種方法。

思考帽的簡略搭配常用於各種各樣的目的，大致有如下幾種：(1)黃色／黑色／紅色：就某一個想法迅速做出評價；(2)白色／綠色：想出一個主意來；(3)黑色／綠色：改進已有的想法；(4)藍色／綠色：總結並且詳細地說明另外一些做法；(5)藍色／黃色：看看所進行的思考有無益處。

六頂思考帽的最大功能是：

1. 角色扮演：戴上帽子使我們敢想敢說，而不用擔心會傷害自我。
2. 引導注意力：可以容易的將我們的注意力引導到事情的六個層面或方向。
3. 使用方便：可以要求某人（包括你自己）依思考帽的顏色變換狀況。
4. 為「思考遊戲」制定一些規則。

六頂思考帽的概念簡單易懂，而且容易運用。六頂思考帽的主要概念：第一是簡化思考，讓思考者一次只做一件事。思考者可以不用同時

照顧情感、邏輯、資料、希望和創意，他可以將它們分別處理。第二是
思考者可以自由變換思考類型。如果有人在會議上一再有負面而消極的
表現，你就可以要求他脫下「黑色思考帽」。要求他戴上「黃色思考
帽」，直接請他轉向正面的思考方式。

四、六雙行動鞋

　　六雙行動鞋的意義：六雙行動鞋直接承襲六頂思考帽的架構。帽子
表示思考，鞋子則表示行動。帽子思考出來的計畫，由鞋子來執行。面
對不同的情況，穿上不同的鞋子，六雙行動鞋代表六種不同風格，每一
雙行動鞋都有一種不同的顏色，各代表一種特定的行動語法（張玉成，
1993）。

㈠灰色運動鞋（grey sneakers for intormation gathering）

　　顏色是灰色，款式是運動鞋。灰色象徵大腦的灰白質，同時也暗示
著若隱若現的雲霧；運動鞋則是安靜而自在的。灰色運動鞋行動模式是
為了蒐集資訊和思索這資訊而設計的，這就是它主要的目標。灰色運動
鞋模式的行動風格是低調、不張揚的。資訊的用處是撥開雲霧，也就是
前述灰色的混沌狀態。

㈡粉紅色拖鞋（pink slippers for caring）

　　顏色是粉紅色，款式是拖鞋。粉紅色屬於溫和、女性化的色彩；而
拖鞋則代表舒適和家居氣氛。粉紅色拖鞋行動模式和關懷別人有關──
行動者要付出同情、同理心及實際的幫助。

㈢深藍海軍鞋（navy formal shoes for routines）

　　顏色是深藍色，款式是正式的海軍鞋。深藍色暗示著慣例、操練和
形式化。深藍色行動模式是為例行做法而設計的，選擇恰當的慣例，將
自己的行為調整成符合該慣例，然後盡可能完美地執行這項慣例。

㈣棕色便鞋（brown brogues for pragmatic action）

顏色是棕色，款式是便鞋。棕色是土壤的顏色，所以此種行動風格是很腳踏實地的；至於便鞋則是很耐穿、適合大多非正式場合的鞋子。這種行動模式所強調的是實用，它做的是可行的事。

㈤紫色馬靴（purple riding boots for authoritarian behavior）

顏色是紫色，款式是馬靴。紫色是帝王的色彩、暗示著權威；馬靴是特殊場合才會穿到。紫色馬靴指的是一個人行使其正式角色的權威。大家對某個角色的行為有所期望行事。標識角色的行動，以及表現出與該角色一致的行動很重要。

㈥橘色橡皮靴（orange gumboots for emergencies）

顏色是橘色，款式是橡皮靴。橘色是代表危險、火災和爆炸的顏色；橡皮靴則是消防隊員和救難人員所穿的。橘色橡皮靴行動模式和緊急狀況、危機或險惡環境有關，當情境不穩定、不可測，而且可能會惡化時，就需要採取緊急行動。

五、卡片思考法（cards thinking skills）

㈠技法由來

創造的過程可以濃縮成創意的引發及創意的組合兩大步驟，那麼卡片法可以相當程度地達到要求。

1.思考的單元化

我們如何將語文性資料改變成類似數據性質的資料，以利處理？傳統的做法是透過問卷調查法設法使語文性資料量化，但這種做法有其限制性，特別是對創造性思考而言。為此，我們可以考量將語文資料背後所代表的核心觀念予以單元化（亦即思考的單元化），再以這些單元為

基礎，進行「可管理」的外化處理。

2.單元觀念卡片化

所謂單元觀念卡片化就是一個卡片記載一個核心觀念，不能多也不能少。這種「一念一卡」的要求，是創意組合思考外化或創意思考工程的重要關鍵，與傳統上將批狀觀念、訊息、情報、創意等籠統記在大卡片上的「卡片法」大異其趣。

㈡代表技法──KJ 法

KJ是川喜田二郎（Kawakita Jiro）先生（文化人類學家，開發的當時為東京工業大學教授）取英文姓名起首的字母，由創造性研究團體「日本獨創性協會」命名的。

KJ法是1953年川喜田到尼泊爾王國進行田野調查所孕育出的構想，當時他發覺，假如將其所觀察的各項地理人文資料，以傳統方法系列式的記載下來，由於資料龐大，且成「批狀」，其結果往往無法掌握事實或問題的真相，於是想倒不如將這些批狀的資料用卡片予以分割，如此傳統上大腦內部的整合思維作用即可外化，在整合控制幅度大為提昇及視覺作用的激盪下，有效地解決上述事實掌握困難的問題。

所謂 KJ 法簡單的說就是從混沌不清的狀態中，將多樣而複雜的事象、意見或創造性思考有關的語文性資料，以「一念一卡」的方式卡片化，再根據卡片之間的「親和性」或「類似性」，逐層統合，使之結構化的技法。所以 KJ 法在本質上可以說是「化零為整」的資料處理方法或創造性作用，藉此將各種破碎靈感、意見、資料等加以統合，使之成為脈絡可循的整體物（黃惇勝，2000）。

1.以「一念一卡」的方式記載創意

據上所述，卡片法在創造技法上的第一個特色為以「一念一卡」的方式記載創意。所謂「一念一卡」，具體而言約有幾個原則：

⑴每一張卡片代表一個觀念性的敘述。

⑵每一個觀念性的敘述文字應盡量予以簡約化。

(3)卡片文字敘述應力求接近事實。

(4)避免使用模稜兩可或抽象文字。

(5)高級詞語到原級詞語的轉換（所謂原級詞語即所使用詞語立刻在心目中產生印象者；所謂高級詞語即無法使人在心目中產生印象，必須透過原級或比原級高一級的二級詞語的解釋或翻譯才能使人瞭解意義）。

2. 藉由卡片移動的操作進行創意思考

亦即將載有單元觀念的卡片（通常是標籤）隨著大腦內部思維狀態，以手操作卡片做相應的移動，一直到卡片的「集合」定位，產生創意或有所發現。

3. 以卡片圖解顯示創造結果性意義

卡片的移動不管是水平的移動或垂直的移動，基本上都是一種創造的過程，而移動或創造的最後結果就是圖解。這個圖解一方面是眾多單元卡片的結構圖，另一方面也是包括硬體、軟體或所謂超軟體（思想、觀念等）在內之創造物的製作藍圖。當然從長遠觀念來看，這個藍圖（即圖解）也是創造物的素材。

㈢ CBS 法

1. CBS 法由日本學者高橋誠發明。是使用卡片的腦力激盪法，此法亦與 MBS 法相似，都是千方百計讓出席者絞盡腦汁提出設想。由於其是一種一邊在卡片上寫設想，一邊提出設想的方法，所以它是腦力激盪法熟練者所應用的一種技法。其特點是一邊在卡片上寫設想，一邊提出設想的方法。

2. 步驟

(1)各人單獨進行腦力激盪活動：參加者各自在卡片上填寫萌發的創思。每張卡片寫一個設想，以不超過二十至三十字為宜，文字應簡明易懂（時間：全部時間的 1/6）。

(2)參加者按座次輪流發表卡片上的創見：各成員自右往左，依次

宣讀自己的一張卡片，然後將卡片排列在桌子中央，排成七
列。若卡片內容與他人重複，應多以捨棄，待下一輪再發表，
但不得兩次輪空（聽眾可以提出質詢，或即時將新的構想寫在
備用的卡片上）（時間占全時的 3/6）。

⑶全體參加者自由發表：自由宣讀自己手中新的設想卡片（時
間：占全時的 2/6）。

3. 注意事項

⑴成員三至八人為宜。

⑵桌子須大至能鋪二百張卡片。

⑶主持人須注意時間的掌握。（黃惇勝，2000）

㈣六三五（默寫式）激盪法

本法是聯邦德國引進腦力激盪加以改進而發明的一種方法，德國人
的民族特點，習慣於邏輯思維的方法，因此對於人多勢眾、大叫大嚷的
進行自由聯想的腦力激盪似乎有些格格不入。因此他們吸取了腦力激盪
法的優點，發明了各參加者不妨礙他人的發言，自己也毋須出聲的構想
方法。其方法與程序如下：

1. 準備

⑴參加者為六人（雖然人數以六人為最理想，但並不侷限六人）。

⑵在每個人的面前放置構想卡（卡片的尺寸相當於 A4 紙張，上面
畫有橫線，每個方案有三行，共九個方案的空白處，分別加上
1～3 的序號），如表 6-2。

2. 程序

⑴以 A 到 F 代表六個人，每人都必須在面前的卡片上寫出三個構
想，並在五分鐘內完成。開始進行該法以前，由出題者提示問
題，如有疑問必須預先澄清。

⑵五分鐘一到，每個人都要把面前的卡片傳給右鄰的參加者。在第
一個五分鐘內，各人分別在傳送到自己面前的卡片上填寫三個構

表 6-2　六三五腦力激盪法

組別：　　　　　編號：　　　　　姓名：		
A	1	2	3
B	1	2	3
C	1	2	3
D	1	2	3
E	1	2	3
F	1	2	3
	1	2	3

想，每隔五分鐘一次，一共六次，三十分鐘為一個循環，根據計算，每一個循環得到一百零八個構想。

六三五法的優點是能彌補與會者因地位、性格的差別而造成的壓抑；缺點是因只是自己看和自己想，激勵不夠充分。

六、列舉法

㈠屬性列舉法（attribute listing）

係由克勞福特（Crawford, 1954）所發明的。他認為每一事物皆從另

一事物中產生，一般的創造品都是從舊物中改造（郭有遹，2001；陳龍安，1991a）。實施的時候，先讓學生列舉所研究問題或物品的各種屬性，然後提出各種改進屬性的辦法，使該物品產生新的用途。

㈡特性列舉法（character listing）

依物品的構造及其性能，按名詞（物質、材料、製法⋯⋯）、形容詞（形狀、顏色⋯⋯）、動詞（技能、相關動作⋯⋯）特性列出，然後檢討每一特性可改良處。

例如：茶杯的特性，在名詞方面有玻璃、塑膠、鋁、不銹鋼⋯⋯；在形容詞的特性有不碎的、美觀的、光滑的⋯⋯；在動詞的特性有可折疊、可伸大縮小⋯⋯等。

也可以用 SCUMPS 來列舉，S: size 大小、C: colour 顏色、U: uses 用途、M: materials 材料、P: parts 零件、S: shape 形狀。

㈢優點列舉法（strong lsting）

逐一列出事物優點的方法，進而探求解決問題和改善對策。

㈣缺點列舉法（defect listing）

把產品的缺點，毫不客氣地指出來，盡量挑毛病，再針對這些缺點設計改良。

例如：「茶杯有什麼缺點？」有人會提出：易破、燙手⋯⋯等缺點，然後問：「如何改良這些缺點？」「還有沒有其他的方法來改進呢？」「用哪種材料可代替？」⋯⋯

㈤希望列舉法（expect listing）

就某項物品積極地幻想，不斷提出「希望」、「怎樣才能更好」等等理想和願望，姑且不論其可行或不可行都將之列出，因為今日認為不可行的幻想，可能明日便成為可行。例如：認為圓形西瓜占空間不利運

輸，有人改良種植環境，成功研發了方形西瓜。

教師在教學時使用屬性列舉的策略，除用上述方式外，亦可提示一個問題（例如：如何改善運動場？）。在這個問題之下，列出三行，第一行是問題的要件或部分（如：運動場的主要部分是跑道）；第二行是屬性或特性（如：水泥地、泥土……）；第三行列出改進的構想（如：在水泥地上舖設人工草皮……）。在構想列出後，很容易就可以討論、推敲、提出修正的意見。屬性列舉的策略也是鼓勵班級討論的跳板（李幸模，1981；郭有遹，1979；陳樹勛，1973；Callahan, 1978; Feldhusen & Treffinger, 1980）。

七、型態分析法（morphological analysis）

型態分析法是 Zwicky 和 Allen 所倡。以結構的分析為基礎，再使用組合技術，來產生更多的新觀念。實施時，下列的步驟可供參考（郭有遹，1979；陳樹勛，1973）。

1. 問題的敘述應盡量廣泛。
2. 列舉出有關這個問題的獨立要素。
3. 列舉出每一獨立要素的可變元素。
4. 使這些元素（或觀念）相互結合，形成許多新觀念。

型態分析就是將構想分析後，再加上各種新的、不尋常的組合。Treffinger（1979）也特別提出以下六個步驟，作為實施的參考：

1. 選擇各種要素。
2. 列出每一要素的特性。
3. 發展評估的標準。
4. 考驗許多組合。
5. 檢查核對其他的資源。
6. 進一步找出最佳的構想。

學生須就一個問題的兩類以上不同屬性，分別列出其所有的元素。例如：如何設計一棟良好的房屋？

以房屋的形式為第一獨立要素，有以下可變的元素：平房、樓房……

以房屋的形式為第二獨立要素，有以下可變的元素：木造、磚造……

將兩種元素結合，木造平房、木造樓房、磚造平房、磚造樓房……等觀念，使學生注意到表面無關的觀念，設法將之結合成為新觀念。

型態分析法的基本原則有下列七點：

1. 任何一種有限的概念，都是不完全的。

2. 知識是無限制的。

3. 任何領域都在尋求整體的知識。

4. 欲徹底解決一種問題，應從所有已知要素的所有可能結合關係中獲得。

5. 在各種事物之間，有一種放諸四海皆準的關係存在。

6. 綜合法應先賴於分析法，否則不能獲得客觀的分類。

7. 應先尋求各種價值的型態構造（即可能的排列組合）而後尋求所需的觀念或答案。

型態分析法可用在國語科作文、說話的教學上，將同一種主題用不同的組合，把人、事、物，做一種新奇的變化，重新安排，使得故事產生許多變化。

八、六 W 檢討法

六 W 檢討法是對一種現行的辦法或現有的產品，從六個角度來檢討問題的合理性。消極方面，它可以指出缺點之所在；積極方面，則可以擴大產品的效用。這六個問題是（陳樹勛，1973；Raudsepp, 1981）：

1. 為什麼（why）？

2. 做什麼（what）？

3. 何人（who）？

4. 何時（when）？

5. 何地（where）？

6. 如何（how）？

六 W 檢討法依照問題性質的不同，用各種不同的發問技術來檢討，如果現行的辦法，經過這六個問題的審問，已無懈可擊，答覆圓滿，便可認為此一方法已很合理。如果對六 W 之中某一 W 的答覆不能感到滿意，則表示在這方面尚有改進的餘地。從積極方面來發問，譬如：「還有什麼人可能是未來的顧客？」「如何加強產品的吸引力？」等，則可激發新的觀念。又例如：

如果政府準備要在我們的社區栽很多榕樹，請依下列問題加以研究，把你的想法寫下來。

1. 為什麼要栽榕樹？

2. 要栽怎樣的榕樹？

3. 栽在什麼地方？

4. 什麼時候栽比較好？

5. 請誰來栽？

6. 要怎麼栽比較理想？

最近企業界又加了 how much 一項，以評估價值性，形成了 5W2H 的策略。

九、單字詞聯想

吳靜吉教授（1976）曾以「單字詞聯想」（words association）訓練大學生的創造力，效果頗佳，其方式有下列四項：

1. 單字連鎖聯想訓練

根據一個刺激字（如「上」）而聯想到另外一個單字（如

「下」），再以這個單字為刺激字，聯想到一另個反應字（如「下課」）。如此聯想下去，每個詞都有邏輯基礎（如：上下、下課、課文、文章）。

2. 單字分歧聯想訓練

每次根據一個單字（如上），而分歧式的想出任何由「上」構成的二字詞（如上下、上課、上床、上流）。這種上下、上課、上床、上流的二字詞是有邏輯基礎的，在中文裡是被接受的語文習慣。如：

```
      ┌ 流
      ├ 床
上 ───┤
      ├ 課
      └ 下
```

3. 詞連鎖聯想訓練

每次根據一個刺激詞（如上下），而聯想到另外一個二字詞（如前後）。如此類推，上下→前後；前後→麻煩……的連鎖關係。從中文的詞言習慣來說，未必有邏輯關係。如因前後而聯想到麻煩，可能是特殊的情緒經驗，而非中文習慣。

4. 詞分歧聯想訓練

每次根據一個二字詞（如上下）作分歧聯想（如因「上下」聯想到前後，再由「上下」聯想到樓梯，再由「上下」聯想到疲倦）。這種聯想也未必按照中文的語文習慣，如上下→疲倦便是。如：

```
        ┌ 疲倦
        │
上下 ───┤ 樓梯
        │
        └ 前後
```

十、分合法（synetics）

分合法（生態比擬法，舉一反三法，糾合術）係由果登（Gordon W. J. J.）於 1961 年發表《分合法：創造能力的發展》（*Synetics: The Development of Creativity*）一書，所提出的一套團體問題解決的方法。其本義

為「將原本不相同，亦無關聯的元素加以整合」。

果登的分合法將過去所認為神秘的創造過程，用簡單的話歸納為兩種心理運作的歷程：

1. 使熟悉的事物變得新奇（由合而分）
2. 使新奇的事物變得熟悉（由分而合）

所謂「使熟悉的事物變得新奇」，也就是熟悉的事物陌生化，此一歷程在使學生對某種熟悉的事物，用新穎而富有創意的觀點，去重新瞭解舊問題、舊事物、舊觀念，以產生學習的興趣。例如，有一些諺語就是從另一個新奇的角度來解釋一些熟悉的概念，就像我們很熟悉的「母雞」這個概念，採用化熟悉為新奇的方法，就是：「母雞只是生蛋的一個工具」。

所謂「使新奇的事物變得熟悉」，也就是熟悉陌生的事物，此一歷程，主要在增進學生對不同新奇事物的理解，使不同的材料主觀化。大部分的學生對於陌生事物的學習，多少都會有些壓力。所以，面對陌生的事物或新觀念時，教師可經由學生熟悉的概念來瞭解。通常可以用兩種方式來熟悉陌生的事物。其一是分析法，先把陌生的事物盡可能劃分成許多小部分，然後就每個小部分加以研究。第二個方法是利用類推，即對陌生的事物加以類推。例如，可問學生：「這個像什麼呢？」「它像你所知道的哪一樣東西呢？」

果登的分合法，主要是運用類推（analogies）和譬喻（metaphors）的技術來協助學生分析問題，並形成相異的觀點。

「譬喻」的功能在使事物之間，或事物教材之間形成「概念距離」（conceptual distance），以激發學生的「新思」。例如，問學生：「如果教室像電影院」，提供新穎的譬喻架構，讓學生以新的途徑，去思考所熟悉的事物。

相反地，我們也可以讓學生以舊有的方式，去思索新的主題，例如，以人體去比擬交通運輸系統。譬喻的活動可將某種觀念，從熟悉的

教材串連到新教材，或以新觀點，去分析熟悉的教材。透過此種「概念距離」的形成，學生能自由任意地思索其日常生活中的活動或經驗，發揮想像力及領悟力。

果登提出以下四種類推的方法：

(一)狂想類推（fantacy analogy）

這種方法是讓學生考慮解決問題的途徑，盡可能以不尋常的思路，去考慮或盡可能牽強附會。

例如，開始時，教師問學生：「將球場上笨重的石塊搬走，最理想的方式為何？」學生運用「狂想類推」，提出下列解答：「用大氣球把它搬走」、「用大象搬它」、「用好多的小螞蟻將它搬動」等等。在學生產生各種不同的狂想觀念之後，教師再領導學生回到「觀念」的實際分析和評量，然後決定何種方式為最有效的途徑。

「狂想類推」通常的句型是：「假如……就會……」或「請盡量列舉……」。作答者可利用輻射思考，或「狂想類推」盡情思索。它是一種最常用的類推型式，當然有時在答案中也摻雜下列三種類推。

(二)直接類推（direct analogy）

這是將兩種不同的事物，彼此加以譬喻或類推，藉以觸類旁通，舉一反三。運用此種策略，要求學生找出與實際生活情境相類同的問題情境，或直接比較類似的事實、知識或技術。例如，將電話比擬聽覺系統的構造，電腦比擬人腦的構造；很多自動控制系統，往往是人體系統的翻版。

「直接類推」主要是簡單地比較兩種事物或概念。它的作用在於將真正的問題情境，或主題的要件，轉換到另一問題情境或主題，以便對問題情境或主題，產生新觀念。在譬喻時，可利用人、植物、動物、非生物等等，去進行辨識作用。

「狂想類推」與「直接類推」的不同，在於前者純屬幻覺虛構，不

依事實而捏造的，是空想幻想的。後者必須有與問題相類同的實際生活
情境。

(三)擬人類推（personal analogy）

其意為將事物「擬人化」或「人性化」，例如，行政組織的觀念，
一個好的組織要像人的器官或細胞，各有所司，但每一器官或細胞都是
健全的。行政作業之運作如身心之功能，以心使臂，以臂使指，互相協
調，相互配合，方不致互為阻滯，行政機構如像人體器官功能之運作，
必可得最大效率。例如：挖土機是模仿人的手臂動作做成的。

在教學上，首先要使學生感受到，他是問題情境中的一個要素。所
強調的是「同理心的涉入」（empathetic involvement）。例如：學生自
問道：「假如我是校園內的鞦韆，我想跑到校園的另一角落，該怎麼
辦？」「好吧！我要跳上去，抓住樹幹，然後向上拋，就可以拋到我想
去的地方。」

(四)符號類推（symbolic analogy）

這是運用符號象徵化的類推，例如：詩詞的表達，利用一些字詞，
可以引申或解析某一較高層次的意境或觀念。又如：設計有獨特風格的
建築物等皆是。

符號的類推是一種「直指人心，立即了悟」的作用，例如：我們看
到了「中正紀念堂」的建築，立即可感受到莊嚴、雄偉的氣勢。看到一
些交通標誌，立即可聯想到一些規定（林孟宗，1982；官如玉，1982；
張玉成，1983a；郭有遹，1977；陳樹勛，1973；Davis & Scott, 1971;
Feldhusen & Treffinger, 1980; Gordon, 1961; Lytton, 1971）。

十一、目錄檢查法（catalog technique）

一個人的能力畢竟有限，許多問題的解決不可能全憑記憶而獲得資
料，因此必須懂得如何尋找資料。有人說一個真正會讀書的人，乃是講

求方法，善用工具的人。當我們研究一個問題時，要蒐集各種資料，由於內容太多，無法全部看完，此時最經濟的方法，就是利用「目錄檢查法」，作為尋求資料、觀念的手段。

所謂「目錄檢查法」就是查閱跟問題有關的目錄或索引，以提供解決問題的線索或靈感，其做法是將問題的大綱，或是所要處理事物的要點，有系統地列成表格，作為尋找新觀念參考的指標。當我們想要蒐集資料時，則可依據表格上所列要點，找到相關資料目錄或索引，再由此進一步蒐集詳細的資料。如此可以幫助我們啟發思考，得到一些靈感，不致感到無所憑藉。

例如：每本書籍前面的索引、目錄或是論文索引，各種書目介紹、產品目錄、教材名稱、綱要……等，都是屬於目錄，在我們需要時，都可作為參考，指引我們找到需要的材料。

有時候當我們在寫一篇論文而一時不知用什麼題目時，則可查閱類似主題的論文索引，往往從別人的題目中，可啟發我們的靈感，而解決命題的問題。

在教學時，教師可根據教學的主題，從許多相關的資料中，獲得許多實用又能引起學生興趣的教材。而教師也可輔導學生就其所要解決的問題，去尋找有關的資料（郭有遹，1979）。

十二、自由聯想技術（free association techniques）

所謂「自由聯想技術」，乃是教師提供一個刺激，讓學生以不同的方式自由反應，學生可由其所學過的知識，或所經歷過的經驗中，運用聯想的技巧，去尋找並建立事物間新而富有意義的連結關係。教師對於學生所提的看法或意見，不予建議或批評，完全讓學生依照自己的方式，自由提出各種不同的想法及觀念，當兒童提出具有獨特性的、少有的構想時，教師則可鼓勵他，讓他想出更多更新奇的構想。運用「自由聯想技術」，可以激發兒童想像力，使其腦筋靈活，是增進創造性思考的好方法。

例如：教師提出一個字詞，如「鳥」，讓兒童聯想造詞，則兒童可能想出「小鳥」、「飛鳥」、「飛機」、「天空」⋯⋯等，其之所以有不同的反應，乃是因為他所知道的及所經歷過的不同，因此，在提出同一刺激字──「鳥」時，會聯想到其他不同的詞或事物。也許所提的並不與鳥相關，乃是因其特殊的經驗所致。又如教師提供學生一幅卡通漫畫，看看學生從這幅畫聯想到什麼，鼓勵學生把各種聯想組合成一篇故事，並向全班同學報告。

自由聯想的技術，用在字詞方面就是字詞聯想，用在圖片上面就是圖畫的聯想，當然也可應用在其他方面的事物（李幸模，1981；張玉成，1983a；郭有遹，1979）。

十三、檢核表技術（check-list technique）

所謂「檢核表技術」就是從一個與問題或題旨有關的列表上來旁敲側擊，尋找線索以獲得觀念的方法（郭有遹，1977）。這是用來訓練學生思考周密，避免考慮問題有所遺漏的一種方法。

此種技術的使用，可以先將問題列成一張分析表或像書目的大綱，然後寫出大綱中每一項所需要處理或解決的要點，最後逐一考慮每一要點可供改變的方向。另外也可使用一種「可能的解答表」（possible-solution list）的方法，可以用腦力激盪提出各種可能的解決方法，將這些方法列表考慮。也可以就每一問題的要點，請教不同的人，將他們的意見列表一一予以檢核。

檢核表的技術有助於腦力激盪的訓練。奧斯朋在《應用想像力》（*Applied Imagination*）一書中列出七十三項問題，可作為檢核推敲的線索，後來經艾伯爾（Eberle, 1971, 1982）簡化提出一種「奔馳」（SCAMPER）的設計表格，可供查核表使用；這種設計主要是用幾個字的代號，來幫助我們瞭解並實際運用。SCAMPER 這幾個字是：取代（substituted, S）、結合（combined, C）、適應（adapt, A）、修改（modify, M）、作為其他用途（put to other uses, P）、除去（eliminate,

E）、重新安排（rearrange, R）縮寫，在中文方面我們也可用下列單字代表，以利記憶：

「代結應改他去重」

1. 代（S）

何者可被「取代」？誰可代替？什麼事物可代替？有沒有其他的材料、程序、地點來代替？

2. 結（C）

何者可與其「結合」？結合觀念、意見？結合目的、構想、方法？有沒有哪些事物可與其他事物組合？

3. 應（A）

是否能「適應」？有什麼事物與此調整？有沒有不協調的地方？過去有類似的提議嗎？

4. 改（M）

「修改」成什麼？利用其他方面？使用新方法？其他新用途？其他場合使用？

5. 他（P）

作為「其他」方面的用途？使用新方法？其他新用途？其他場合使用？

6. 去（E）

可否「除去」？取消何者？減少什麼？較短？

有沒有可以排除、省略或消除之處？

有沒有可以詳述細節、增加細節，使其因而變得更完美、更生動、更精緻的地方呢？

7. 重（R）

「重新」安排？交換組件？其他形式？其他陳設？其他順序？轉換途徑和效果？

有沒有可以旋轉、翻轉或置身於相對地位之處？

你可以怎樣改變事物的順序，或重組計畫或方案呢？

十四、心智圖法（mind mapping）

　　是一種刺激思維及幫助整合思想與訊息的思考方法，也可說是一種觀念圖像化的思考策略（Buzan & Buzan 著，羅玲妃譯，1997）。D. Tri-nidad Hunt（1997）指出「心智繪圖掌握記憶存取之妙，構築心智繪圖的行動，其本身即能有效在記憶中牢記某些構想，並且可以在極為省力的情況下，再度回憶整個心智繪圖法的過程，並且能夠輕易察覺知曉，及很自然運用記憶功能」。此法主要採用圖誌式的概念，以線條、圖形、符號、顏色、文字、數字等各樣方式，將意念和訊息快速地以上述各種方式摘要下來，成為一幅心智圖（Mind Map）。結構上，具備開放性及系統性的特點，讓使用者能自由地激發擴散性思維，發揮聯想力，又能有層次地將各類想法組織起來，以刺激大腦做出各方面的反應，從而得以發揮全腦思考的多元化功能。

　　具體說，心智圖法是一種圖像筆記法，利用線條、顏色、文字、數字、符號、圖形……等各種方式，快速記錄資訊和想法的圖像筆記法。

　　步驟如下：

1. 準備一張 A4 的影印紙，把紙橫放。
2. 在紙中央畫一個有待解決的問題，例如「未來」的規劃可用圖案代表。
3. 訂幾個主要的議題像書的章節，由中心拉線圍繞在主題周圍，由中央圖案用線條往外擴散，在每一線條上工整寫關鍵詞或意象，一行只寫一個關鍵詞或意象，使線條彼此連結。例如由未來想到健康。
4. 主題擴散到分支像標題，在線上工整的寫下關鍵字詞（詞的長度與線同樣長）靠中心的線較粗由主支衍生出第二階層想法的線條較細。
5. 其他想法出現時，加在第三、四層用圖樣符號或代表關鍵字。
6. 修飾線條及圖形讓心智圖美化。

7. 當題材足夠時，先停下來看看成果；所有的點子都散布在一張紙上。找出組織並整合點子的關係，找出地圖上重複出現的字，這些字可提示重要的主題。

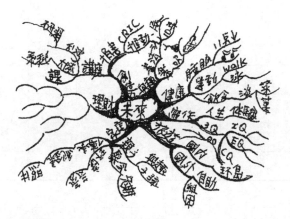

　心智地圖運用於教育上：

1. 教師的教學策略：引導先備知識，做為團體共同思考、新概念的介紹。

2. 學生的學習策略：準備考試、準備演說，運用於腦力激盪、小組學習、創造力。

3. 學習評量工具：測驗學生對所學知識的瞭解程度。

4. 展示工具：可運用於學習成果的展現，或者演講者的發表工具。
　（魏靜雯，2003）

十五、曼陀羅法（Mandala）

　　曼陀羅思考技法是由日本今泉浩晃先生依據印度佛教曼陀羅圖騰所設計。提供如魔術方塊般的視覺式思考，使用九宮格分九個區域的方式，以一個主題為中心概念，外層的八個空格強迫思考相關的概念，刺激出更多的新想法。可以擴散並訓練思考、腦力激盪、解決問題，是一種兼具結構化與擴散思考策略，易於組織資料，並刺激出更多的新想法。

6		3		7		6		3		7		6		3		7
2	F	4		2	C	4		2	G	4
5		1		8		5		1		8		5		1		8
6		3		7	F	C	G	6		3		7
2	B	4	B		D	2	D	4
5		1		8	E	A	H	5		1		8
6		3		7		6		3		7		6		3		7
2	E	4		2	A	4		2	H	4
5		1		8		5		1		8		5		1		8

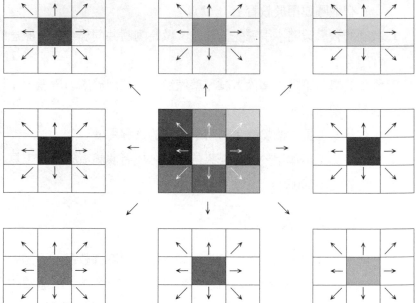

㈠蓮花法（lotus method）

這是從曼陀羅法的「基本單位」發展擴展而來。

1. 每位討論者手持一蓮花圖，並將討論之主題或問題寫於圖中央位置。

2. 把相關的意念寫於圍著「主題」四周的八個圈中（每個圈的左上角分別寫上英文字母 A 至 H），成為八個「子題」，並於圖中央部分構成了一幅「曼陀羅法九宮格圖」。隨後，討論者可就各個子題再想出另外八個意念，將之寫於圍著「子題」四周及標著 1-8 號碼的方格內，討論者可沿以上步驟再延伸構思新的意念。

3. 討論直至整個蓮花圖寫滿為止。

㈡向四面擴散的輻射線式

例如用此法製作成「人際關係曼陀羅」，只需在九格最中央填上自己的名字，然後在周圍填上自己最親近八個人的名字，即形成自己最內圈的人際關係。接著，以此圖為基礎，將此八個人分別挑出放入另外八個曼陀羅的中央。如此一來，$8 \times 8 = 64$ 人的人際關係圖便已完成。依據這種方法，如果發現自己人際關係太小，則應設法補救。如下圖：

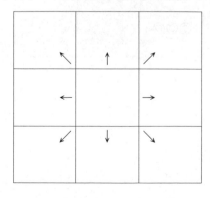

網友	親戚	好友
鄰居	本人	老師
朋友	同學	配偶

⊜逐步思考的順時鐘式

　　例如當擬定一天的行程表時，應以每一格代表一小時，然後以中央方格為起點，依順時鐘方向將預定行程填入格內。而當欲擬定一週行程表時，應先過濾該週必須完成的事情、工作，乃至約會，找出最重要者作為曼陀羅的中心，接著仍以順時鐘方向將七天的行程逐一填下。記錄時，應注意文句須盡量簡潔。八個格子對一週七天，最後一定會剩下一個方格，可做附註使用。設計行程表就像企業界擬定戰略一般，將自己一天的行動計畫記在曼陀羅備忘錄中，即可大致看出能完成和無法完成的個別是些什麼，而一天節奏得以掌握，一週的節奏亦可以此預估。換言之，將行程表管理好，一週的成功就能在自己的掌握之中。如下圖：

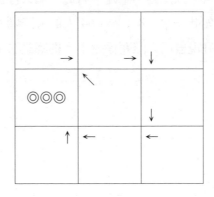

㈣九宮格法的基本原則

想到就寫	用詞簡明	儘量填滿
逐步實踐	**使用原則**	事後整理
視覺管理	可大可小	善用顏色

九宮格基本原則示意圖

1. 想到就寫：想到什麼就寫什麼，自由聯想無拘無束。
2. 用詞簡明：大腦有聯想的能力，將關鍵字寫下即可。
3. 儘量填滿：九宮格會有想要填滿的慾望，刺激思考。
4. 事後整理：腦力激盪完後，再依目的整理相關順序。
5. 善用顏色：視覺化思考工具，可善用顏色加強印象。
6. 可大可小：可小至名片卡，大至海報紙的無限階層。
7. 視覺管理：運用八個方位的視覺思考，做記憶管理。
8. 逐步實踐：完成就打叉，做一半畫斜線的管理功能。

十六、創意十二訣

依照陳龍安（1998）的分析指出，日常生活的點點滴滴，隨時可以激發創意，而啟發創造思考有很多方法，下面的原則可多多加以利用：

表 6-3　啟發創造力的十二訣

核心概念	內容概要	生活實例	單一例子
1. 加一加	在某物品加上一些東西，讓它變成不同效用的物品。	附設收音機的手電筒。	加電腦，電腦電扇
2. 減一減	在某些東西（物品）上可以減省或除掉些什麼呢？把不合適的部分去掉，看看效果會不會更好。	長袖的防風袖在兩肩加上拉鏈，便可隨時變成背心。	減立桿，吸附在屋頂的電扇

（續）

核心概念	內容概要	生活實例	單一例子
3. 擴一擴	將某些東西（物品）變得更大或加以擴展。	擴大一輛汽車變成「七人家庭」的旅行車；把一把傘子擴大成為露天茶座的太陽傘。	擴大送風角度，風吹全方位
4. 縮一縮	縮細、縮窄或壓縮某些東西或物品。	將電視機或手提電話變得更薄更輕巧。	縮小尺寸，迷你電扇
5. 改一改	改良某些東西（物品）從而減少其缺點。	皮鞋的底部混入「防震軟膠」，從而減少對足部的傷害。	改良使人著涼的缺點，保健電扇
6. 變一變	把形狀改變，有時候可以得到更多有趣又方便的產品。	伸縮吸管、帶鋸齒狀的水果刀。	改變結構，球型電扇
7. 換一換	把現有物品的某一部分零件或材料更換，可以產生新產品。	紙捲式的鉛筆就是把木材換成紙捲。	改變材料，鐵片風扇
8. 搬一搬	把某些東西（物品）搬到其他地方或位置，也許會有別的效果或用處。	將電腦鍵盤的輸入鍵位置設計具可調校的功能，使它更接近人體雙手的活動位置，從而更方便用者使用。	搬到電視機上，電視機電扇
9. 學一學	學習，模仿考慮學習或模仿某些東西或事物，甚至移植或引用某些別的概念或用途。	「輕」而「硬」的鈦金屬本應用於太空飛行工具之上，但商人善用其他特色，應用於製造手錶外殼的技術上。	新技術，太陽能電扇
10. 反一反	大的想成小的，窄的試看看寬的，用逆向思考的方法，把某些東西（物品）的裡外、上下、前後、橫直等作顛倒一下。	大的打孔器改成迷你式的；設計一件底面兩用的風褸，風褸的內裡也可成為另一件不同顏色圖案的新「衣裳」。	冬天也可用，吹熱的，暖風扇
11. 聯一聯	考慮把東西（物品）連結起來或可加入另一些想法。	將三枝短棍以金屬鏈相連，變成三截棍。	聯合音樂治療，安眠電扇
12. 代一代	將一物以另一物替代或更換。	利用「光碟」代替「磁碟」來記載資料	其他材料代替，木葉片電扇

十七、「彩虹」思考法

「彩虹」思考法又稱為太極彩虹思考法（陳龍安，2013），是師法大自然所發展出來的多元思考方法。彩虹是大自然中的一種光學現象，當陽光照射到半空中的水滴，光線被折射及反射，在天空上形成紅、橙、黃、綠、藍、靛、紫的拱形七彩光譜，就色料來看，七種顏色混在一起就變成黑色，但就色光

來看，七種顏色快速轉動就變成白色，恰如太極的黑白兩色，就有九種不同的色彩，也象徵多元的思考模式（如表6-4所示）。

「彩虹」思考法的意涵如下：1.「彩虹」：代表問題與解決的橋樑；2.「顏色」：代表多元思考觀點，彩虹之美來自多色共存及兼容並蓄；3.「排列」：彩虹各個顏色彼此平行象徵著平行思考，也就是達成目標有各種可能的方法，條條道路通目標，不相對立或排斥，能根據現有的條件共同找尋最有效的方法；4.「黑白」：代表太極意涵，否極泰來。

表 6-4　「彩虹」思考法的顏色象徵

顏色類別	思考模式	模式涵意	思考問題
紅色思考	情緒思考	熱情感受	對這件事情的感覺如何？
橙色思考	觀察思考	澄清事實	如何蒐集資料澄清事實？
黃色思考	正面思考	肯定價值	對這件事情的好處如何？
綠色思考	創意思考	異想天開	對這件事情的改變如何？
藍色思考	前瞻思考	提昇層次	對這件事情的未來如何？
靛色思考	重新思考	沉澱再議	對這件事如何重新思考？
紫色思考	權威思考	專業評估	對這件事情的評估如何？
白色思考	系統思考	化繁為簡	對這件事如何化繁為簡？
黑色思考	批判思考	缺點負面	對這件事情的缺失如何？

「彩虹」發生在每個角落，猶如問題之隨處可見，運用「彩虹」思考法的特徵，結合九宮格法或心智圖法，一個問題用不同的思考方式，即可激發「多元思考」。

(一)基本方法

1. 全用：針對問題的性質，每次用一種顏色，各種顏色都思考一遍。
2. 隨用：針對問題的性質，隨機運用幾種顏色，僅挑幾種顏色思考。
3. 特用：針對問題的性質，選用幾種指定的顏色思考，例如：先用黑色找缺點或問題，再用綠色想出改進或創意，最後用紅色說出感覺。

(二)使用原則

1. 集中焦點：每次以一種顏色思考，集中焦點目標。
2. 隨時變換：依使用情況可隨時更換顏色思考；當思考陷入瓶頸時，立刻轉換顏色思考。
3. 結合他法：可結合其他創意方法使用，例如：九宮格法、心智圖法、腦力激盪法、世界咖啡館法等。
4. 彈性使用：可以個別或團體使用，亦可以口頭討論或書面書寫方式。
5. 回到原點：化繁為簡的系統思考，萬法歸一，所有的思考儘量回到原點，也就是一切以人民的幸福為本，心中有菩薩，各種施政要做到「快多好」的目標：速度要快、數量要多、品質要好。
6. 快思慢想：針對問題的性質，先利用擴散性思考快速列出各種顏色思考的結果，然後再運用聚斂式或邏輯思考，將思考的結果，仔細評估、選擇適當的想法，歸納出結論或抉擇。

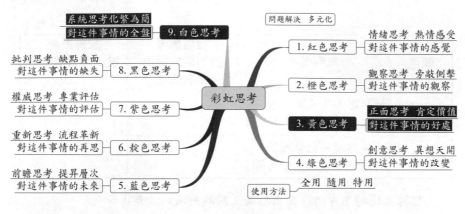

「彩虹」思考法練習

年　　月　　日　　第　　組　　姓名：

問　題：

問題界定：

顏色	思考模式	擴散思考 針對問題提出 所有想法	聚斂思考 選出最有價值的 想法
紅色思考	情緒思考、熱情感受 對這件事情的感覺如何？		
橙色思考	觀察思考、澄清事實 如何蒐集資料澄清事實？		
黃色思考	正面思考、肯定價值 對這件事情的好處如何？		
綠色思考	創意思考、異想天開 對這件事情的改變如何？		
藍色思考	前瞻思考、提昇層次 對這件事情的未來如何？		
靛色思考	重新思考、沉澱再議 對這件事如何重新思考？		
紫色思考	權威思考、專業評估 對這件事情的評估如何？		

（續）

顏色	思考模式	擴散思考 針對問題提出 所有想法	聚斂思考 選出最有價值的 想法
黑色思考	批判思考、缺點負面 對這件事情的缺失如何？		
白色思考	系統思考、化繁為簡 對這件事如何化繁為簡？		

根據上述的思考所得提出結論（問題解決的方案）：

_____

_____

_____

十八、世界咖啡館法

世界咖啡館（The World Cafe）是一種集體的對話方式，適用於共識創造與解決問題，強調尊重和鼓勵每個與會者獨特的見解。對話的進行藉由咖啡桌主持人引導小團體對談，且不斷移動參與者至不同桌次，以交換、分享與散播不同角度、不同心境之想法，進行方式如下：

第一回合：彼此簡單介紹自己，分享自己對主題的看法與意見，對重要的觀點可寫或畫在紙上。選出一位桌長留在原桌，其餘成員換至其他桌。

第二回合：彼此簡單介紹自己，原桌長分享原桌在紙上的重點，彼此分享自己對主題的看法與意見，或對原桌提出的看法。對重要的觀點可寫或畫在原本的紙上，原桌長留在原桌，其餘成員換至其他桌。

第三回合：彼此簡單介紹自己，原桌長分享原桌在紙上的重點，彼此分享自己對主題的看法與意見，或對原桌提出的看法。對重要的觀點可寫或畫在原本的紙上，所有人回至原桌。

最後整理：各桌彙整、分享各桌的重點、個人分享、雙向互動。

參、創造性問題解決的思考策略

　　每個人一生中幾乎都會碰上許多難題，有些人會動腦思考去解決問題；有些人卻不知如何去解決問題。為了適應多變的社會，我們不僅要獲取新知識，更要有解決問題及創造的能力。一般性問題解決是指能運用個體知識、技能或經驗，直接或推理而解決困難者；而創造性問題解決，則強調不能以經驗直接推理而解決，必須經轉換始得以完成，亦即問題解決時概念形成與個體原先具體的概念形式有著相當距離（孫志誠、嚴貞，2003）。近年來，社會上各行各業莫不致力於培養解決問題能力的人才，透過創造思考的訓練，增強解決問題的可能性。創造思考（creative thinking）則指在有目標或有疑難的導向思考情境中，個人能突破限制提出新的意見，發現新的想法，找到新的答案（如科學發明）或做出嶄新的作品的思考歷程（張春興，1996）。美國創造力大師陶倫斯（Torrance）研究發現各種創造力訓練方案的成功率，以創造性問題解決策略最高。

　　茲就此一策略簡介如下：

一、創造性問題解決的涵義

　　創造性問題解決（Creative Problem Solving, CPS）由美國學者帕尼斯（Parnes, 1967）所發展出來的，利用系統的思考方法尋求創意點子來解決問題，特別強調問題解決者在選擇或執行解決方案之前，應盡量想出各種及多樣的可能方法。

　　㈠創造：具有新奇、新花樣的特性，對於創造者而言，是一項發明，一種新穎且具變化的想法。

　　創造是指人們在各種社會實踐中，充分發揮自己的聰明才智，發現新事物，研究新問題，解決新矛盾，開拓新思路，產生新的思想或物質的成果，從而不斷的滿足人類社會物質生活和精神生活的需要，從而推

動社會向前發展的活動過程（古益靈譯，2004）。亦是個體或群體生生不息的轉變過程，以及智、情、意三者前所未有的表現。其表現的結果使自己、團體，或該創造的領域進入另一更高層的轉變時代（郭有遹，2001）。

㈡問題：所有造成焦慮、爭議的情況即可成為問題。可說是擔心、機會或挑戰。而且在當時並沒有適當答案可以解決，問題的本質必須具備四大條件：1. 歸屬感；2. 緊急性；3. 嚴重性；4. 熟悉感。

認知心理學家通常將問題分為兩種：已界定清楚（well-defined）與未界定清楚（ill-defined）。前者多屬於認知及記憶性問題，有特定的目的及答案。後者多為當事者所遭遇困難，或指不知核心所在的問題（毛連塭等，2001）。問題是由「問題空間」（problem space）所組成，問題空間包括初始狀態、目標狀態與中間狀態。所謂問題空間是指解題者對組成問題的事實、概念或概念關係之心智表徵，也就是解題者在解題時搜尋解法的空間（楊坤原，1999）。

「問題」（question）與「難題」（problem）是不同的題目，「問題」等待的是回答（answer），「難題」等待的是解決（solve）。「問題」與「難題」並非由題目來決定，而是需要由解題者本身的現況與問題目標的差距來決定（江美惠，2005）。

㈢解決：提出一些方法（途徑）解開難題，又可說是答案、解法或反應。

㈣問題解決：Gagne（1985）指出「問題解決」是心智技能中最複雜的一項，牽涉所習得的概念與原理（陳述性知識）及運用（程序性知識）。問題解決的過程即是解題者意識到自身的起始狀態與目標狀態之間的差距，也就是問題空間（problem space），解題者為了縮小之間的差距，主動修改認知模式的過程。李育喜（2003）、劉曜源（1999）將問題解決能力之意涵定義為：問題解決是運用學得的原則，從事解決問題的心理歷程。經過問題解決歷程，所學到的不再是單一原則的運用，而是多個原則的配合（劉曜源，1999）。詹秀美與吳武典（1991）定義

問題解決能力為：個體以既有的知識、經驗、邏輯思考及擴散推理能力，解決日常生活或現實情境中所面臨的問題。

創造性問題解決：是將創造思考與問題解決結合在一起的思考過程，此模式中的問題強調日常生活中的真實問題（Treffinger, et al., 2000），而此真實問題即為研究者所認為的「難題」，而非「問題」（江美惠，2005）。學校教育要能從教學中，透過思考、討論來培養學生創造思考、解決問題的能力（林美嬌，2005）。特別是以實驗或實地觀察的方式進行學習，使我們獲得處理事務、解決問題的能力。

Davis（1986）認為 CPS 模式是最佳的問題解決方案，此模式不僅是創造的過程，也可靈活運用解決實際遭遇的問題。CPS 此種分階段的解題模式，常用來解決開放性問題，其最大的特色是解題過程中，每一個階段皆須先經歷「擴散思考」用以推想出各式各樣的假設或主意，再運用「聚斂性思考」以找出最佳的解答，有系統的解決問題。若能把握此二種思考方式，則可掌握 CPS 精神（洪文東，2000）。

二、創造性問題解決的步驟及策略

創造性問題解決（CPS）的發展是起源於 Osborn、Parnes，而後由 Treffinger、Isaksen 等人持續發展。其最大的特色是每一個階段，都先進行發散思考，以免遺漏任何可能的答案，再進行收斂思考，以從諸多可能解答中找出最佳者（引自湯偉君、邱美虹，1999）。詳細的發展沿革及說明請參閱本書第四章所列。1987 年 Treffinger 和 Isaksen 把 CPS 六個階段組合成三個成分大階段（引自王美芬、熊召弟，2005）。

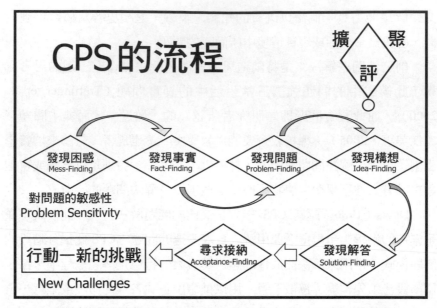

創造性問題解決（Creative Problem Solving, CPS）模式圖

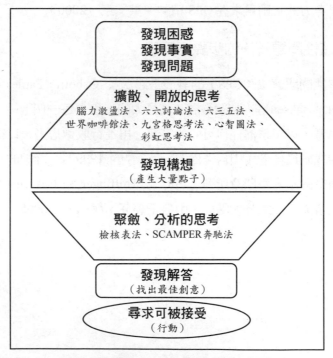

創造性問題解決的步驟及策略流程圖

㈠了解問題（understand the problem）

1. 發現困惑

　　從自己平時的興趣、經驗中尋找一些困擾自己而又有待解決的問題，瞭解如何抉擇，決定優先順序。下列關鍵問題可供參考：

　　⑴擴散思考——

　　什麼對我重要？我對什麼感到好奇？

　　我對什麼感興趣？我關心什麼？

　　我要如何計畫？如何研判事實與狀況？

　　我要如何與他人一起工作？

　　對於新的構想和狀況，我要如何反應？

　　我屬哪一類的冒險者？

　　我想要做什麼？是要做得更多或更好？

　　我關心什麼？我抱怨什麼？

　　什麼事情正有待我注意？

　　我必須避免何種我一直做而未完成的事？

　　我想要接受何種挑戰與機會？

　　我可能考慮何種矛盾與困擾的情形？

　　⑵聚斂思考——

　　什麼要求是真正最急迫的？

　　什麼事情最緊急，最重要？

　　如果我不處理這些事，會發生什麼事？

　　它值得冒哪些危險？冒哪些危險有必要？

　　我的優先順序如何？

　　我最希望保護、實現、得到、避免的是什麼？

　　我最想要擴展、提高、改進的是什麼？

　　我的「底線」目標與利害關係為何？

2. 發現事實

　　蒐集一切可供參考之資訊、知識、事實、感覺、意見或其他有關資料，就如同清點庫存一般，越多資料，越能分析、歸納潛在的問題是什麼。以下是一些關鍵問題：

　　(1)擴散思考──

　　我在何處可以得到幫助？

　　我有什麼資訊？我必須得到嗎？我想得到嗎？

　　還有誰有關？我應與誰來談這事？

　　可能牽涉到什麼感情、疑心、印象、觀念、疑問或批評？

　　可以運用何項資訊來源？

　　我可能要閱讀、注意、聽、看、研究與學習些什麼？

　　我可能接觸、嘗試、觀察、感受、探測到什麼？

　　已經試作過什麼？有什麼結果？

　　我何時牽涉到？我何時關心此事？何處？

　　是什麼在阻止我去做我要做或須做的事？

　　我何以未曾及早解決此一問題？

　　這件事何以會使我關心或感興趣？

　　還有別人提到這件事嗎？

　　我要如何才能得到更多的資訊？何處？從什麼事或什麼人那兒？

　　我可能指望在哪裡查知更多？

　　(2)聚斂思考──

　　考慮什麼資料是最重要的？

　　什麼樣的「星星」符號代表重要主題或優先的順序？

　　哪些問題或結果貫穿了全部的資料？

　　此一困惑事項之本質為何？

　　在這資料中，我看出了什麼？

　　哪些事情是最重要的？

　　哪些事情可能會組合在一起？

什麼事情或機會，必須首先提到？

什麼資料必須在我們開始進行之前蒐集？

3. 發現問題

思考許多可能的問題，充分應用想像力去發現更多的問題或次問題，並能說明問題。此一步驟的關鍵問題是：

(1)擴散思考——

在哪些疑問上我想要更多的構想？

在哪些疑問上我想要有不同或有差異的構想？

新的及不尋常的構想為何？

何以這個對我重要？何以其他重要？

我希望達到何種目的？完成什麼工作？獲得什麼利益？解決什麼問題？

這事對我何以是一個難題？

何者不是難題？

此事如何像或不像其他的情況？

我真正想要成為什麼？能夠做什麼？

我是想要製造或產生什麼？

用什麼方式我可能……

我如何才能……

再如何做什麼……

(2)聚斂思考——

對於什麼問題構想最為需要？

提出一些類似主題或事情的疑問？

他們中哪些是普通問題？

何者是真正的問題？

我的目標、目的或欲望之真義為何？

我真正想要找出的可能結果為何？

我該從哪個問題開始著手？

我該從何處開始查究？

哪些問題提出了最有用的指示？

在這種情況下，我能說明主要問題之所在嗎？

我的真正最重要的事情是什麼？

㈡激發想法（generation of idea）

4.發現構想

針對「問題說明」探求可行的對策或構想，越多越好。

⑴擴散思考——

有沒有多項選擇或雙項選擇的可能？

我能否想出更多去做的方法？

有沒有不同的方法？或新的特殊的方法？

若無阻礙，我將會怎麼做呢？

關於怎麼去做，我是怎麼幻想的？

這個問題將如何解決？

有什麼可用或可行的新方法嗎？

哪些類似點是有助益的？它們的效果怎樣？

我能否創出或產生出其他的可能性？

有哪些人可為我提出些意見？

如果相反的情況成為事實我該怎麼辦？

就最狂大的希望與夢想而言，我期望的是什麼？

我能否在事先想像出解決之道？

我能否找出有哪些新的關聯？

我如何能夠從一個全然不同的情況或目的中去利用一些意見或事物？

⑵聚斂思考——

哪個選擇最有說服力？哪個選擇最有吸引力？

若我能使某些意見顯現成效，那麼有哪些是我真正喜歡的？

哪些選擇提供新的且有效的方法以解決這個問題？

哪些構想是我最喜歡的？

哪些構想是令我驚異或能引我注意的？

哪些構想可以提供最特殊或不同的遠景？

哪些構想可以合併、組合或連貫的？

哪些構想值得做更多的試驗或考慮？

哪些提供你做事的最好機會？

㈢行動計畫（planning of action）

5. 發現解答

先考慮列出評鑑構想的標準，以判斷構想之合適性，然後對每一構想進行系統的分析，以決定哪一種構想最有可能解決問題。下面是一些思考的線索：

⑴擴散思考——

哪些因素或準則需要考慮？

哪些標準或「尺度」可用於這些構想？

如何去比較或分析這些構想？

如何去決定這些構想的長處或短處？

在比較、發展、改變、改進這些構想時，哪些因素是最有用且重要的，所以值得我們考慮？

如何使有趣的構想成為更強且更好？

如何使幻想式的構想更實際化？

為什麼某些構想是較沒有趣味或不具吸引力的？

為什麼我們對某些構想是比較注重或比較忽視的？

你還可以提出哪些新的方向或關注之處？

所有這些構想，哪些最具說服性之特點？哪些是可合併或互相變換的？

⑵聚斂思考——

哪些標準是我們在使用時最重要且必需的？

哪些標準是必需的？想要的或可選擇的？

哪些標準最有助於精鍊且發展我們的構想？

使用「標準」‧‧‧‧‧‧

這些構想如何考量或比較？

這些構想能否滿足所有需要的關注？是否合於優先性？

哪些構想（或它們的組合）最有前瞻性？

哪些構想能讓我完成任務？

哪些構想使我能達成目標？

哪些構想是最能令人成功？最能令人愉悅？最具有報償性？

這些構想完美嗎？這些標準還能加以改變或改進嗎？

6. 尋求接納

在實施過程中可能有哪些影響因素，包含一些助力及阻力、資源、環境等。集中思考如何有效實施，保證任務達成。以下是一些關鍵問題：

(1)擴散思考——

我們會採取這些行動嗎？

哪些具希望的意見能否被履行？

什麼將是支持或抵制的理由？

什麼將使行動更易於去做？或變得更為困難？

什麼是可能產生的阻礙、反制或關注？

怎麼樣才是正確的？那是什麼？

怎麼樣才是錯誤的？那是什麼？

什麼是在實行中產生的問題，而需要避免的？

要是問題產生出來，該如何做、需要什麼樣的協助？可以從哪裡得到這些協助？如何得到？

什麼將是會發生的最好的事？

什麼將是會產生的最不好的事？

什麼可能使你的計畫停頓、延遲或受干涉？

有什麼人或什麼原因會使你的行為成為輕快的？

(2)聚斂思考——

什麼可能幫助我實現計畫？

什麼最可能阻礙我成功？

什麼特殊的行動是必需的？

二十四小時內我將如何做？

哪些連貫的步驟應加以計畫呢？

誰會來協助？要如何去獲得他們的協助？

你需要什麼資源？可運用嗎？如何去獲得？

如何開始做？在哪裡做？在什麼時候之前完成？何時之前？

最晚的期限是什麼時候？

須考慮哪些時間性與地點的因素？

什麼是防止問題產生時最重要的步驟？

假如問題產生，什麼是最可能的權宜性的步驟？

如何使我們可以測定或記錄進步的情況？

Howe（1997）曾總結各種 CPS 模式的共通特色包括（湯偉君、邱美虹，1999）：

1. 利用多階段方式循序達到創意解決問題的目的。

2. 每個階段都使用了聚斂性思考、擴散思考。

3. 每一階段都始於擴散思考，而後為聚斂性思考，後者是用來評價、釐清並聚焦於前者生成之效果，並為下一階段思考的內容做準備。

4. 可以用於群體，也可用於個人解題。

5. 可以使用其中一部分階段即可。

6. 各階段未必要按照一定順序來使用。

7. 各步驟未必是一種線性模式呈現而可以交互螺旋型的出現。

三、創造性問題解決的原則

根據上述創造性問題解決的步驟及策略，我們可以歸納為以下幾項原則：

1. 不滿原則

對事實或處理事情方式不滿意想求改進。

2. 敘述原則

尋求進一步的詳細說明。

3. 分析原則

細分出一個問題的小部分，視為問題枝節，以便能做細部分析、討論。

4. 開放原則

使用（IWWMI）「我可以用哪種方法？」的直接問法。

5. 暫緩判斷原則

暫時保留評斷構想的好壞，所有的念頭都可以接受，構想的價值判斷留在最後。

6. 流暢原則

大量想法的產生，是獲得精緻想法的最佳法門。

7. 聯想原則

保持思考的多樣性，由一個引起一連串的相關想法。

8. 列表核對原則

是指奔馳（SCAMPER）或其他檢核法之使用（見第六章）。

9. 正確鑑定原則

藉評鑑標準以判斷想法的價值及可行性。

10. 預測結果原則

當想法提出時，能預測這些想法可能引起的困難。

11. 有計畫執行原則

仔細安排執行計畫，以便能解決問題。

12.擴展原則

　　在解決問題的每一步驟都要事先準備充分的資料。

四、創造性問題解決訓練實例

　　為了讓大家深入瞭解 CPS 的實際運作情形，特舉實例如下：

㈠ CPS 訓練實例一

1.發現困惑

(1)擴散思考——

　　我想要解決或困擾我的問題是：

①存更多的錢。

②更多的時間來讀書。

③不要看太多的電視。

④減輕體重五公斤。

⑤替兩位打架的朋友勸和。

⑥哥哥和嫂嫂昨天生了個女兒……。

(2)聚斂思考——

　　我一直想要做這些事，可惜常拖延而沒做成。但是第六項（家裡的新生嬰兒），是一件我要有所表示而不可延誤的事情。

2.發現事實

(1)擴散思考——

①何人：我們的家庭；哥哥和嫂嫂；嬰兒；我。

②何事：錢，禮物，快點去探望他們，看看新生兒，要做有意義的個人表示。

③何地：當地的商店？嬰兒用品店？我的公寓裡？他們家裡？

④何時：要快；一週之內；我每天晚上和週末都有空，而他們這時通常也是有空；嬰兒要滿月了。

⑤為何：我的第一個姪女！我一直沒跟他們互動；必須要不太貴

──我的預算非常有限。我已經拖了這麼久──我感到於心有愧。

⑥如何：要迅速、要簡單、要不貴、要優美、要有意義。

表現我的得意、快樂、愛。表達恭賀之意。

(2)聚斂思考──

什麼是最重要的資料？

①不貴。

②表示感覺。

③做個人有意義的表示。

④即刻行動！

3.發現問題

(1)擴散思考──

用什麼方法我可以……

──想到一項個人禮物給我的哥哥和他的家人？

──表示我為他們高興？

──表示我在這個特別時機很感幸福？

──贈送初生姪女一件個人的禮物？

──想出一件不尋常但很恰當的禮品？

──看起來不會太便宜，並使人難忘？

──找出一種真正特別的個人禮品？

──表現我對他們的支持與愛意？

(2)聚斂思考──

對我來說，在這一件最重要的事情上，真正要得到的是，我用什麼方法，才能在此一特殊時刻，表達對我的哥哥及他家人的支持和關愛？

4.發現構想

(1)擴散思考──

①幫他們清理房屋四周環境。

②照顧嬰兒以便他們可以外出。

③借錢來買一件真正貴重的禮物。

④在一個週末替他們照顧嬰兒。

⑤幫助他們整修嬰兒室。

⑥購買關於養育兒女的書籍。

⑦購買唸給幼兒聽的故事書。

⑧替他們打掃房屋。

⑨給嬰兒買個特別的禮物。

⑩寫一段故事或作一首詩。

⑪替嬰兒拍照片。

⑫開始用一本專用的集錦簿。

⑬替嬰兒繪製一張油畫像。

⑭給他們一本嬰兒相片簿。

(2)聚斂思考——

我最希望的可能似乎是：

第一項幫助他們清理房屋四周。

第二項照顧嬰兒，以便他們可以出去。

第十二項買一本專用的集錦簿開始使用。

5. 發現解答

(1)擴散思考——

想一些「標準」：

①價錢低。

②容易做。

③適合場合。

④能迅速做。

⑤他們會不會喜歡？

⑥它會夠分量嗎？

⑦他們會感到舒服嗎？

⑧會增加他們的快樂嗎？

⑨我會感到舒服嗎？

(2)標準的聚斂思考——

對我最重要的標準是①、②、③、④、⑤、⑥、⑦、⑧、⑨各項。

(3)構想的聚斂思考——

表 6-5　發現解答評估表

構想＼標準	1	2	3	4	8	9	採用	保留	拒絕
幫助清理房屋四周	優	甲	甲	優	甲	乙			
照顧嬰兒	甲	甲	乙	優	乙	丙			
專用集錦簿	優	優	優	優	甲	優			

6. 尋求接納

(1)擴散思考——

可能有利因素：

①本週末我將去看望他們。

②做成一本非常私人性質的集錦簿。

③當我去看他們時，為集錦簿拍一些非常別致的照片。

④找一些別致的卡片及詩句。

⑤徵求其他親友的贊助。

可能不利的因素：

①他們可能另有計畫。

②他們可能已有照相簿了。

③找不到一本我買得起的適合集錦簿。

(2)聚斂思考——

①打電給哥哥嫂嫂，盡快地安排一個週末，讓我去看望他們（或許就是本週末）。

②立刻開始尋找購買適合的集錦簿。

③打電話給其他的親友，徵求他們來共襄盛舉。

④把照相機裝好底片，並準備好器材，屆時前往。

⑤找出集錦簿內容所包括的各項罕見的項目。

⑥製作一本「債券簿」給他們，上面有我可以幫助他們在房子四周整理的各種事項票券──包含我確實能做到的諸種事項。

⑦開始將集錦簿的各項目資料整理裝訂成頁。

㈡ CPS 訓練實例二
──銘傳國小資優班創造性問題解決課程實例

1. 發現困惑

(1)擴散思考──

我們感到困擾，並且想要解決的問題是：

①不喜歡上才藝班。

②資優班種植蔬果的維護問題。

③常常和兄弟姊妹吵架。

④在 85 年 5 月 19 日的台北市國小資優教育教育學研討會上怎樣表現。

⑤不喜歡數學。

⑥爸媽、師長對我的期望太高。

⑦學校的操場需要改善。

(2)聚斂思考──

以上這些經常困擾我們的問題中，我們覺得最迫切需要解決的是資優班種植蔬果的維護問題。

2. 發現事實

(1)擴散思考──

①假日無人管理照顧。

②白菜被蟲蛀食嚴重。

③番茄被連根拔起。

④有的番茄長得很高大，有的卻營養不良。

⑤有的人種植位置不好，陽光不足，影響生長。

⑥普通班小朋友很好奇，喜歡到園裡觀看或遊玩。

⑦蔬果的葉子被摘折。

⑧蔬果被壓死。

⑨沒有施肥。

⑩貓狗任意進入破壞。

⑪連著多日下雨，蔬果容易腐爛。

⑫常常忘記去照顧和觀察記錄。

⑬有時太陽太大，土壤變硬，蔬果容易乾死。

⑭有些人懶得去觀察記錄和照顧。

⑮學校課務太忙，沒有時間去照顧及觀察記錄。

(2)聚斂思考──

在這些事實中，我們最為關心的是：

①番茄被連根拔起。

②普通班小朋友很好奇，喜歡到園裡觀看和遊玩。

③貓狗任意進入破壞。

3.發現問題

(1)擴散思考──

①有什麼方法能防止番茄被拔起？

②怎樣防止小朋友到園裡觀看或遊玩？

③怎樣防止貓狗到園裡破壞？

(2)聚斂思考──

大家覺得以上三個問題中，急須設法解決的是：

怎樣防止蔬果園的植物被人為破壞？

4.發現構想

(1)擴散思考──

①設立柵欄，只讓資優生進出。

②替植物投保。

③派人看守。

④排定固定的開放時間。

⑤每節下課派小朋友巡視。

⑥裝置保全設備（防盜系統、錄影機）。

⑦移到安全隱密的地方種植。

⑧懸掛警告標誌。

⑨請警衛伯伯捉人。

⑩請學校在朝會時公布賞罰辦法。

⑪不要種了。

⑫重新再種。

⑬設陷阱（地上放圖釘、燙鐵板、針、強力膠……）。

⑭養狗負責看守。

⑮設假人。

⑯各人帶回家去種。

⑰設保護設備（裝蚊帳、溫室……）。

(2)聚斂思考──

我們認為比較可能採用的方法是：第①、③、⑤、⑧、⑨、⑩、⑫、⑬、⑭和⑰項。

5.發現解答

(1)擴散思考──

想一些「標準」來評估每一個可能解決的方法：

①省錢。

②師生能接受。

③效果好。

④適合場地。

⑤省時。

⑥節省人力。

⑦能夠持久。

⑧容易做。

⑨安全。

⑩能增進資優生的團隊精神。

(2)「標準」的聚斂思考——

我們覺得最重要的標準是：第①、③、⑤、⑦、⑧和⑨項。

(3)用評估表來評估：

評估標準 / 解決方法	1 省錢	2 效果	3 省時	4 能夠持久	5 容易做	6 安全	結果			
							採用	保留	放棄	修改
1. 設立柵欄，只讓資優生進出		✓	✓	✓		✓	✓			
2. 派人看守	✓	✓				✓				✓
3. 每節下課派小朋友巡視	✓	✓	✓	✓	✓	✓	✓			
4. 懸掛警告標誌	✓	✓	✓	✓	✓	✓	✓			
5. 請警衛伯伯捉人	✓	✓				✓				✓
6. 請學校在朝會時公布賞罰辦法	✓		✓		✓			✓		
7. 重新再種						✓			✓	
8. 設陷阱（圖釘、針、燙鐵板、強力膠）									✓	
9. 養狗負責看守		✓							✓	
10. 設保護設備（裝蚊帳、溫室）	✓		✓		✓			✓		
11.										
12.										
13.										
14.										

決定採用的方法是：

①設立柵欄，只讓資優生進出。

②每節下課派小朋友巡視。

③懸掛警告標誌。

6. 尋求接納

(1)擴散思考——

可能有利的因素：

①可以請工友伯伯協助設立柵欄。

②柵欄的材料、鎖可以請家長購買。

③資優生人手充足，每節下課都派人去巡視。

④人手充足，輪值次數不會太多。

⑤警告標誌資優生可以自由設計。

⑥靠近蔬果園的二年級小朋友，也許可以就近幫忙照顧。

可能不利的因素：

①輪值的人可能忘記去巡視。

②柵欄高度不夠，小朋友可能會跨過去。

③柵欄材料可能很貴或不易準備。

④警告標誌可能常被破壞或遺失。

(2)聚斂思考——

行動計畫：

①立刻由六年級二位代表向校長請求協助，設立柵欄。

②請家長召集人設法購買柵欄材料和門鎖。

③請求總務主任委託工友伯伯架設柵欄。

④分組進行警告標誌的設計。

⑤選出最適合、有效的警告標誌。

⑥在一週內由設計者製作完成。

⑦豎立警告標誌。

⑧請老師排定輪值表，每人負責一天。

⑨每人依輪值表巡視並填寫巡視記錄。

⑩請老師拜託鄰近班級（(2)①、(2)②、(2)③）就近協助看顧。

⑪製作輪值臂章，提醒輪值人員。

　　知識就是力量，方法就是智慧。

　　我們啟迪孩子知識，探討問題的真貌；更要教孩子解決問題的方法，解決問題的策略何其多，CPS 是其中的一種，也是最有效的方法之一，此法的特色在將解決問題的歷程細分成小步驟，每個步驟都以擴散思考與聚斂思考交互作用，產生解決問題的點子，雖然略為繁瑣，但經訓練成為思考的習慣後，在面對問題時，即可靈活運用。

動腦思考

請從本章所介紹的創造思考教學的策略中選擇一個，用來設計一個
簡單創造思考教學活動：

活動名稱：＿＿＿＿＿＿＿＿＿＿＿＿＿＿＿＿＿＿＿＿＿

活動目標：＿＿＿＿＿＿＿＿＿＿＿＿＿＿＿＿＿＿＿＿＿

教學策略：＿＿＿＿＿＿＿＿＿＿＿＿＿＿＿＿＿＿＿＿＿

活動過程：＿＿＿＿＿＿＿＿＿＿＿＿＿＿＿＿＿＿＿＿＿

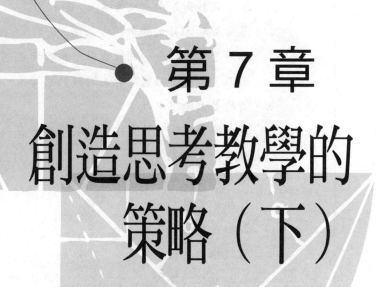

第 7 章

創造思考教學的
策略（下）

本章重點摘錄

創造思考教學的策略（下）：

一、威廉斯的創造與情意創造思考教學策略

分為矛盾、歸因、類比、辨別、激發、變異、習慣改變、重組、探索、容忍曖昧、直觀表達、發展調適、創造者與創造過程分析、情境評鑑、創造性閱讀、創造性傾訴、創造性寫作及視覺化技術等十八種策略。

二、基爾福特 SOI 的擴散思考策略

擴散思考是指由一個線索引申出各種不同答案，一種策略透過圖形、符號、語意及行為的擴散思考策略共有二十四項。

三、雷德夢創造思考教學策略

運用類推及隱喻的方式來擴展學生內在的思考，以解決問題，激發創造潛能。

四、懷邦創造思考教學策略，分為

1. 組織資料。

2. 概念化的技巧。

3. 結構的技巧。

4. 知覺化的技術。

5. 運用的技巧。

共五大類二十種策略。

壹、威廉斯創造思考教學的策略

威廉斯（F. E. Williams）是另一位對創造力發展教學研究頗有貢獻的美國學者。他歷經十年的實驗，數百名教師的參與，歸納研究發現而於 1972 年發展出一套《創造力發展計畫全書》（*Total Creativity Program*），闡述、分析並介紹如何在教室中有效運用教材法以實施創造性教學，增進學生創造能力。他承襲了基爾福特的理論並加以發揮。茲扼要敘述主要觀點如下（Williams, 1972a, 1972b, 1972c）：

㈠創造能力包含知、情兩方面，前者指認知的或思考的行為；後者係屬情意的或情感的行為。分析而言，它們具有下列要素：

1. 認知性行為（cognitive or intellectual behaviors）：包括流暢性、變通性、獨創性及精進性等特質。

2. 情意性行為（affective or feeling behaviors）：包括好奇、想像、冒險及不怕困難（complexity）等特質。

威廉斯認為：情意與認知是一物之兩面，二者相輔相成，不得分離。

㈡創造能力是多種不同思考歷程結合的成果。威廉斯指出，認知歷程（awareness processes）、記憶歷程（memory processes）、生產歷程（productive processes）及評鑑性歷程（evaluative processes）等，均為創造性思考所不可少。其中以生產性歷程中的擴散性思考最被人強調，因為它是整個創造過程中最為重要，也是當前學校教育所最忽視的一環。

㈢創造性思考能力可以透過教學予以增進，而且早自幼稚園即須留意。為加強創造性教學，威廉斯提出「知情交互作用」教學模式（Cognitive-Affective Interaction Model, CAI）。他仿效基爾福特採用的型態綜合法，以課程、學生行為及教學策略三者為面，構成圖 7-1 的圖形。

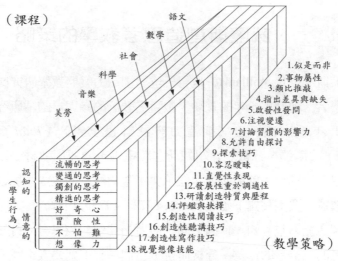

（課程）

語文

數學

社會

科學

音樂

美勞

認知的
（學生行為）

流暢的思考
變通的思考
獨創的思考
精進的思考

情意的

好　奇　心
冒　險　性
不　怕　難
想　像　力

1.似是而非
2.事物屬性
3.類比推敲
4.指出差異與缺失
5.啟發性發問
6.注視變遷
7.討論習慣的影響力
8.允許自由探討
9.探索技巧
10.容忍曖昧
11.直覺性表現
12.發展性重於調適性
13.研讀創造特質與歷程
14.評鑑與抉擇
15.創造性閱讀技巧
16.創造性聽講技巧
17.創造性寫作技巧
18.視覺想像技能

（教學策略）

圖 7-1　威廉斯教學模式圖

資料來源：Williams, 1972；陳英豪等，1980，1990。

　　本教學模式第一要素是課程，包含學校各教學科目，如語文、數學、社會、自然、音樂、美術……等科。第二要素是教學策略，即教師在班級教學中用來傳授教材所運用的技巧、方法及情境等，共計列舉了十八項教學策略。第三是教學目標或學生行為，即預期教學促使兒童具備的創造性思考能力，包括前述流暢性等八項能力。

　　威廉斯曾比喻說明，教學目標好比旅行目的地，教材內容如交通工具，而教學策略就像行駛路線。當教學目標確定以後，可透過各科目教學活動，運用有效教學策略實施之。在此三個要素中，教師所最能掌握的，也是個別差異最大的，就是教學策略的運用。茲將威廉斯所列十八項教學策略，略述如下（林偉文等，2010；陳英豪等，1980；Williams, 1972c）：

一、矛盾法（paradoxes）

㈠解析

提出一些似是而非或似非而是的事實，包括不合理的事情，自相對立的現象，讓學生發生一般我們認為對的觀念，並不一定完全正確。

㈡實例

1. 我們說「人不可貌相」，可是我們平常生活上卻有時免不了「以貌取人」，你們認為「勿以貌取人」是絕對正確嗎？想想提出你們的看法和理由，可舉個例子來說明。

2. 讓學生由報章、雜誌及電視節目中，發現存在於現今世界的種種互相矛盾的現象，如：我們先選民意代表，但他們卻不一定代表多數的觀點。民主社會少數服從多數，但多數的意見卻不一定是最好的意見。

3. 引導學生去思考世界上有哪些發明既有利於人類卻又有害於世界的發展。如：火藥、核子能。

4. 引導學生思考今後有哪些事物會在我們生存的世界中繼續發生，並且超出我們的控制。如：空氣汙染、水汙染、噪音、太空汙染等。

5. 引導學生列舉能夠想到的迷信。如：
   ⑴十三號又星期五是不吉祥的。
   ⑵八字不合的男女不能結婚。

6. 引導學生列舉能夠想到的迷信。例如：
   ⑴只有吃魚翅才能養生、才有營養嗎？沒有其他東西能代替嗎？
   ⑵海洋有強大的自清能力，所以丟一點垃圾也不會有影響？

二、歸因法（attributes）

㈠解析

指導學生注意事物的許多屬性或特性，並加以歸類。這些屬性包括事物的固有特質、相似的情境、傳統的看法或象徵性的意義。

㈡實例

1. 老師讓學生討論，從山地村落的各種雕刻中，可能發現些什麼？有哪些事物可以幫助我們瞭解山地同胞的生活？

2. 讓學生列舉出有洞的東西，並歸類為哪些東西的洞是有用的，如：輪胎、氣球、鞋子。哪些東西的洞是無用的，如：衣服的破洞、椅子。

3. 蒐集許多東西並試驗他們能否被磁鐵吸住。把能吸住的放一邊，不能吸住的放另一邊，並猜想尚未蒐集到的哪些能被磁鐵吸住。

4. 蒐集許多布料，再依其質料、結構、顏色等來分類，並剪貼成美麗的圖案。

5. 讓學生假想他們被放逐到大荒島，沒有日用品而想逃離荒島，要求他們想出人類沒想過的方法。

6. 給學生三角板，鼓勵他們以三角形畫出一般人很少想像到的東西，也可添增些細節。

7. 要學生利用最有說服力的詞句，推銷他們的書刊。

8. 給學生一個長方形，要他們運用想像力盡量添加細節，畫出最有趣的東西（精密性）。

9. 讓學生列舉在水裡的動物，並歸類哪些動物是海洋生物。

三、類比法（analogies）

㈠解析

指導學生比較類似的各種情況，發現事物之間的相似處，做適當的比擬。

㈡實例

1. 手套對手和鞋子對腳是一樣的；衣服對人和毛皮對動物是一樣的。指導學生想出其他的類比。

2. 指導學生共同討論，說出類似的事實，如：眼睛對人體和窗子對房屋是一樣的，化粧品對臉猶如燈罩對燈。

3. 用圖解說明，如一架鋼琴和一把梳子的相似處。

4. 課堂上發給學生紙，要求他們每人盡可能寫出與動物有關的形容詞，如：快得像羚羊、狡猾得像狐狸、忠實得像條狗。

5. 指導學生從大眾傳播媒體中，找出現在流行的，與自己父母輩小時候流行的，各自列出一個表，找出相似點。

6. 帶學生去圖書館，閱讀多位音樂家傳記後，要求他們列出相同的特質。

7. 指導學生蒐集礦物標本，然後說出它們相似的性質，寫在黑板上。

8. 把日常用品改大或變小，讓它更有用途，如：鉛筆、橡皮擦、皮鞋做成迷你型，這樣具有廣告作用，以便要噱頭。

9. 首先要學生把盡可能想到的各種樂器名稱列出，給他們充分時間去決定自己的分類方法，而且決定每一分類的特性。

10. 請學生列出與海洋生物有關的形容詞，例如：速度快得像鯊魚、體型大得像鯨魚、頭腦聰明得像海豚。

四、辨別法（discrepancies）

(一)解析

　　指出事物間的差異或缺失，包括發現知識上的不足或缺漏，各種資料遺漏部分，以及未被發現的部分。

(二)實例

1. 自然科學討論到氣候與季節時，老師可提出：「如果季節不會改變，我們的生活會受到怎樣的影響？」

2. 讓學生想像一些匪夷所思的事情，並記下可能的結果。如地球沒有引力，這世界會變成怎樣？有一天早上醒來發現有十個太陽，將會有什麼情形出現？

3. 讓學生觀賞一齣歌劇（例如茶花女），想像自己就是女主角，就戲中人物與現實人生做一比較，寫出兩者間的差異。

4. 教師選擇一則最近發生的大新聞，如：三次礦變，讓學生找出新聞報導中交代不清楚的，要求學生從電視、報章雜誌、專書或訪問中來彌補不足部分。

5. 要求學生假想在太空中如何生存，然後再比較地球和太空中各項不同的生活環境、地質、水利、空氣及食、衣、住、行等多方面的差異。

6. 鼓勵學生從醫學或自然科學，百科全書或期刊等書中找出人類尚未能解決的生理問題，如：人為什麼會有胖、瘦、美、醜之別？為什麼會頭暈腦脹和腰酸背痛？血癌是什麼？

7. 放一卷故事錄音帶的頭和末段，接著要學生回想他們所聽到的故事，列出他們想要知道故事中哪些要點還沒放出的，然後再把整卷錄音帶完整的放一次，讓學生做一個比較。

8. 讓學生試著比較海洋、河流、湖泊、池塘之間不同的差異處。

五、激發法（provocative questions）

㈠解析

運用發問的技術，探出有激發性的問題，鼓勵學生多方面追求各種事物的新意義，分析探索知識的動機，去發現新知和新事物。

㈡實例

1. 教師提出：「如果所有的樹都因人類的疏忽而被破壞了，這個世界將會變成怎麼樣？」的問題讓學生討論。

2. 老師對學生說：當你半夜醒來發現小偷入侵，你該怎麼辦？提出的方法越多越好。

3. 「樹上長了很多鼻子
    搶著呼吸
    新鮮的空氣」
這是一位小朋友寫的新詩，使我們想像出蓮霧像人的鼻子，你也想想一些水果，他們像什麼？
    可能的答案：
    葡萄→細胞、珍珠
    柳丁→太陽
    香蕉→船，月亮
    甘蔗→旗竿
    檸檬→嘴巴
    ……

4. 「海像沙的媽媽
    風輕輕的一吹
    他就忙著幫孩子們蓋棉被」
「海」使你想到什麼，你可以說出多少就說出多少來。

5. 一年有春夏秋冬四季，假如你重新排列，你喜歡哪一種排列，為
什麼？

可能會有小朋友說冬夏春秋，因為……；

也可能有的會說春冬秋夏，因為……等。

6. 一年又近尾聲，時間過得真快，新的一年又將來臨，我們除了用
「光陰似箭」，可否請你說出形容時間的詞句來呢？越多越好，
越特別、越吸引人的越好。

7. 請學生思考：現在有一片海洋被油輪外洩的油汙染了，請提出解
決辦法（提出的方法越多越好）。

六、變異法（examples of change）

㈠解析

提供變化的事例，演示事物的動態本質，使學生表現選擇、變通、
修正及代替的能力。

㈡實例

1. 假如我們沒有帶量尺之類的工具，要如何測量長頸鹿的頸子有多
長，鼓勵學生盡量想出各種不平常的方法。

2. 有一天在公共汽車上，么兒問媽媽：「你的鼻子為什麼這麼
大？」（本人臉部特徵乃鼻子特大）媽媽隨即說：「我們量量
看，爸爸、媽媽的鼻子有多大？」

請你想一想，有哪些方法可以量出鼻子的大小？

3. 每年十二月大家都忙著找月曆，如果印刷廠不再印月曆，也不再
有月曆，在我們日常生活中，可能發生的情況是什麼？

4. 做學生的除了用紙、筆做功課外，你還可以想出哪些不用的材料、
方法來寫功課？此乃響應不帶書包回家運動，可以替代的有下列：

(1)電腦。

(2)打字。

(3)找資料。

(4)看電視、電影、錄音帶、幻燈片。

(5)參觀訪問。

(6)同學交換心得、意見。

(7)實驗。

5. 請學生思考：人類除了不要把垃圾丟進海裡，還有哪些方法也可以保育海洋生存？

七、習慣改變法（examples of habit）

㈠解析

討論習慣對思考的影響力，建立敏銳的感受性，避免功能固著的現象，以增進解決問題的能力。

㈡實例

1. 讓學生舉一些受傳統或習慣限制，而造成落伍的事例，加以討論。

2. 如果從今天起，每個人都長了一對翅膀，可以像小鳥一樣在空中飛來飛去，將會產生什麼後果呢？

3. 如果從今天起地球上的海水全部乾涸了，將會產生什麼情況呢？

4. 讓學生就農業社會的觀念，如：「女子無才便是德」、「多子多孫多福壽」、「重男輕女，養子防老」……等加以討論。老師提示以前是農業社會，以男子壯丁，生產業為重，而一般女子也默默承受這些觀念及事實，不加以辯白，讓學生從這些線索加以討論。

5. 教師提出如「拜拜」，以「牲品大行祭祀，殺豬斬鴨」之習俗，認為牲品越豐富，對神明才有敬意，而大大舖張浪費，他們承襲

先人之傳統，而未加考慮其用意及事物之意義。

引導學生討論現在由於時代變遷、人口太多，推行家庭計畫。多子多孫已不再是傳統習慣。而對於拜拜也不再舖張浪費了，慢慢的以鮮花素果取代之。

6. 如果從今天起，世界上只有白天沒有夜晚，那麼將會有什麼情形產生？

　　學生可能答：人會累死了

　　　　　　　　小偷會減少

　　　　　　　　人很快就老了

7. 如果從今天起所有的輪胎都從世界消失了，會產生什麼情形呢？

　　學生可能會答：汽車改裝成滑行前進

　　　　　　　　　轎子取代汽車

8. 請學生思考：如果世界只有陸地而沒有海洋，會有什麼情形產生？

9. 請學生思考：如果海洋會思考，會對人類採取什麼行為？

八、重組法（organized random search）

(一)解析

用一種熟悉的結構（structure），隨意導引至另外的結構，從隨意的一些新方法中獲得一種新範例。

(二)實例

1. 在語文課中，寫出「集」字的部首、同音、同韻的字；或是玩「成語接龍」的遊戲；或利用某些詞造句；或是提出一些問題，如「假如你是一棵樹，你會有什麼感覺？」等皆是用一些熟悉的線索，隨意探求一些新觀念或其他的事例。

2. 老師讓學生選出他們最喜愛的一個電視廣告，要求學生運用他們

的想像力，構出一張圖來描述這個廣告的主題，他們可以利用許多方法來表達。

3. 教師說：「小河很喜歡唱歌，而且在碰到挫折的時候，唱得更嘹亮，它一定是有許多好朋友隨時鼓勵、幫助它，才會有這種不怕挫折的奮鬥精神。從山上到海邊，它可能遇到哪些好朋友呢？請你寫下來，並且簡短的說明理由。」例如（揭示小黑板或長條）：

(1)魚：陪它一起到海邊，使它不寂寞。

(2)海：要不然小河為什麼要跑那麼遠的路去看它？

(3)樹：站在它身邊，讓它乘涼。

(4)花：為它打扮，使它更美麗。

(5)石頭：提供舞台，讓它跳舞。

(6)雲：是它的爸爸，當然是好朋友。

4. 請找出海洋生物中，有腳而且是軟體的動物。

九、探索技術（skills of search）

㈠解析

探索從前的一些處理事情的方法（歷史的研究）；探討某些事物的現況（描述的研究）；建立實驗的情境，並探討其結果（實驗的研究）。

㈡實例

1. 老師將每題的提示書寫在長條牌或紙卡上依序每隔三十秒揭示一個。

第一題提示：(1)對準目標

(2)時光隧道

(3)永遠的回憶

（謎底：照相）

第二題提示：(1)美人魚

(2)日光浴

(3)潮來潮往

（謎底：海水浴場）

第三題提示：(1)乾瞪眼

(2)浮浮沉沉

(3)總算等到你了

（謎底：釣魚）

第四題提示：(1)一柱擎天

(2)孔雀開屏

(3)消暑秘方

（謎底：椰子樹）

2. 學生由報刊雜誌上，閱讀有關考古人類學家利用挖掘到的古物來研究古代人類生活情況的方法，從而指導學生從古代遺留下來的各種文物，如：雕刻、圖畫、衣飾、用具……等資料去研究瞭解當時的文化。或輔導兒童參觀山地同胞之文物，進而瞭解山胞們之生活習慣情況，此係歷史研究之應用。

3. 教師事先準備一些東西（或成語卡片、新詞卡）讓學生猜猜是什麼？學生要猜之前可先提出問題，例如：東西的形狀、用途……等有關線索，而教師只能回答：「是」或「否」，而學生可根據教師回答「是」之有關線索來判斷是什麼？此係描述的研究之應用。此種方法學生會很感興趣，可激發學生腦力激盪，認真思考的有效方法。

4. 教師可由生活當中提出問題讓學生去思考，以求得答案：如：

(1)班上有很多小朋友戴眼鏡，為什麼？

(2)祖父母也戴眼鏡，為什麼？兩者有何不同？

(3)鏡子為什麼能照出物品的影像？

當學生瞭解之後，教師可另外提出問題，鏡片除了上述之用途外，尚有哪些功用？讓學生自由聯想發表，藉以激發其創造思考之能力。

5. 當教師教自然「植物」這單元時，要學生蒐集各種樹葉，用放大鏡觀察，比較每一片葉子的紋路後，教師再提出另一個問題：「你能想出多少種方法來記憶或辨認一個人？」由學生自由發表，如：模型、描寫特徵、指紋、錄音（錄其談話聲音），也由此引起學生急著要知道自己的指紋與其他同學是否相同的動機，教師趁此機會指導學生利用印台印出自己的指紋，並加以觀察，歸納結果；任何人的指紋都不相同，因此可利用做更多的用途。

6. 請學生思考有關海洋動物的特徵，再由教師來判斷是哪種海洋生物。

7. 請學生針對海上運輸船的特徵進行發問，以判斷是哪一種船。

十、容忍曖昧法（tolerance for ambiguity）

㈠解析

1. 提出各種困擾懸疑或具有挑戰性的情境，讓學生思考。
2. 提出各種開放而不一定有固定結局的情境，鼓勵學生擴散思考。

㈡實例

1. 非洲衣索比亞正在鬧饑荒，假如你是該國的總理，你要如何處理？
   ・以上是教師根據新聞報導所提出之問題，學生必須先瞭解該國地理環境、經濟政治，以及人民的生活習俗、鬧饑荒之原因，再做擴散性之經濟建議。
2. 印度總理甘地夫人被錫克教人暗殺，如果你是甘地夫人的兒子，你會採取什麼樣的態度？

· 學生可從報章雜誌上去蒐集錫克教的相關資料，其與印度政府間之關係，以瞭解其暗殺之動機，作為處理之態度依據，而後再與現在甘地夫人之子所處理該事之態度方法做個比較，並分析得失，以培養學生分析判斷、綜合整理，以及創造思考之能力。

3. 如果你是偵探長，你如何偵查世銀搶案？或進行掃黑行動？

· 學生要從事此計畫，必須先從報章雜誌上或訪問目擊者，以瞭解搶案發生經過情形，決定追尋線索，猜測可能發生的情況。積極查證可能之線索而予以破案。此例可訓練學生分析綜合研判之能力，並促使學生腦力激盪，培養其擴散性之思考能力。

4. 如果花木蘭在沒有立下汗馬功勞之前，就被發現是女生時，會怎麼樣？

5. 某國因為鯨魚可以做香料，便濫捕鯨魚，如果你是該國總統，你會怎麼做？

6. 某城市因為海豹皮很值錢，因此不斷獵殺海豹，如果你是該城市市長，你會怎麼做？

7. 某漁夫為了捕獲大量漁獲，而使用流刺網，如果你是漁夫的小孩，你會怎麼做？

十一、直觀表達法（intuitive expression）

(一)解析

應用各種感官以感受事物，使其具有表達情緒的技巧，並能啟發對事物的敏感性。

(二)實例

1. 選擇一些有插圖的兒童讀物給學生閱讀，要求學生想像自己是故事的一個角色，讓自己藉著想像自己身歷故事的情境，要求學生

不單用視覺來感覺自己是故事的一部分，而且還要運用其他的感
覺，如：嗅覺、觸覺、聽覺、動覺等，以增加他豐富的想像力，
並將自己的感覺表達出來。

2. 老師揭示投影圖片三張，然後說：「現在想請小朋友利用這三個
人物設計一齣短劇，在構想情節之前，請先給這三個人物，賦予
不同的個性，例如：媽媽是慈祥和藹或是溺愛子女，或是不守信
用，或是機智聰明等等，然後再根據他們的個性，去設計合理的
情節，符合身分的對話動作、表情等。」

3. 每人發一小張紙，請學生寫出一種行業名稱，如：郵差、教師、
醫生、清道夫、汽車修理工……等。將紙條收好後，由一位學生
到台前抽取其中一張小紙條、觀看後表演，表演完後說：「假如
我是真的，我是哪一行？」同學舉手猜出，答對者，繼續到台前
抽題表演。在這個活動中，不但可以豐富其想像，並可以把自己
投射到各種行業中，以擴展其生活空間，解除自我心中的思考。
目的：藉肢體的表演而達到啟發想像力及好奇心。

4. 老師揭示人類活動照片，從古至今各類型的衣、食、住、行……
等。讓學生利用其想像力及獨創的思考，以卡通、鉛筆素描、漫
畫等各方式來表達人類「未來世界」將是怎樣的情形，並說明理
由，設計時應考慮到：
   (1)未來人口的增加。
   (2)能源的節約。
   (3)衣、食、住、行、育、樂等問題。
   (4)將來戰爭的型態如何。
   (5)未來的世界將有怎樣的趣事。

5. 讓學生欣賞有關採煤礦的幻燈片或錄影帶，並要求學生把自己想
像成裡面的一位礦工，利用視覺、聽覺、觸覺……等各種感覺，
身臨其境想像煤礦的作業情形，和周遭環境跟地面上有哪些不
同，礦工生活如何？進而推想如何改善設備及發生災變時，如何

求生……等。將其想像發表出來，再給予紙張，讓學生做各種嘗試性的設計。

目的：在啟發獨創的思考及想像力。

6. 請學生想像一下自己是一頭正被魚槍刺中的鯨魚，並且被捕鯨船拖行是什麼感覺？

7. 想像自己是一條被流刺網倒鉤鉤到鰓的魚，想逃逃不走，自己是什麼感覺？

十二、發展調適法（adjustment to development）

㈠解析

輔導學生從錯誤或失敗中學習；強調發展勝於調適，積極發展多種不同的選擇及可能性。

㈡實例

1. 下雨天學生在室內上遊戲課，讓學生思考過去在室內遊戲時，遇到哪些困難，然後考慮在室內遊戲，需要考慮哪些安全因素，最後輔導學生設計一些新穎有趣，又安全的遊戲。

2. 教師說：「本子上有一張圖片，請大家仔細看看，並想出其中的涵義。」

（1分鐘）

教師接著說：「圖片中有兩個人，一個是年輕人，一個是老年人，拿鐵飯碗的年輕人向老年人說了一句話──『如果能有你那個碗，我立刻把這個丟掉』。為什麼他會這麼說呢？你對這樣一個人有什麼看法？」

學生可能反應：(1)因為他是一個不知足的年輕人，他想要賺大錢，他可能不會成功。

(2)因為他想讚美老先生的能幹，我覺得他有些油嘴滑舌。

(3)他只注意到老年人的錢，卻沒有看到老年人坐在輪椅上，我覺得他不知道成功是要付出代價的。

教師又說：「如果那個拿鐵飯碗的人是你，你應該對擁有金飯碗的老年人說什麼話，才是最正確的表現呢？」

學生可能反應：(1)請問您，我要怎麼做，才能有更好的書呢？

(2)您真能幹，擁有金飯碗，不過如果大家都有鐵飯碗的話也不錯，因為就不會再有搶劫的事發生了。

3. 小明在家裡，經常為了選擇電視台而和妹妹爭吵，不僅傷和氣，而且常爭得面紅耳赤，大打出手，這是一般家庭常發生的事情，我們可以請他把不愉快的情境，利用扮演的方式表達出來。然後全班分組，提供各種解決的辦法。

目的：在啟發變通力及獨創的思考。

4. 假如你現在為班上（音樂班）籌劃舉行一場音樂會，請您依下列事情寫出你的計畫來。

(1)音樂會的時間、場地如何安排？

(2)舞台（包括燈光、樂器、布幕⋯⋯）設備怎樣擺置？

(3)會場的秩序如何維持（包括招待、錄影⋯⋯）？

(4)你要怎樣做廣告，吸引同學、家長來觀賞？

目的：在啟發獨創及精密的思考。

5. 每人發六張紙條，然後依序寫上如下的內容、試著想出一些別人不曾想到的。

(1)時間；(2)地點；(3)衣著；(4)表情；(5)動作；(6)姓名。

老師分六堆，蒐集好學生的資料，請六名學生唸出如：「凌晨六點，在媽媽的肚子裡，穿著長袍馬掛，帶著一副欲哭無淚的樣子，大跳迪斯可，這個是王小華。」這時候，王小華便要立刻到台前說，他為什麼要在這時候到這個地方，穿這樣的衣服帶這種表情做這種事。

這是每一個人都玩過的一種遊戲，小朋友在把玩過的其他遊戲再加以改造、設計出一些新穎而又有趣的遊戲來。

目的：在遊戲中引發其變通力及獨創的思考。

6. 請學生思考：禁止捕殺鯨魚的政令宣導會遇到的困難，並思考如何與漁民協商。

7. 請學生思考：呼籲大眾重視海洋教育時所得到的負面回應，以及該如何回應這些負面反應。

十三、創造者與創造過程分析法（study creative people and processes）

㈠解析

分析著名創造者的特質；研究導致問題解決、發明、醞釀和洞察的過程。

㈡實例

1. 介紹一篇著名科學家傳記給學生聽，並討論此人一生成功事蹟的因素，以及此人的特質。

輔導學生訪問專門發明人或創造新產品的人，瞭解其發明的過程，並向全班報告。

2. 讓學生研讀一個藝術家及一個發明家的生活史，比較促使他們創
   造發明的特質，並深思其間的異同。學生在發現他們這類人的共
   通人格特質後，老師可以進一步要學生對於今天世人對他們作品
   或發明的評價做一比較。

   這種方法可以幫助學生瞭解創造力，表現在藝術、自然、語文、
   生活各個不同的領域，並且是促進社會進步的原動力。

3. 為了增進學生創造性的思考，教師分別提出下列幾種日常用品：
   (1)原子筆；(2)書包；(3)手套；(4)雨傘；(5)排球。請學生分別說出
   各種物品的不尋常用途。

   此活動主要在培養學生創造性的思考。能列出越多、越獨特、性
   質互異的用途，表示越具創造力。

4. 讓學生閱讀或觀賞一部有關殘障而有創造力的故事或影片（如海
   倫凱勒、鄭豐喜等），然後老師要學生列出這些人有哪些創造特
   質。接著，將全班每五人分別一組，每組要列出現在兩位殘障但
   對社會有特殊貢獻的人（如：科學家、音樂家、藝術家、社會學
   家等）。學生們要從這二位的生活中找出他們的特質，然後將這
   兩位的特質與前面所列傑出殘障者的特質做一個比較，並找出這
   三者的共同特質。如此可讓學生體會到在不同領域中傑出而具創
   造力者之間的異同。

5. 閱讀海洋作家的作品，並列舉出與海洋相關的特質。

6. 欣賞《海底總動員》電影，並詳細說明每位角色的獨特特質。

十四、情境評鑑法（evaluate situations）

㈠解析

根據事物的各種結果及涵義來判斷其可能性，並檢查或驗證原來的
猜測是否正確，以便指導學生能夠盱衡情境，分析利弊得失，而後才做
決定。

㈡實例

1. 在颱風之後,指導學生盡量列舉人類受暴風雨的影響,並將這些
   損害加以分類,學生可利用各種新聞報導、實地訪問等方式蒐集
   資料,對於損害的原因,也可做一探討。

2. 老師講述:一隻狼和山羊掉進水井爬不出來的故事,要學生提出
   不平凡的方法協助這兩隻動物脫離牠們的困境。

3. 為增加學生學習字彙的興趣,老師可以有計畫地提出不同部首,
   讓學生分組或個別比賽,列出此一部首所知道的字,例:老師提
   出「付」,學生可以舉出「何」、「休」……等。採取比賽方式
   可以提高學生興趣,對於各組所提出較少見的生字,可令該組說
   明其意義及同義字,以增進學生的詞彙。啟發學生的流暢性思考
   與好奇心。

4. 為了增加學生對地理的興趣與好奇心,老師準備一幅本縣或本市
   地圖,一幅全省地圖,一幅全國地圖和一幅世界地圖。每隔兩三
   天,藉著討論時事,老師要求學生在地圖上找出每一件事情發生
   的地點。然後引導學生們討論此件事情的實況並敘述發生的原
   因。最後,要學生們判斷每一件事情可能引起的影響力,並敘述
   理由。

5. 在海洋受到汙染後,請學生列舉人類受到海洋汙染的影響,並探
   討損害原因及如何減輕損害。

6. 在海洋生物數量減少後,請學生列舉人類會受到的影響,並探討
   損害原因及如何減輕損害。

十五、創造性閱讀技術(creative reading skill)

㈠解析

由閱讀中發展獲得資訊的心智能力,以及產生新觀念的技巧。

㈡實例

1. 輔導學生剪報，請學生就從閱讀過的剪報中，剪貼較特別、生動的文章或圖片，就閱讀後的心得感想，撰寫短文，或加上圖案。亦即剪貼作文。

2. 小朋友，現在請你們扮演書刊推銷商，先選一本自己看過的書，並把握住書中精彩有趣的情節向同學們介紹宣傳，但不宣布結局（八分鐘）每位限二分鐘。

3. 輔導學生閱讀最近台北市公車處提出票價調整的方案，並請從閱讀過的報紙，剪貼一些較特別生動的文章或圖片，就自己的立場，提出心得或感想，用文字寫出一篇短評，說明公車的票價怎樣調整才合理，以及服務的態度，或繪出一幅別致有趣的漫畫。

4. 選擇有插圖的兒童讀物，如：《千里尋母》、《老人與海》、《愛麗斯夢遊奇境》等，讓學生閱讀，並要求學生想像自己是故事中的一個角色，運用其他的感覺，如：嗅覺、觸覺、聽覺、動覺等，以增加閱讀的興趣和豐富的想像力，然後將自己的感受描述出來。

5. 選擇閱讀幾位中國或世界偉人傳記，然後分組研究，每一組專門研究一位偉人的生平事蹟，並請學生用最佳的方式向同學報告。如：採用記者訪問式或……。

6. 請學生扮演海洋繪本的書商推銷商，並把握精彩情節，以介紹宣傳。

十六、創造性傾聽技術（creative listening skill）

㈠解析

輔導學生學習從聽講中，產生新見解，以及獲得由一事物導致另一事物的資料。

㈡實例

1. 教師敘述一個謎題，要學生猜。例如：「岳父大人」猜一字。語
   文課時，讓學生分組比賽「成語接龍」活動，例如：「一貧如
   洗」→「洗面革心」→「心情快樂」→「樂不思蜀」……。亦可
   用詞的接龍活動。

2. 教師訂下列題目：天資重要還是努力重要，讓全班分成兩組，提
   出理由辯論。
   (1)團體辯論：雙方輪流舉手發言，由老師指名發表。
   (2)雙方分別排出主辯、助辯、結辯，其餘的同學當裁判。

3. 老師輔導學生注意電視新聞中，報導有關煤礦災變的情形，提醒
   摘記要點，例如：災變的成因，搶救死傷情形，預防的方法（煤
   塵含量如何減低，避免火星引爆）等，並設想假如自己是礦工，
   遇到災變時要如何應變（周宗魯逃生記要），或自己是礦場負責
   人，要如何善後處理，注意哪些防範措施，以及尚有哪些工業的
   災害亦值得我們去注意。

4. 輔導學生從聽取音樂演奏、錄音帶等，想像音樂中敘述的景物，
   並能把生動的部分說出來，或模仿創作不同的作品。

5. 以團體或分組進行主題辯論，例如：海洋與陸地何者對人類的重
   要性較大？海洋教育只有住在海邊的居民才要重視嗎？

十七、創造性寫作技術（creative writing skill）

㈠解析

利用寫作的方式，學習溝通觀念、表達意見，以及產生觀念的技
術。

(二)實例

1. 老師任意提示一個標題，如：「農夫見到外星人」，讓學生寫一篇假想事件的新聞報導。

   利用「假如……」的方式寫作。

2. 教師隨意給學生一些詞，「神木、鬼屋、黑貓……」讓學生選寫一個故事，並替故事取一個吸引人的題目。

3. 教師說：課文中所提「國家有難，人人都應出力」這句話的意思是說我們每個人都應報效國家，請你寫出自己的報國方法。

   例如：我的報國方法是，現在努力讀書，長大後做個有用的人，獻出自己的能力，越完整越好。

4. 老師揭示標題：ET 記者會。（長條卡）

   老師說：「本課描寫出我們人類對外太空的好奇，並進而發展科技到太空去探索，想想外太空人一定也對我們有深厚的好奇，假設此刻有個外太空來的 ET 到我們教室來，各位一定很想問他許多問題，現在請各位推派一位口才最好的記者來訪問他，訪問時每位同學務必專心傾聽，看哪一組最新奇有趣。」

   (1)全班推舉一位最富急智，口才最好的同學扮演 ET。

   (2)（戴面具）各組再推派一位當作的 ET 的顧問，當 ET 無法回答，由四個顧問回答。

   　　每組討論一分鐘，提出三個有趣又有用的問題，由記者來訪問 ET。

   (3)訪問進行三分鐘後，各組將訪問所得寫成一篇短篇報導文章，寫在各組的小白板或書面紙上。

   例如：ET 於西元 1984 年×月×日乘坐飛碟到××國×年×班來訪問，他身輕如燕，離地三寸，當他站在我們面前時，全身發紅光。他說：我住的地方比你們這兒漂亮多了，到處都是蛋糕做成的花，我們不用工作，一切都由電腦代勞，雖然我們很快樂，可

是後來因為我們製造的電腦太精密了，竟然背叛我們，把我們逐出霹靂島。

5. 教師事先通知學生每人準備一張有關「動物」、「鬼屋」、「外星人」⋯⋯等兒童所感興趣的圖片各一張，然後選出一張圖片讓學生選擇一個故事，並替故事取一個吸引人的題目。

6. 如上例，通知學生準備圖片各一張，然後令學生互相交換所帶來的圖片，各自選寫一個故事，並替故事取一個吸引人的題目。

7. 利用「假如我是市長」做題目，充分發揮兒童想像力，表達自己的意見、觀念，培養對社會的責任感等。

8. 「嫦娥奔月」課文閱讀後，讓學生編一個太空人到了月球尋找嫦娥及發展其想像力做有趣的故事。

9. 隨意給一些詞，讓學生編寫一個故事，並替故事取一個吸引人的題目，例如：給學生一些海洋生物，請學生撰寫，或者給學生一個情節：「有一天，沉睡的海洋醒了，他發現⋯⋯」，請學生寫成一篇故事。

十八、視覺化技術（visualization skill）

㈠解析

輔導學生用具體的圖解或實例的方式，來表達或說明各種觀念、思想、情感或經驗。

㈡實例

1. 學生傾聽教師講述一個神秘的故事，講到一半就停止。讓學生運用他們的想像力編個結局。同時讓學生閉目想像故事中的人物或情節，並能加以描述。

2. 教師講述一些情緒的詞，如：「歡欣鼓舞」、「沉思」⋯⋯要求學生畫出內心的感受，讓他們學習如何加以形象化。

指導學生運用想像力與自己獨特的設計，利用各種幾何圖形拼成別人沒有想過的昆蟲圖案。

3. 老師預先從課文中說出兩組難度相當的詞各十個。

全班分成兩組，每組各派兩名，一名負責計時，一名負責表演（可配合口述，但不可說出謎底中任何一個字），限時三分鐘，答對得一分，逐組進行。

兩組語詞：

甲：⑴花蓮⑵計程車⑶奇形怪狀⑷水花⑸早餐⑹旅行⑺便道⑻滾滾的⑼深谷⑽吃。

乙：⑴天祥⑵鐵欄杆⑶轟隆轟隆⑷流星⑸起床⑹驚奇⑺公路⑻窄窄的⑼峭壁⑽鳴。

4. 教師指導學生採分組表演方式，將全班小朋友分成六組。

⑴分組設計：用身體組合成一幅本組喜歡的山水景色（可含山、樹、花、草、水、屋、橋），二分鐘。

⑵二分鐘後，逐組表演。各組由一名代表說明各組身體語言所代表的涵義。

5. 「耶誕節」即將來臨，兒童最高興交換「耶誕卡」，市面上銷售的耶誕卡式樣相當多（可舉出幾種提示）。然後依據「耶誕節」的故事，創造自己所喜愛的「耶誕卡」，其他如母親節、父親節、賀年卡、教師節、賀生日卡等均可引用這種方式。

6. 學生每人都有「夢」，即希望、幻想……等，讓學生發表各自的夢想，並提到畫家常把他們的夢用圖畫表示出來，或作家寫出自己的夢想，也希望兒童也學習把自己的夢畫在圖畫紙上，最好能畫出三個以上（表示流暢性良好）。

7. 利用郊遊、遠足、旅行等機會，回來後讓兒童繪出所經地方的簡單地圖，參觀地點位置圖，走過的路線圖等，並討論是否有更好的路線可以走等。

8. 舉一個題目如：「歡欣鼓舞」，讓兒童想出過春節、中獎、比賽得獎，得到意外的禮物時……等各種歡欣時的情況，並把它畫出來。

9. 讓學生分成兩組進行比手畫腳的遊戲，比出海洋生物或海上各式各樣的船隻，或是各種跟海有關的職業。

 貳、基爾福特創造思考教學的策略

美國學者基爾福特（J. P. Guilford, 1956, 1967, 1977）曾提出「智力結構」（The Structure of Intellect, SOI）的理論模式，運用因素分析及型態綜合（morphological synthesis）的方法，從運作（operation）、內容（contents）及結果（products）等三度空間層面來探討人類智力的結構，認為智力是由四種內容（圖形、符號、語意、行為），五種運作（認知、記憶、擴散思考、聚斂思考、評鑑），以及六種結果（單位、類別、關係、系統、轉換、應用）所組成的複合體。基爾福特和米克（Meeker）並且進一步為每一種思考類型研發出適用的研習教材，尤其在創造思考方面做過一系列的教學實驗（謝水南，2003）。

從基爾福特的 SOI 理論模式看來，人類的智力包括有一百二十種不同的能力，這些能力可以從上述運作、內容及結果三層面的交互作用所構成（詳見圖 7-2），從基爾福特的智力結構圖中，我們可瞭解基氏的理論，係以思考為中心，認為思考的結果，係在不同內容中，運用不同思考方式所致，形成一個「輸入（內容）→運作→輸出（結果或產物）」的完整思考歷程。

以下就 SOI 模式的運作、內容、結果三方面的內涵加以敘述（陳龍安，1988d；Guilford, 1977; Meeker, 1974）：

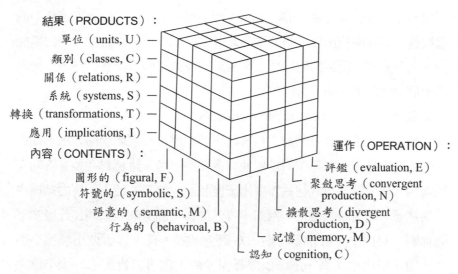

結果（PRODUCTS）：
單位（units, U）—
類別（classes, C）—
關係（relations, R）—
系統（systems, S）—
轉換（transformations, T）—
應用（implications, I）—

內容（CONTENTS）：

圖形的（figural, F）
符號的（symbolic, S）
語意的（semantic, M）
行為的（behaviroal, B）

運作（OPERATION）：
評鑑（evaluation, E）
聚斂思考（convergent production, N）
擴散思考（divergent production, D）
記憶（memory, M）
認知（cognition, C）

圖 7-2　基爾福特智力結構模式

資料來源：Guilford, 1967.

一、運作

是指個人處理資料所引起的思考方式，也是智力活動的主要歷程，是處理各種資料或解決各類問題時所運用的各類能力。運作的方式，共分五種類：認知（cognition）、記憶（memory）、擴散思考（divergent thinking）、聚斂思考（convergent thinking）及評鑑（evaluation）等，茲分別說明如下（Guilford, 1967, 1977; Meeker, 1974）：

1. 認知（cognition, C）

認知是第一種也是最基本的運作，是指對各種觸覺、動覺、視覺和聽覺上的刺激，直接的發現、察覺、再發現或認同，可達到理解或瞭解的層次。例如你看到或聽到一些像(02)27064313、(02)27033994這樣的數字，你「知道」那是電話號碼，但你無法全部記下來，這只是一種認知。

2. 記憶（memory, M）

是指個人對於過去所認知的資料保留及儲存，當我們需要資料時，

可以再呈現多少這些資料的能力。我們不可低估記憶力在教育過程中的重要性，研究中指出，運用刺激方式產生的結果可以影響並改進記憶能力。大部分測驗記憶力的題目，都是先給受試者學習一些材料，然後再讓他們重新回憶那些資料的內容。

3. 聚斂思考（convergent production, N）

是指個人利用已有的知識和經驗作為引導，按照傳統的方法，從儲存的資料中尋求正確答案的推理性和邏輯性思考。這種思考是有方向有範圍的，而其解答方式往往需要比記憶和認知更多的能力。智力結構中最為熟悉的即是聚斂思考。例如，有人問你「國王的太太叫作什麼？」而你答「皇后」，這是學習過的知識；又如，有人告訴你小華比小明高，而小明比小偉高，那麼根據邏輯判斷，你可以肯定小華比小偉高（註：因認知以 C 為縮寫，聚斂思考則用 N 以避免重複混淆）。

4. 擴散思考（divergent production, D）

是指利用不同的思考方向，不受限於現有知識範圍，不遵循傳統的固定方法，採取開放和分歧方式，以衍生各種可能的答案或不同的解決方法。聚斂思考和擴散思考兩者的差異，在於前者強調最多或標準的答案，後者強調反應的多樣及變化。擴散思考必須流暢、有彈性並富創意；同樣地，也必須符合原有特性、原則及切題。所以，它是創造的定義，但並非完全就是創造力。例如，你正在為一份報告傷腦筋，想更貼切地表達一個意思，這時候的腦力激盪就是擴散思考的運用了。

5. 評鑑（evaluation, E）

是指個人依據某種標準（例如同一性、相似性、一貫性……等），對我們所認知、記憶及思考的資料，分析其好壞、是非、適當與否，便於價值性的判斷或決定性的取捨，以合乎要求的一種歷程。例如，校對員會考慮「這個字的拼法和原稿相同嗎？」又如，工廠裡的工人，必須分辨生產線上產出的零件，是否和設計圖的模型相同。

綜合以上五項運作的能力，列出圖表及結構圖，將可使讀者對智力

智力結構的模式

	運　作		內　容		結果
C	認　　知	F	圖形	U	單位
M	記　　憶	S	符號	C	類別
E	評　　鑑	M	語意	R	關係
N	聚斂思考	B	行為	S	系統
				T	轉換
D	擴散思考			I	應用

↑
這些代表字母排在第一個位置

資料來源：Meeker, 1974.

結構更清楚。

二、內容

是指個人在認知或思考時使用的材料，共有下列四種內容的因子（Guilford, 1967, 1977; Meeker, 1974）：

1. 圖形（figural, F）

是指具體的，可以用感官覺察出來的材料。包括視覺（visual, V）（如：大小、形狀、顏色、圖片、實物等）、聽覺（auditory, A）（如：節奏，簡單的聲音），以及運動覺（kinesthetic, K）（如：粗細、軟硬）的材料。除了本身以外，不能表示任何東西或涵義。藝術家、雕刻家、技術人員和設計家，通常在圖形方面的能力較強。

2. 符號（symbolic, S）

是一種記號形式的資料，本身沒有意義，而由人們給予文化的意義。例如：字母、數字、音符、譯碼、車牌號碼、電話號碼、價格、統計數字等。數學家的符號能力通常很強。

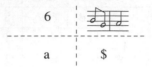

3. 語意（semantic, M）

是指用語言、文字、詞句表達意義或觀念。例如唸一首詩、課文、講話或閱讀。和前述圖形及符號不同的是它具有意義，通常這些意義是外加的。例如「樹」是語意的內容，在某一個人心目中的想法可能跟別人不一樣。老師、作家、演員的特長則是語意的能力。為了與符號區別，則以 M 代表（註：符號以 S 為縮寫，語意則用 M）。

生命	樹
紫外線	黃豆

4. 行為（behavioral, B）

是一種關於人類主動的非語文資料，像行動、情緒、意念及非語文解釋的表達。行為的資料包括人與人之間溝通模式的身體語言及內在情感所表露的表情等。對於必須維持良好人際關係的人而言，行為能力特別重要。例如教師、推銷員、政治家、律師和社會工作者均是。

上述四種，見下列圖表及結構圖。

運	作	內	容	結	果
C	認　　知	F	圖形	U	單位
M	記　　憶	S	符號	C	類別
E	評　　鑑	M	語意	R	關係
N	聚斂思考	B	行為	S	系統
				T	轉換
D	擴散思考			I	應用

↑

這些代表字母排在第二個位置

三、結果

是指個人以各種不同的思考能力，應用於各類的內容，所呈現的組織型態或產物，分列六種因子如下（Guilford, 1967, 1977; Meeker, 1974）：

1. 單位（units, U）

是指單一的結果，係計算事物的最基本數量，可以單獨存在。如一個圖形、一個符號、一個單字等。其他的結果類型都是利用單位以各種不同的方式形成的。

圖形	符號	語意
⬡	1	書

2. 類別（classes, C）

是指具有一種以上共同屬性的組合，是將單位按種類區分，或將事物、資料依共同性質集合的一種形式。我們可以看出，類別是由許多相同或相似的單位所組成。

圖形	符號	語意
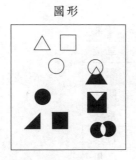		

3. 關係（relations, R）

　　是指單位之間的各種關聯，兩者之間存在的關係。比應用更具意義且明確。

圖形	符號	語意
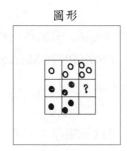	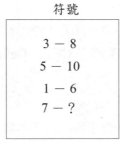	

4. 系統（systems, S）

　　是由兩個以上相互關聯的單位所組成。將同類的事物，按一定秩序相連屬，亦即由三個或更多的單一事物，在一定關係下，形成一系統，彼此互依互動的關係。最常見的系統就是次序關係的數字系統，如大小順序。語文系統著重造句，如看圖作文，可幫助瞭解語音結構，並且產生語意系統。所以也可以說，系統是由圖形、符號及語意所組成。

5. 轉換（transformations, T）

是指由一個已知的資料經過轉變而成為另一資料，亦即將原有的東西給予重新界定或修正、改變形式而成新的東西。轉換是比較抽象的結果，也是最有創意的反應。例如雙關語就是語意的轉換。

資料來源：Guilford, 1977.

6. 應用（implications, I）

是指由一事物導致另一事物，有引申、擴展、預測的涵義，是一種預知結果的能力。亦即心理學上所謂的聯想。此能力必須經由適當計畫並逐步學習，才能有所發展。譬如見到閃電就想到雷聲；落日聯想到黑暗。在數學邏輯上，「如果這⋯⋯則那⋯⋯」即屬於應用。

資料來源：Guilford, 1977.

上述結果，詳見下圖。

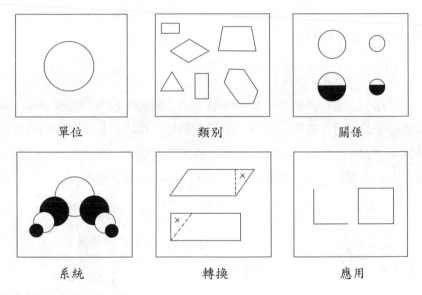

	運　作		內容		結果
C	認　　知	F	圖形	U	單位
M	記　　憶	S	符號	C	類別
E	評　　鑑	M	語意	R	關係
N	聚斂思考	B	行為	S	系統
				T	轉換
D	擴散思考			I	應用

↑ 這些代表字母排在第三個位置

單位　　　　類別　　　　關係

系統　　　　轉換　　　　應用

資料來源：Guilford, 1967.

　　基爾福特根據上述運作、內容及結果等三層面的交互作用的結果，構成人類的一百二十種能力。1977 年，基氏發表《超越智商外的方式》（*Way Beyond the IQ*）一書，將智力的結構中內容部分增加，將圖形變為視覺（visual, V）與聽覺（auditory, A）兩項，因此智力由一百二十種擴展為一百五十種（J. P. Guilford, 1977, p.151）。每一種智力都各有其獨特的位置，成為單獨的一細格，並以特定的符號代表。例如擴圖單

（DFU），表示圖形（F）單位（U）的擴散思考（D）能力（Divergent Production of Figural Units）；擴語轉（DMT），表示語意（M）轉換（T）的擴散思考（D）能力，其餘依此類推。

　　現在，對基爾福特智力結構理論的基本定義認識之後，不禁要問：如果我們能對智力下定義，就能把孩子教得更聰明嗎？基氏的研究和其他方法證實：每個孩子都有智力，重要的是「哪一種智力」，而非「有多少智力」。為了使讀者充分瞭解智力結構的運用，以下列舉一些例子，可供參考。

1. 認行類（CBC）：行為類別的認知能力

　解析：(1)運用認知能力，將行為資料按共同性質歸類。

　　　　(2)依據所提供的事，想想經驗中曾發生的情況，加以分類。

　實例：下圖題目所示都表示某種心理狀況，問下面四選項中何者最符合此種情況？

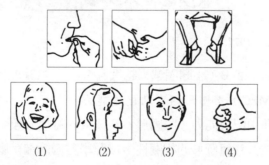

　　　　(1)　　　　(2)　　　　(3)　　　　(4)

資料來源：Guilford, 1977.

　答案：(2)（搓頭髮的男人最符合）。

2. 認圖關（CFR）── 圖形關係的認知能力

　解析：(1)運用認知能力，將圖形資料彼此的關聯性找出來。

　　　　(2)在一組圖形資料中，先觀察明顯或細微的變化，然後找出互有關係部分。

　實例：下列各題皆有三行三列，每一行及每一列的圖形間各有某種關係，其中缺了一些圖形。問號的位置可由選項中哪一個圖

形代替，才能維持題目原來的關係。

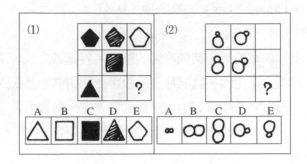

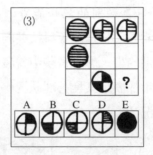

資料來源：Guilford, 1977.

答案：(1) A；(2) B（小圈圈越來越大且倒置）；(3) A。

3. 記圖關（MFC）：圖形類別的記憶能力

解析：(1)運用記憶能力，將圖形資料按共同特性分類。

　　　(2)依據每組圖形的相關性，按照學習過而儲存腦中的資料加
　　　　以選擇。

實例：下面二組各由三個同類別的圖形成，一是簡單的角，另一是
　　　未完成圖形。請判斷出下面四個選項屬於哪一類？

兩組題目：

選項：

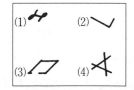

資料來源：Guilford, 1977.

答案：(2)、(3)屬於上述兩類；(1)、(4)則否。

4. 記圖轉（MFT）：圖形轉換的記憶能力

解析：(1)運用記憶能力，察知圖形的改變或轉換。

(2)記憶圖形原有的形狀及特性，一旦改變位置或方向，仍能指出正確結果。

實例：想想看下面二圖的正面若轉向正對自己，該出現下列何者圖形？

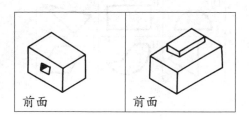

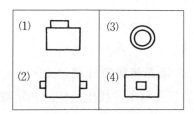

資料來源：Guilford, 1977.

答案：(1)和(4)。

5. 聚符單（NSU）：符號單位的聚斂性思考

解析：(1)運用聚斂性思考，將所提供的符號改變成指定的單位。

(2)依據所給予的符號，找出正確且唯一的答案。

實例：(1)在 R 之前的英文字母是什麼？

(2)在 Q 之後的英文字母是什麼？

(3)最小的質數是什麼？

(4)小於 100 的最大整數平方數是多少？

答案：(1) Q；(2) R；(3) 2；(4) 81。

6. 聚符類（NSC）：符號類別的聚斂思考

解析：(1)運用聚斂思考，將符號分成不同的類別。

(2)給予一些符號資料，找出組合分類正確的結果。

實例：請將下列各類歸類，並注意各圖只歸於某一類，不能同時被
歸入兩類以上，且每一類別均互相排斥。

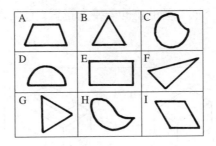

資料來源：Guilford, 1977.

答案：(1)均有曲線者——C、D、H。

(2)均有三角形者——B、F、G。

(3)均有四邊形者——A、E、I。

7. 評語類（EMC）：語意類別的評鑑能力

解析：從不同的語意資料中，找出最佳的類別歸屬。

實例：找出下列描述和定義該物體的最佳類別，如果只能單項選擇

的話。

(1)棕櫚：A 植物、B 樹木、C 樹枝、D 葉子。

(2)牙醫：A 工作、B 職位、C 職業、D 地位。

(3)襯衫：A 衣服、B 流行、C 裝飾、D 覆蓋物。

(4)橘子：A 果汁、B 水果、C 樹木、D 口味。

答案：(1) B；(2) C；(3) A；(4) B。

8.評圖應（EFI）：圖形應用的評鑑能力

解析：擴展圖形的組合，配合一些給予的條件，做出最好的成果。

實例：從編上號碼的四個角落走到中心黑色標。在路徑上有許多編上英文字的點。為了走到目標，有哪些點非經過不可？

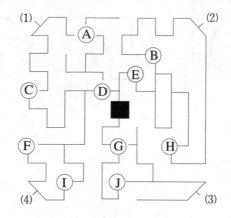

資料來源：Guilford, 1967.

答案：(1) D；(2) E；(3) G；(4) D。

根據基爾福特的研究，在所有的能力中，與創造力有密切相關的是擴散思考能力與轉換的因素。很多學者把基氏的擴散思考能力解釋為人類的創造力（引自張春興、林清山，1973，頁 167）。而在智力的結構中，擴散思考在單位、類別及關係等方面作用的結果，是流暢性的表現，而擴散性與轉換因子間交互作用的結果，是獨特性的泉源；擴散性與應用的交互作用結果，是精進性的表現（張玉成，1983a，頁 55；

Guilford, 1977）茲就智力結構中擴散思考的部分，解析及舉例說明如
下：

1. 擴圖單（DFU）：圖形單位的擴散思考

　　解析：(1)運用擴散思考，將圖形或實物，改變成不同單位的產品。

　　　　　(2)依據所給予的圖形，能想出或畫出各種不同的事物或圖
　　　　　　形。

　　實例：(1)給予一些簡單的基本圖形，告訴學生加上一些線條，畫成
　　　　　　一個有意義的圖；例如給學生一個「○」，讓學生畫出不
　　　　　　同之圖。

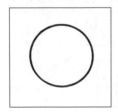  

資料來源：Guilford, 1977.

　　　　　(2)把下圖變成各種可能的圖形。

　　　　　(3)給予四條直線，讓學生組成各種不同之圖形。

　　　　　　可能答案：＃，＊，□，……

　　　　　(4)給予下列圖形，讓學生根據這兩種線條，連接成各種不同
　　　　　　之圖形。

　　　可能答案：

2.擴圖類（DFC）：圖形類別的擴散思考

　　解析：(1)利用擴散思考，將圖形或實物，分成不同的類別。

　　　　　(2)依據所給予各種不同的圖形，運用自己的想法，將圖形或
　　　　　　事物加以分類。

　　實例：(1)下列有六個圖，請依其特性加以分類：

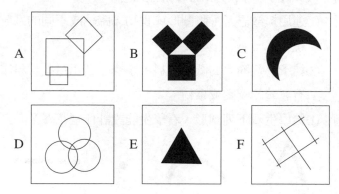

資料來源：Guilford, 1967.

　　　　　一些可能的分類：

　　　　　① B、C、E 同樣都是黑色。

　　　　　② A、D、F 同樣都是白色。

　　　　　③ A、B、D 都是由三個圖組合。

　　(2)將

　　　　　重新分類。

　　(3)這些圖形可以如何分類？

(4)把各種豆子按形狀特徵加以分類。

3. 擴圖關（DFR）：圖形關係的擴散思考

解析：給予一些圖形的材料讓學生運用擴散思考，找出圖形或實物
　　　間的關係。

實例：(1)將一塊布放進染料中，看看所產生的圖樣是否是自己所想
　　　　要的。把圖樣上蠟，再放入其他染料中，一直到達成自己
　　　　所想要的圖樣。

　　　(2)給學生一些五官及其他圖片，組成一個新面孔。

4. 擴圖系（DFS）：圖形系統的擴散思考

解析：(1)運用擴散思考，將圖形或實物，歸納成不同的系統（或系
　　　　統化）。

　　　(2)給予一些簡單的圖形材料，讓學生利用這些材料，組合成
　　　　有意義的圖案或事物。

實例：(1)給學生看下列圖形，看學生能設計什麼花邊？

　　　　可能的設計有下列各項：

(2)給予一些圖形，讓學生組合成有意義的圖案。

　　例：小丑、花、臉……等可能的答案。

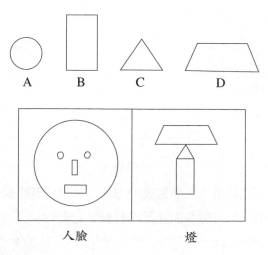

人臉　　　　　　　　　　燈

資料來源：Guilford, 1967.

(3)將△□○□○組成家中用的東西。

(4)將下列圖形剪開後，重新排出點對稱或線對稱的圖形。

可能答案：

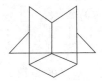

5.擴圖轉（DFT）：圖形轉換的擴散思考

解析：(1)運用擴散思考，將圖形或實物，轉換成不同的產品。

　　　(2)給予一些圖形的材料，學生能將圖形改變為其他不同方式
　　　　的圖形。

實例：(1)下面是用火柴棒排列的圖形，請任意拿掉三根火柴棒，使
　　　　原圖形變成四個方塊。

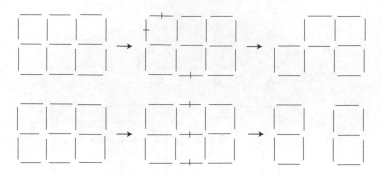

(2)下圖是用火柴所組成的方塊，你可任意移動火柴，使它變
成三組方塊。而且不能有剩餘的火柴。

可能的答案：（有十五種解決的方法，看看你能有多少種
方法）。

(3)想想看「□」剪一刀可以變成什麼樣的圖形？

(4)四個直角三角形，可以排成哪些不同的形狀？

(5)

請在空白處填上適當的音符。

6. 擴圖應（DFI）：圖形應用的擴散思考

解析：(1)運用擴散思考，將圖形或實物材料，加以引申、擴展及應
用。

(2)讓學生看一些家具或圖片，要求在這些事物上加一些裝飾
或圖案，使原來的事物更美觀實用或更有意思，是一種美
化圖形的能力。

實例：(1)讓學生看一個衣架，請他在衣架上添加裝飾，使衣架看起

來更美，或更實用。

(2)請在下圖添加一些線條，成為一個有意義的東西。

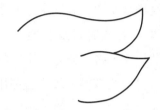

(3)給學生一張圖片如 A，讓他們加以美化或修飾。

資料來源：Guilford, 1967.

7. 擴符單（DSU）：符號單位的擴散思考

　解析：(1)運用擴散思考，將符號改變成不同單位的產品。

　　　　(2)依據所給予的符號，能想出或畫出各種不同的事物或圖

　　　　　形。

　實例：(1)寫出與「邱」同部首的字，越多越好。

(2)寫出與「資」同音的字，越多越好。

(3)寫出與「旺」同韻的字，越多越好。

(4)寫出字結構為左窄右寬的字，如濃、漫……等。

8.擴符類（DSC）：符號類別的擴散思考

解析：(1)運用擴散思考，將符號分成不同的類別。

(2)給予一些符號的資料，學生能運用各種不同的方法給予組合分類。

實例：(1)數字分類：將下列數字加以分類。

1、2、5、6、7、11、16、37、581、671、11293。

(2)音符分類：將下列音符加以分類。

(3)注音符號分類：將下列注音符號加以分類。

ㄅㄆㄇㄈㄉㄊㄋㄌㄍㄎㄏㄐㄑㄒㄓㄔㄕㄖㄗㄘㄙㄚㄛㄜㄝ
ㄢㄣㄤㄥㄦㄧㄨㄩ

(4)交通標誌的分類。

(5)下列圖形中，右邊有四個圖形可選擇，用來對左邊三個圖形的分類（Guilford, 1967）。

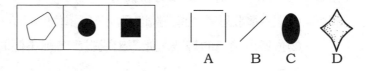

A　　B　　C　　D

答案：C（黑色圖形）和 D（封閉的圖形）。

9.擴符關（DSR）：符號關係的擴散思考

解析：(1)運用擴散思考，找出符號間的關係。

(2)給予一些符號材料，讓學生聯想符號之間的關係。

實例：(1)下列數字 0、1、2、3、4、5 用加減號使其和等於 7。

(2)給予一個數字，讓學生依此數字開頭，利用各種數字之運算，使每個算式之答案都相同。

如以「2」開頭，寫出答案為 6 之算式。

① $2 \times 3 = 6$

② $2 + 2 + 2 = 6$

③ $2 + 5 - 1 = 6$

(3)如利用以下音符與休止符：

♩ ♪ ♪ ♪ ♪ ♪ ♩ ━ ♪ ♩

組成每小節都是 4/4 拍的各種不同節奏。

10.擴符系（DSS）：符號系統的擴散思考

解析：(1)運用擴散思考，將符號歸納成不同的系統（或系統化）。

(2)給予一些符號的材料，讓學生組織成有意義有結構的系統。

實例：(1)假如你有一百元可讓你運用，如果一條口香糖是五元，巧克力糖是十元，自動鉛筆是十五元，那麼你有多少方法可用完這一百元？請列出幾盒口香糖、多少巧克力糖、幾枝自動鉛筆，可剛好用完這一百元。可能的答案：

口香糖	巧克力糖	自動鉛筆
7	2	3
2	6	2
8	3	2

(2)將ㄅ、ㄆ、ㄇ、ㄛ注音符號組成有意義的詞句。

如：ㄅㄛˊ ㄅㄛ˙ ㄇㄛˊ ㄆㄛ˙ ㄆㄛ˙

(3)利用 1、2、3、4、5 五個數字，由大而小排列出十個五位
數。

(4)給予一些數字，讓學生利用這些數字組成等式。

如：以 1、3、5、7、9 五個數字，利用加減法盡量列出所
能想出的等式：

① 3 + 5 = 9 - 1

② 5 - 3 + 7 = 3 + 5 + 1

11. 擴符轉（DST）：符號轉換的擴散思考

解析：(1)運用擴散思考，將符號轉換成不同的產品。

(2)給予一些符號的材料，讓學生將這些材料改變成其他的形
式或意義。

實例：(1)用不同的符號，改變成其他有意義的符號。

如：7 0 7 1 2 3 4 　　5 3 1 9 5 9 5

　　　請您記憶而三思　　吾傷矣救我救我

　　　7 0 9 9 5 8 8 　　1 4 1 4 2 1

　　　請你救救我爸爸　　意思意思而已

　　　8 8 7 9 5 7 6 　　2 4 0 7 8 3

　　　爸爸吃酒我吃肉　　女士能去爬山

12. 擴符應（DSI）：符號應用的擴散思考

解析：(1)運用擴散思考，將符號資料加以引申、擴展及應用。

(2)將阿拉伯數字、字母或注音符號所構成的一個運算等式，
推衍至其他運算式或方法，亦即從符號的材料，擴展出各
種不同的涵義，並理解其可能的演變。

實例：(1)數學中兩個已知的公式，如：B - C = D，A + D = E
（或用數字 5 - 3 = 2，6 + 2 = 8），從這兩個式子中，
可導出哪種不同的答案？

可能的答案：

E - A = D 　　　　（8 - 6 = 2）

$$C + D = B \qquad (3 + 2 = 5)$$
$$A + B - C = Z \qquad (6 + 5 - 3 = 8)$$
$$B - C = E - A \qquad (5 - 3 = 8 - 6)$$
$$\vdots \qquad \vdots$$
$$\vdots \qquad \vdots$$

⑵若ㄅ＝ㄆ＋ㄇ　ㄈ＝ㄅ－ㄇ　則ㄆ＝？　ㄇ＝？　ㄅ＝？

13. 擴語單（DMU）：語意單位的擴散思考

解析：⑴運用擴散思考，將語言文字，改變成不同單位的單位。

⑵給予學生某一個語意的資料，讓學生列舉有關此材料的概念或見解。

實例：⑴明顯的結果：給學生一些事件讓他列舉一些結果。例如：人類不需要睡眠，會有什麼樣的結果。

⑵情節的標題：給學生一些很短的故事，讓他列出可能的標題。

⑶列舉用途：給予某些物品，讓學生列舉他所能想到的用途：如磚塊、衣架……等。

14. 擴語類（DMC）：語意類別的擴散思考

解析：⑴運用擴散思考，將語言文字，分成不同的類別。

⑵學生用語意的材料，聯想出多種類別的概念。

實例：⑴將蜘蛛、蟑螂、蜻蜓、瓢蟲、蝴蝶、蜥蜴、螃蟹加以分類。

⑵問學生在運動場你看到哪些東西？請列出並加以分類。

15. 擴語關（DMR）：語意關係的擴散思考

解析：⑴運用擴散思考，找出語言文字間的關係。

⑵提供某一語意的概念，讓學生想出各種不同關係的語詞。

實例：⑴媽媽像太陽好比爸爸像……

⑵請寫出與「慶祝」意義相近的字詞。

⑶仿作一篇「我的爸爸是農夫」的文章。

16.擴語系（DMS）：語意系統的擴散思考

解析：(1)運用擴散思考，將語言文字組織成有系統的結果。

(2)提供給學生一些單字、詞或短句，讓學生組成不同的句或寫成有系統的短文。

實例：(1)利用下列四個字：「我，今，到，校」造出有意義的句子。

(2)用「軍隊、沙漠、魚」造一個有意義的句子。

(3)類比遊戲；煙火像_____彩帶像_____。

17.擴語轉（DMT）：語意轉換的擴散思考

解析：(1)運用擴散思考，將語言文字轉換成不同的產品。

(2)提供給學生一些對事物的描述，讓其針對某項特質，聯想出一些不平凡的想法或具有未來意義的構想，通常對故事命名、謎語或假設的問題等都是。

實例：(1)給予學生下列四個圖，問學生這些圖表示什麼語文的概念（答案為重），或用一個語意的概念，讓學生轉換不同的表示法。

資料來源：Guilford, 1967.

(2)給一個故事，描述一個人吃掉了他釣到的魚，因此，他失掉了得獎的機會，請你為這個故事訂一個新奇而又幽默的題目。

可能的答案：

①一個人吃掉他的大獎。

②大獎變成小魚。

(3)將「下雨天留客天留我不留」，加上標點，使它成為各種
不同意義的答案。

可能的答案：

①下雨天，留客天。留我不？留！

②下雨，天留客。天留，我不留？

(4)我會照樣照句：

有五個小學生一起出去玩，一起回來了。

有三個小朋友一起（　　　　），一起（　　　　）。

18.擴語應（DMI）──語意應用的擴散思考

解析：運用擴散思考，將語言文字材料加以引申、擴展及應用。

實例：(1)告訴學生敘述一朵花的圖形，讓學生想出各種跟花有關的
職業，也可以要求學生加以詳細描述。

可能的答案：

①賣花者。

②園丁。

③賣花種子的人。

④植物學家。

附註：本例所提供的雖是圖
形，但學生看到圖
形，所想到的卻是有
關語意的內容，而其

資料來源：Guilford, 1977.

答案也是語意的，故此題乃屬語意範圍。如果思考內
容是圖形，則除了圖形本身以外不能表示任何東西或
意義。

(2)如果你開車子經過鐵路平交道時，忽然車子拋錨了，而火
車又快要來了，你該怎麼辦？

(3)端午節一個小男孩吃下媽媽做的粽子，忽然這個小男孩變
成老人模樣。請你用這個故事寫一篇和屈原有關的文章。

19.擴行單（DBU）：行為單位的擴散思考

解析：運用擴散思考，處理有關行為資料，以產生不同單位的結
　　　果。

實例：(1)假如一個人，既嫉妒別人又對自己很失望，你能猜得出他
　　　　會說出哪些不同的事情。

　　　　可能的答案：

　　　　①我就是不想去擊敗對方。

　　　　②我工作那麼努力。

　　　　③他究竟有什麼成功的秘訣。

　　　　④為什麼老是有一些人那麼的幸運。

　　　(2)看了下面的這一張圖，能不能想出不同的事情。

資料來源：Guilford, 1967.

　　　　可能的答案：

　　　　①我的頭好痛啊！

　　　　②我究竟做錯了什麼事。

　　　　③唉呀！我實在好想睡覺！

　　　　④唉喲！我又弄掉了！

　　　(3)張生右眼一直眨呀眨的，他可能是＿＿＿＿。

20.擴行類（DBC）：行為類別的擴散思考

解析：運用擴散思考，將不同的行為資料加以分類。

實例：列出一些敘述句，讓學生加以分類。

　　　(1)你的帽子在這裡，你不應該讓他等。

　　　(2)你能證明它嗎？

　　　(3)好厭煩啊！

(4)我並不期待那件事。

(5)下次照我說的做。

(6)我希望你能做得更好。

(7)我能依賴你嗎？

(8)讓我獨處。

可能的答案：

①(1)、(3)、(8)表示拒絕某人。

②(2)、(4)、(7)表示不能信任。

③(3)、(5)、(6)表示不高興。

④(4)、(5)、(6)表示失望。

21.擴行關（DBR）：行為關係的擴散思考

解析：運用擴散思考，找出不同行為的彼此關係。

實例：給幾張不同臉部表情的人物圖片，讓學生盡可能說出他們之間的關係。

圖 A：女孩瞇著眼笑。

圖 B：女孩不屑一顧。

圖 C：男孩在吹口哨。

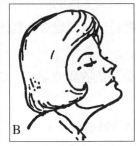

資料來源：Guilford, 1977.

可能的答案：

C 與 A 的關係：C 對 A 吹口哨，A 積極的反應，欣然一笑。

C 與 B 的關係：C 對 B 吹口哨，B 拒絕反應，不屑一顧。

A 與 B 的關係：A 對 B 說一些事情，B 並不願意聽。

22. **擴行系（DBS）：行為系統的擴散思考**

解析：運用擴散思考，找出不同行為資料系統化。

實例：給予學生三個情境，並且能利用情境中的人物，組織成一個故事。

情境 A：很恐懼的女人。

情境 B：很憤怒的男人。

情境 C：很不快樂的孩子。

可能的答案：

小明把爸爸的釣魚竿弄斷了，爸爸非常生氣，媽媽很害怕爸爸會打小明，因為小明很倔強，如果小明被打，一定會很不愉快的。

23. **擴行轉（DBT）：行為轉換的擴散思考**

解析：運用擴散思考，將不同行為資料重新界說或改變形式。

實例：給予學生一些很短的故事情節，要學生用不同的方法加以修改。

有兩個姊妹（A、B），同時愛上一個男孩（C），有一天，男孩突然來到他們家，他們兩人都很熱情的招待，而他也同時請她們去看電影，你想想看會有什麼情形發生。

可能的答案：

①A 把 B 最喜歡穿的衣服收起來，C 發現這種現象，所以只跟 B 約會。

②B 告訴 C，她的姊姊認為 C 是說謊者，而 C 有一次機會與 A 談話過，發覺 B 並沒有說實話。

③A 和 B 同時取悅於 C，一直到 C 不是真正喜歡他們時，才離開他。

24. **擴行應（DBI）：行為應用的擴散思考**

解析：(1)運用擴散思考，將不同行為資料加以引申、擴展及應用。

(2)從一件事來預測另一件事情，或者由一件事情擴展到一些
　　事情的處理。

實例：姊姊和弟弟間在人際關係方面有哪些煩惱，可能有哪些事件
　　　發生。

可能的答案：

①姊姊不喜歡弟弟的朋友。

②姊姊試著控制及支配弟弟。

③他們彼此都不同意邀請誰來參加舞會。

④姊姊取笑弟弟穿的衣服。

⑤姊姊和弟弟都要用家裡的車子。

參、雷德夢創造思考教學的策略

　　第五屆世界資優教育會議於 1983 年 8 月 2 日至 6 日在菲律賓馬尼拉
市舉行，來自世界各國的資優教育學者齊聚一堂，共同研討資優教育問
題，筆者有幸隨中華民國代表團參與盛會，收穫不少，在所有的分組研
討中，最引起我興趣的是 8 月 4 日上午在會場Narra Room所舉辦的「任
務：發掘潛能！」（Mission: Serendipity!）的教學演示及討論會，主講
者是 Audrey W. Lederman，她是美國佛羅里達州實際從事資優兒童教育
的學者，在這次演示及研討中，Lederman女士運用她高度的教學技巧，
使得臨時借用的菲律賓兒童，在自由輕鬆、新奇挑戰的氣氛中，學到許
多創造思考的技巧。與會的數十位各國學者也都洋溢著興奮、喜悅的心
情，與兒童打成一片，參與討論。

　　這是一場成功的「創造思考教學」演示，主講者說明她發明出來的
激發創造思考的技巧，主要是運用類推及隱喻的方式來擴展兒童內在的
思考，以解決問題，提昇兒童創造思考能力為目標。

　　類推（analogy）源自希臘文「analogia」，原具有比例之意，今則
有類推、類似、比擬、相似、近似等意義（林建隆，2000）。Duit

（1991）認為類推是一種兩個不同領域藉由彼此之間某種結構的相似性，由已知的知識系統推導到欲知的知識系統，從而獲得或理解知識的過程（徐毓慧，2002）。「知識基礎」（knowledge-based）學派認為類推是一種將「來源問題」（source）的關係結構對應到「標的問題」的一種推理歷程。通常是以「故事對應」的方式來呈現其類比推理的問題，是問題解決的一種方式。「結構對應」（structure mapping）學派則認為類推是一種將「符號表徵」（symbolic representation）對應到具有一致性與順序性之關係系統的「環境表徵」（environment representation），是一種「結構對應」的歷程（白玉玲，2002）。類推的例子如下：大象的鼻子就相當於人的手，飛機的雙翼相當於小鳥的翅膀。

亞里斯多德曾為隱喻（metaphor）下過一個定義：隱喻形成於把一個屬於其他事物的名稱，給了某一個事物（楊晨輝，2001）。隱喻是一種概念區隔方法，將不同的涵義和不同的經驗，經由想像和符號去解釋一些不須分析或直覺概念。隱喻可表現人類的抽象概念，它對知識的創新程序很有幫助（張健豪，2003）。隱喻係以人們較熟悉的物件、概念或行為（基底域）比喻陌生的物件、概念或行為（目標域），並藉由二領域之間的相似性，使得人們將「基底域」之特性轉移至「目標域」（賴艾如，2003）。George Lakoff 與 Mark Johnson（1980）認為隱喻不僅僅是一種語言層面的事物，更是一種思想層面的事物。他們主張隱喻是我們概念系統的固有特性，它的本質是一種跨越不同概念領域間的映射關係；這種介於概念實體間的對應，使得我們能夠運用來源域裡的知識結構，來彰顯目標域裡的知識結構。因此，隱喻的功能即是：令我們得以藉由某一類事物來瞭解另一類事物（楊晨輝，2001）。隱喻的例子如下：太陽好像又從門外溫吞吞的爬了進來似的、腦中的邪惡念頭已盤根錯節。

Treagust、Duit、Joslin 和 Lindauer（1992）認為類比與隱喻都是利用某一事物來說明另一具有相似關係之事物，利用簡易的去說明困難的，運用具體的去瞭解抽象的，借用已知的去解釋未知的。其間之差異

在於類比被認為在表面、功能和結構等性質與思維有關的邏輯推理，故常運用於科學領域方面；而隱喻則是一種比喻的方式，只是透過某種相似性之遷移，而不具備有明顯的關係結構的對應（林建隆，2000）。隱喻連結直覺和想像，類推則調和以及區隔隱喻的矛盾，並將其結構化。類推是達到事物邏輯思考和僅為想像空間的橋梁（張健豪，2003）。

雷德夢也指出：「一個人的思考，擴展到一個新的概念之後，就絕不會再退回到它原來的思考層次。」

擴展內在思考的問題，是教師在發掘學生潛能教學的開始。這些問題激發創造思考的運作，及有意識的使用類推和隱喻的題目，以增進對問題成果的選擇觀點。同時，它也是用來打通內在思考途徑的原動力。

擴展內在思考的問題能激發學生的創造力及延伸思想的答案。問題是獨特的，並且是來自個人的唯一感覺、經驗和學生的知識。學生都是他們自己的一套經驗，那是在他們的世界裡，他們對事情的理解、解釋、評鑑及做法，都有一套屬於自己的處理模式。

擴展內在思考可以適用於任何人，包括幼稚園、國小、國中的學生，以及高中以上的青年。無論如何，任何人的經驗對擴展內在思考的問題，都有屬於他們自己的獨特性與準確性。

擴展內在思考強調藉由類推、隱喻的反應來激發一個人的好奇心及想像力，而較不強調結構分析的反應。例如：

分析問題：「表示挫折的兩個方式是什麼？」

擴展內在思考的問題：「當你遭遇挫折時，你的表現在別人眼中好像什麼動物？請解釋為什麼？」

分析問題：「當一個小孩哭泣時，它的兩個主要原因是什麼？」

擴展內在思考的問題：「當你聽到一個小孩哭泣時，你對你本身的生命記得些什麼？請說明。」或：「你什麼時候像小孩一樣的哭泣？請解釋。」

擴展內在思考問題能激發及迫使學生做創造力的聯想以獲得答案。然而要使擴展內在思考具有創造性，教師不只是隨便問一個問題，而是

希望他也想到此問題的答案。擴展內在思考問題的倡導者，主要是希望
問題必須能夠提供一個合理的答案，以防萬一沒有人能想到答案。唯有
這樣，擴展內在思考才有它的價值及意義。

擴展內在思考問題有許多種：

1. 在生物間做類似的連結。

例如：

「一隻金星蒼蠅如何像一隻袋鼠一樣的被困住？說明看看。」

「一位女體育家如何被訓練得像一位發明家在思考她的發明？說明
看看。」

2. 在無生物間，作類似的連結。

例如：

「一個工具箱如何能像一個錄音機一樣？請解釋。」

「比較一只錶和一枝筆。」

「一具電話如何像一台壞的電視機？請說明。」

「替一個像下雨天一樣的常用工具，取一個名稱，並加以解釋。」

3. 在有生物與無生物間，作類似的連結。

例如：

「一個小孩如何像一台複印機一樣？請說明。」

「數以百萬計飢餓的人民如何像在墨西哥灣的打鑽機一樣？請說
明。」

「一位戴著假面具的人怎麼像一艘在荒湖上的船一樣？請加以解
釋。」

「一個警察如何像一台針孔攝影機一樣？請說明。」

4. 在無生物和有生物的情緒間，做類似的連結。

例如：

「比較一包香菸和葬禮的哀傷。」

「一間洗手間如何像一位困窘的女人？」

「幸福如何像一塊岩石？」

上面所敘述的擴展內在思考要在「……或……」的條件下選擇。當擴展內在思考的結果被公開以後，思考的層次就會增加及提高了。下面有一些例子要求學生想出一些與所提供的例子有類似連結的問題。

「打蛋器像哪種生物？為什麼？」

「一輛超大馬力並且設計精巧的摩托車像＿＿＿＿，因為＿＿＿＿。」

「一塊燃燒的木頭像＿＿＿＿，因為＿＿＿＿。」

當你盡力在思考答案的時候，內在思考是否在擴展？你現在是否看出可以用一個新的方式來發問？當你得到答案時，你的思考在擴展嗎？

當擴展內在思考的問題提出時，學生在思考，教室內會很安靜。為了找尋答案，他們必須努力地試著從他們個人的背景及經驗中去蒐集、去思考：有的閉上眼睛；有的則望著天空，全神貫注地在擴展他們的心智。老師鼓勵學生盡量想出一個不平凡的答案，學生便會發揮具有變通性、獨特性及新穎性的思考技巧。

其他開放性的擴展內在思考的例子，包括：

「什麼動物或東西（有生命的或無生命的）能在一種積極的無壓力情況下傳達給你，讓你瞭解它的重要性？」答案可能包括太陽、冒險的影片、錢、海洋、一張床、一位喜愛的人、一隻愛犬、音樂、飲料、一個朋友、花園工作、體育活動或購物。

「以你目前的情形來看，什麼動物或東西會接納你？如何接納呢？」答案可能是一隻狗、一台打字機、一隻蒼蠅或一通電話。

這些擴展內在思考的奇特問題，讓學生在自由自在沒有壓力的氣氛及在感覺到舒適的協助下來反應。當第一個學生冒險的反應後，老師要能夠接納所有的答案，不管多奇怪，只要是學生提供他們的解釋以及他們如何得到這個答案，老師都會在口頭加以讚美，這種方式常被鼓勵其他的學生說出他們的想法。一句很誠懇的「很棒」、「不錯」或「好辦法」都可能對每一個參加活動的人有激勵的作用，因為每一個人都在盡力的去擴展和思考他們不平凡的答案。

擴展內在思考可以用在所有的教學階段中，去發掘學生潛能！在教

學過程中可分為九個步驟：

1. 促進擴展（exer-stretches）

　　介紹擴展內在思考的問題讓學生瞭解，使這些問題在學生本身內激起創造性和獨特性的思考。

2. 決定問題（determine a problem）

　　利用擴展內在思考來說明要解決的主要問題。

3. 探求問題（probe the problem）

　　以擬人的聯想方法提出擴展內在思考問題，幫助學生界定問題的重點。

4. 第一次相反連接（the frist contranection）

　　提出擴展內在思考的問題時，其目的是連接肯定與否定的字，使成為一個片語。

5. 第一次連接（the first connection）

　　提出使用擴展內在思考的問題介於無生物和第一次相反連接之間的問題。

6. 最後一次相反連接（the last contranection）

　　提出擴展內在思考問題其目的是連接肯定與否定的字，使成為一個片語。

7. 最後一次連接（the last connection）

　　提出擴展內在思考問題以求問一個介於有生物與最後一次相反連接之間的問題。

8. 連接有計畫的環節（docking the maneuvered link）

　　擴展內在思考問題要求學生將最後連接的特點整理出來，進而解決問題。

9. 對解答之評鑑

　　要求學生來評估問題解決之價值。教師（任務控制）的指導，需要不斷的注意，來決定是否擴展內在思考的問題，引導學生擴展其個人的心智並激發其想像的能力。

你明白什麼是擴展內在思考嗎？

你已經開始感到擴展內在思考的重要嗎？

學生現在開始看出擴展內在思考問題可引出其獨特新穎的答案嗎？

學生專心於「任務：發掘潛能」的活動中，瞭解不可能有任何錯誤的答案，因為擴展內在思考問題是非常的奇特（Lederman, 1983）！

 肆、懷邦創造思考教學的策略

美國學者 Wiles 和 Bondi（1980, 1981）曾發展出一套培養創造思考能力的策略，依難易及運用的層次分為五大類二十種技巧，本研究稱之為「懷邦創造思考教學策略」，其模式如表 7-1。

以下分別探討上述二十種創造思考教學的策略。

表 7-1　懷邦創造思考教學策略模式

(一)組織的技巧	(三)結構的技巧
1.組織資料	11.將知覺簡化為符號
2.建立語彙	12.意象的運作
3.自我導向問題	13.建立模式
4.關鍵性問題	14.符號式的思考
5.界定問題	(四)知覺化的技術
6.推廣延伸	15.分析的過程
(二)概念化的技巧	16.構圖的結構
7.研究事物間的關係	17.知覺的審視
8.瞭解與關聯	(五)運用的技巧
9.組合再組合	18.延緩判斷
10.形成概念	19.刻意扭曲資料
	20.自由聯想

資料來源：Wiles & Bondi, 1980.

一、組織的技巧

㈠組織資料（organizing data）

1.解釋

　　教師給予學生一些多樣的、不同的材料，由他們統一排列，或組合成他們認為有意義的整體。

2.實例

　　⑴給學生十樣物品：娃娃、筆、釘、尺、小車子、錶、小刀、硬筆、木塊、圖釘等，請學生依自己構想自由組織成有意義的整體，並讓學生去思索它們彼此間的關係、共同成分，以及遺漏的部分。

　　⑵練習以事物間的關係來組織資料：例如給學生十至十五種萌芽期不同的花種籽，請他們設計一份「種花時間表」，讓每一種花都能在其特定期間開花，以活動當天為第一天算起。

　　或者可變化為請學生設計一份時間表，使得這期間一直都有花開，或每次開花都同時有高矮不同品種的花出現。

　　⑶學生能將所給予的資料依事物的整體性排列。讓班上學生用腦力激盪法想出各式各樣的聲音和噪音，然後讓每一位學生依聲音大小的程度來排其順序，由小排到大。

　　另外，教師也可讓學生排其他資料的順序，如顏色、數字和字母。

　　⑷讓學生練習基本的分類技巧，且能夠辨認具有共同成分的物品。老師可將三個購物袋放在地上，一個一個地將三十個物品展現出來。每當老師拿出一個物品時，學生便要將該物品與前幾項已拿出的物品分類，以保持只有三堆物品的狀態，拿出物品越來越多，學生在分類時便可漸見創造性。到最後，學生可以與班上同學辯論，直到大家都認可一種最獨特或最符合邏輯的答案。

老師也可用此活動來指導其他的觀念，如數學上的圖形、圖書分類等。

(5)從數學的集合，科學裡的蒐集，語言學科的分類（詩、短篇小說）等項目探討下列的問題：

①哪些是共同的成分？

②哪些項目是不相干的？

③有哪些遺漏的部分？

④每一項目間有哪些關係存在？

(二)建立語彙（vocabulary building）

1. 解釋

教師針對某一項主題或事物，提供一些資料或描述的語詞，讓學生自行組織或統合，最後能將這些象徵的語詞轉變成資料形式。

2. 實例

(1)由教師提供的線索建立語彙；下列各學科可由哪些語詞來描述？

①數學方面：如「角度、基數、集合、乘除、關係」等。

②生物概念：如「族群生態系、因果關係、屬性」等特別用語。

③科學用語方面：如「實驗的、衛星、交互作用」等。

④語言方面：如「部首、押韻、字形、字的結構」等。

反過來，學生也可以依照教師所暗示的述語，以歸納出所涵蓋的是哪一學科。

(2)把教師所傳遞的訊息變成語句的敘述；使學生學習如何找出代表整體概念的關鍵字句。在老師唸完一則新聞報導或一則故事之後，學生立刻要以五到七個字來替所聽到的訊息定標題，這個技巧和記筆記練習有點類似。老師也可以把這個步驟倒過來，讓學生根據自己所寫的標題，重述整個新聞或故事。

(3)讓學生練習如何使用正確的描述方法：教師請兩位學生面對面坐著，並在兩張桌子中間放一張隔板。首先由第一位學生在紙上畫

出五種圖形。例如圓圈中間有三個三角形等，並且把自己所畫的
形容給第二位學生聽，第二位學生要把所聽到的試著畫出與第一
位學生的圖形一模一樣。

(4)老師唸一篇新聞（或故事），學生要以五到七個字來替這段新聞
定標題。

(5)將學生分成小組共同研究字的根源、結構，並探討這些字組織成
什麼？描繪出什麼？讓學生能運用語彙。

(三)自我導向問題（asking self-direction questions）

1.解釋

學生能依照教師所提供的線索，提出一些有關於事物的發展趨勢或
基本成分的問題，藉著這問題的提出，使其練習高度的組織技巧和減小
思考的差距，以利問題的解決。提出來的問題能夠指引自己朝著解決問
題的目標邁進。

2.實例

(1)為了讓學生能提出自我導向的問題及提出關鍵性的重點。老師可
以提供一部腳踏車的圖片，在討論一般機械原理時，可以問學
生：「如果讓部分不見了會變成怎樣？」

(2)讓學生以腦力激盪法想出各種替代時鐘的方法。老師可以提示學
生：「你想古人是如何知道時間？」「什麼東西可以用來代替鐘
呢？」（比如晷、水鐘、脈搏、跳動率，以及其他具有規則時間
的事物）。

同樣的，老師還可以問：「如果在太空飛行時，所有的鐘錶全故
障了，你認為哪種原始的方法最可以用來計時？」

(3)放一件物品在紙盒中，讓學生猜猜看，學生可問很多「是不是」
的問題，但只有一次的答題機會，以便訓練學生能從問題中自我
引導解決問題。

㈣**關鍵性問題**（asking critical questions）

1. 解釋

讓學生提出事物的關鍵及轉捩點的問題，或述說一連串可以使問題豁然開朗的資料。這一類問題往往與事物間有重要的連結或具有改變性的關鍵，或是由事物所引發的一連串問題，這些問題使學生可以用來解析資料。

2. 實例

⑴讓學生瞭解從聽覺中可以知道很多有關物品的特性。老師準備很多有蓋子的罐子，其中放入彈珠、石頭、積木、鉛筆等東西。學生可隨意擺弄那些罐子，但不能打開罐蓋。之後，讓他們畫下他所聽到罐子內的東西，畫完後彼此互相比較作畫的內容，並且說明理由。討論完後，老師始可展示罐內的物品。

⑵教師將學生分成幾小組，告訴他們有位司機要修理汽車，說他的汽車有毛病了，學生要用最少的問題來決定車子的毛病到底在哪裡。當學生提出問題後，老師應該問學生，要怎樣組織問題才能把握要點，解決問題。

⑶教師要學生嘗試去判斷哪些工作是永久的，哪些工作只是暫時的。要達到這個目的，老師可以提出一系列關鍵性的問題：①什麼樣的工作已經存在很久了？②什麼樣的工作是最近才出現的？③什麼因素使某些工作可以持久下去，而某些工作卻不能？④你能想出一些例外的工作嗎？⑤永久性工作和暫時性工作區別的原則為何？

㈤**界定問題**（defining problems）

1. 解釋

學生將所獲得的訊息分析或綜合成可處理的問題或要點，以便用來界定或限制問題的基本範圍，使問題更清楚。

2. 實例

(1)在下列各項中找出什麼是核心資料？外圍資料？而這些資料以何
種方式組織最佳？

①語言藝術方面：偵探秘密的分析。

②生物科學方面：食物鏈的鑑定。

③社會研究方面：權力領域的分析過程。

(2)為了讓學生學習在限定時間的範圍內綜合資料，教師可以教學生
在①靜止休息時；②原地跑步三十秒後；③趴在桌上一分鐘後記
錄自己的脈搏數，老師並做成一張全班的脈搏頻數表。然後要學
生說明「活動量怎樣影響心跳脈搏的跳動？」同樣的，教師也可
以教學生試驗人的想像力可否改變脈搏的次數。

㈥推廣延伸（generalizing beyond the immediate）

1. 解釋

確認現有資料的種類、性質，並能將這些資料的原理規則、方法加
以更新或推廣，應用於新用途。

2. 實例

(1)如果我們知道某些事情的定理原則，那麼就能推測其他事情的可
能性。在數學上這是一種取樣過程的計畫，科學上是一種定律的
公式，科幻小說是一種歸納的形式，而社會研究則是針對法則、
政策和法律的。

(2)協助學生就手邊資料整理出一個定理或原則，並推廣應用。教師
可以設計一系列有關足跡的原則（將大張紙貼在牆上讓學生研
究），學生分析推測這些足跡代表可能發生了什麼事。

(3)動物足跡

展示下圖：問學生這是什麼動物留下的足跡？可能發生過什麼
事？

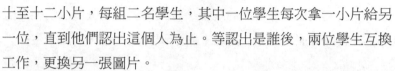

①列出你的假設。

②畫圖描述可能發生過的事。

③你能將可能發生過的事，用故事寫出來
嗎？

(4)找出能將手邊資料合併成一整體的處理方
法。可將有名人士的照片（或圖片）分成
十至十二小片，每組二名學生，其中一位學生每次拿一小片給另
一位，直到他們認出這個人為止。等認出是誰後，兩位學生互換
工作，更換另一張圖片。

(5)讓學生做「預測自己的未來」活動，先請學生仔細想想自己的過
去，然後瞭解現在的自己，評估自己的理想、能力、興趣。在筆
記紙上寫下自己未來可能發生的事，最短的是明天，也可以預測
十年、二十年……五十年後的自己，描繪越詳細越好。這個活動
也可以改做對某些新聞事件的預測推論。

二、概念化的技巧

(一)研究事物間的關係（study of relationships）

1. 解釋

研究二種或二種以上事物在有關功能、條件或共有特質上的關係。

2. 實例

(1)問學生某些事物的共有功能是什麼？它們之間有什麼關係？通常
在科學上可稱為依變項、自變項的關係；科學上可以做消化系統
的分析等。

(2)讓學生能估量一般功能之間的相關情況。提供下列圖表，請學生
從(a)到(l)的事件排列順序，好讓陳安能準時上班。

(3)為了顯示某些事物有關功能的相關性。輔導學生用腦力激盪法想
出哪些工作是需要身體某部位的功能（如：什麼樣的工作需要用

到手？腳？頭？），越多越好。有沒有一些工作並不特定要用到身體的某一部分？

(4)在有陽光的日子，帶學生到室外測量，先量學生認識的約五呎至六呎高的東西，然後再量其影子，算出比例（如：六呎高的東西所投的影子有三呎長，則比較為實物等於影子的兩倍）。然後讓學生測量其他物品的影子，並推測該物實際高度。

(5)為明白自我形象間的關聯，可讓學生帶一張自己的嬰兒照片來，將照片展示出來，讓班上同學辨認誰是誰，討論學生在外表上的

上班遲到了！

邏輯難題

今天早上陳安的鬧鐘沒響，也許是他昨天晚上忘了上發條了！但是他現在沒有時間去想鬧鐘的事，因為再過十五分鐘，學校交通車就要到轉角了。在這十五分鐘內會發生的事都列於下面，但順序卻像陳安的頭腦一樣的亂，你能否依邏輯順序替陳安排個先後？

順序號碼

(a)洗冷水澡＿＿＿＿＿＿＿＿＿＿＿＿

(b)關上前門＿＿＿＿＿＿＿＿＿＿＿＿

(c)穿好衣服＿＿＿＿＿＿＿＿＿＿＿＿

(d)擦乾身體＿＿＿＿＿＿＿＿＿＿＿＿

(e)打開前門＿＿＿＿＿＿＿＿＿＿＿＿

(f)抓條毛衣＿＿＿＿＿＿＿＿＿＿＿＿

(g)穿上內衣＿＿＿＿＿＿＿＿＿＿＿＿

(h)急忙衝出門＿＿＿＿＿＿＿＿＿＿＿

(i)翻開棉被＿＿＿＿＿＿＿＿＿＿＿＿

(j)跑過轉角＿＿＿＿＿＿＿＿＿＿＿＿

(k)抓起外套＿＿＿＿＿＿＿＿＿＿＿＿

(l)跳下床＿＿＿＿＿＿＿＿＿＿＿＿＿

改變。

如果發現有獨特的排列順序或方法，可以解釋其理由，並說明組合方法。

㈡瞭解與關聯（understanding and associations）

1. 解釋

觀察並探討哪些事物具有共同的限制、次序或相關性，並進一步瞭解其系列的解釋及觀念的流暢性。

2. 實例

(1)事物間的共同利害關係是什麼？它們之間的內容要如何連結？在科學上探討化學成分的組合；其他如社會團體的分析，研究音樂的組合以產生新的歌曲等都是本技巧的運用。

(2)為指導學生能看出可以相關連結的事物，例如高級飯店的大廚師與一般小廚師不同之處，在於他們能將各種食物組合成新奇的餐點，此活動要學生計畫一桌請客的餐點，利用食物單上的食物，組合成新穎且美味的餐點，老師所列的食物可有水果、各種肉類、蔬菜、果醬、作料等。如果學生想到具有異國風味的食物，他們可以為這些餐點取新奇的名稱，甚至可以自製菜單。

(3)為了練習思考一些具有相關可能的事物，可以讓學生花幾分鐘的時間仔細研究他們的手，手是很奇怪，又很奇妙的工具，先讓學生研究下圖的手。老師再提出一系列問題與學生討論；如果一隻手只有三根手指或有八根手指會怎樣？如果手指關節可以前後彎曲的話，我們可以做什麼？你想我們為什麼有指甲？如果沒有指關節，我們不能做什麼？老師應鼓勵學生寫下他們對這些問題的可能聯想。

從前有一隻可以做很多事情的手

它會指任何它想指的事物
（雖然有時這並不是很禮貌）

它會叫「停」　　它會說「沒問題」

它會「抓」　　它會說「和平」　　它會揮手道別

它可以是很有力　也可以是很輕柔　它可以很恐怖　也可以立正

但是它不能出聲　　　這隻手就變得很沮喪悲傷

然後有件事發生了——另一隻手出現了，也帶來了很美妙的聲音，鼓掌是需要兩隻手的。

資料來源：Wiles & Bondi, 1980, 1981.

㈢組合再組合（grouping-regrouping）

1. 解釋

　　統整事物間的關係，集合相關的事物並分類，將既存的關係再連結成新的模式。

2. 實例

(1)詢問學生某些事物內容的自然組合方式有哪些？如何組合？有其他方式嗎？在數學上有幾何迷津及基數的發展問題。社會研究上可以讓學生以編年史以外的方法組織歷史。

(2)教師可以將現有的相關資料組合成新型態，例如利用七巧板可以有一千六百種不同的設計，讓學生在十分鐘內設計出各種人形，越多越好。

(3)練習分類再分類的技巧，以看出新型態或新關係。老師要學生盡可能的把班上同學分類再分類，可用各種方法。開始時，可以性別、高矮、胖瘦、頭髮、姓氏、搭乘的公共汽車來分類。老師可介紹類別或組性的觀念。

(4)從現有的關係中再找出新相關型態。容器是多用途的，但是，每天我們都丟掉很多瓶、罐、盒子及袋子，這些丟掉的東西可以有其他用處。正式開始之前，先將學生帶來的東西展示在桌上，讓學生研究。然後，讓全班學生建議這些廢棄物品還有什麼新用途？（腦力激盪法）

㈣形成概念（developing concepts）

1. 解釋

觀察事物，在腦中形成抽象的概念，並能用語言或文字，解釋在特殊事例中推衍出來的觀念。

2. 實例

(1)能將想法轉化成文字的描述，並能提醒自己知道其他人所知道的事。科學上有新公式的成立，語言上有故事或詩，社會研究上的假設及音樂藝術的創作等都是。

(2)將抽象概念表達解釋出來：給學生幾個如：長、高、寬、厚的字，讓學生用所代表的意思寫該字。如：

(3)讓學生以文字表達抽象的意義，並從文字或抽象中形成概念。給
學生一張圖片（或一段形容事、物的文字或錄音帶），讓學生講
出最能形容或代表該圖片或段落的文字或形容詞，從那些文字
中，學生選出一個最能在他們腦海裡刻下生動影像的文字，然後
依此新影像畫一張新圖畫。活動可以重複做，以便引出更多新的
形容句或形容詞。

(4)解釋心中的概念或抽象思想：讓學生想像自己是一隻大鳥正飛過
學校上空，然後要學生把他們（大鳥）所看到的學校樣子盡可能
詳細的畫出來。

(5)解釋特殊事例的概念，將思想轉變成文字：學生圍坐成圓圈，老
師再告訴學生，現在有一外太空來的訪者，到處問地球的人一些
令他不懂的事情。今天早上，他的問題是：「什麼是『漂
亮』？」（問題可變換，一直可以練習下去），然後老師拿出八
到十張構成「漂亮」的要素，如眼、唇、手指、腳、手等，與學
生討論，討論過後，每一位學生都有自己漂亮的定義，可以告訴
外太空訪客（此活動可以作為一個「學習中心」，讓學生自行練
習）。

三、結構的技巧

㈠將知覺簡化為符號（compacting perceptions to symbols）

1. 解釋

將心理影像或印象組合成為符號，或將意識到的、知覺到的事物連
結，使其更明顯化，而能看出其關係。

2. 實例

(1)將思想或知覺簡縮成表徵符號：如教師挑出四位學生來表演一場

棒球賽，分別擔任投手、捕手、打擊手、本壘教練，捕手與投手
間及打擊手與教練間要設計出一套暗號（如安打、短打、好球、
曲球等），然後互相打暗號，其他的學生則看他們表演，並解釋
他們的舉動。

(2)練習將潛意識聯想表現出來，而能顯出一些關係：讓學生聆聽老
師所放的音樂錄音帶，內容包括四種不同的音樂種類（古典、爵
士、民謠、搖滾），將大張圖畫紙上平分四格，讓每一位學生在
上面分別畫出最能反應出每一種音樂的設計圖畫，每放一種音樂
就畫一格。老師與學生應該討論音樂的氣氛，所代表的情感（例
如，什麼樣的音樂最適合運動場所、思考、晚餐？）。

(3)學生能從現存的兩種信號創造出另一種符號，給學生各種不同的
圖片或單字卡，兒童將圖片或單字卡兩種湊對創造出新字，然後
寫下所有的混合字或各種混合形。如：飯＋桶＝飯桶。

㈡意象的運作（imagery manipulation）

1.解釋

用自己最喜歡的及適合自己的方式，以符號重新塑造新形象，嘗試
安排及掌握住可見的代表形象。

2.實例

(1)練習運用意象，控制可見的物品以配合個人需要，讓學生試驗以
代表性符號來表達思想。由第一位學生拿一份沒有標題的卡通
圖，要他填上標題，然後把剪好的一個個漫畫人物給班上學生，
要他們自己安排人物註上標題。最後讓學生描或畫漫畫人物，畫
在4×6的索引卡或筆記卡上，做成一篇卡通，學生也可以用這種
新獲得的意象運作技巧來設計各種不同的卡片。

(2)為了培養兒童具有選擇性的知覺力，教師請一個學生扮演一個不
笑的兒童，其他學生則想一些好笑的事誘惑這小孩笑。活動完後
可討論：「什麼因素使事情好笑？」

(3)讓學生能因應個人需要重新塑造形象。設計下列活動讓學生創造
一幅集體創作圖，活動一開始，由一位學生在地上用一條毛線隨
意造一個圖形，下一位學生必須繼續上一位學生的作品再加上毛
線使圖形更加充實，最後全班（或分組）完成一幅集體美術創
作，師生共同欣賞並檢討改進。

(4)設計一種練習控制及運作視覺的活動，老師介紹視覺運作技巧，
將下圖拿給學生看，先是右邊向上，然後將圖轉為一百八十度
（上下顛倒），再問學生如果像一隻蒼蠅一樣走在天花板上會是
什麼樣子，學生可以躺在地上來驗證他們的想法。如果要通行無
阻，必須做哪些改變？除了下圖之外，尚有數張附圖可以練習視
覺運作技巧。

(5)看雲的變化：跟學生觀察天空飄動的雲，從變化中要求他們想像
雲像什麼？如果能駕雲飛翔，他想到什麼地方？為什麼？也可以
把他們的想像寫一篇短文、編個故事，或是畫張畫。

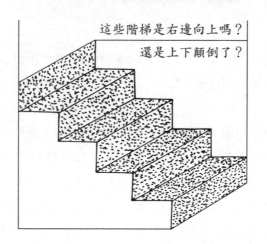

資料來源：Wiles & Bondi, 1980, 1981.

你能找出此頁的密語嗎？
看看在黑色點圖之間有什麼？

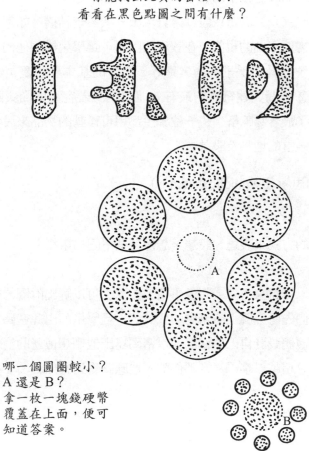

哪一個圓圈較小？
A 還是 B？
拿一枚一塊錢硬幣
覆蓋在上面，便可
知道答案。

資料來源：Wiles & Bordi, 1980, 1981.

㈢建立模式（model-building）

1. 解釋

自己建立一套計畫、設計或敘述，來表現出一套系統或結構。

2. 實例

　(1)練習建立一套計畫，設計來表現出一項系統。如2010年代預測在世界很多國家都會有能源危機，因此我們必須要另行設計來替代現有的燃油引擎。在此活動裡，學生要設計一些不需汽油的交通工具，如設有輪子的風車、用狼犬來拉車等。

　(2)練習建立一套計畫或設計來表現出一項系統結構，如都市設計越來越需要仔細的規劃，在教育活動裡，讓學生構想他們自己的設計圖，設計新房子、商業區等。設計的基本要求是：①美觀設計；②空間與建築物的最有效運用；③最容易與商業購物區相通；④最容易瞭解，每一位學生都用可移動的物品來設計，直到找到適當的地點及設計。

㈣符號式的思考（symbolic thinking）

1. 解釋

　用符號的方式來表達、設想、想像各種不同的事物。

2. 實例

　(1)練習以符號來思考或想像事情，如學生可以解出附圖的密碼，只要他們先研究圖上方密碼的代號，一旦學生解出此密碼，老師應鼓勵他們設計自己的密碼或以密碼寫出他們想傳遞的消息。如果學生想超越以字母為密碼代號，他應該受到鼓勵的。

例(1)

我是間諜

利用下面的位置密碼解出這段密電

利用此密碼方式寫一段回文。

資料來源：自編。

(2)想像出一種能代表關係、作用或觀點的符號。如讓學生在活動
　　中，學習到如何閱讀一般石油公司路況圖上的地圖符號標誌，其
　　中有鐵道、飛機場、鐵路柵欄、各種公路、城市等。一旦學生知
　　道這些符號後，教師可以給學生一張本市或本鄉圖，讓學生就其
　　所知，在適當的地方填上正確的標誌。在高年級階段，老師可以
　　介紹等高線地圖，上面標有高度，如果學生知道如何畫這種圖，
　　便可以試著畫學生所熟悉地區的橫斷面，並使用線地圖的描述
　　語。

(3)例(1)是用英文字母的資料來練習，我們也可利用注音符號的密碼
　　卡，解開 E.T.來信的秘密（本活動引自西門國小資優班觀摩會資
　　料）。

密碼卡

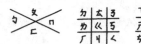

E.T.的來信

ᒣᐱ ᐱ ᒍᐅ ᒍᐱᐅ ᐱF ᐱᒏ :
　ᐊᐱ ᐱᒍᒣ ᒍᐱᐱ ᒥᒣ ᒣF ᐊᒍ
ᒣᐅᐱF ᒣᐱ ᒍᐅ ᒍ ,ᒣᐱᒣ ᐅ ᐱ ᒍᐱF
ᐅF ᐅᒏ ᐅᐊ ᐱF ᒣF ᐊᐅ ᒣᐅ ᒣᐅ .
ᐅᐊ ᒏᒣ ᒍᒣ ᐊᒣ .

「填墓旁邊放鞭炮」ᒍ ᒍᐅ ᐊᐅ ᐱ ᒣ ,
ᒣᐅᒣ ᒍᐱ ᐊᒣ ᐅᒍ ᒏᐊ ᐊᐅ ,
ᐱᐱF ᒣᐅᒣ ᒣᐅᒣ ᐊᐅ ᒣᐱᒣ ,
ᒍᒍ ᒣ ᒥᒣ ?
ᒏᐊ
　ᒥ ᐱᐊ ᒣᐅᐱ ᒣᐅ ᒣᐅᒥ !
　　　　　　　　　ᐱ ᒍᐱ

解開信的密碼

資料來源：自編。

親愛的小朋友：

我很懷念和你們相處的日子，真希望你能到我住的地方來玩。

「填墓旁邊放鞭炮」是什麼意思，請你們告訴我，並且教我唸，好

嗎？

祝

學業進步

E.T.

(4)文字密碼：自己設計解碼卡，讓學生用密碼寫一些信相互解碼，
相當有趣。

密碼歌

資料來源：自編。

　　你也可以試試看，用密碼寫封信給你的朋友，讓他也跟你一起動動腦！

　　想想看！是否還有一些方法，可以使我們在社會上以符號來溝通？（國際間的交通標誌，手語的運用。）

四、知覺化的技術

㈠分析的過程（analyzing processes）

1.解釋

　　觀察瞭解一個操作的方式，決定行動、探討一連串活動或連續事物的本質關係，檢驗每一個活動的必要部分。

2.實例

(1)明瞭變化的本質及活動的前後發展次序的過程，如訓練學生對大自然的變化產生敏銳的感覺，附圖的季節變換是自然的，在此活動，老師與學生一起探查學校校園或學校附近的大自然，尋找目前正有變化的事物（如施工、鏽等）。探查完後，可以畫一張該地區所有變化的地圖。

資料來源：Wiles & Bondi, 1980, 1981.

(2)明瞭事物運作的過程及先後順序。如工廠裝配線是很容易觀察其
運作過程的，也可以讓學生參觀一家漢堡速食店（或汽車裝配
廠、包裝廠等），去看工人如何一步一步地把漢堡做出來。回到
學校後，學生可以自己模仿設立一裝配線，體驗身歷其境的感
覺。

提出問題引導學生的思路。

「是什麼東西能使這項工作進行？」

「你是否能對這項工作的流程，予以認同和遵從？」

「在這活動的程序中，你認為哪些是屬於關鍵的部分？」

(3)在音樂教學課程中，亦可以由學生做節奏、拍子等的研究，對一
首曲子做仔細的觀察，然後也以上述的方法自己創造一首，體悟
其中妙處。

(4)用樹葉塑造動物。學生先分析動物的特徵，然後將樹葉黏在大張
紙上塑造所分析的動物，並用碎紙片做動物身體的其他部分。

(二)構圖的結構（mapping structures）

1. 解釋
詳細地評估各種事物的裝置、設計的型式，並調查研究其中的關係。

2. 實例
(1)協助學生瞭解四周環境中物體的構造或形式。學生最清楚的場所
便是自己的家，讓他們找出自己家的平面設計圖，然後設法用吸
管或類似的物品將家裡的平面設計複製一張。同時介紹比例的觀
念。老師可協助學生研究自己的平面設計圖，並做最佳的修改。

(2)讓學生察覺地面下的結構，進而增加對環境物理型態及內容的瞭
解，使用一張水底圖來傳達海底或地下的觀念，讓學生共同思
考，有哪些東西（人造的及自然的）雖然不見，卻是很重要的？
然後帶學生到教室外，讓學生想像地面下會有什麼，把它畫出。

(3)練習鑑認並重塑物體的主要結構，瞭解物體是如何形成的。讓學

生看一張汽車圖，指出重要部分，然後讓學生看看教室內或校內
的一些物品，決定他們的結構：哪些是結構？哪些是裝飾物？讓
學生畫出物品的結構。

(4)帶學生參觀圖書館，除了看書、借書之外，亦要求學生對圖書館
的組織，進一步的觀察、瞭解。回到教室後，討論建立自己班級
圖書館的組織，擬定計畫藍本，成立小小圖書館。

(5)拿出一張汽車內部骨架圖，給學生看，讓他們指出其重要部位，
決定結構模式。不論骨架、裝飾物，都由學生畫出該項物品的結
構圖。

(三)知覺的審視（perceptual scanning）

1. 解釋

以研究的態度探討熟悉與不熟悉的事物，針對某事件逐點詳細審視
其特質，做進一步的瞭解。

2. 實例

(1)審查熟悉與不熟悉的事物以尋求特點。老師讓學生閉上眼後，發
下六至十種味道的事物讓學生用嗅覺來鑑別這些東西。然後讓學
生想想在學校或家裡有哪些地方是可以用味道來鑑別的。如：倉
庫、餐廳、洗衣店等。

(2)逐點詳細審查事物，注意事物可培養對環境的洞察力。可以設計
一種活動（可重複做），假設學生是剛抵達現場的偵探，在進入
犯罪現場前，偵探可以知道多少線索，如：大概有多少人在裡
面？屋內的物品有沒有被動過？

(3)提供一篇文章讓學生很快瀏覽，然後發表重點或提出問題。

五、運用的技巧

㈠延緩判斷（deferred judgment while appraising）

1. 解釋

　　在探討各種問題，例如研究事物的組合、型式或連結時，延緩對資料下結論；而鼓勵學生除資料的線索外，多提出各種構想及可能答案，鼓勵自由思考，不做批判。

2. 實例

　　⑴延緩判斷物品的價值或用途，此技巧可以訓練學生看出所有事物中的涵義。學生帶來的東西全部擺在地上，圍著這些東西坐成一圓圈，師生們審查每一件東西可有什麼用途。並鼓勵學生把幾樣東西合起來成為有用的東西，看看最多可以有幾樣東西合起來成為有用的物品（即廢物利用所造成的「發明」）。然後再看看是否有些東西是誰也想不出有用或有價值的？如果有，該有什麼原則來決定這件東西真的是廢物？

　　⑵研究型態、模式及聯想時，延緩下結論。動物有很多類，人也有不同的人種（也許比人的種類還多），他們各有弱點及長處。認出十種圖片上的動物，想想如果他們有機會能選擇自己的工作，他們可能會從事什麼樣的工作？

　　　想想看：是否還有其他的可能？

　　　　　　有沒有別的因果關係！

　　　　　　這些資料還可以用別的形式表現出來嗎？

㈡刻意扭曲資料

1. 解釋

　　將事實或普遍事物的比例、形式和意義刻意地加以改變，使其產生不同的想法，導致新的構想。

2. 實例

(1)刻意改變一般事物的比例、形狀或意義。例如學生分別由三個觀
點來寫三段文章。將學生分為二人一組,設定一些簡單的事情,
然後要學生從第一人稱(我),或客觀(第三者)的觀點來改寫
這些事情。也可以用短篇小說來練習鑑別小說人物的觀點,並試
著改變部分情節,使其更為有趣。

(2)對已知的情況做刻意的改變。這是一個團體活動,由學生做「故
事接龍」,教師先替這個活動作個開頭介紹,說明每一種動物都
有其長處及技巧。如果有一天貓變成世界上最巨大的動物,我們
所居住的世界會有怎樣的變化呢?學生可以開始敘述有關貓的故
事,然後再討論世界可能發生的變化。學生應該有一點思考時間
(約二分鐘)再開始討論。

(3)練習改變一般型態,刻意扭曲一般事物的技巧。學生將一張圖畫
紙擺在鏡子前面,先讓學生在紙上畫一些已知事物(英文字母是
很好的例子),然後要他們畫出這些事物在鏡子裡的樣子;再換
另一組物品,要學生畫出其在鏡中的樣子。最後,把鏡子拿開,
要學生畫出物品或景象在鏡中所呈現的情形。活動結束後,要每
位學生說出自己對物品反像的原則?〔如:哪一種物品的反像
(或倒影)與原物相同?〕

(4)提出一些改變事實的問題:

①如果暑假在冬天會怎麼樣?

②假如我們不用睡覺,世界會有怎樣的改變?

③盡量舉出所有不可能的事。

④如果鳥不會飛會怎樣?

⑤如果糖果嘗起來像蔬菜會怎樣?

(三)自由聯想（Fantasizing From Data Sources）

1. 解釋

無限制地自由組合想像統合前所未有的資料，做不尋常的創造性思考。

2. 實例

(1)給一些形狀，學生運用其創造性思考去設計一幅圖。給學生一張紙，上面有一個阿拉伯數字，要他去創造一幅畫，將該數字併為圖中的一部分。如：

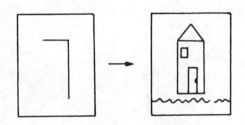

資料來源：Wiles & Bondi, 1980, 1981.

(2)練習只看到實物或影像的部分而自由創作，創造性想像力的自由運用。自然界中很多的影像，常常會引起新的想法及新觀念。在這活動，教師要帶領學生到室外去看看，看樹的線條、灌木、草叢，以尋找各種影像。然後要學生畫出五種大自然所提供給他們的影像。

動腦思考

請從本章所介紹的創造思考教學的策略中選擇一個，用來設計一個
簡單創造思考教學活動：

活動名稱：_____

活動目標：_____

教學策略：_____

活動過程：_____

第 8 章
創造思考
發問技巧

本章重點摘錄

一、創造性發問技巧

    1.依據思考的性質將問題分為軟性問題及硬性問題。

    2.提出二十一項編製創造性問題的策略。

    3.編製創造性問題的三個原則

      (1)問題沒有單一標準的答案。

      (2)問題的答案不是僅限於現有教材的內容。

      (3)問題的敘述應以學生的知識經驗為基礎。

二、「智力結構」模式的擴散思考發問技巧

    1.「智力結構」（SOI）將智力分成內容、運作及結果三個層面，編製創造思考的問題，係以運作層面的「擴散思考」為核心。

    2.擴散思考的問題從圖形、符號、語意三類來介紹。

三、培養思考能力的發問技巧

    1.增進心智組織能力的發問技巧。

    2.增進分析式思考的發問技巧。

    3.增進批判思考的發問技巧。

    4.增進創意思考的發問技巧。

四、創造性發問技巧的口訣

    「假列比替除，可想組六類」

    ·假如　·列舉　·比較　·替代　·除了

    ·可能　·想像　·組合　·六W　·類推

五、實施創造思考發問的要領

    1.問題提出的技巧。

    2.候答技巧。

    3.理答技巧。

一般教師在學校常有指定學生作業、習作或出考題的經驗，事實上這些都是類似教師的發問，所不同的是前者學生以書寫的方式呈現，而後者是以口頭回答的方式罷了。發問或提出問題是任何教師在教學時必須使用到的基本技術。但問題的恰當與否，影響到學生的反應至巨（洪碧霞譯，1983）。

本章擬先就啟發創造思考的發問技巧加以探討，並結合前章創造思考教學的策略，對於創造思考作業提出綜合性及實際的敘述。

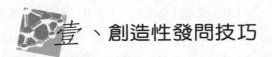

壹、創造性發問技巧

發問是教師在教學時所常用的方法，有效的發問技巧（questioning techniques）是引發學生心智活動，促進思考能力的有效途徑，也是成功教學的基礎。歷來對於發問問題的分類有下列幾項（洪碧霞譯，1983；張玉成，1984）：

根據表 8-1 問題類別的分析，我們可依據思考的性質將問題大略分為兩類：

一、軟性問題

所謂的軟性問題（soft problem），也是一種開放式的問題，這種問題不強調唯一的標準（正確）答案，要求一個句子或一個句子以上的回答，重視容多納異、鼓勵想像、概括、隱喻、擴散、水平思考，能包容矛盾，希望有突破常規的答案，軟性的問題往往有好幾個正確的答案。

例如：有什麼方法可以知道這座山有多高？

二、硬性問題

所謂的硬性問題（hard problem），也是一種閉鎖式的問題，比較趨向於邏輯、精確、判斷、推理、分析、垂直的思考。這種問題往往只要就已知或既有的知識中選取或判斷一個正確的答案，不求新求變，較墨

表 8-1　問題類別分析表

學　者	問　題　的　形　式　及　類　別
Bloom（2001）	1.知識　2.理解　3.應用　4.分析　5.評鑑　6.創造
Sanders（1966）	1.記憶　2.轉譯　3.解釋　4.應用　5.分析　6.綜合 7.評鑑
Guilford（1967）	1.認知　2.記憶　3.聚斂　4.擴散　5.評鑑
Gallagher & Aschner（1963）	1.認知記憶　2.聚斂　3.擴散　4.評鑑　5.常規
Parnes（1969）	1.事實　2.推理　3.開放，非推理
Kerry（1980）	1.資料回憶　2.指名　3.觀察　4.控制　5.假性 6.冥想　7.推理　8.評鑑　9.問題解決
張玉成（1983）	1.認知記憶　2.推理　3.創造　4.批判　5.常規管理
陳龍安（1984）	1.硬性問題　2.軟性問題
美國教育政策委員會（The Educational Policies Commission, 1961）	1.記憶　2.想像　3.歸類　4.概化　5.比較 6.評鑑　7.分析　8.綜合　9.演繹　10.推論
De Bono（1992）	1.認知記憶　2.分析應用　3.創造　4.批判

註：本表綜合張玉成（1983）及洪碧霞（1983）有關資料。

守成規。通常只要求一個字或很簡短的回答，有一定的「對」、「錯」答案，而且這個答案是發問者事先就已經胸有成竹的。

例如：這座山高四百公尺嗎？

所謂「創造性的發問技巧」是指教師提出一些沒有一定標準答案的軟性問題，讓學生應用擴散思考的能力，產生多樣、新奇、獨特的反應。

　　我國學者張玉成（1983a）歸納有關創造思考的技術及教學策略，提出以下二十一項編製創造性問題的策略。

1. 屬性列舉

　　提出某一特性或標準，要求學生盡量舉出符合此條件之事物。例題如下：

　　⑴左窄右寬（或左右平分）的國字有哪些？

　　⑵會走動的無生物有哪些？哺乳類動物的特徵有哪些？茶杯的特性有哪些？

2. 指出途徑

　　題目內容要求學生盡量想出工作或解決問題的可能方法或途徑。例題如下：

　　⑴請舉例說明或表演動物表示高興的方法。

　　⑵龍安里社區建設所需經費有哪些來源？

　　⑶停電了，夜晚可用照明的方法有哪些？

　　⑷通知學生開班會的方式有哪些？

3. 詳列用途

　　問題旨在要求學生列舉事物的可能用途。舉例如下：

　　⑴鄉村裡的小河對當地居民有什麼功用？

　　⑵瓜田小屋有什麼用途？

　　⑶廢棄可樂的鋁罐可以做些什麼？

　　⑷路有什麼功用？

4. 推測可能

　　利用想像推測事物或事情的可能發展或發展方向。舉例如下：

　　⑴漁民出海捕魚，可能遭遇哪些危險？

　　⑵請想像小偷想對警察說些什麼？

5. 比較異同

　　就兩個或兩個以上事物或概念，就其屬性特質，比較其異、同之點，例題如下：

　　⑴住海邊和住山邊的小朋友，在食物和休閒生活方面有什麼不同？

　　⑵元旦、生日與開學三者間有什麼相同的地方？

　　⑶正方形和長方形有什麼相同的地方？

　　⑷鄉村生活和都市生活在飲食方面有什麼相同或相異之處？

6. 探究原因

　　就事物現象查究其產生的可能原因。例題如下：

　　⑴白白和灰灰雖是好朋友可是不常見面，為什麼？

　　⑵小朋友上一年級的時候心裡會害怕，為什麼？

　　⑶蜜蜂刺人之後為什麼會死？

　　⑷下雪時不冷，融雪時較冷，為什麼？

7. 預測後果

　　問題內容要求學生依據事物發展現象，推敲其可能產生的後果。舉例如下：

　　⑴假如小鯉魚沒猜對謎語，可能發生什麼後果？

　　⑵小朋友踴躍捐獻，對國家有什麼貢獻？

　　⑶想像人人互不幫忙，社會會發生什麼現象？

8. 重組歸併

　　依事物特質如時序、種屬、功能等，予以重新排列組合成另一新形象。例題如下：

　　⑴社區活動中心各館室有哪些不同的安排方式？

　　⑵站在山上往下看，看見什麼東西？請歸類。

9. 替換取代

　　以字易字或一物替換一物。例題如下：

　　⑴一籃子梨的「一籃子」有哪些數詞可以替換？

　　⑵練箭可用滾石當箭靶外，還有哪些東西可用？

10. 改頭換面

　　改寫語文教材之題目、內容或結尾，或就事物部分特質予以更換。舉例如下：

(1)第八課「兩個捐錢的小孩子」可用什麼題目替換？

(2)村裡有幾戶人家「養鵝」，如果改為「養牛」，則這一段要怎麼描寫？

11. 按圖索驥

提出某些線索或要素，要求學生據此想出包含此條件事物，主要用於字詞句練習。例如：

(1)請用「公」字造十個詞。

(2)請用「天、不、就」三字造出三個不同句子。

(3)請用「難、易、心」三字造出六種不同句子。

12. 類比隱喻

運用想像，將人、事、物相互比擬，藉以類推事理，萌生見解或觀念。舉例如下：

(1)白鵝水中游像隻白色小船，你認為還像什麼？

(2)我們反對日本教官把中國人比喻為寄生蟲，我們願意把中國人比喻為什麼？

13. 前瞻回顧

依時間之不同，對事物現象做回顧與前瞻之瞭解或推測。例題如下：

(1)請想像二十年後龍安里的發達情形？

(2)住在同一屋裡的三個獵人，八年後可能產生什麼變化？

(3)想像你畢業後會從事什麼工作？

14. 假設想像

題目內容激發學生想像不可能為可能時的狀況。例題如下：

(1)假如人類到目前還沒發明電燈，生活上會有什麼不方便？

(2)假設人跟鳥一樣飛，交通問題將有什麼變化？

(3)假如人人可以活上百歲，社會現象將會有什麼改變？

15. 角色扮演

對事物認同，設身處地地去思慮問題或探究事理。例題如下：

(1)假如你是一隻鳥，你羨慕地上行人嗎？為什麼？

(2)假如你是龍安里里長，你有些什麼方法鼓勵里民踴躍參加里民大會？

(3)假如你是魔術師，你會將哪樣食物變得甜一點使它更美味？

16. **時地遷移**

預測隨著時間、空間之改變，同一事物可能產生的變化。例題如下：

(1)小鳥在春天及冬天的生活情形有什麼變化？

(2)布農族的人如果遷居海邊，他們的生活、技藝等可能有些什麼變化？

(3)游牧民族到了冬天生活習慣有些什麼改變？

17. **突破成規**

問題內容要能引發學生脫離成規或習俗，而以新的觀點去思考和理解事物。例題如下：

(1)結婚宴客一定要有酒肉嗎？有什麼其他方式？

(2)過春節給小孩子的禮物，除了紅包之外還有些什麼？

18. **缺漏曖昧**

題目能提示知識或資訊上的缺漏、不足或不確定處。例題如下：

(1)村子裡的小河為什麼向西邊流而不向東流？

(2)「爸爸捕魚去」這課寫作的時間是白天還是晚上？為什麼？

19. **似是而非**

問題內容包含矛盾衝突、似是而非之情境，耐人尋味。例題如下：

(1)爸爸辛勤地在瓜田工作，將來的收成一定好嗎？

(2)孔融讓梨，上山砍柴也選重的挑嗎？

20. **五官並用**

問題內容引起學生利用各種感官去知覺事物、報告內容及表達其思想或情感等。舉例如下：

(1)請說出在瓜田小屋過夜所見、所聞、所嗅到的景物。

⑵春節那天你看到、聽到、聞到哪些新奇的景象？

21. 踵事增華

問題性質在激發學生就某一事物或觀念見解，提出改進意見，使更完美。例題如下：

⑴我國的高速公路有什麼缺點嗎？

⑵請想出改進這張賀年卡的方法有哪些？

綜合上述編製創造性問題的策略，可歸納為以下的三個原則：

第一、問題沒有單一標準的答案，而是多樣的，有各種不同的答案。創造性問題的特點是擴散性，答案越新奇越好。

第二、問題的答案不是僅限於現有教材的內容，而往往是超越課本以外。

第三、問題的敘述應以學生的知識經驗為基礎，並容許學生有思考的時間。

 貳、「智力結構」模式的擴散思考發問技巧

「智力結構」（The Structure of Intellect, SOI）是基爾福特的智力理論，美國學者米克（Meeker, 1981）應用此一理論設計了一套 SOI 的發問技巧。在本節中所列舉的問題可以讓你導出智力結構理論中每一項相關的智力反應。這些問題的安排是由簡單具體的到複雜抽象的，它們可以用在教師提問題，也可以作為一種教學策略。SOI 模式將智力分成三個層面：內容、運作及結果。編製創造思考的問題係以運作層面的「擴散思考」為核心，結合「內容」，的項目，及「結果」的項目，構成三個字首的策略例如：擴圖單（DFU）的問題，意思是指：提供圖形的教材，運用擴散思考的策略產生以單位呈現的結果（詳細內容請參閱第七章）。當老師們用這些問題作為教學策略時，可以利用這些基本句子作

為範例，繼續深入探討。也可以加以改變而適用於其他課程。

教師在實施創造思考教學時，可以利用 SOI 的發問技巧，由基本的認知、記憶而發展到較高層次的擴散、聚斂及評鑑的問題。以下就將擴散思考的問題加以介紹（有關 SOI 的理論及基本模式請參閱第七章 P.288-317）：

1. 內容範圍：圖形的

   結果：

   (1)單位──用這些圖形畫出不同的東西。

   (2)類別──把這些圖形就你所想得到的分成越多類別越好。

   (3)關係──利用這些鼻子、耳朵和東西能不能變成新面孔。

   (4)系統──試試看你能不能利用這些形狀設計成新圖樣。

   (5)轉換──你能不能從這張圖片發現新圖形？你認為那片雲看起來像什麼？

   (6)應用──用這些線畫一張圖。

2. 內容範圍：符號的

   結果：

   (1)單位──寫出一些「□」在中間的字，「□」在外面的字。

   (2)類別──把這些字母（數字）就你所能想出的方法分類，越多越好。

   (3)關係──解這些方程式，這些式子可以有二個或更多的答案。例如：$3 + \_\_ - \_\_ = 8$，或 $17 \times \_\_ + 3 = \_\_$，等等。

   (4)系統──用這一系列字母當作每個字的開頭寫一些句子。例如 s $\_\_$ t $\_\_$ o $\_\_$。寫一首歌。

   (5)轉換──用這個字的最後一個字母造一個新字。把這首歌或詩改寫。

   (6)應用──寫一些方程式。

3. 內容範圍：語意的

   結果：

(1)單位——用一分鐘時間說或寫出以「一」開頭的成語，越多越好。
(2)類別——把會動的東西列成一張表。把用具列成一張表。把使你
　　　　　難過的事情列成一張表。……等等。
(3)關係——什麼字押韻是＿＿＿＿？
(4)系統——寫出一首有關風的詩。
(5)轉換——試著把這個字用成雙關語。試著寫一個有雙面意義或有
　　　　　寓意的故事。
(6)應用——如果……，那麼就會……？

　　以上的發問技巧，均針對基爾福特智力結構中列舉的擴散思考能力
所設計的，例如內容範圍是圖形的，而結果是單位，這種技巧就在培養
學生「圖形單位的擴散思考能力」。教師可依本節所舉範例再自行設計
適合課程內容的問題，相信必有助於學生學習能力的增進。

參、培養思考能力的發問技巧

　　學者朗格爾（Langrehr）提出教孩子思考的要點，包括：心智組織
能力、分析式思考、批判思考、創意思考等，共有二十九項技巧，都可
作為教學時提問題或發問的參考（林佑齡譯，2006），茲分別舉實例如
下。

一、增進心智組織能力的發問技巧

1.屬性的觀察

　　觀察我們身邊的每件事物所擁有獨特的性質或特質，並探討這些特
質的原因。

實例：針對下列的事物，寫出你注意到的三種特質。並在每項特質
後面，寫下擁有這項特質的原因。

事物	特質	原因
電子手錶	(1)	(2)
	(3)	(4)
	(5)	(6)

答：(1)有數字；(2)指示時間；(3)有錶帶；(4)可以戴在手上；(5)計時
器；(6)可計時。

2. 相似性的觀察

觀察成對事物之間相同或相似的地方。

實例：針對下列的組合，寫下兩種物品之間至少三個共同點。你相
信柚子和羊有很多共同點嗎？你是否可以寫下三個或以上的
共同點，並說明為什麼？

A：＿＿＿＿＿＿＿＿＿＿＿＿＿＿

B：＿＿＿＿＿＿＿＿＿＿＿＿＿＿

C：＿＿＿＿＿＿＿＿＿＿＿＿＿＿

答：A：外層可抽離：柚子皮可剝下，羊毛可以剔除。

B：可食用：柚子果肉可以吃，羊的肉可以吃。

C：需要照顧：柚子、羊都有人照顧。

3. 相異性的觀察

注意事物間的相異點，發現事物間微小的差異。

實例：寫出下列組合中，兩種物品之間至少三個相異之處。寫下柚
子和橘子的三個相異之處。

A：＿＿＿＿＿＿＿＿＿＿＿＿＿＿

B：＿＿＿＿＿＿＿＿＿＿＿＿＿＿

C：＿＿＿＿＿＿＿＿＿＿＿＿＿＿

答：A：形狀長得不一樣。B：果皮顏色不同。C：生長的季節不
同。

4.將相似的東西分類

找出三件物品間的共通點。

實例：下列組合中的三件物品有些相同之處，在表格中寫出其相同
的地方。

物品	相同的地方
呼拉圈、籃球、輪胎	(1)
杯子、花瓶、魚缸	(2)
蘋果、鳥巢、葉子	(3)
實特瓶、書本、酒瓶	(4)

答：(1)都是圓形的；(2)都可裝水；(3)都在樹上；(4)都可回收再利用。

5.不同類別的東西

找出與其他三樣東西不同的一樣東西，並說明為什麼選擇這個答案。

實例：下列東西中，有三樣東西和其他東西不同。寫出三樣不同的
東西，並說明為什麼不同。

汽車、高鐵、輪船、馬車、直昇機、嬰兒車

不同的東西為：＿＿＿＿＿＿＿(1)＿＿＿＿＿＿＿

為什麼不同：＿＿＿＿＿＿(2)＿＿＿＿＿＿＿

答：(1)汽車、馬車、嬰兒車。

(2)因為汽車、馬車、嬰兒車都有輪子，其他的東西沒有。

6. SCUMPS 的比較

思考兩樣物品的相異和相同之處。你可以從兩樣物品的大小
（size）、顏色（color）、用途（use）、材質（material）、組成部分
（parts）和形狀（shape）來比較。這些方式的第一個字母所組成的字是
SCUMPS。

實例一：寫下行天宮和林家花園的三個共同點。兩者皆有的特質：

A：＿＿＿＿＿＿＿＿＿＿＿＿＿＿＿

B：＿＿＿＿＿＿＿＿＿＿＿＿＿＿＿

      C：＿＿＿＿＿＿＿＿＿＿＿＿＿＿

實例二：寫下行天宮和林家花園的三個相異之處。只有行天宮有的
      特質：

      A：＿＿＿＿＿＿＿＿＿＿＿＿＿＿

      B：＿＿＿＿＿＿＿＿＿＿＿＿＿＿

      C：＿＿＿＿＿＿＿＿＿＿＿＿＿＿

答：實例一：A：都是建築物。B：都在地球上。C：都有花園。
      實例二：A：屋頂是彎的。B：有很多拜拜的人群。C：裡面供
      奉著神明。

7. 分門別類

提供學生一系列的事物，讓學生將每個物品分別歸類到三個不同的
分類（或組合）裡，有些物品可能屬於一個以上的類別。

實例：把下列的動物放到表格中的一個類別。

      狗、金魚、鸚鵡、無尾熊、小丑魚、雞、猴、鴨子、吻仔
      魚、大象、鴕鳥、獅子魚

哺乳類	鳥類	魚類
(1)	(2)	(3)
(4)	(5)	(6)
(7)	(8)	(9)
(10)	(11)	(12)

答：(1)狗；(2)鸚鵡；(3)金魚；(4)無尾熊；(5)雞；(6)小丑魚；(7)猴；
      (8)鴨子；(9)吻仔魚；(10)大象；(11)鴕鳥；(12)獅子魚。

8. 排列大小

依物品的大小、速度、價錢等性質排序。

實例一：請學生由大到小依序排列下面的問題選項。

      湖、池塘、浴缸、海

      由大到小排列：＿＿＿＿＿＿＿＿

實例二：請學生由大到小依序排列下面的問題選項。

網球、乒乓球、籃球

由大到小排列：＿＿＿＿＿＿＿＿＿

答：實例一：海、湖、池塘、浴缸。

實例二：乒乓球、網球、籃球。

9. 排列時間

依時間順序或事情發生的前後來排列問題的選項。

實例：請依發生的時間重新排列，把最先發生的排在最前面。

紙、樹木、再生紙、廢紙、紙漿

排出順序：＿＿＿＿＿＿＿＿＿＿＿

答：樹木、紙漿、紙、廢紙、再生紙。

10. 歸納通則

利用某些事物在心裡既存的印象來瞭解新事物並歸納建立通則。

實例：完成表格，在下列表格中填入「是」或「否」，你或許會需要去書上找些資料。請問哪些特性是所有建築物共有的？你可以歸納出建築物的哪些通則？

建築物	特質				
	居住為主	就地取材	在平地上	遮風避雨	防震結構
101 大樓	(1)	(2)	(3)	(4)	(5)
行天宮	(6)	(7)	(8)	(9)	(10)
林家花園	(11)	(12)	(13)	(14)	(15)
半穴居	(16)	(17)	(18)	(19)	(20)

歸納通則：所有的建築物都是＿＿＿＿＿＿(21)＿＿＿＿＿＿。

答：(1)否；(2)是；(3)是；(4)是；(5)是；(6)否；(7)是；(8)是；(9)是；

(10)否；(11)是；(12)是；(13)是；(14)是；(15)否；(16)是；(17)是；(18)否；

(19)是；(20)否；(21)就地取材，且能遮風避雨。

11. 語文摘要

提供一篇短文讓學生找出主題（或主旨）、重要或反覆出現的字，以及一個簡述全文的主題句，用三十個以內的字寫出摘要。

12. 圖像摘要

圖像摘要主要的目的在簡化闡明文章的主旨，以便讓思路更清楚。進行圖像摘要的方法是：(1)找出文章中的關鍵字詞；(2)把它們寫在圖片或圖表上。並選擇適合該篇文章主題的圖表。

二、增進分析式思考的發問技巧

1. 分析關係

提供學生一個包含事物的組成部分與整體間關係的句子，讓學生去分析其關係。

實例：柚子之於水果正如猴子之於＿＿＿(1)＿＿＿。

柚子之於秋天正如愛情之於＿＿＿(2)＿＿＿。

答：(1)動物；(2)春天。

2. 分析序列的模式

實例：仔細檢視每個序列的前三樣事物，分析第二樣事物如何根據第一樣做變化，第三樣事物如何根據第二樣做變化。依照這樣的原則，從第三樣事物找出第四樣事物，並填入空格中。

1.	a	aB	aBc	＿(1)＿
2.	3	9	27	＿(2)＿
3.	○△	○△○	○△○△	＿(3)＿

答：(1) aBcD；(2) 81；(3) ○△○△○。

3. 用圖表分析已知的資料

指導學生在腦中畫圖，這些圖像可以幫他們概括、釐清，並簡化大量的文字或數字訊息。提供學生圖表，請學生將圖表形狀與資訊內容配合。

實例：使用下面的表格及簡述小安、小玄、小穎、小君及小康喜歡的味道，能否找出每個人喜歡的口味？

小安、小玄、小穎、小君及小康每個人都各自喜歡一種不同的口味，包括酸、甜、苦、辣及鹹味。小君喜歡苦味；小安

不喜歡甜和辣味；小玄喜歡鹹味；小康不喜歡辣味。

口味	人				
	小安	小玄	小穎	小君	小康
酸	(1)	(2)	(3)	×	(4)
甜	(5)	(6)	(7)	×	(8)
苦	×	×	×	∨	×
辣	(9)	(10)	(11)	×	(12)
鹹	(13)	(14)	(15)	×	(16)

答：(1)、(8)、(11)、(14)為∨，其餘空格皆為×。

4. 用圖表表示特質

用圖表將某些文字資料整理出來，每個圓圈代表某種特質，如綠色或水果。如果某樣東西沒有某種特質，就會被放在那個圓圈外面。

實例：如果A圓圈（第1、4、5、7區）代表所有水果，B圓圈（第2、4、6、7區）代表所有在樹上的東西，C圓圈（第3、5、6、7區）代表所有綠色的東西。

請問：我們可以在哪些區域找到：

(1)蘋果？　　　(5)麻雀？

(2)草地？　　　(6)西瓜？

(3)番石榴？　　(7)葉子？

(4)草莓？

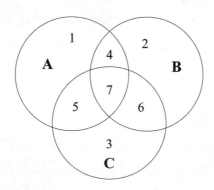

答：(1)蘋果：第 4 區；(2)草地：第 3 區；(3)番石榴：第 7 區；
　　(4)草莓：第 1 區；(5)麻雀：第 2 區；(6)西瓜：第 5 區；
　　(7)葉子：第 6 區。

三、增進批判思考的發問技巧

1. 分辨事實、非事實與主觀意見

在閱讀報章雜誌時，是否相信裡面每句話都是事實？如果不相信，如何知道哪些是事實、哪些是主觀意見？非事實的事情當然就不是真的，但主觀意見則可能是真的也可能不是真的。具有批判性思考能力的人會用一些問題來區分事實與主觀意見，這個練習將協助找出這類問題。

實例：事實填 F，非事實填 NF，主觀意見填 O

(1)＿＿台灣四面環海。

(2)＿＿中國歷代王朝統治者都是漢人。

(3)＿＿戴眼鏡的人都是書呆子。

(4)＿＿女生開車都很慢。

(5)＿＿世上最大的哺乳動物是鯨魚。

(6)＿＿月球比地球大。

答：(1) F；(2) NF；(3) O；(4) O；(5) F；(6) NF。

2. 分辨不確定的結論

提供一個事例，指導學生仔細觀察，細心思考，不輕易下結論。

實例：在路上，一個女孩子打了一個男孩子一巴掌，這名男子接著拿出五千元給女孩子。下列何者是可以確定的事？

(1)男孩子欠女孩子錢不還。

(2)兩人是面對面的。

(3)男孩子身上至少有五千元。

(4)男孩子身上只有五千元。

答：(3)。

3. 質疑可信度

當在報章雜誌上閱讀到，某人宣稱自己看到不明飛行物體，或是奇怪的生物時，應持有質疑的態度，馬上問自己：「這個報導的可信度有多高？」或「寫這篇報導的人可靠嗎？」

實例：有位地方人士宣稱在地震來臨之前，往往身體會發生強烈的耳鳴狀況。在你考慮相信他之前，列出至少五個你想要問他的問題。

A：＿＿＿＿＿＿＿＿＿＿＿＿＿

B：＿＿＿＿＿＿＿＿＿＿＿＿＿

C：＿＿＿＿＿＿＿＿＿＿＿＿＿

D：＿＿＿＿＿＿＿＿＿＿＿＿＿

E：＿＿＿＿＿＿＿＿＿＿＿＿＿

答：A. 最近一次發生耳鳴狀況是什麼時候？

B. 哪幾次地震前，你會發生耳鳴？

C. 所謂的耳鳴具體的感覺是如何？

D. 父母親或兄弟姊妹是否有類似的狀況？

E. 國內外有沒有類似的案例？

4. 區分相關與不相關的資訊

所謂相關的資訊，是指能夠幫助你達成某項目標的資訊。首先，必須清楚自己的目標；其次，找出真正重要的東西，並且知道其重要性在哪裡。

實例：你想要吃一道美味的腓力牛排，在選擇時，請選出三項最重要或最相關的項目？

(1)牛排是現煮的。

(2)牛排的配菜與醬料。

(3)牛排的煎煮熟度。

(4)牛排的價格。

(5)餐廳的位置。

　　　　　　　(6)老闆是好人。

　　答：(2)、(3)、(4)。

5. 用 CAMPER 做批判思考

　　針對做某件事情的結果（consequence）、假設（assumption）、主旨（main point）、是否有成見（prejudice）或偏見、可獲得的證據（evidence）和實例（examples）、原因與事實陳述的關聯性（relevance），以及資訊來源的可信度（reliability）。做思考來挑戰別人的說法，其問題的實例如：「給我一個……的例子」或者「你這麼說有什麼證據？」

6. 做決定

　　提出一些使用某項相關的標準，來讓學生做決定，指導學生在不同的可能性間做選擇。此一過程包括六個步驟：

步驟 1：　釐清必須做決定的事項。

　　　　　紙張的主要來源是樹木，但全球樹木數量銳減，我們必須決定。

步驟 2：　找出各種選擇或替代方案。

　　　　　樹木越來越少，我們可以＿＿＿(1)＿＿＿或＿＿＿(2)＿＿＿。

步驟 3：　列出每個選擇的優缺點。

	優點	缺點
少紙化	(3)	(4)
多樹化	(5)	(6)
再生紙	(7)	(8)

步驟 4：　找出比較各種選擇的相關標準。

　　　　　如：時間、成本、便利性、效率。

步驟 5：　根據這項標準評比每個選擇。最優勢者 3 分，最低 1 分。

	少紙化	多樹化	再生紙
時間成本	(9)	(10)	(11)
費用成本	(12)	(13)	(14)
總　　分	(15)	(16)	(17)

步驟6：挑出最有可能的選擇。

我決定選擇＿＿＿＿＿(18)＿＿＿＿＿。

答：⑴多種植樹木；⑵少用紙；⑶減少垃圾；⑷不方便閱讀；

⑸降低空氣汙染；⑹改變環境生態；⑺降低砍伐樹木的需求；

⑻不夠精緻美化；⑼3；⑽1；⑾2；⑿3；⒀2；⒁1；⒂6；

⒃3；⒄3；⒅少紙化。

7. 區分因與果

擁有批判性思考能力的人會試著釐清資訊、區別結果以及理解造成結果的原因。

實例：在下列表格中，填入空缺的原因與結果。

原因	結果
⑴	螞蟻都往洞穴的方向前進。
樹上果實已成熟，	⑵
冷氣團籠罩全台，	⑶

答：⑴扛著食物；⑵大家一起開心去採收；⑶圍巾大衣大賣。

8. 思考其他的觀點

具有批判思考能力的人容忍度比較高，至少他們已經準備好傾聽其他的觀點。讓學生學會願意聆聽，聽到一些新的事實，而且會瞭解其他人的感受。

實例：有些人認為學步車不利於嬰幼兒的發展，但有些人認為學步車方便父母照顧，各寫出支持的二個理由。

為什麼不應該使用學步車？

⑴＿＿＿＿＿＿。

⑵＿＿＿＿＿＿。

為什麼應該使用學步車？

⑶＿＿＿＿＿＿。

⑷＿＿＿＿＿＿。

答：⑴影響脊椎正常發展。⑵影響感覺統合發展。

(3)方便父母照顧。(4)有安全距離，不會接觸到其他危險物品。

9. 問自己問題

讓學生提出問自己的問題，對於自己所讀到、聽到的事情，如果能問自己越多問題，就越能瞭解這件事情。當你問問題的時候，會很專心，並在已知的事情間建立連結。你所提出來的問題越適當，你的思考（特別是批判思考）也就越深入。

四、增進創意思考的發問技巧

1. 創意的推論

用「如果‥‥‥就‥‥‥」的問題，激發學生的想像力。

實例：假如我是‥‥‥就‥‥‥

假如我是會走動的桌子，那麼___(1)___也就是說___(2)___。

答：(1)就可以隨時隨地吃飯；(2)我可以隨時請人吃飯。

2. 逆向思考

讓學生嘗試逆向思考，這將完全解放你腦中的既定模式。你的大腦會記得什麼東西可以被拍攝下來，或者什麼東西可以被看見，但是你很難列出不能被拍攝或者不能被看見的東西。

實例一：列出三樣不能用刀子切斷的東西。

A：_____

B：_____

C：_____

實例二：列出三個理由，說明為什麼有人會在寒流天脫去外套。

A：_____

B：_____

C：_____

答：實例一：A：水；B：光；C：空氣。

實例二：A：洗澡；B：冬泳；C：換衣服。

3. 使用創意解決問題

想要用創意解決問題，你需要找到非正規或不可預料的答案。你必須要 CREATE（創造），甚至可能要成為第一個想到這個點子的人。CREATE 代表連結（combine）、顛覆（reverse）、刪除（eliminate）、替代（alternative）、改變（twist）增添（elaborate）。

實例：你能不能想出至少三種方式，改變水龍頭的外觀與設計方式，以便更引人注意？

A：＿＿＿＿＿＿＿＿＿＿＿＿＿

B：＿＿＿＿＿＿＿＿＿＿＿＿＿

C：＿＿＿＿＿＿＿＿＿＿＿＿＿

答：A：水龍頭改成按鈕式。B：聲控式水龍頭。C：動物造型的水龍頭。

4. 分析設計的創造性

指導學生仔細觀察身邊的東西，並問自己為什麼這些東西有這樣特別的形狀、顏色、大小、材質或組成部分，如此會對創意越來越敏銳。

實例一：為什麼一個門通常只有一個門把，而不是四個或五個？

＿＿＿＿＿＿＿＿＿＿＿＿＿＿＿＿＿＿＿＿

實例二：為什麼人的眼睛是長在前面，而不是長在後面或旁邊？

＿＿＿＿＿＿＿＿＿＿＿＿＿＿＿＿＿＿＿＿

實例三：為什麼台灣的火車要分自強號、莒光號、復興號、電車與平快五種車型與票價，而不是只要一種車型與票價？

＿＿＿＿＿＿＿＿＿＿＿＿＿＿＿＿＿＿＿＿

答：實例一：因為只要一隻手就可以打開門。

實例二：因為人要往前看。

實例三：提供旅客不同選擇。

（註：本節所提供的發問技巧，係摘要統整、改編自久周出版社《創意思考是可以教的》一書的重要內容，讀者欲瞭解更多技巧可直接查閱該書。）

肆、創造性發問技巧的口訣

根據上述各種發問技巧，筆者為提供教師更簡易的方式，特綜合歸納提出創造性發問技巧「十字口訣」：

假列比替除，可想組六類

茲分別解析及舉例如下：

1.「假如」的問題

要求學生對一個假設的情境加以思考。可用人、地、事、物、時（現在、過去、未來）的假設發問。「現在、人」：假如你是台北市長……。

例一：假如史蒂文生不是煤礦工人的兒子，那麼他長大後會有怎樣的表現？

例二：假如多加一個燈泡，會發生什麼現象？

例三：假如家裡淹水了，你該怎麼辦？

例四：假如你外出丟了錢，該怎麼回家？

2.「列舉」的問題

舉出符合某一條件或特性的事物或資料，越多越好。

例一：有哪些食物含有豐富蛋白質？

例二：有哪些方法可以擦高處天花板？請舉例？

例三：請列舉出應用電池串聯或並聯的電器用品或玩具。

3.「比較」的問題

就兩項或多項資料就其特徵或關係比較其異同。

例一：電腦和人腦有什麼不一樣？

例二：比較這兩把手電筒，有什麼不一樣。

例三：高速公路和鄉間小路有何不同？

4.「替代」的問題

用其他的字詞、事物、涵義或觀念取代原來的資料。

例一：本課是「太原五百完人」，你可以改用什麼題目來替代？

例二：你今天很難過，你還可以用什麼語詞來替代「難過」？

例三：請想出替代牽掛的語詞？

例四：古代人沒有紙可用來寫字，可以用什麼來替代？

5.「除了」的問題

針對原來的資料或答案，鼓勵學生能突破成規，尋找不同的觀念。

例一：弓箭除了射金鳥外，還可以做什麼用？

例二：除了黑板上所寫的方法外，還有哪些方法？

例三：筷子除了吃飯，還可以做什麼用？

例四：老師除了教你識字外，還教你什麼？

6.「可能」的問題

要求學生利用聯想推測事物的可能發展或做回顧與前瞻的瞭解。

例一：颱風的形成可能有哪些原因？

例二：為什麼會有這種現象，可能的原因有哪些？

7.「想像」的問題

鼓勵學生充分運用想像力於未來或化不可能為可能的事物。

例一：想想看一百年後的台北市交通是怎樣？

例二：請想像小偷想對警察說什麼？

例三：想一想一百年以後，人類的生活是怎樣？

8.「組合」的問題

提供學生一些資料（字詞、事物、圖形……等），要求學生加以排列組合成另外有意義的資料。

例一：請用「天、人、虎」三個字組合成各種不同的句子。

例二：請用七巧板組合成各種不同的人形。

例三：請用「過去、現在、未來」組成一個句子。

9.「六 W」的問題

利用英文中之 who（誰）、what（什麼）、why（為什麼）、when（什麼時候）、where（哪裡）、how（如何）作為發問的題目。

例一：為什麼栽榕樹？栽怎樣的榕樹？栽在哪裡？什麼時候栽？誰
來栽？怎麼栽？

例二：who：誰被感染？

　　　why：為什麼被感染？

　　　how：如何被感染的？

　　　where：在哪被感染？

　　　when：何時被感染？

　　　what：被什麼感染？

10.「類推」的問題

將兩項事物、觀念或人物做直接比擬，以產生新觀念。

例一：烏鴉和枯樹有什麼一樣的地方？

例二：媽媽和工人有什麼一樣？

上述創造思考問題的編製策略，係筆者綜合各種有效的發問技巧，
用通俗易懂的名詞敘述，為求記憶方便，可轉換為下述十字口訣：「假
淚鼻涕除，可想組六類」。這些問題可在編製作業或教學時使用。

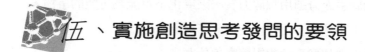 伍、實施創造思考發問的要領

我國學者張玉成（1984，2005）提出班級教學最常用的是由教師提
出問題，到等候學生回答或反應，直至教師對學生提出的答案或作答後
之理答處理的過程，各階段皆有其值得注意把握的要領及重點，茲分別
提出如下。

㈠問題提出的技巧

1.各類問題兼重

創造性問題雖有其必要，但不能獨行其事，須兼顧認知、記憶及批
判性思考的問題，才能建立基礎，產生更好的效果。

2.運用有序

各類問題提出之順序應注意其內容連續性。一般而言，創造性問題在其他各類問題之後，但批判性問題具彈性，有時須在創造性問題之後提出。

3.注意語言品質

清晰和速度是兩個應重視的語言品質。發問口音不正、速度過快，學生不易瞭解和掌握題意，直接影響反應效果。

4.多數參與

為達目的，一方面須把握先發問，後指名回答的原則；另方面則要善用高原式策略。所謂高原式策略，是指教師提出一個問題，經由多人回答不同意見後，再行提出深入一層的問題，如此循序漸進某一預定目標為止。

㈡候答技巧

1.候答時間不宜過短

教師發問之後到指名回答，或教師再度開口說話的這段時間叫作候答時間。

學者指出，創造性問題內容之回答，需要時間醞釀與發展。候答時間過短，匆忙問答則較難得到理想的反應。一般認為，候答時間不宜短於三秒鐘。

2.不重述問題

教師複誦的習慣容易養成學生聽講不認真態度，並且浪費時間。

3.指名普遍

具有創造性的回答內容，不一定是合乎教師的期待，因此有些教師並不給予發言的機會。況且創造能力高的學生其學業成績未必好，所以在指名回答時，應該力求普遍。

4.避免教師自問自答

教師提出問題後，在未能得到學生及時回應時，便自己回答出答

案，一旦變成習慣後，則嚴重影響學生注意力，且大幅降低教師發問的
實質效果。

　　5. 發揮「一問多答」技巧

　　　　教師提出一個非單一標準答案問題後，採用高原策略，指名二至五
位學生回答後，再做整理歸納。此技巧之功能，可增加學生發言機會、
培養傾聽他人意見的習慣、增進學生之間的互動與意見交流、產生更多
腦力激盪效果、教師有較多時間觀察學生、教師方便思考下一個步驟怎
麼做會更好，並且也為實施小組討論教學奠定基礎。

(三)理答技巧

　　1. 減緩批判

　　　　羅吉斯（Rogers）呼籲提供心理安全與自由的環境，以利創造性思
考之發展，發問過程中，教師和同學對回答內容所抱持的態度，以及當
時環境氣氛的重要決定因素，師生喜於批評則造成壓力，損害心理安全
與自由，導致不願或不敢示意見的態度。反之，教師與同學能兼容並
收，於他人表示意見之當時不輕予批評，甚或鼓勵暢其所言，則教室氣
氛可呈現安全與自由，當有利學生創造性思考之發展。

　　2. 容多納異

　　　　見解觀念多而不凡，乃創造性思考特質之一，不幸，一般教師發問
之後，所期許的答案，都是單一標準性質者，學生因而養成一問一答習
性。創造性發問技巧，主張教師同學要能開放心扉，容多（多提意見）
納異（接受不同意見）。

　　3. 探究匡補

　　　　舉例而言，教師問：「為防止眼睛近視須注意哪些衛生習慣？」
　　　　同學答：「不躺著看書。」教師續問：「還有其他意見嗎？」
　　　　這是匡補技巧。

　　4. 妥善處理答錯時之窘境

　　　　學生所答不對或不全時，教師應避免責備、處罰及不友好的言語或

肢體語言出現，其因應策略有：(1)改問一個較簡單且相關的題目。(2)將問題剖析成數個小題目，導引其逐一回答。(3)說鼓勵的話語，如：「你剛才的說明接近答案了。」「你怎麼想出剛才回答的內容？」「能否重新再想想，從另一個角度去找答案？」

5. 歸納答案

教師歸納出學生所提意見或作答內容中，正確的、可接受的部分，其餘可略而不提。

在《發問的智慧》一書中也列出發問的注意事項，可供參考（王鴻仁譯，1991）：

1. 延長候答時間。

2. 好的討論是以學生為中心。

3. 教師獎勵少一些，學生討論多一些。

4. 獎勵並非永遠都是不理想的——我們都需要刺激。

5. 增加學生之間的互動。

6. 把注意力集中在學生身上，並壓抑自己的自我。

7. 解釋一個困難的概念時，使用暫停時間。

8. 避免多重性問題。

9. 鼓勵學生踴躍作答，不拘對錯。

10. 對學生的回答，不可過度反應。

11. 引導討論回到學生本身。

12. 思考焦點的聚焦，針對問題討論而非觀念。

13. 將題材加以澄清。

14. 讓學生避免濫用推論的危險。

15. 拓寬討論的層次。

16. 考慮話題會不會造成過重的情感壓力。

17. 預防誤解及非理性的形成。

18. 用自己的措辭重述學生的話。

總之，創造性問題的最大特點是擴散性，沒有固定答案，因此在實施時宜注意下列要領：

1. 問題的內容及敘述的文字要適合學生程度。
2. 問題的類型應有變化。
3. 問題之後應有適切的停頓時間讓學生思考。
4. 鼓勵、接納及容忍學生不同的答案。
5. 問題的提出應由易而難，由較低認知層次往較高認知層次的方向發展。
6. 鼓勵學生提出關鍵性問題或自我引導的問題。
7. 從學生不完整的答案中進一步探討。
8. 在適當的時機或相關的教材中提出，而非全部時間或教材中。

教師在使用發問技巧時，應把握腦力激盪的四大原則（詳見第六章），並實施開放性的討論，注意下列原則：

1. 討論的內容應向大家公開。
2. 討論的態度是心胸開闊，容忍不同意見。
3. 任何意見均可提出。
4. 討論結果非預定的，是具有開放性的。
5. 討論結果不必一定只有單一結論。
6. 鼓勵讚美學生提問題或提出不平凡意見。

發問技巧的使用有時候並無法達到預期的效果，其理由可能有下列幾點：

1. 問題不適合學生程度。
2. 學生害怕表達。
3. 老師認為學生的意見層次太低，不足以採納。
4. 參與討論的人過於自我中心，不是常打斷自己所不贊同的意見，就是認為自我表達比聽取他人意見更重要。

5. 參與者（包含學生）態度不友善，意氣用事。

6. 老師太早下判斷。

動腦思考

請運用本章的創造思考發問技巧，試著設計一些激發創造力的問題。

例如：

1. 假如每個人頭部前後都有眼睛會怎樣？

2. _____

3. _____

4. _____

5. _____

6. _____

7. _____

8. _____

問題能讓想像力起飛，智慧起舞。

「假列比替除，可想組六類」利用上述創造性發問口訣試著各擬一個問題：

假_____

列_____

比_____

替_____

除_____

可_____

想_____

組_____

六_____

類_____

第９章
創造思考作業的
設計與實施

本章重點摘錄

一、創造思考作業的基本概念

創造思考作業是一種以激發創造思考的原則及策略所編製的書面問題，讓學生以紙筆方式習作的作業，具有多樣性、啟發性、挑戰性、完整性及適應性的特點。

二、創造思考作業設計的原則與過程

原則——

1. 答案不是唯一或固定的；而是盡量提出開放性問題。

2. 考慮學生的興趣和程度。

3. 方式多變化、內容配合課程。

過程——

1. 分析教材。

2. 蒐集資料。

3. 擬定項目。

4. 應用策略。

5. 試用修訂。

6. 評估效果。

三、語文創造思考作業的策略

1. 字詞練習的策略。

2. 課文深究的策略。

3. 作文練習的策略。

四、創造思考作業的輔導要領

五、創造思考作業的實驗效果

六、創造思考作業實例

創造思考教學可透過各種方式來實施，其中創造思考作業是一種簡便可行的方法，教師可依據有關創造思考教學的策略，設計各種創造思考的作業，供學生習作，也可以當作教學活動。根據實證的研究，創造思考作業，有助於學生提高其學業成績及創造思考能力，實有必要加以推廣，以下試就創造思考作業的基本觀念、編製策略（以國語科為例）加以介紹。

壹、創造思考作業的基本概念

一、創造思考作業的意義

作業是指學生在學校或家中所做的各種課業（教育部，1982）。

事實上，如就「作業」這兩個字來分析的話，「作」就是創作，本身具有「鼓勵」、「進行」的涵義；「業」是古代書冊大版，即篇卷，也是一種工作或學習的過程（教育部，1982）。所以「作業」應具有「創造的學習過程」或「創造的工作」的本質。

方炳林（1972b）認為作業就是教師要學生學習的工作。無論在課內、課外、課前或課後，教師為了達到教學目標，而要學生所從事的工作和課業，都是作業。

所謂「創造思考作業」就廣義來說是指教師針對課程需要，配合學生程度，指定學生在課內外所從事具有創造思考的學習活動或工作；就狹義來說，創造思考作業是教師提供一些問題，讓學生運用擴散思考去從事習作或練習，而產生不同答案的作業。也就是教師運用激發創造思考的原理與策略所編製的一些書面的問題，讓學生以書寫的方式來呈現，其目的在藉由作業練習來增進學生的創造思考能力。

二、創造思考作業的特性

創造思考作業如欲突破傳統作業的窠臼，避免學生機械式抄寫的痛

苦，應該具有下列幾項特性：

1. 多樣性

創造思考作業的多樣性是指內容的種類多而充實，以及作業的方式多變化，不是千篇一律的抄寫；答案多樣性，不限於一種結果，尤其重要的是創造思考作業的目標也是多層面的，不限於認知、記憶，而更強調擴散思考及理解、分析、綜合、評鑑以及解決問題等能力的培養。

2. 啟發性

創造思考作業能夠引起學生的興趣與注意，主動地去探討及蒐集更多的資料，能夠激發學生大膽而新奇的想像力、綜合思考及問題解決的能力，可充分發揮學生創造思考的潛能。

3. 挑戰性

創造思考作業所提供的線索，能由已知引導至未知，由單樣演變為多樣，對學生具有激勵性和挑戰性的作用，可使學生樂於習作，使學習的活動變得生動而有趣。

4. 完整性

創造思考作業是課程的一部分，包括各種學習應與原來的課程密切配合，彌補學科教學之不足，學生從創造思考作業中，可學習到知識、能力、態度、理想和欣賞等完整的學習。

5. 適應性

創造思考作業的答案具有分歧性，有許多正確的答案，有許多不同的做法，完全因個人的程度，而有不同的表現，沒有截然對與錯的劃分，所以能適應個別差異，學生能依自己的程度做適當的反應，而沒有挫折感。或者，創造思考作業的實施有團體的和個別的方式，既可發展群性又可適應差異。

、創造思考作業的設計原則與過程

一、創造思考作業的設計原則

1. 作業的答案沒有固定單一的標準，也不是課本上能找到的。

2. 作業要考慮學生的程度與興趣。

3. 作業的方式應多變化，並隨時做修正。

4. 作業的內容應配合學科的教材。

二、創造思考作業的設計過程

1. 分析教材

從課程標準及教師手冊中瞭解教材的目標與重點，從課本及習作中瞭解教材的內容及難易度。

2. 蒐集資料

蒐集有關的書籍、圖書、益智問答等，以便選取所需要的材料。

3. 擬定項目

根據教材的分析，擬定創造思考作業的項目，例如國語科可分字詞練習、課文深究、創造寫作三項。

4. 應用策略

研擬各種開放性的問題情境，並注意發問及引導的技巧；應用啟發創造思考的策略、編擬作業的題目。

5. 試用修訂

編擬完成的作業，可先由部分班級試用，根據試用情形加以修訂。

6. 評估效果

創造思考作業實施以後，應仔細加以評估，以瞭解是否能達成預定目標。

參、語文創造思考作業的策略

　　創造思考教學的策略可運用於學生各科作業中，本章試以國語科創造思考作業的有關策略，一為字詞練習，二為課文深究，三為作文練習，分別敘述如下（其他各科亦可根據本書所列舉各項策略另行發展）：

一、「字詞練習」創造思考作業的策略

㈠「字詞造句」的策略

　　1. 關於字詞部分（張玉燕，2002）
　　　　⑴指出形、音、義相似的字詞。
　　　　⑵列舉出具有相同屬性的不同字詞。
　　　　⑶比較生字新詞的適當用法和誤用。
　　　　⑷列出生字新詞的反義字詞。
　　　　⑸從各種屬性做字詞關係的聯想。
　　2. 關於造句部分（張玉燕，2002）
　　　　⑴找出文章中特殊的修辭句型，如排比、類疊等。
　　　　⑵找出文章中用詞欠當的句子。
　　　　⑶找出文章中情緒性、權威性、誇飾性或價值判斷等的句子。

㈡創造思考的字詞練習策略

　　1. 同韻字
　　讓兒童找出許多和刺激字「貓」，有同樣韻腳「ㄠ」的字來，例如：高、刀、敲、交、彪等。
　　2. 同音字
　　請兒童寫出和刺激字「厲」讀音完全相同的字來，例如：力、立、

利、栗、痢、笠等。

3. 疊字詞

由兩個相同的字所組成的詞，具有節奏感，而且容易引起兒童的興趣。可以比賽看哪一組想得最多？疊字詞有很多種，例如只疊下面一個字：綠油油、冷清清、熱騰騰、笑嘻嘻、火辣辣等。

名詞重疊：媽媽、哥哥。上下都重疊的字：劈劈啪啪、乒乒乓乓、明明白白、清清楚楚。

4. 字聯想（吳靜吉，1976）

(1)單字連鎖聯想訓練

根據一個刺激字，如「上」，而聯想到另外一個單字，如「下」，再以這個單字為刺激字，聯想到另一個反應字，如「課」。如此聯想下去，如上下、下課、課文、文章，每個詞都有邏輯基礎。

(2)單字分歧聯想訓練

每次根據一個單字如「上」作為中心，而分歧地想出任何由「上」構成的二字詞，如上下、上課、上流等不同詞。

5. 詞聯想（吳靜吉，1976）

(1)詞連鎖聯想訓練

每次根據一個刺激詞（如上下）而聯想到另一個二字詞（如前後）。如此類推，上下→前後→麻煩……的連鎖關係。從中文的語言習慣來說，未必有邏輯關係。如因前後而聯想到麻煩，可能是特殊的情緒經驗，而非中文習慣。

(2)詞分歧聯想訓練

每次根據一個二字詞（如上下）做分歧聯想，如因「上下」聯想到「前後」，再由「上下」聯想到「樓梯」，再由「上下」聯想到疲倦。這種聯想也未必按照中文的語言習慣。如上下→疲倦。

6. 同部首

寫出部首相同的字，並研究部首所代表的特殊意義，例如：娘、

妙、妍、姑、嬌等。

7. 猜字謎

　　猜字謎是一種很能引起兒童濃厚興趣的腦力激盪法，能留給兒童很深刻的印象，並對字詞之間的關係維持敏銳的注意力。例如：謎面是「岳父大人」，讓兒童猜出「仗」字；謎面是「舌頭割去」，讓兒童思索，而能猜出「古」字；謎面是「共有十三點，難在如何點」，讓兒童猜出「汁」字。

8. 字分類

　　指導兒童把生字按照其性質、意義或功用，來加以分類。例如把餅、肉、鴨歸於食物類，而把岩、岸、堆等字歸於土質環境類。

9. 詞分類

　　指導兒童把課內的詞按照自己的觀念加以分類。例如「興奮」、「痛苦」、「慚愧」都歸於內心的感覺類，「腐爛」、「清澈」則歸於描寫東西的形容詞類。

10. 字組合

　　讓兒童利用幾個單字，例如「家」、「美」、「溪」而組合成「我家門前有一條美麗的小溪」。

11. 詞組合

　　指導兒童把課內的幾個詞組合成句子或短文。例如把「計畫」、「堅毅」兩個詞組合而成「一個偉大的計畫要加上堅毅不斷的努力才能獲得實現」。

12. 字頭詞

　　例如以生字「冒」為一個詞的第一個字，鼓勵兒童造詞——冒險、冒雨、冒失鬼、冒泡。

13. 同形字

　　寫出形狀相似的，容易讓人誤認為孿生姊妹的一些字。例如：形、彬、杉。

14. 同義字

指導兒童盡量的想出和生字意義相同（或很接近）的字來。例如：和「晶」的同義字，可以舉出「明」、「亮」、「光」、「皎」等。

15. 文字樹

這是利用字詞分歧或結合的聯想方式，將字詞聯想的數量加以限制，以產生各種不同的反應，例如：

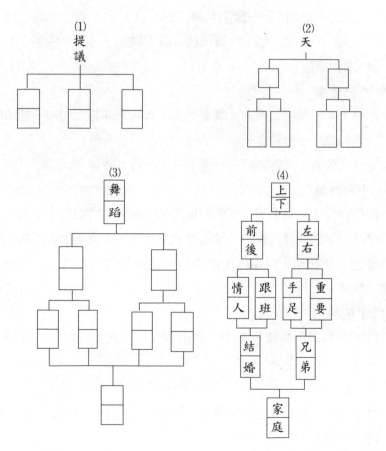

16. 扮演字詞

由一位兒童用表演的方式，讓其他的兒童猜出生字新詞。例如「湖」、「名落孫山」。

17. 成語接龍

讓各組兒童比賽成語的接力活動，接得越多越好。例如：天下為公→公正廉明→明察秋毫→毫不在意→意氣飛揚→揚眉吐氣→氣壯山河。

18. 類比配對

讓兒童對字詞加以配對，例如：冷↔熱。快↔慢。月亮↔太陽。溫柔↔粗暴。垂頭喪氣↔趾高氣昂。眼「高」手「低」，口「是」心「非」，大「公」無「私」，欲「擒」故「縱」，「無」中生「有」，破「涕」為「笑」。

19. 成語會串

給學生某一個字為線索，讓學生寫出有關的成語。例如一開頭的成語：一見如故、一針見血……。

守信的成語：人言為信、一諾千金、一言九鼎。

20. 字詞轉換

提供給兒童一些字詞，讓他們重新加以界說。或提供一字詞，讓兒童利用此一字詞同音異義或一字數義的奧妙關係，寫出機智妙語，即所謂雙關語。例如：「東邊日出西邊雨，道是無晴還有晴」，「晴」與「情」雙關。

21. 字尾詞

以生字為詞的最後一個字，造出若干詞。例如「險」：冒險、危險、驚險、好險、陰險……。

22. 反義字詞

列出與生字詞意義相反的字詞，例如：大和小，微和細，高興和難過、悲哀、傷心……。

23. 聲調排列

提出一個成語或詞，讓學生依其聲調排列，寫出相同聲調的詞或成語，例如「山明水秀」：英雄好漢、三民主義、光明磊落，諸如此類……。

24. **字詞比擬**

提出一個字詞，讓學生自由比擬，越新穎獨特越好。例如「童年」：像一張白紙（純潔無邪）、像彩色的夢（回味無窮）、像小樹（生長茁壯）……。

25. **字詞擴展**

寫出一個字詞或成語，讓學生自由向上或下續寫，做句子伸長的練習。例如：花→梅花→一棵梅花→一棵清香的梅花→山上有一棵清香高潔的梅花→……。

26. **舉一反三**

提出一個成語，並以二、三、四個字為詞首，說出三個成語。例如：成仁取義、仁愛之家、取之不盡、義不容辭。

27. **文字圖書**

讓學生依據所提出字詞的字形、義，繪製成圖，望圖生義，例如：「休」則畫一個人在樹旁。

28. **韻尾接力**

提出一個字，利用同韻的字為字尾造詞。例如：利→雕蟲小「技」、多才多「藝」、三民主「義」、團體遊「戲」……。

29. **字陣迷宮**

設計字詞迷宮由學生從起點開始，依某一規則找到出口。如逢同部首則左轉，逢同韻則往前走三站……等，讓學生從遊戲中熟練字詞。

30. **文字運算**

利用字詞中含有數量者，做數學四則運算而產生新字詞。例如（陳－東）＋（根－木）＝限，（桂－土×2）＋（睛－青）＋（愧－鬼）＝想。

31. **數字謎語**

提出字詞，利用部首字畫字增減而猜出數的字詞。例如：(1)天無人：二；(2)大無人：一；(3)罪無非：四；(4)交無×：六；(5)貝無目：八；(6)丸無點：九；(7)吾無口：五；(8)千無撇：十。

32. 填字詞

利用字詞上下左右的關係，設計空格，給予提示供學生填寫出完整的字詞或成語，使上下左右均能合成有意義的字詞。

33. 人體字詞

請學生就所學過的成語中，找出用身體上兩種器官組成的成語。例如：手腦並用、手舞足蹈、伶牙俐齒、心肝寶貝、心胸狹窄、眼明手快、狼心狗肺。或運用身體上的一種器官，如點點頭、口袋……等。

34. 文字拆合

在一個字的中間或兩旁加上一個字就會造出兩個新字，如「走」的中間加個「台」字則變出「去」和「足」。

35. 文字地位

找出其一字的位置在上下左右或中間、外邊等有關的字。例如：「口」字：在上面有「只、另、呆、兄……」；在中間的有「問、向、哀、回……」；在下面的有「君、台、古、各、后……」；在左邊的有「呼、吃、吐、叫、叮、吟……」；在右邊的有「知、和、如、……」；在外面的有「圓、回、因、囚……」；在四方的有「器……」。

36. 動物字詞

讓學生找出用動物名稱組成的成語。例如：牛刀小試、抱頭鼠竄、狼心狗肺、牛頭馬面、雞犬不寧、河東獅吼……等。

37. 有聲字詞

有些聲音可以用某些字詞來代表，例如：小雞的叫聲是「唧唧唧」，狗叫聲是「汪汪」，羊是「咩咩」，下雨聲是「淅瀝淅瀝」，電話聲是「鈴鈴」……，讓學生想出其他的聲音字詞。

38. 文字密碼

利用注音符號或筆畫……等設計簡單密碼表，再根據此一密碼表，安排一段密電，讓學生解碼，寫出完整的句子。

39. 語文數字

請學生寫出含有數字的成語或字詞。例如詞：一定、五金、四方……；成語：五光十色、七手八腳、一石二鳥、十全十美、三心二意、九牛一毛、一言九鼎、五花八門……。

40. 說文解字

利用文字學來教學生新字詞。說明字的起源、演變……。

41. 詞語新義

讓學生用自己的話，說明所提供字詞的意義，越簡單清楚，越有趣越好。例如：「愛」是把媽媽炒的菜吃光光。「快樂」是努力之後的成就感。

42. 字形音義

提出給學生一個新字，請其就看到此一生字時，聯想到有關字形、義或音的字寫出來。例如：

$$雞 \begin{cases} 溪→清→箐→笑→忝→……………… \\ 集→林→森→淼→轟→轉→………… \end{cases}$$

43. 顛倒字詞

提出一個像「蜜蜂」→「蜂蜜」，顛倒可以有意義的詞，讓學生聯想出更多的字詞。例如：火柴、孫子、演義、故事、科學、中國、兄弟、球賽、色彩、適合、女兒、日本……等。

二、「課文深究」創造思考作業的策略

㈠關於結構部分

張玉燕（2002）指出在結構深究方面，可以讓學生找出文章段落安排欠妥之處。

內容深究可以用來訓練批判思考能力的活動如下：

1. 推論作者為何寫這篇文章（寫作動機或目的）。

2. 區辨文章內容是否切合標題。

3. 區辨文章有哪些重點和次重點，又哪些內容是多餘的，哪些內容是作者所遺漏的。

4. 指出文章中主要的人、事、時、地、物及其彼此之間的關係。

5. 指出文章中屬於結論的敘述及其例證或理由。

6. 指出文章中以偏概全的論述。

7. 若變更文章中的某一人物或時地，推測故事的情節可能會有什麼變化。

㈡關於問題部分

在國語科中，課文深究是教學重點之一，作業時可採應用想像力回答問題的方式設計一些作業。

創造思考作業的最大特色，是允許沒有固定答案的回答，使更聰明者在擴散性的問題解決過程中達到更高層次的流暢、變通和獨創性（Renzulli, 1977）。根據此一原則，利用本章前述各種發問技巧，可編製各種開放性、創造性之課文深究的問題，提供學生練習，以激發其創造思考能力。

以下舉康軒版國民中學第六冊（3下）第二課情懷（作者：張曉風）的一些實例以供參考：

1. 如果在生活中遭遇到不順心的事，你會如何排遣？請舉出具體事例來說明。（本題係採六W中的「如何」（How）的策略，讓學生想出一些具體事例。）

2. 如果你像作者一樣等車不來，你會有什麼感受？（本題採「想像」的策略。）

根據筆者的研究，利用「假列比替除，可想組六類」的發問技巧，很容易編製出各類啟發創造思考的問題，茲依此口訣舉例如下：

1. 假如
如果你駕著一條魔毯遊地球，請把最想去的地方寫出來，並敘述原因。

答：(1)中國大陸——「桂林山水甲天下」，風景秀麗，如詩如畫，
　　　美不勝收。

　　　(2)埃及——金字塔、木乃伊、古埃及文化，多采多姿，神秘莫
　　　測。

2. 列舉

小朋友，美麗的色彩，使得世界更為多采多姿，請你動動腦，為語
言抹上亮麗的色彩，寫出彩色成語來，越多越好！

答：紅男綠女、黑白分明、姹紫嫣紅、青紅皂白、藍天白雲、青山
　　綠水、青出於藍、唇紅齒白。

3. 比較

種子和蛋有什麼地方一樣？

答：(1)都有生命，能延續生命，具有傳宗接代的功能。

　　　(2)他們的成長，都需要適宜的環境。

4. 替代

小朋友，下面有二個句子，請用其他的字詞代替「　」內的字詞。

答：(1)國王把種子挖出來，「扔」到御河裡去。

　　　　「丟」、「拋」、「投」、「擲」、「甩」。

　　　(2)種子「彷彿」長了翅膀，飛得很遠，落到一片碧綠的田
　　　裡。

　　　　「好像」、「如同」、「似乎」、「像是」。

5. 除了

如果你的居住環境不太理想，除了搬家還有哪些辦法可以改變或改
善目前的處境？

答：(1)以身作則，影響別人。

　　　(2)請警察來處理。

　　　(3)以金錢打發別人走。

　　　(4)以其人之道，還治其人之身。

6. 可能

小朋友請想想看一顆種子從落在土裡，直到長大成樹，可能會遇到哪些外來的災難？

答：人或動物的踐踏、蟲害、颱風下雨、枯乾、缺乏養分、環境的汙染。

7. 想像

假如全世界的人每天都寫一封信的話，將會怎樣？

答：(1)郵筒大爆滿。

(2)賣信紙信封的商人大賺錢。

(3)郵局人員工作二十四小時。

(4)信箱會被信件塞滿。

8. 組合

小朋友，請用下面的字、詞，編寫一個故事，寫完後並為這個故事訂個題目。

「象、獅子、無敵鐵金剛、種子、小草」

答：略。

9. 六 W

春天到了，要享受大自然，你喜歡做哪些戶外活動？為什麼？

如果你有一塊空地，你想種些東西，想一想：

(1)種什麼東西？

(2)為什麼要種？

(3)種在什麼地方？

(4)什麼時候種較好？

(5)和誰一起種？

(6)要怎樣種植比較理想？

10. 類推

小朋友請想想看，孟子、歐陽修、岳飛三人的生活環境有哪些相同之處？

答：家境清寒，都有賢母重視教育，從小即努力向學，用功讀書，持之以恆，故皆為學問淵博之人。

針對上述的問題設計，我們以「侏儸紀公園」電影的「恐龍世界」為例（李素滋，1995）：

假如你是恐龍，你會是一隻什麼恐龍？住在哪裡？吃什麼？和誰做朋友？（假如、想像）

從模型、圖片、畫冊和恐龍館裡看到好多不同的恐龍，請你想一想後，一一畫出來並說出名字。（列舉、冒險）

請你說說看：肉食性和草食性的恐龍，有什麼不同的地方？（比較、精進）

沒人聽過真的恐龍怎麼叫，你覺得牠可能是怎麼叫？不同的恐龍，叫聲可能不一樣，請你試著作出劍龍、雷龍、暴龍、翼手龍的叫聲吧！（可能、想像）

想想看：幼稚園如果有一隻暴龍和一隻雷龍，會發生什麼事？（想像、變通）

三、「作文練習」創造思考作業的策略

「作文練習」是國語科教學重點之一，在實施創造思考教學或作業練習時下列策略可供應用：

㈠基礎作文

作文必須要具備一些文學的基礎，尤其是創造思考的作文練習更是重要，在舊有的基礎上，才能推陳出新、左右逢源、文思泉湧。而此一基礎可利用以下基礎作文的策略，予以充實：

1.字詞的聯想

利用學生敏銳的感受力，把字的內涵加以推廣延伸，可以提高文章描繪的能力。例如：由「火」而聯想到光明、熱情、溫暖；由「新

綠」而聯想到活潑、希望、生命的喜悅……等意念。

2. 意象的聯想

用快樂的心情來看世界，世界就變得更可愛、更多采多姿了。讓兒
童把身邊的事物加上美麗的聯想。例如：

(1)下雨了，香菇當作傘。

(2)天熱了，風替我們扇涼。

(3)下雨了，馬路上出現了一朵朵會走路的花（黃基博，1975a）。

(4)秋天到了，風用樹葉兒吹口哨。

(5)樹長了好多隻手，欣喜地想摘天上的水果，搆不到，把手伸長，
再伸長。

3. 換句練習

讓兒童改變一種方式來描寫。例如：「妹妹有一個蘋果似的臉
蛋」，可以寫成「妹妹的臉兒好像一個紅蘋果。」

例如：「爸爸生氣的時候，就像是火山爆發一樣，使我非常害
怕。」，可以寫成「哇！火山爆發了，我們嚇得趕快溜走。」

4. 短句伸長

用自由發展的方式，讓兒童練習把短句慢慢的加長，可以增加兒童
的信心。例如：

(1)一隻小鳥。

(2)一隻快樂的小鳥。

(3)樹上有一隻快樂的小鳥。

(4)樹上有一隻快樂的小鳥，啾啾啾的唱歌。

(5)大榕樹上，有一隻快樂的小黃鸝鳥，啾啾啾的唱著歌，告訴大
家：「春天來了。」

5. 疊句練習

重複用一個詞或用一句型，一方面可加強主體的作用，給人深刻的
印象；另一方面有統合的作用，表示在同一主體下，有各種不同的
情境。例如：

(1)花開了，草綠了，天氣暖和了。

(2)天是藍的，海是藍的，我的心也是藍的。

(3)風是樹的梳子，梳著樹的頭髮；船是海的梳子，梳著海的頭髮。

(4)風兒，在樹上盪秋千，在草原上賽跑，在院子裡拿樹葉兒玩飛鏢遊戲（邱雲忠，1983）。

6.誇張法

為使所寫的人物或景象特別突出，引起讀者的注意和趣味性，達到加深印象的目的，可以別出心裁地把事物加以誇張表達。例如：

(1)千山萬水。

(2)火冒三丈。

(3)手無縛雞之力。

(4)我費了九牛二虎之力，才把這件事辦完。

(5)不知是誰打翻了綠色的顏料桶，染得滿山遍野都是耀眼的新綠。

(6)他是個標準的慢性子，做事慢，走路也慢。螞蟻看到了他的腳底，都還來得及逃走。

7.特寫鏡頭

兒童在作文時，常常會有「小狗很可愛」、「媽媽很慈祥」等概念式的描述句子，好像霧裡看花，一點也不逼真。若能採用照相特寫的方法，把鏡頭拉近、集中焦點，而詳細描寫最精彩、最與眾不同或最有代表性的特點，必能帶來較深刻的震撼力。例如：

(1)小白不停地搖著尾巴，一直在我的腳旁鑽過來鑽過去，好像有很多話要告訴我。

(2)媽媽站在門口用微笑歡迎我；她一面接過了我的書包，一面說：「口渴不渴？冰箱裡有一塊冰西瓜。」還沒吃到西瓜，我的心就又潤又甜了。

8. 擬人化

把所描寫的東西加以人格化，認為它跟人一樣的生活著，而且是具有感情的。例如：

(1)藍天像淘氣的阿丹喜歡洗澡，滿身滿地都是肥皂泡沫。

(2)太陽公公睡覺以後，燈婆婆就趕緊起床了。

(3)春風叫花兒張開嘴來唱歌。

(4)露珠兒看見太陽出來，就高興的笑了。

9. 明喻法

就是直接比喻的方法。適於描寫有形體的實物，或描寫大自然的景象。先找出兩種東西相似的地方，再加以引用比喻，以強調其特點。例如：

(1)湖好像一面鏡子。

(2)荷葉好像佇立在沙灘上的太陽傘。

(3)風吹草動，好像一層層綠色的波浪。

(4)光陰過得真快，就像子彈從槍膛裡射出來一樣。

10. 暗喻法

是一種間接的比喻法，表面上看不出「比」的痕跡，不直接說出所比喻的東西，而讓讀者自己用思維把比喻和描述的事物連結起來。例如：

(1)地震：大地學媽媽，把樓房當作自己的孩子，抱在懷裡搖啊搖，搖得我好害怕。

(2)風的吹動：風在替草原和樹木梳頭髮。

(3)感冒：冬風拿著水彩，偷偷的把大家的鼻頭塗紅了，卻在旁邊呼呼的笑著。

11. 象徵法

就是引用別的事物，來表現所要描寫的主題，在字面上並不把作品真正的涵義明寫出來，而讓讀者自己用心靈去細細體會，而引起共鳴。這種描寫的方法較含蓄、較抽象，但更能令人回味無窮，適於

描寫喜、怒、哀、樂、恨……等情緒的變化。例如：

⑴兒女無心的話，像一根根的細針；媽媽的心，就變成了針插，插住了各式各樣的針（黃基博，1975b）。

⑵太陽公公要替樹葉兒照相，樹葉兒們就擠來擠去，大家都想站在最前面。太陽公公要替小草兒照相，小草兒們都把脖子伸得長長的，連躲在石頭縫裡的小草兒，也爭先恐後的把頭鑽了出來。太陽公公要替房屋照相，房屋就趕緊踮起了腳跟，一個個把光禿禿的腦袋瓜兒舉高再舉高（邱雲忠，1983）。

12.襯托法

戲中的角色有正派和反派，才容易製造衝突和高潮。人物的描寫，有美有醜，美醜就格外地突出；寫張三的溫和有禮，才更顯出李四的粗魯失態；寫出遠山的朦朧，才更顯出近水的明澈。文章的描寫，如果能善於運用對比襯托的方法，必能增色不少。例如：

⑴妹妹有時好像一隻溫柔的小綿羊，有時卻好像一隻兇巴巴的母老虎。

⑵棉花似的浮雲，飄來飄去，有時穿著輕便的白紗衣，像一個漂亮的新娘子；有時穿著難看的黑棉袍，變成一個憤怒的老巫婆。

⑶小明和小慧是兩個不同個性的典型人物，每天放學回家：一張是髒兮兮的臉，像廚房的大黑鍋；一張是白嫩嫩的臉，像皎潔的百合花。

㈡音樂作文

先播放一段或一首能引發學生想像力的音樂，指導其靜靜欣賞，然後把感受及聯想寫出來，發展成一篇文章。如：森林裡的打鐵匠、狂想曲。

㈢看圖作文

教師蒐集或拍攝主題鮮明、具有特色而能發人深思的照片或圖片。以幻燈、投影或現場張貼等方式，呈現於學生眼前（低年級以多幅有關聯或連續性者為宜，高年級則以單幅為宜），指導學生欣賞，然後將自己所得的感觸，加以渲染擴充，以文字表現出來。如：老祖母的祈禱、你要打電話給誰？

㈣剪貼作文

指導兒童多閱讀課外之書報雜誌，依個人所好，選取特別生動有趣或優美的文章（圖片），剪貼於自己的剪貼簿上，並鼓勵學生設計花邊、插圖，並寫出心得感想，或仿作一篇文章。

㈤合作作文

以兒童共同的經驗或幻想來出題（例如快樂的遠足、火星探險記等），讓全班共同討論，集思廣益，其中若有表達詞句不同而意思相似者，則由大家比較後採用最有創意的。這種方法，學生沒有壓力感，而且全班參與，人人都可以參加創作的意見，在討論比較的過程中，對學生的創造思考及作文要領頗有幫助。

㈥接力作文

由教師提供（或共同創造）文章的第一段和第二段，接著就讓兒童自由聯想，繼續完成。每個人的開端都相同，卻各自發展，創造出不同的轉折和結尾。

㈦成語作文

由學生自己把認識的成語一一列出，或共同討論列出，再自訂題目作文，盡量把成語巧妙的應用在文章裡，組合成有趣的故事。

(八)趣味作文

指導兒童利用所知的歌曲、電影名稱或地址、國名，自由組合，成為一篇有情節的作文。

(九)編寫短劇

把學生分成若干組，各組分組討論，將故事改編為劇本，並實驗演出。

(十)評論故事

由老師講述一個故事或寓言，再讓學生依據這個故事，自擬題目，發表自己的觀點和感想，作一篇批判性的論說文。

(士)感官作文

讓學生實地觀察，寫出他看到、聽到、摸到、聞到、嚐到的……，利用五官感覺，寫出完整的文章。

(士)表演作文

讓學生進行角色扮演或創作劇，觀賞後再寫。

(士)說故事作文

把預定的題材轉換成故事。由老師在課堂上講述，然後學生就自己所接受到的，以適合自己的詞彙寫成文章（故事體）。

(士)聽寫作文

教師自唸或利用錄音機播出文章，讓學童筆錄，並進而鼓勵學生創作，此種作文較適合低年級。

肆、創造思考作業的輔導要領

教師或家長在輔導兒童從事創造思考作業時，必須考慮下列各項要領：

1. 多鼓勵並讚美兒童別出心裁的答案。
2. 給予兒童足夠的思考時間。
3. 應有傾聽容忍及接納兒童不同意見及答案的雅量。
4. 鼓勵蒐集各種有關資料，培養兒童獨立學習之能力。
5. 重視親子及師生間之良好關係及和諧氣氛。
6. 應與兒童一起學習，提供適當線索，但不可越俎代庖。
7. 不必要求兒童每一題均要立即寫出完整的答案。
8. 教師利用本作業的內容，作為教學內容之用。
9. 教師亦可根據本作業的精神及方式，應用於其他科目。
10. 本作業不一定均用筆答，亦可讓兒童口述答案。

伍、創造思考作業的實驗效果

創造思考作業究竟對學生之創造思考能力及學業成績有何影響，筆者曾根據有關創造思考的策略，應用本文所列舉之原則與步驟，配合國小國語科第八冊（四下）的教材，設計了一套創造思考作業，以台北市及台北縣共六所國小的資優班與普通班學生四百零六名為實驗對象，實施十五週的作業練習，以探討此種作業對學生創造思考能力及學業成績的影響，發現創造思考作業，對於國小資優班與普通班學生的創造思考能力具有助長的作用（其結果如表 9-1），而且此一作業方式不但不會妨害學生學科成績，反而有助於學科成績的增進（其結果如表 9-2）。

根據上述實驗結果，創造思考作業實為推展創造思考教學之具體有效方式，筆者亦本此理念，發展出國小國語科創造思考作業共十二冊

（一至六年級），並積極探討其效果。

表 9-1　創造思考作業練習實驗結果綜合分析表

變異來源 \ 因素 \ 項目	語文創造思考能力			圖形創造思考能力			
	流暢力	變通力	獨創力	流暢力	變通力	獨創力	精密力
班　別（資優、普通）	＊＊	＊＊	＊＊	＊＊	＊＊		＊＊
組　別（實驗、控制）	＊＊	＊＊	＊＊	＊			＊
交互作用				＊＊	＊＊		＊
單純效果　　考驗說明				1.資優班實驗組優於控制組。 2.資優班實驗組優於普通班實驗組。	1.資優班實驗組優於控制組。 2.資優班實驗組優於普通班實驗組。		1.資優班實驗組優於控制組。 2.資優班實驗組優於普通班實驗組。

＊ P ＜.05；＊＊ P ＜.01
資料來源：陳龍安，1984d。

表 9-2　創造思考教學作業練習對學生學科成績之影響綜合分析表

班別 \ 顯著情形 \ 項目	國　語　科	數　學　科	學科成就總分
資　優　班		＊	＊
普　通　班	＊		

＊ P ＜.05
資料來源：陳龍安，1984d。

陸、創造思考作業實例

創造思考作業可應用於各科，茲舉國小四年級下學期（國立編譯館第八冊）第八課木蘭從軍為例：

(一)應用想像力回答下列問題

1. 花木蘭除了女扮男裝，代父從軍外，還有哪些方法可以替父親解決困難？

2. 如果花木蘭在沒有立下汗馬功勞之前，就被發現是女生時，會有何後果？

3. 「國家有難，人人都應該出力」，請列舉小學生為國家出力的方法。

(二)字詞練習

1. 寫出和下列各字同部首的字，越多越好。

   (1)侵：

   (2)廷：

2. 寫出和下列各字同音的字，越多越好。

   (1)傑：

   (2)帝：

3. 字詞接龍

   例：上：上下→下午→午飯→飯桌→⋯⋯

   (1)徵：□□→□□→□□→□□→□□→□□→□□→□□→

   □□→□□→□□→□□

   (2)職：□□→□□→□□→□□→□□→□□→□□→□□→

   □□→□□→□□→□□→

4. 你看到「英俊」這個詞，聯想到哪些詞？趕快寫下來，越多越

好。

(三)傷腦筋

1.一句千金

丁丁生日，爸爸想送給他一份別出心裁的生日禮物。只要丁丁猜中爸爸心裡所想的事情，就可獲得獎金一千塊。結果丁丁絞盡腦汁，想出一句話，爸爸一聽，立刻將這一千塊給了丁丁。到底丁丁說了一句什麼呢？

2.父與子

兩個人推車上坡，前者說：「在後面推車的是我兒子。」可是後者卻說：「前面拉車的不是我爸爸。」究竟這兩人是什麼關係呢？

(四)練習替換語句

原文：皇帝被她的孝心感動，「就點頭答應了。」

1. 皇帝被她的孝心感動，_____

2. 皇帝被她的孝心感動，_____

3. 皇帝被她的孝心感動，_____

4. 皇帝被她的孝心感動，_____

(五)作文練習

用「我最希望做的事……」為題，寫一篇短文（可寫在筆記本上）。

動 腦 思 考

假如你是一個小學生，你希望老師出怎樣的作業？請列舉十項你的
想法。

1. _____

2. _____

3. _____

4. _____

5. _____

6. _____

7. _____

8. _____

9. _____

10. _____

第 10 章
國內外創造思考
教學之效果

本章重點摘錄

　　本章主要在探討國內外創造思考教學成效研究的相關文獻。雖然各項實驗的結果並不一致，但大多數的研究結果均能支持「創造思考能力可用教學或訓練的方式加以培養」。從文獻中發現實施創造思考教學實驗，其成效如何，可能受到下列因素影響：

一、教師參與的情形。

二、樣本的大小。

三、材料的適當性，是否能引起學生興趣，是否有類似標準。

四、是否考慮到霍桑效應的問題。

五、受試是否自願參加活動。

六、評量的工具是否適當。

　　整理國外有關創造力訓練的研究顯示約有 72% 的成功率。

　　國內有關創造思考教學成效之研究，多數都證實可以促進學生的創造思考能力。在總數 58 篇研究中，訓練有效占 36.2%，部分有效占 60.3%，無效僅占 3.4%，其成功率高達 96.6%，由此可肯定創造思考教學有助於學生創造思考能力之增進。

近 二十年來，創造力訓練已成為一個熱門的教育趨勢。從一般文獻看來，創造力訓練的方式，可分為兩種：一為提供一系列較長期的訓練課程；另一種為實施一、兩個簡單課程的短期活動。

 壹、國外有關創造思考教學效果之研究

　　美國陶倫斯（Torrance）夫婦曾調查分析檢討了有關創造力訓練的一百四十二個研究，他們把訓練的變數或種類分成Osborn-Parnes創造性問題解決的程序等九類（如表 10-1）。一百四十二個研究中這九種訓練對創造力的增加有成功影響的占 72%（吳靜吉，1976，頁 53；Torrance, 1973）。

　　Mansfield、Busse 和 Krepelka（1978）曾將近二十年來有關較長時間的創造力訓練研究報告加以整理，發現創造力訓練計畫有很高的成功率。而一般學者，例如基爾福特（Guilford, 1967）、陶倫斯（Torrance,

表 10-1　用各種不同方法訓練兒童創造力成功的摘要統計表

各種不同的訓練方法	研究數目	成功百分比
1. Osborn-Parnes 創造性問題解決的程序及其修正方法。	22	91
2. 一般語意訓練和創造性研究方法等的「學術方法」。	5	92
3. 包含整套訓練資料的複雜計畫。	25	72
4. 應用創造性的藝術作為訓練工具。	18	81
5. 傳播和閱讀。	10	78
6. 課程和行政的安排。	8	50
7. 有關教師—教室的變數。	26	55
8. 動機、報酬、競爭等等。	12	67
9. 改進測驗情境，提高創造力。	16	69
總數	142	72

1972）及 David（1982）均深信創造力乃是可透過訓練加以培養的。以下分別對相關文獻加以介紹。在美國曾做過許多創造力訓練的計畫，其中最著名的有以下數種（陳龍安，1984d）：

一、生產性思考訓練計畫

生產性思考訓練計畫（The Productive Thinking Program, PTP）是一個研究範圍頗廣的訓練創造力之方案，此方案是由 Covington、Crutch-field、Davies 及 Olton（1974）等人所設計的。這是一種自我教導的訓練計畫，主要在培養學生發展具有創造性的問題解決能力與態度。此一計畫適用於小學五、六年級的學生。這種教學計畫的內容，係使用十六本（在 1974 年的修訂版中為十五本）諷刺性的漫畫書，提供學生各種問題解決的技巧，在這些小手冊中的思考問題包括擴散思考（divergent thinking）和聚斂思考（convergent thinking）兩種。唯此項計畫特別強調的是培養學生擴散思考的能力。

以下共有幾篇以生產性思考訓練計畫作為研究材料的報告：

1. Ripple 和 Dacey（1967）以 PTP 中的十個課程，用在一百三十六名八年級的學生，這些學生分布在六所中學的十個班級中，一半的學生連續十天給予 PTP 課程，另一半學生則不給予任何指導，結果發現實施與未實施 PTP 課程的學生在語文創造力測驗上並沒有達到顯著的差異，而在圖形方面，雖然指導組的學生有較優越的表現，但仍未達顯著差異。

2. Dacey 在 1971 年以上述同樣的計畫擴大研究範圍，取樣四百一十九個八年級學生，其中包括 Ripple 和 Dacey（1967）所實驗的一百三十六名學生在內。結果和 Ripple 等的研究一樣沒有獲得顯著的差異。Mansfield 等人（1978）分析上述兩個研究之不能證明 PTP 有效的可能原因有二：一是計畫中缺乏教師的參與，二是 PTP 原是為五、六年級學生所設計的，材料內容對八年級的學生來說，不具挑戰性。

3. Treffinger 和 Ripple（1969, 1970）選取三百七十名七年級學生為樣本，由幾位教師來實施十六天連續的課程。結果發現實驗組和控制組，在陶倫斯創造思考測驗（Torrance Tests of Creative Thinking）的語文擴散思考分數，以及兩份算數問題解決測驗的得分上都沒有顯著差異。但在一般問題解決測驗（A General Problem-Solving Test）上都有顯著的差異。而在態度的評量上，四個年級的實驗組學生所表現的創造思考和問題解決的態度，均比控制組的學生要來得好。

4. Wardrop、Olton、Goodwin、Covington、Klausmeier、Crutchfied 及 Ronda（1976）等七人，從四十四班五年級學生中，選取七百零四名學生，實施 PTP 的研究，為期四週，共設計了十六個課程，由教師參與實驗的工作，採前後測控制組實驗設計，結果發現在擴散思考方面，實驗組優於控制組。

5. Olton 和 Crutchfield（1969）以十六個課程利用八個星期中固定的時間，給予學生較多的生產性思考經驗。共有二百零八名五、六年級的學生參加，實驗組的學生每星期共有二次各一小時的 PTP 課程，以及兩個各一小時的研討會，由教師領導他們討論訓練的材料；而控制組的學生則以相同的時間從事一些無關的活動。他從二個五年級的班級中各取二十五名學生分為實驗組及控制組加以分析，所有受試者根據其智商及成就配對，並以不同的生產性思考測驗和一份態度問卷施予前後測，以及六個月後的追蹤測驗。結果發現在前測中，兩組並沒有差異，但在後測問卷上評量結果實驗組則優於控制組。

6. Moreno 和 Hogan（1976）的研究獲得較理想的結果。該研究選取 Catholic 市區學校五、六年級共二百一十八名學生，一半的學生實施為期八週的 PTP 課程，另一半學生則給予特別的閱讀作業。在實驗前後皆實施陶倫斯創造思考測驗。採用共變數分析，結果發現實施 PTP 課程的學生在語文及圖形的擴散思考均顯著優於控

制組。

7. Schuler（1974）以一百二十名學生為受試者，實驗組每星期實施
兩個 PTP 課程，而控制組則從 PTP 中抽取冒險的故事供其閱讀，
但不提供特別的問題解決活動。而實驗組、控制組再依教師參與
的程度分為高參與、低參與及不參與等三組，以明尼蘇達創造思
考測驗（The Minnesota Tests of Creative Thinking）評量流暢、變
通及評價性的得分，結果發現教師高參與、低參與兩個實驗組學
生的變通力得分均顯著優於控制組，但在流暢力及評價力則否。

8. Shively、Feldhusen 及 Treffinger（1972）曾以 PTP 和另外一種創
造力訓練計畫——普度創造思考訓練計畫（The Purdue Creative
Thinking Program, PCTP）混合研究設計，來加以比較及評價，發
現其成效取決於教師參與討論教材與否及教師的擴散思考能力。
以共變數分析陶倫斯測驗的結果，變項之間有複雜的交互作用。
而且 PTP 的結果優於 PCTP。

9. Treffinger 和其同事（Treffinger, 1971; Treffinger, Speedie, & Brun-
ner, 1974）所做研究的主要對象係從三十六個五年級的班級中選
取七百九十三名學生，分為 PTP 組，PCTP 組及無課程計畫等三
組。在此一研究設計中並包括教師擴散思考的程度、參與訓練教
材的討論與否，以及四或八週持續訓練的時間。結果發現，實施
PTP 課程的學生在陶倫斯語文測驗得分顯著優於控制組。非語文
部分則否，而實施 PTP 課程的學生也同時在困難問題的評量上高
於無指導組的學生的四分之三。

由以上研究結果顯示，各創造思考訓練雖沒有一致的效果，但 PTP
仍具有實質上的效用，尤其在陶倫斯創造思考測驗上，受過 PTP 訓練
者，在語文擴散思考上都有很高的得分。總之，PTP 對於創造力有著促
進之作用，可惜各實驗的結果產生不一致的現象，而學生不易將之類化
應用在真實生活問題解決的情境上。此外，PTP 的訓練效果亦常受到研

究方法的限制,較理想的研究,應該把握下列原則:使用較大的樣本、採用控制組、教師熱心的參與,以及課程能引起學生的興趣,才可獲致最大的效果。

二、普度創造思考訓練計畫

這個計畫(PCTP)係由Feldhusen、Speedie和Treffinger(1971)等人所設計。主要用來培養四年級學生語文及圖形流暢性、變通性、獨創性及精密性之創造思考能力。

這個計畫的內容包括二十八卷錄音帶和一套附在每一卷錄音帶後面的三或四個打印好的練習題。錄音帶由兩部分組成:三至四分鐘教導學生改進創造思考的原則或觀念;以及八至十分鐘關於美國著名拓荒者或先賢的故事等兩部分。每一個練習題包含作業指導及一些設計,用來提供練習獨創性、流暢性、變通性,以及精密性思考的能力。

在每一卷錄音帶開始的簡要介紹中,提出一些關於創造思考的專門性建議,以及強調其價值及重要性。例如其中有一卷錄音帶是這樣的:

> 建議兒童在教室外可以使用創造性的觀念,並指出一個在遊戲中具有許多不平凡觀念的兒童,常會獲得更多的樂趣。告訴兒童保持對環境刺激的開放性,以及記憶、問題解決或對他人觀念容忍力的重要性。最後說明創造思考者(creative thinker)利用新方式結合許多觀念,來解決許多問題,常可獲得創新的結果或問題解決。

錄音帶第二部分的內容是歷史性人物的故事。二十八個錄音故事分四組,第一組是早期的探險者——例如 Christopher Columbus、Cortez、Magellan、Lewis 和 Clark 等人。第二組是歷史上的著名人物 Samuel Morse、Lincoln、Alexander Bell。第三組是政治家——包括 Thomas Jefferson、George Washington 和 Simon Bolivar。最後一組的故事包括

Marconi 與收音機、小兒麻痺疫苗的發展，以及太空人和太空探險的故事。這些錄音故事均由專業的播音員來錄製，每一故事都加以戲劇化並有音效及配上故事背景的音樂。例如，在一個關於乘快馬送信制度（Pony Express）的故事中，馬蹄聲和適當的節奏音樂，能激發聽眾想像一匹馬和騎士越過西部平原的情境。

　　附在後面的練習題是以故事的內容為主，強調許多解答的需求，這些練習中的問題是能讓兒童身歷其境似的回答問題。例如關於乘快馬送信的故事，有下列的問題：

　　• 假使你是一個 Pony Express 騎士。在一個暖和的下午，你正帶著一個郵包騎馬穿越鄉村。突然，你看到距離不遠的山脊，有兩個騎馬的印第安人，他們佇立著，望著你這邊的方向，你將怎麼辦？

　　• 假設電報及鐵路還沒有設置來取代用馬送信的制度。這種方式可能繼續存在，那麼如何改進這種送信的方式？盡你所能想到的列出改進的方法。

　　• 以上的題目是強調語文的流暢性和變通性，語文的獨創性則要求學生寫一個聰明的題目或標題。非語文的技術在練習中也被強調，包括一些繪畫的活動。

　　• 畫一張送信騎士越過塵土飛揚的沙漠圖畫，並替這張畫訂一個你所能想到最好的題目。

　　有關 PCTP 的研究評價共有五個報告，茲分別提出探討：

1. Bahlke（1967），Feldhusen、Bahlke 和 Treffinger（1969），Feldhusen、Speedie 和 Treffinger（1971）等人以一百二十九名三、四年級和五年級的學生實施 PCTP；另外一百三十六名學生作為控制組，沒給予訓練計畫。每一個年級均各有兩個實驗組和控制組，這些班級的實驗處理並未隨機安排。

　　實驗組接受每一週一次的 PCTP 課程，共二十八週。在整理課程結束後，以明尼蘇達創造思考測驗施測，並實施成就測驗。結果

發現三個年級的實驗組在創造測驗語文和非語文獨創力的分數均顯著優於控制組。在年級方面，五年級的實驗組在語文流暢及非語文精進力的得分很顯著地高於控制組的學生。Feldhusen、Bahlke 和 Treffinger（1969），Feldhusen、Speedie 和 Treffinger（1971）綜合分析各年級的成就測驗結果，實驗組在語文方面顯著優於控制組。這個研究提出了 PCTP 有效的最好證明。

2. Bahlke（1969），Feldhusen、Treffinger 和 Bahlke（1970），Feldhusen、Speedie 和 Treffinger（1971），Feldhusen、Treffinger 和 Thomas（1971）等人所做的創造力訓練研究，採用 PCTP 的課程（包括創造力原則介紹講故事，乃作業練習），以分別或合併方式評量。此項研究的最完整報告是由 Bahlke（1969）所提出。共有五十四班四、五、六年級的學生參與，每一年級各有二班採隨機方式分派到九種實驗狀況中，其中的七個狀況包含課程的三個組成部分（單獨及合併）。在第一個控制狀況中，實施前測及後測；在第二個控制狀況，則只實施後測，第二組的後測分數一旦高於第一組的前測或後測，則把第二組撤掉。Bahlke（1969）的論文指出，此種撤組可以說明本研究中計畫有效性的大部分依據。

普度計畫是每週上兩個課程，共計十四週。在實驗組中有意義的修正是使用了印好的作業，每隔兩週交作業一次，由研究者評分，以增強流暢和精進性，再發還給學生。明尼蘇達創造思考測驗用作前測，陶倫斯創造思考測驗的七個分測分數以及愛奧華基本技能測驗（Iowa Test of Basic Skills）的兩個語文分測驗用為後測。

本計畫使用了兩套分析，一是學生個別分數，作為分析的統計單位，另一是教室的方法。在做個別分析時，適當的明尼蘇達分數作為陶倫斯分數分析的共變量。古爾曼－安德生智力分數（Kuhlman-Anderson IQ Scores）則用為陶倫斯語文分數及愛奧華

語文分數之分析的共變量。

本研究報告中，只提到了個別分數的分析，而這些分析似乎顯示了此一計畫的有效性。結果極端複雜。總而言之，學生在接受了不同課程部分（單獨及組合）的教學以後，似乎比控制組（未接受課程中的任何部分）表現的較好。但各年級的情況不一致。

但用教室方法所作的資料分析，結果則沒有這麼樂觀。充其量此項研究顯示：普度訓練計畫只有微弱的效果。

3. 第三個評價 PCTP 的研究係由 Alencar、Feldhusen 和 Widlak（1976）等人所提出。他們在巴西的二十四所公私立小學中選取五百七十八名四、五年級學生做實驗，同時將 PCTP 的內容選擇十四個有關內容項目翻譯成葡萄牙文，為期十四週，每週採用一個訓練課程。實驗分三組進行，第一個實驗組有八個班級，教師在作業練習上提供有關書寫增強的部分，以促進學生流暢性及精進性。第二個實驗組的八個班級，在作業練習上不給予任何增強；其他八個班級作為控制組。

在實驗開始前，以陶倫斯創造思考測驗（語文和圖形）乙式的兩個分測驗作為前測（語文：不平凡用途及產品改良；圖形：圓圈及圖形完成）。而後測則以甲式實施。

實驗的資料以共變數分析，結果發現此種訓練對創造力的促進是有效的，但以增強方式處理的實驗組表現反而比非增強組差。這可能是增強組之要求標準過高，而壓抑了擴散思考的表現。總之，此研究報告已提出了 PCTP 之有效性，同時也提供了一個訓練的方式，以促進創造力的發展。

4. Shively 等人（1972）曾對 PCTP 及 PTP 這兩種計畫加以評鑑研究。此研究樣本係挑選了十六個五年級教師和三百七十七名學生做實驗，結果發現接受 PCTP 課程之學生，在陶倫斯測驗中有較好的表現（但並無控制組做比較）。這些結果稍微證實此一計畫之效果。唯經共變數分析結果發現，以 PCTP 作為團體訓練，其

效果常顯著低於 PTP 作為團體訓練的效果。

5. 第五個研究，由 Treffinger（1971），Treffinger、Speedie 和 Brunner（1974）等人所提，也是針對 PCTP 及 PTP 兩種訓練方案的比較評價。在此研究中包含有控制組，樣本是從三十六個五年級班級中選取七百九十三名學生。兩種訓練計畫分別使用在各班級中約四或八週，以陶倫斯測驗為前測或後測，並且在實驗後給予不同的問題解決考驗。

實驗的結果發現有很複雜的交互作用，解釋不易，但對於 PCTP 之有效性，證據也相當有限。學生在接受此一計畫後，僅在語文獨創力及非語文流暢力優於控制組。雖然有些部分仍可證實 PCTP 之可行性，但一般來說，PCTP 並無法證明此 PTP 來得好。

綜合以上五個評鑑性的研究文獻探討，指出創造訓練之有限的效果，尤其前四個研究報告中，均指出計畫在短期的訓練就有收穫，只可惜各研究的結果並不一致，同時在方法上亦有其限制。而第五個研究則從方法論的觀點上，提出了本計畫之可行性。

最近的報告（Huber, Treffinger, Tracy, & Rand, 1979）亦指出應用 PCTP 作為學生自我教導計畫的材料（selfinstructional programmed materials），對於資優兒童和普通兒童創造力的增進都是有用的。

三、帕尼斯訓練計畫

帕尼斯訓練計畫（The Parnes Program, PP）是由帕尼斯（Parnes, 1967）在紐約州立大學所發展出來的，其所引用的技術主要是得自奧斯朋（Osborn, 1963）的建議，採用腦力激盪術（brainstorming），這種方法，是將觀念類化（idea generation）和觀念評價（idea evaluation）分開的過程，強調暫緩判斷及批評，以克服對於思考的障礙，它鼓勵人們提出許多構想或意見，而不管是否荒誕或愚蠢。腦力激盪術是利用團體中人們的構想，在一種沒有拘束，沒有批判的氣氛下，互相激發新構想，

以便產生許多意見，在眾多的構想或意見中常可發現很有創意的構想。

除了腦力激盪術外，在此計畫中還運用了許多其他的技術，這些技術的目的都在增進成功的可能性，但不強調特別用某一個技術才是最有效的。

以下有四個利用大學生作為研究對象的評鑑報告均一致指出，這個訓練計畫的效果：

1. 最早的評鑑報告係由 Parnes 和 Meadow（1959）所提出的研究，發現十七名以腦力激盪術實驗的學生其創造力得分高於另十七名未經過訓練的學生。但他們也提出下列幾點值得探討的問題：(1)實驗組的學生都是自願參加這個訓練課程，控制組則否；(2)這些訓練的課程類似標準測驗；(3)指導者不同亦會影響受試者。

2. Meadow 和 Parnes（1959）提出另外一篇研究，他們選取五十四名工商職校的學生做實驗組，接受帕尼斯課程，另外二組各有五十四名學生為控制組，各組都舉行前後測。實驗組和第一組控制組，用 AC 創造力測驗（The AC Test of Creative Ability）和基爾福特測驗（Guidford's Apparatus, Plot Titles, and Unusual Uses Tests），另外一組控制和實驗組各實施兩份人格測驗（California Psychological Inventory; Thematic Apperception Test）。以前測作為共變數分析的結果發現：實驗組在觀念產生的量及質上均顯著優於控制組。但很可惜的是此實驗受試者並未隨機分派，而所訓練的材料與測驗類似。

3. Parnes 和 Meadow（1960）對於此計畫的長期效果做了評鑑的研究。他們選用七十二名學生為樣本，分成三組，一組接受八個月完全的創造力訓練過程，另外兩組學生登記參加訓練計畫，但沒有接受訓練。結果發現接受訓練的創造力顯著優於未受訓練的學生。

4. Noller 和 Parnes（1972），Parnes 和 Noller（1972a, 1972b,1973），Reese、Parnes、Treffinger 和 Kaltsounis（1976）以大學生作為研

究樣本，對於帕尼斯計畫實施效果，提出有利的支持。他們從一些申請參加此項訓練的大學生中，以隨機方式取一百五十名為實驗組，一百八十二名為控制組，實驗組要在兩年的時間選擇四種創造力訓練的課程。但人數從第一年的一百四十二名，到第四個課程時只剩下三十三名。經過測驗分析結果，實驗組在創造力上優於控制組。

雖然這些研究結果一致支持帕尼斯計畫在某些心理能力評價（mental ability measures）上具有促進的效果，但研究樣本大量的流失，使得研究的結果大打折扣，而完成四學期課程的學生也必定具有很高的動機，這些因素都值得深思。

除上述的研究外，Reese 和 Parnes（1970）以高中生一百八十八名接受十三週、每週四十分鐘的訓練，以及 Renner, V.和 Renner, J. C.（1971）提出類似帕尼斯計畫的研究，都對此一計畫有很理想的評價。

四、梅耶爾—陶倫斯作業簿

梅耶爾—陶倫斯作業簿（Myers-Torrance Workbooks）是梅耶爾和陶倫斯（Myers & Torrance, 1964, 1965a, 1965b, 1966a, 1966b, 1968）為培養小學兒童之創造力而設計出來的作業簿。此種作業簿提供小學生知覺與認知能力之活動練習，以促進兒童之創造能力。有關對此訓練計畫的評鑑研究者有以下幾篇：Britton（1968）、Cherry（1973）、Freiheit（1969）；他們的研究結果並不一致。

1. Britton 以一本叫「Invitations to Thinking and Doing」（Myers & Torrance, 1964）的作業簿，使用在十四班六年級的三百三十名學生，為期四個月，分實驗組及控制組，前者給予二十六頁作業簿上的訓練，後者則不給予指導，以明尼蘇達創造思考測驗做前後測，在前測時，實驗組在語文及非語文部分顯著優於控制組，經共變數分析後測，結果資料顯示實驗組在各分測驗的大部分仍優於控制組。

2. 第二個使用「Invitations to Thinking and Doing」作業簿實驗的學者是Woodliffe（1970），他認為此練習簿必須要有任課的教師配合進行才有效果。他所做的研究是選取八個學校中十六名教師及所教的四百七十九名五年級的學生，以隨機的方式安排了四種實驗處理，分別同時進行，為期六個月。第一組是作業簿及任課教師配合實施；第二組是只由教師授課；第三組只使用作業簿；第四組為控制組。以陶倫斯的語文和圖形創造思考測驗做前後測。結果：第一組接受練習簿及任課教師指導的學生在語文創造思考測驗的得分，顯著地優於其他三組，但在圖形方面則沒有差異。

3. Cherry（1973）以梅耶爾－陶倫斯作業簿用在輕度智能不足兒童上，訓練結果發現，在語文擴散思考方面有顯著的效果。

4. Freiheit（1969）以「Stretch」的作業簿（Myers & Torrance, 1968）作為研究工具，以四十八名四年級的學生為受試者，結果在態度評量及語文、非語文的分數上並沒有很大的差異，只有在陶倫斯測驗的一個分測驗有利於實驗組。

　　總之，梅耶爾－陶倫斯作業簿確實能促進兒童語文的創造思考，尤其是經過有經驗、受過訓練的任課教師配合，則更能提高其效果，但應避免某些類似標準測驗的練習題。

五、卡替那的訓練計畫

　　卡替那訓練計畫（Khatena's Training Method）是一種訓練創造力的方法，是由心理學家 Khatena 和 Dickerson 所設計的（Khatena, 1970, 1971a, 1971b, 1973; Khatena & Dickerson, 1973）。此種方法以下列五種創造思考的策略，提供指導及練習創造力。

1. 改變現狀（breaking away from the obvious and commonplace）。
2. 轉換（transposition）。
3. 類推（analogy）。

4. 重組（restructuring）。

5. 綜合（synthesis）。

本訓練的對象可包括成人和兒童，其訓練創造力的時間，可分為二
節（每節六十分鐘）或九節（每節四十分鐘）等兩種方式。

卡替那（Khatena, 1970）最初所做的研究，以十名大學生為對象，
訓練二節六十分鐘，以兩種獨創力測驗作為標準評量，採用所羅門四組
設計（Soloman 4-group desing），實驗的結果並不理想。

卡替那（Khatena, 1971a）第二次重做類似第一次的研究，把訓練的
時間延長為二百四十分鐘，期間超過四天，結果獲得顯著的訓練效果。

卡替那（Khatena, 1973）第三次的研究，以七十二名大學生為受試
者，主要研究此訓練方法是否受到受試者本身創造力水準的影響，他先
做了自評檢核表（Self-Report Checklist），將受試分為高創組與低創組，
各有一半的學生接受超過四天的二百四十分鐘的訓練。全體受試者接受
語文獨創力評量作為後測，結果只有受過訓練的學生達到顯著的差異，
可見此訓練方法並不受學生創造力水準的影響。

卡替那的訓練方法，也兩次實施在兒童的身上，第一次的研究卡替
那（Khatena, 1971b）用一百一十八名五、六歲學前期的貧窮孩子為樣
本，透過畫圖和圖畫結構的活動，由受過訓練的幼稚園老師，用和成人
一樣的創造思考的三種策略：改變現狀、重組及綜合等方法來指導他
們，為期六天，每天一小時。整個研究採用「所羅門四組設計」，標準
測驗是用圖形的陶倫斯創造思考測驗實施，可獲得流暢性、變通性、獨
創性及精進性四種分數。實驗的結果發現達到顯著的訓練效果。

另外，Khatena 和 Dickerson（1973）也以五十九名六年級的學生中
的三十一名作為訓練的樣本，給予超過九天的三百六十分鐘語文和圖形
的訓練，另外二十八名學生沒有接受訓練，實驗後以陶倫斯測驗語文分
測驗作為後測，結果發現在流暢性、變通性及獨創性方面均達到顯著的
效果。

　　總之，卡替那的訓練方法，不論在成人或兒童創造力的訓練上，均有效果。這主要是因為這種訓練法，在本質上就提供給供受試者許多練習的機會，以便達到創造性的反應。而要能真正發揮效果，則至少必須有四個小時實際練習的機會。

六、其他的訓練計畫

　　除了上述五種較著名的創造力訓練計畫外，還有許多計畫也被實驗及試用。茲簡略介紹如下：

　　Shackel 和 Lawrence（1969）設計了一套提高兒童語文擴散思考能力的計畫，訓練一些能力高的十二歲兒童，結果成功地達到目標。同樣的，Franklin 和 Richards（1977）也設計了一系列創造性活動，提供實際練習，對促進九歲與十歲兒童的創造力表現很有成效，特別是在語文標準評量方面，更具效果。

　　Goor 和 Rapoport（1977）運用數種不同的創造思考原理和原則，設計了一套創造性遊戲，用來訓練不同的認知技巧，結果也成功地增進了以色列貧窮地區六、七年級學生的創造力。

　　Dellas（1971）以一套強調視覺與情感的聯合訓練計畫，增進了兒童的變通性與獨創性的能力。

　　True（1966）使用基本語意原則訓練增強了六年級兒童觀念的流暢及自然合理的變通力。

　　Meichenbaum（1975）使用自我教導的方式訓練解決問題的能力，也提出成功的報告。

　　另外有一種訓練的方法叫作生態比擬法（Synetics），常用在工業上，係由 Gordon（1961）和 Prince（1970）所發展出來的。此種方法係以隱喻的方式產生創造性的觀念。基本原理在於使熟悉的事物變得新奇，反之使新奇的事物變得熟悉。Korth（1973）曾以大學生做過研究，發現此法顯著地提高了流暢性的思考。

　　Kraft（1979）曾以概念化的訓練（conceptualization training）對於

二組四年級的學生從事實驗，結果發現實驗組學生在陶倫斯創造思考測
驗上的得分顯著優於控制組。但在數學及閱讀的成就測驗上並沒有獲得
增進。

Teeling（1979）曾以多重才能方案用創造思考教學訓練對二百二十
六名三、四、五年級兒童實施六個月，結果發現在實驗組方面五年級比
三年級的流暢力和變通力分數上較高，且獲得顯著水準。此一教學方案
的結論指出，由創造力測驗的得分顯示實驗組的創造力普遍獲得增進。

Tweet（1980）曾以創造思考訓練課程分散於小學的社會學習課程
中，訓練五、六年級的學生，結果發現在流暢力和獨創力方面，實驗組
顯著優於控制組，智商高的學生成效亦較好。

Jackson（1981）曾以五十三位四、五年級的學生任意分為兩組，然
後分別施以問題法及表演法做創造性思考訓練，最後比較前測及後測成
績（以陶倫斯的創造性思考能力測驗及 Jackson 的詩的寫作測驗）來評
量學生進步的情形。

實驗進行時，第一組學生把每週一小時的寫作課分成兩個階段：前
三十分鐘做問題討論，後三十分鐘做寫作訓練。第二組學生則把一小時
的時間分為三段：前二十分鐘做問題討論，第二個中間二十分鐘做表演
活動，最後二十分鐘做寫作訓練。如此的教學活動進行了三十週以後，
分別給予學生做創造能力測驗及寫作能力測驗，然後比較學生的前測及
後測成績。結果發現：

在創造性能力評估測驗中，第一組學生的變通性、獨創性及精進性
進步了許多；第二組學生的流暢性及獨創性有極顯著的進步。

在寫作能力評估測驗中，兩組學生在流暢性、變通性、獨創性及精
進性上都有明顯的進步，而第二組學生的流暢性、變通性及獨創性更是
較第一組學生高出許多。這種結果可能是因為第一組學生花在寫作訓練
的時間較長，所以他們較能用心去思考，因而在精進性上，他們的得分
較高。

Coleman 1982 年曾利用九週的時間，利用資源教師對六十一名二、

三年級資優兒童實施創造思考寫作課程，結果發現實驗組在部分創造力語言寫作測驗中的字彙、主題成熟和形式以及寫作態度調查均顯著優於控制組的學生。

Lowery（1982）曾以三十六名三至五年級的資優兒童為對象，隨機分成三組，接受不同的創造力訓練，每週一小時，經過六週，結果發現以伴隨音樂創造想像的方法最具效果。

Dillard（1983）為探討特殊的美術教學方案對資優兒童智力、創造力、學業成就的影響，特以一百零二個幼稚園及國小一、二、三年級的資優兒童為對象，進行每週一小時美術創造教學，結果發現參與教學方案的學生在智力及創造力的表現均比沒有參加活動的學生為高。

綜合上述國外有關創造思考教學效果之研究，可知創造思考能力的培養可透過各種不同的教學方式來實施，在國外已發展出許多不同的教學方案，廣為一般學者在從事實驗研究時所採用，而且成效卓著。我國近年來對於創造思考教學實驗研究，頗為重視，有關系統教學方案的擬訂則並不多見。以下就我國有關創造思考教學效果之研究敘述如下。

表 10-2　創造思考教學相關博碩士論文（創造、創新、創意、革新）統計表

出版年	學年度	教育類—碩士	教育類—博士	非教育類—碩士	非教育類—博士	總篇數	百分比
1970	58	1	0	1	0	2	0.06
1971	59	0	0	0	0	0	0
1972	60	1	0	0	0	1	0.06
1973	61	0	0	0	0	0	0
1974	62	1	0	3	0	4	0.24
1975	63	1	0	3	0	4	0.12
1976	64	2	0	2	0	4	0.18
1977	65	0	0	0	0	0	0
1978	66	0	0	1	0	1	0.06
1979	67	0	0	1	0	1	0

（續）

出版年	學年度	教育類—碩士	教育類—博士	非教育類—碩士	非教育類—博士	總篇數	百分比
1980	68	0	0	2	0	2	0.06
1981	69	4	0	3	0	7	0.43
1982	70	1	0	0	0	1	0.06
1983	71	2	0	2	0	4	0.24
1984	72	1	1	6	0	8	0.24
1985	73	3	0	1	0	4	0.18
1986	74	7	0	6	0	13	0.8
1987	75	4	0	4	1	9	0.55
1988	76	1	0	4	0	5	0.3
1989	77	2	0	5	2	9	0.55
1990	78	8	0	4	1	13	0.8
1991	79	4	0	4	1	9	0.49
1992	80	2	2	11	0	15	0.92
1993	81	3	0	10	1	14	0.73
1994	82	3	0	19	0	22	1.17
1995	83	5	1	14	0	20	1.04
1996	84	8	0	19	2	39	1.47
1997	85	6	0	16	3	25	1.35
1998	86	16	1	42	1	60	3.38
1999	87	12	1	55	3	71	4.25
2000	88	19	0	68	6	93	5.29
2001	89	12	1	112	8	133	7.82
2002	90	50	1	161	3	215	13.06
2003	91	70	5	208	19	302	18.17
2004	92	74	7	272	17	370	22.67
2005	93	40	1	157	16	214	13.18
總計 篇數	篇數	363	21	1216	84	1,684	
總計 百分比	百分比	21.55	1.25	72.2	4.99		

貳、國內有關創造思考教學效果之研究

一、國內創造思考教學之學術研究

　　國內有關創造思考教學的學術研究，在論文方面，早自 1917 年即有相關之撰述論及創造力等篇章。計有天民「兒童創造力養成法」、虞箴「論創造力」、太玄「創造教育之方法」、靜庵「兒童創造力養成之研究」、太玄「創造教育與理科之觀察實驗實習」、「創造教育的理科之兒童實驗」等。以上諸篇係 1970 年至 2009 年間，發表於教育雜誌，可知我國學者早已重視創造力之研究和發展。筆者從國家圖書館博碩士論文用「創造、創新、創意、革新」查詢共計 7,874 篇，詳如附表 10-2。

　　在創造思考教學的實證研究方面，從賈馥茗（1970）倡導創造思考能力的發展實驗以來，共計五十八篇，大致可以分為二類：一為配合特定學科的創造思考教學如：語文、數學、自然與生活科技、社會、綜合……等；二為應用特定創造思考技法的創造思考教學，詳見表 10-3。研究方式及成效依年代排列如下：

研 究 者：賈馥茗（1970）

對　　　象：國小二年級和五年級學生（255 人）及國中一年級

教學方案：以國語為實驗教學科目，二年級以故事、閱讀、活動、作文為內容；五年級以原來課文，加上故事說明。國中為生物科。

結　　　果：實驗組學生的創造能力有顯著增加，但未達到顯著差異。創造分數與學科成績差異顯著交互作用，學科成績反而下降。

效果評估：無效

研 究 者：賈馥茗（1971）

對　　　象：國小六年級（136 人）

教學方案：數學問題解決及創造性教學方法及教材。

結　　果：1. 數學解題的創造力發展，因適當教學而優於普通教學之發展。

　　　　　2. 數學解題的創造力發展，以教材富有啟發及鼓勵思考者為最有效。

　　　　　3. 能力在中等以上學生，開始接受創造性教學，所獲之能力，遠超過未接受創造性教學者。

　　　　　4. 能力在中等以下之學生，雖亦用創造思考教學而獲益，但卻未達到統計上之顯著水準。

效果評估：部分有效

研 究 者：林幸台（1974）

對　　象：國中二年級學生

教學方案：1. 實驗組接受創造性教學。

　　　　　2. 控制組則採傳統教學法。

結　　果：實驗組在各項創造力分數均顯著高於控制組。

效果評估：有效

研 究 者：徐玉琴（1975）

對　　象：高二學生（80人）

教學方案：1. 實驗組進行腦力激盪術的訓練。

　　　　　2. 控制組則從事與實驗無關的訓練。

結　　果：本研究中在流暢性、應變性以變異數分析的結果，創造性問題解決訓練對思考的流暢性、應變性沒有顯著的影響。但若以t-test來檢定，則接受過創造性問題解決訓練的學生和未接受過訓練的學生比起來，其思考的流暢性及應變性都顯著地較高。

效果評估：部分有效

研 究 者：吳靜吉（1976）

對　　象：大學生（100 人）

教學方案：第一組：單字連鎖性聯想訓練。

　　　　　第二組：二字詞連鎖性訓練。

　　　　　第三組：單字分歧聯想訓練。

　　　　　第四組：詞分歧聯想訓練。

　　　　　第五組：控制組。

結　　果：1. 在流暢性和獨創性的創造表現方面，接受分歧性聯想訓
　　　　　　　練，包括運用單字和詞的兩種方法都比沒有接受任何訓練
　　　　　　　的大學生顯著的高，而接受單字分歧聯想訓練者，又比接
　　　　　　　受連鎖性包括單字和詞兩種方法的訓練顯著的高，其他各
　　　　　　　組沒有顯著差別。

　　　　　2. 在應變性的創造表現方面，四種訓練方法中，以單字連鎖
　　　　　　　的訓練方式最差，顯著的比其他三種差，而詞的分歧聯想
　　　　　　　則又比沒有接受任何訓練的控制組顯著差異。

效果評估：部分有效

研 究 者：王精文（1983）

對　　象：北部城中區某大學企管系三年級學生（120 人）

教學方案：創造性問題解決訓練材料。

結　　果：1.「創造性思考」實驗課程可以增進研究對象的創造力。

　　　　　2. 實驗課程顯示對學生的思考習性、學習興趣與動機等有良
　　　　　　　好的影響。

效果評估：有效

研 究 者：黃光雄（1983）

對　　象：國小五年級資優兒童

教學方案：配合自然科採用發問教學法。

結　　果：1. 資優學生創造傾向優於非資優學生，而實驗班資優學生又

優於控制班學生。

2. 資優學生創造思考優於非資優學生，而實驗班資優學生又略高於控制班資優學生，但未達到水準。

效果評估：部分有效

研 究 者：張玉成（1983a）

對　　象：國小三年級（182 人）及國小三至四年級教師

教學方案：教師發問技巧。

結　　果：1. 教師善用發問技巧，確能增進學生創造性思考能力。實驗組優於控制組。

2. 創造性發問教學並不妨害學生學業成績。

3. 創造性發問教學受學生喜愛，並有助學生創造性情意態度之培養。

效果評估：有效

研 究 者：林清華（1983）

對　　象：明志工專（32 人）

教學方案：編訂包含創造性思考方法的十七個單元教材。

結　　果：1. 腦力激盪術對創造思考有顯著的影響。在流暢性、變通性、獨創性和總分數上，實驗組顯著優於控制組。

2. 在流暢性、變通性、獨創性和總分數上，外控取向者的創造力比內控取向者為高。

3. 在流暢性、變通性、獨創性和總分數上，內外控人格和腦力激盪術沒有顯著交互作用而得到支持。

效果評估：有效

研 究 者：陳龍安（1984d）

對　　象：四年級資優與普通兒童（88 人）

教學方案：創造思考夏令營活動方案。

結　　果：1. 資優班實驗組學生在語文流暢力及獨創力的成績，顯著優
　　　　　　於資優班控制組學生。

　　　　　2. 實驗組學生的語文變通力成績顯著優於控制組學生；而資
　　　　　　優班與普通班學生之間的語文變通力成績並沒有顯著差
　　　　　　異。

　　　　　3. 實驗組學生在圖形流暢力、變通力、獨創力及精進力等四
　　　　　　項成績上，並沒有顯著優於控制組學生。

效果評估：部分有效

────────────────────────────────────

研　究　者：林建平（1984）

對　　　象：國小四年級（325 人）

教學方案：自行設計作文與繪畫創造性教學方案。

結　　果：1. 本「作文和繪畫創造性教學方案」可促進學生的語文創造
　　　　　　思考能力。

　　　　　2. 男女學生在語文創造思考測驗上的三個分數並無顯著差
　　　　　　異，但在圖形創造思考測驗的四個分數上則有所差異，男
　　　　　　生在圖形獨創力和精進力均優於女生。

　　　　　3. 作文創造性教學並未能增進受試在圖形創造思考測驗上的
　　　　　　流暢力、獨創力、精進力分數。

　　　　　4. 作文和繪畫創造性教學方案，均可促進國小學生的「創造
　　　　　　傾向」，且不受男女性別以及智力水準不同組別之影響。

效果評估：部分有效

────────────────────────────────────

研　究　者：陳龍安（1984d）

對　　　象：四年級資優與普通班學生（406 人）

教學方案：國語科創造思考作業方案。

結　　果：1. 實驗組學生在語文流暢力、變通力及獨創力等三項成績均
　　　　　　顯著優於控制組學生。

　　　　　2. 資優班實驗組學生在圖形流暢力、變通力及精進力等三項

成績，不但顯著優於控制組學生，也優於普通班實驗組學生。

3. 實驗組學生的學業成就亦優於控制組。

效果評估：有效

研 究 者：陳榮華（1985）

對　　象：國小四年級（840 人）

教學方案：國語科創造思考教學方案。

結　　果：1. 實驗組在語文與圖形創造力上顯著優於控制組。

2. 實驗組在九項語意擴散思考測驗上有七項顯著優於控制組。

3. 集中教學方式與分散教學方式的施教成效，優劣參半，不易顯著分出高下。

4. 資優兒童組的十五項測驗成績全部優於普通兒童組，且差異相當大。

效果評估：有效

研 究 者：陳龍安（1985a）

對　　象：三、五年級資優班學生（118 人）

教學方案：數學科創造思考週三研習營（十二週）。

結　　果：1. 國小資優班學生數學科創造思考研習實驗結果，在「圖形創造思考測驗」成績上，三年級實驗組學生在流暢、變通及獨創三項成績上顯著優於控制組學生；而在五年級方面，實驗組和控制組在圖形創造思考測驗的各項分數上則沒有顯著差異存在。

2. 國小資優班學生數學科創造思考訓練實驗結果，在「語文創造思考測驗」成績上，三年級和五年級實驗組學生的成績均高於控制組學生，但無顯著差異存在。

3. 國小資優班學生數學科創造思考訓練實驗結果，在「數學

　　　　　　　　成就測驗」成績上，三、五年級實驗組學生的得分均高於

　　　　　　　　控制組學生，而且達到顯著差異。

　　　　　　4. 國小資優班學生數學科創造思考訓練研習營學生之父母和

　　　　　　　　教師均鼓勵受試者參加，同學也樂意參加。

效果評估：部分有效

研 究 者：黃麗貞（1986）

對　　　象：國小五年級（105 人）

教學方案：社會科創造思考教學方案。

結　　　果：1. 實施社會科創造思考教學，有助於學生創造思考能力的增

　　　　　　　　進。

　　　　　　2. 實施社會科創造思考教學，有助於學生社會科學業成就之

　　　　　　　　增進。

　　　　　　3. 實施社會科創造思考教學，對於增進男生創造思考的效果

　　　　　　　　較顯著；而在創造思考能力其他方面及社會科學業成就

　　　　　　　　上，男女生均無顯著的差別。

效果評估：部分有效

研 究 者：李錫津（1987a）

對　　　象：高職學生（356 人）

教學方案：融合式創造思考教學方案。

結　　　果：1. 以語文為教學內容，增進圖形創造思考能力。

　　　　　　2. 以圖形為教學內容，增進語文創造思考能力。

　　　　　　3. 部分創造力，控制組優於實驗組。

　　　　　　4. 創造傾向，無顯著差異。

效果評估：部分有效

研 究 者：張世彗（1988）

對　　　象：國小四年級資優及普通班學生（141 人）

教學方案：創造性問題解決方案（六週）。

結　　果：1. 在創造性問題解決測驗的分數上，實驗組學生的流暢力與變通力分數，均顯著優於控制組學生，而獨創力分數，則未顯著優於控制組學生。資優班學生的流暢力、變通力及獨創力等三項分數，均顯著優於普通班學生。

　　　　　2. 在陶倫斯語文創造思考測驗的分數上，實驗組學生的語文流暢力與語文獨創力分數，均顯著優於控制組學生，而語文變通力分數，則未達到顯著差異，資優班學生語文流暢力、變通力與獨創力等三項分數，未顯著優於普通班學生。

　　　　　3. 在修訂普度問題解決能力測驗的分數上，實驗組學生的問題解決能力分數，並未顯著優於控制組學生。同時，資優班學生的問題解決能力分數，也未顯著優於普通班學生。

效果評估：部分有效

研　究　者：陳龍安（1988a）

對　　象：四、六年級學生（105 人）

教學方案：創造思考電視教學方案（五週）。

結　　果：1. 國小學生創造思考電視教學實驗結果，在圖形及語文創造思考測驗各項成績上實驗組雖略高於控制組，但均未達顯著差異。

　　　　　2. 國小學生創造思考電視教學實驗結果，在修訂賓州創造思考傾向量表上的成績實驗組雖略高於控制組，但未達顯著差異。

　　　　　3. 參加創造思考電視教學的實驗組學生，幾乎全部（98%）表示喜歡本研究提供的電視教學節目，也自認節目內容對學習有幫助，可以增加自己的創造力，並希望學校上課時能安排這種節目。

效果評估：無效

研　究　者：吳明雄（1988）

對　　　象：高工二年級學生（178 人）

教學方案：創造與發明實驗課程（九週）。

結　　　果：1. 在圖形創造思考能力方面，機械科學生的圖形流暢力、變
　　　　　　　　通力、獨創力、精進力與總分五項分數實驗組都顯著高於
　　　　　　　　控制組；電子科五項分數除圖形精進力未達差異顯著水準
　　　　　　　　外，其餘四項實驗組均高於控制組。

　　　　　　　2. 在語文創造思考能力方面，機械科學生除語文獨創力分數
　　　　　　　　未達差異顯著水準外，語文流暢力、變通力及總分三項分
　　　　　　　　數，實驗組均高於控制組；電子科學生語文流暢力及總分
　　　　　　　　二項分數實驗組高於控制組，變通力、獨創力二項分數未
　　　　　　　　達差異顯著水準。

　　　　　　　3. 在創造性傾向方面，並未達到顯著效果。

　　　　　　　4. 在「發明設計能力評量表」上的得分，亦未達顯著差異。

效果評估：部分有效

研　究　者：陳龍安（1990b）

對　　　象：國小二年級學生（200 人）

教學方案：「問想做評」教學模式的國語科創造思考教學。

結　　　果：全部學生在圖形及語文創造思考測驗後測的各項分數均顯著
　　　　　　高於前測的得分。

效果評估：有效

研　究　者：陳龍安（1991a）

對　　　象：國小二年級學生（656 人）

教學方案：智能結構模式在國語科創造思考教學的應用。

結　　　果：1. 在圖形創造思考能力方面：實驗組學生在圖形流暢力、變

通力、精進力及總分方面的分數均顯著優於控制組。在語文創造思考能力方面，實驗組學生在語文流暢、語文變通、語文獨創力及總分的全部成績都顯著高於控制組。

2. 在國語成就測驗成績上，實驗組學生的成績與控制組學生的成績並沒有顯著差異。

3. 在智能結構基本學習能力測驗上，實驗組與控制組學生在聚圖單（NFU）、記圖單（MFU）兩項分測驗上達到顯著差異，在運作層面上的記憶（M）、聚斂思考（N）、內容層面的圖形（F）、語意（M），以及結果層面上的單位（U）的成績亦有顯著的差異。

效果評估：部分有效

研 究 者：賴美蓉（1991）

對　　象：台中市台中國小和彰化縣民生國小二年級資優班學生共59人為對象

教學方案：創造性英語教學策略。

結　　果：1. 實施創造性英語教學策略，有助於國小資優班學生創造力之增進。

2. 實施創造性英語教學策略，不會影響學生的學業成績。

3. 創造性英語教學策略深受學生之喜愛。

效果評估：有效

研 究 者：鄭青青（1993）

對　　象：一共有32對，大班組共12對：男7對，女5對；中班組12對：男7對，女5對；小班組8對：男4對，女4對

教學方案：比較蒙特梭利實驗教學法與單元設計教學法對幼兒創造力發展之影響。

結　　果：1. 蒙特梭利實驗教學法與單元設計教學法對幼兒流暢力發展的影響：

(1)接受二種不同教學法的幼兒，在流暢力發展上，並無顯
著差異。

(2)相同性別幼兒，無論是男幼兒或女幼兒，在流暢力發展
上，皆不因接受不同的教法而有顯著差異。

(3)同一年齡層幼兒，無論是三歲、四歲或五歲幼兒，在流
暢力發展上，皆不因接受不同的教學法而有顯著差異。

2. 蒙特梭利實驗教學法與單元設計教學法對幼兒獨創力發展
的影響：

(1)接受二種不同教學法的幼兒，在獨創力發展上，並無顯
著差異。

(2)相同性別幼兒，無論是男幼兒或女幼兒，在想像力發
展，皆不因接受不同的教法而有顯著差異。

(3)同一年齡層幼兒，無論是三歲、四歲或五歲的幼兒，在
獨創力發展上，皆不因接受不同的教學法而有顯著差
異。

3. 蒙特梭利實驗教學法與單元設計教學法對幼兒想像力發展
的影響：

(1)接受二種不同教學法的幼兒，在想像力發展上，並無顯
著差異。

(2)相同性別幼兒，無論是男幼兒或女幼兒，在想像力發展
上，皆不因接受不同教法而有顯著差異。

(3)五歲組幼兒的想像力發展，因接受不同的教學法，而有
顯著差異：接受單元設計教學法的五歲幼兒，在想像力
發展上，優於接受蒙特梭利教學法的五歲幼兒。但在三
歲及四歲幼兒的部分，其想像力的發展，並不因接受不
同的教學法而有顯著差異。

4. 蒙特梭利實驗教學法與單元設計教學法對幼兒創造力發展
的影響：

(1)接受二種不同教學法的幼兒，在創造力發展上，並無顯
　　著差異。
(2)相同性別的幼兒，無論是男幼兒或女幼兒，在創造力發
　　展上，皆不因接受不同的教法而有顯著差異。
(3)同一年齡層幼兒，無論是三歲、四歲或五歲的幼兒，在
　　創造力發展上，皆不因接受不同的教學法而有顯著差
　　異。

效果評估：少部分有效

研 究 者：楊世華（1993）

對　　象：台北市兩個兒童音樂班

教學方案：奧福（Orff）與高大宜（Kodaly）教學法。

結　　果：由觀察、訪談、文獻探討三方面的研究結果得到一致結論如
　　　　　下：奧福教學法由教師啟導之後，大多數是學生自己的活
　　　　　動，教師居輔助的地位，並對學生的創造行為多所鼓勵，而
　　　　　在音樂行為與創造行為中的認知、技能、情意各項都同時兼
　　　　　顧，因為是初學的幼兒，故認知行為集中於節奏，而技能方
　　　　　面集中於精確的演奏與即興二項，情意則集中於對音樂感覺
　　　　　的表達，創造行為方面的認知以流暢及獨創思考的行為最
　　　　　多，由於有許多即興活動，故解決問題的技能及好奇心、冒
　　　　　險性、挑戰性、想像力各種行為都存在於奧福教學法中。高
　　　　　大宜教學法，教師居主導地位，啟導學生之後即進入師生共
　　　　　同活動，音樂行為主要分布於認知的節奏與曲調二項，技能
　　　　　方面則集中於演唱，但創造行為則尚未出現。

效果評估：部分有效

研 究 者：陳玉花（1996）

對　　象：國小一年級的學生，共取樣 208 人，選定城市、郊區、鄉村
　　　　　三類型學校

教學方案：創造性取向教學。

結　　果：1. 創造性取向教學對兒童繪畫之主題內容的掌握有積極促進效果。

2. 創造性取向教學對兒童繪畫中之經驗性表現有顯著持續之效果。

3. 創造性取向教學對國小兒童繪畫表現中技巧之幫助有立即顯著效果。

4. 創造性取向教學對兒童美感表現有漸次增強的作用，但無立即性之效果。

5. 創造性取向教學對兒童的創造性表現有不斷增強的效果，但無立即性之效果。

6. 創造性取向教學對兒童的繪畫表現無立即性效果，但效果是肯定的。

效果評估：部分有效

研 究 者：陳祐加（1997）

對　　象：自台中市信義國小、何厝國小四年級當中各取二班學童

教學方案：創造思考策略教學。

結　　果：1. 創造力方面：

(1)本研究之「創造思考策略教學」較「參照音樂教學指引教學」（指創作教材），能促進學童曲調創作之流暢性與精密性思考能力。

(2)實驗處理後，有課外音樂學習經驗者在曲調創作之流暢力與精密力表現，顯著優於無課外音樂學習經驗者。

2. 音樂課學習態度方面：

(1)本研究設計之「創造思考策略教學」較「參照音樂教學指引教學」（指創作教材），能提昇學童對音樂課的參與感，對音樂創作的興趣及減低對音樂課的拒斥感。

(2)本研究設計之「創造思考策略教學」與「參照音樂教學
指引教學」（指創作教材），對提高學童學習音樂科的
信心，兩者無顯著差異。

(3)實驗處理後，有課外音樂學習音樂科的信心以及對音樂
創作的興趣上，顯著優於無課外音樂學習經驗者。

(4)實驗處理後，有課外音樂學習經驗者與無課外音樂學習
經驗者，在參與和排斥音樂課的態度上，兩者無顯著差
異。

效果評估：部分有效

研 究 者：紀淑琴（1998）

對　　　象：以台北市立芳和國民中學一年級學生共計 51 位為研究對象，
其中實驗組 26 位，控制組 25 位

教學方案：思考性寫作教學方案。

結　　　果：1. 經過十六次的「思考性寫作教學方案」的教學，實驗組學
生在寫作表現、批判思考能力、創造思考能力的表現高於
控制組學生。

2. 思考性寫作教學方案對於實驗組學生的寫作表現中的內容
思想、組織結構有明顯的效果，但在文字修辭部分則差異
不顯著。

3. 實驗組學生經思考性寫作教學方案後，其寫作後設認知中
的各部分與控制組比較皆沒有明顯的不同；將實驗組學生
依作文成績分上中下三組比較，則發現經教學後，在自我
測試部分程度中等的學生高於程度稍差的學生。

4. 實驗組學生經思考性寫作教學方案後，批判思考問卷得分
與控制組比較有差異存在；將實驗組學生依作文成績分上
中下三組比較，則發現經教學後在答案文句敘述的流暢性
部分，程度稍好的學生高於程度稍差的學生；在答案的合

理性部分，程度稍好的學生高於程度中等與稍差的學生；
在答案確實能解決問題的程度部分，程度稍好的學生也高
於程度中等與稍差的學生。

5. 實驗組學生經思考性寫作教學方案後，其創造思考問卷中
內容符合題意、答案的變通性及答案的獨創性三部分的得
分與控制組比較有差異存在；在實驗組中將學生作文成績
分上中下三組比較，則發現經教學後各部分皆無差異存
在。

6. 從學生寫作過程的分析發現，在寫作前學生學會擬定寫作
計畫、在寫作中隨時回顧修改文章內容，並在寫作後檢查
文章內容、懂得蒐集寫作題材、運用推論的方法檢視資
料、使用創造思考去豐富寫作內容、對於與自己生活經驗
有關的題材較容易下筆寫作，並知道如何選擇適合自己寫
作的環境，瞭解自己擅長的題材與寫作程度。

效果評估：部分有效

研 究 者：鄭聖敏（1998）

對　　象：台北市吉林國小與長安國小五、六年級一般能力、資優、資
源班學生，混合分組，其中吉林國小實驗組 12 名，控制組
12 名；長安國小實驗組 11 名，控制組 10 名，共計 45 名

教學方案：Lipman 兒童哲學方案實驗教學。

結　　果：1. 實驗組學生在批判思考測驗之「總分」及「考察訊息的可
信度」分數，顯著優於控制組學生。顯示本方案對增進批
判思考能力有所助益。

2. 實驗組學生在創造思考測驗之「流暢力」分數，顯著優於
控制組。表示本方案對增進創造思考能力有所幫助。

3. 本方案之教材、教法，獲得學生正面評價。根據以上的發
現，研究者歸納提出若干教學及未來研究上的建議。

效果評估：有效

研 究 者：余瑞虔（1998）

對　　象：國中學生

教學方案：課程設計是依據創造力的學習模式（creative learning model），以及創造性問題解決（creative problem solving）的活動，設計出與水溶液相關，前後歷時五個星期的教學單元，其中並穿插以具有開放性質（openended）題目的作業單，加強訓練學生的創造性行為能力與思考方式。

結　　果：實驗組的學生在創造力各項行為上，絕大多數有成長，且達到顯著水準，而且對學生具有普遍性的影響。控制組的學生，則是沒有顯著的差異。研究結果顯示出，本研究的創造性教學法，能夠啟發學生久經封閉的創造行為，是一個確實可行的方案。

效果評估：有效

研 究 者：唐偉成（1998）

對　　象：南部二所國小五年級各二班共 144 人為研究樣本

教學方案：應用皮亞傑認知衝突理論、派渥氏二元編碼理論、Parners創造性問題解決教學模式、Gowin 的 Vee 圖學習理論及影響創造的因素作為設計教學策略時之理論基礎，提出一套以 Vee 圖理論結合科學過程技能與科學知識的教學模式。

結　　果：1. 創造思考能力的分析：在觀察能力、分類能力上，實驗組的成績優於控制組，且達顯著差異水準（$p < 0.05$）。在尋求替代方案能力與設計實驗能力，實驗組與控制組未達顯著差異。

　　　　　2. 學習成效的分析：在學習成效與學習保留率，實驗組的成績控制組，且達顯著差異（$p < 0.05$）。在學習態度與環境量表與科學態度量表上，實驗組與控制組沒有差異。

3. 學生與教師對本教學法的感受：本研究對 2 位參與教師及
11 位實驗組學生進行深度晤談，結果分析如下：

(1)參與教師認為本研究所提出的教學法，對提昇學生的科
學創造思考能力是有幫助的。

(2)學生喜歡本研究所提出的教學法，並認為本教學法對自
然科的學習是有幫助的。

效果評估：部分有效

研　究　者：李佳容（1999）

對　　　象：台南縣某所國小為正式樣本，學校研究者以隨機方式自該校
三年級普通班中，抽取兩班為研究對象，再隨機定一班為實
驗組，另一班為控制組

教學方案：創造性英語教學策略。

結　　　果：學童在英語學習態度上的表現：

1. 接受本研究「創造性英語教學策略」之實驗組學童在英語
學習的認知、行為、情感、態度層面的態度都較接受「非
創造性英語教學策略」之控制組學童積極。

2. 不同英語學習經驗之學童在學習態度量表上的前後差異不
大，接受本研究「創造性英語教學策略」之後，不同英語
學習經驗之學童在英語學習認知、行為、情感、總態度層
面的態度較實驗前積極。

效果評估：有效

研　究　者：張志豪（2000）

對　　　象：國立屏東高中高一普通班兩班學生為研究對象

教學方案：高中生活科技課程創造思考教學。

結　　　果：1. 接受高中生活科技課程創造思考教學的實驗組學生，在創
造思考能力方面，圖形流暢力、變通力、精進力及語文流
暢力、變通力、獨創力分數顯著優於控制組學生。

2. 接受高中生活科技課程創造思考教學的實驗組學生，在創造性問題解決能力方面，問題覺察、提出想法及尋求最佳方案等分數，顯著優於控制組學生。

3. 接受高中生活科技課程創造思考教學的實驗組學生，在學習成果檢核表之概念、圖像、標題、文稿、焦點及總分等評量分數上，均顯著優於控制組學生。

4. 教學方法與學業成就並無顯著之交互作用，且實驗組之高學業成就組學生，其創造思考測驗、創造性問題解決能力問卷之得分並未顯著優於低學業成就組學生。

5. 學生對於生活科技課程創造思考教學之學習反應呈現正向的反應，在學生晤談、課堂觀察、意見調查所呈現的資料上，發現課程活動中呈現的和諧、輕鬆、開放、包容的氣氛，為學生所喜愛。

效果評估：有效

研 究 者：陳奐宇（2000）

對　　象：隨機選取國小四年級與六年級普通班各四班，共八班

教學方案：創造思考教學。

結　　果：1. 本研究所設計的創造思考教學可以適用於四年級與六年級。

2. 年級別並不會對於學習成效產生明顯的影響。

3. 所實施的創造思考教學，確實比一般教學法更能增進學生在認知方面的創造力，可能有效地增進創造力。因此欲有效培養學生的創造力，應著重於後天學習的機制，並改進現有的教學方法，實施創造思考教學，以利創造力的提昇。

4. 在流暢力方面的作用，僅對於四年級組顯現出較好的效果，因而仍必須在流暢力方面尋求改進之道，以提昇教學效果。

5. 所實施的創造思考教學，在學生情意性創造力上，並不能
比一般教學法更增進學生的創造性傾向，可能對於情意性
創造力並無任何助益。

效果評估：部分有效

研 究 者：陳美岑（2000）

對　　象：台北縣能仁家商實用技能班美髮技術科二年級甲、乙兩班的
學生班的學生

教學方案：高職實用技能班美髮技術科創造思考教學方案。

結　　果：1. 本研究所發展之高職實用技能班美髮技術科創造思考教學
方案未具有提昇學生圖形流暢力、變通力、獨創力、精進
力及語文變通力的成效，但具提昇部分學生語文流暢力、
語文獨創力的成效。

2. 本研究所發展之高職實用技能班美髮技術科創造思考教學
方案未具有提昇學生冒險性、好奇性、想像力、挑戰性等
有利於創造行為的人格特質的成效。

3. 本研究所發展之高職實用技能班美髮技術科創造思考教學
方案未具有增加學生創新的問題解決、運用新知精益求
精、表演藝術創新、視覺生活的設計、生活風格的變化、
開放心胸、製造驚喜意外、舊瓶新裝等日常生活中創意經
驗的成效，但學生除了在開放心胸項目外，已有增加的趨
勢。

4. 本研究所發展之高職實用技能班美髮技術科創造思考教學
方案具有提高學生學習意願的成效，且師生均喜愛此方案
的實施。

效果評估：少部分有效

研 究 者：許貴序（2002）

對　　象：以國立永靖高工電機科三年級兩個班共九十五名學生為實驗

研究對象

教學方案：一班為實驗班，以創造思考教學法進行教學，另一班為控制班，則維持一般傳統式的講述教學方法，進行為期十二週（共三十六小時）的實驗教學研究。

結　　果：1. 創造思考教學法在「邏輯設計」學習成就後測表現上，顯著優於傳統講述教學法。

2. 不同教學方法在「邏輯設計」學習成就後測表現上，與智力因素無顯著交互作用關係。

3. 創造思考教學法在「創造思考能力」之「獨創性」、「標題性」兩向度能力的表現上，顯著優於傳統講述教學法。

4. 創造思考教學法在「創造思考傾向」之「想像力」、「挑戰性」兩向度傾向的表現上，顯著優於傳統講述教學法。

5. 創造思考教學法在「班級學習氣氛」之「師生關係」、「班級氣氛」兩向度氣氛的表現上，顯著優於傳統講述教學法。

6. 創造思考教學策略值得在高職「邏輯設計」課程中加以運用與推廣。

效果評估：部分有效

研 究 者：劉聰穎（2002）

對　　象：高雄市某國小四年級學生，總受測人數為 364 人

教學方案：國外學者依據 Paivio（1971）的二元編碼理論，引入刺激物來激發創造力表現，且被證實可行。

結　　果：1. 圖文共存的模式下，對四年級國小學童的科學創造力各向度的表現助益最佳；圖形刺激物模式下的表現次之；文字刺激物模式下的表現又次之；無刺激物模式則表現最差。

2. 刺激物關聯距離較近，對四年級學童的科學創造力中的「流暢力」之表現助益最大；刺激物關聯距離較遠則對學

童的科學創造力中的「變通力」與「獨創力」之表現助益
最大；而無刺激物組在所有向度的表現都最差。

效果評估：部分有效

研 究 者：劉能賢（2002）

對　　象：國小五年級

教學方案：創造思考閱讀教學。

結　　果：1. 學生經過十二週的創造思考閱讀教學後，在學習前、後問
卷及態度量表上顯示：在學生閱讀的興趣、態度、理解能
力、創造力、觀察力、問題解決能力、自我探索能力提昇
許多。

2. 師生在創造思考閱讀教學歷程互動的發現與啟示：

(1)創新教學是引發與維持學生學習動機有效途徑。

(2)營造安全和諧的學習情境，較能引起學生主動學習。

(3)採取問題導向教學，能啟發學生的思考與想像。

(4)實施師生共評，可提昇學生評鑑的能力。

(5)逐步建構學生閱讀「鷹架」，可提高學生閱讀理解能
力。

(6)分析學生的發表與作品充滿想像力，激發了其創造潛
能。

(7)引導學生練習提問，擴展學生高層次提問領域。

3. 教師經由協同行動研究中，透過專業對話、質疑、辯證、
反省的歷程，體驗到「理論與實務」的差距與結合，解決
了在創造思考閱讀教學上的困境，提昇了教師解決教學現
場問題的能力。

4. 主題式創造思考閱讀教學方案，符合九年一貫課程的精神
與課程目標，可以獨立實施，也可以結合語文課做彈性教
學，發展為學校本位特色課程。

效果評估：有效

研 究 者：李彥斌（2002）

對　　象：以屏東縣立國小目前為九十學年度之四年級普通班學生為主

教學方案：科學活動過程技能，主要包括：觀察學習、統整分類、選擇
　　　　　決定、設計繪圖、使用工具材料、實驗操作、測量記錄、查
　　　　　看描述、比較分析、命名等十項。

結　　果：經科學過程技能訓練後，國小學童在科學創造潛力方面，開
　　　　　放性、獨創性、精密性、流暢性與標題，實驗組前測時低於
　　　　　對照組，後測時，實驗組平均分數明顯高於對照組；但是精
　　　　　密性方面，對照組平均分數也有明顯的進步，因此不能確定
　　　　　受到科學過程技能之促進。另外，變通性方面，實驗組的進
　　　　　步分數未達到顯著的差異。

效果評估：部分有效

研 究 者：關惜華（2002）

對　　象：以國中一年級的學生作為研究對象

教學方案：生活化主題式教學的課程融入國中的教學環境中。

結　　果：1.「生活化主題式教學」能給予學生較大的自主空間，發揮
　　　　　　想像力、獨立思考能力以及培養學生科學創造力。

　　　　　2. 雖然無法證明「生活化主題式教學」是否提昇學生科學創
　　　　　　造力，但對學生的學習態度、討論情形與學習意願等能力
　　　　　　有正面影響。

效果評估：部分有效

研 究 者：錢秀梅（2002）

對　　象：對象係身心障礙資源班學生，以立意取樣，分派為實驗組 14
　　　　　人，控制組 13 人，學生的智力商數介於 43 至 111 之間

教學方案：心智圖法教學方案。

結　　果：1. 在圖形創造思考測驗方面，接受心智圖法教學方案的身心
　　　　　　障礙資源班實驗組學生，其圖形獨創力的分數顯著高於沒
　　　　　　有接受心智圖法教學方案的控制組學生，而其圖形流暢
　　　　　　力、精進力的分數則並未顯著高於沒有接受心智圖法教學
　　　　　　方案的控制組學生。

　　　　　2. 在語文創造思考測驗方面，接受心智圖法教學方案的身心
　　　　　　障礙資源班實驗組學生，其語文流暢力、變通力、獨創力
　　　　　　的分數皆未顯著高於沒有接受心智圖法教學方案的控制組
　　　　　　學生。

　　　　　3. 在實驗組學生家長與級任教師問卷調查方面，實驗組學生
　　　　　　家長與級任教師問卷調查結果，皆顯示對「心智圖法教學
　　　　　　方案」之實施採正向肯定的態度。

　　　　　4. 在追蹤作業練習方面，實驗組學生對心智圖的製作方法能
　　　　　　掌握重點，構圖、色彩有進步，唯對前後測結果進步最少
　　　　　　的學生，在思考部分尚須按部就班的引導。

效果評估：部分有效

研　究　者：吳美慧（2002）

對　　象：台北縣欣欣國小三年級兩個班級，作為實驗組及控制組，其
　　　　　　中實驗組學生 35 名接受每週四節共八週的威廉斯創造思考教
　　　　　　學實驗，控制組學生 36 名接受一般自然科教學

教學方案：依據威廉斯創造思考教學模式，發展國小自然科教材設計。

結　　果：1. 創造思考認知部分：在創造性認知能力方面其整體表現及
　　　　　　分項的獨創力、精密力，實驗組學生顯著優於控制組學
　　　　　　生，實驗組學生的流暢力、變通力與控制組學生沒有顯著
　　　　　　差異。

　　　　　2. 創造思考情意部分：在創造性情意特質方面整體表現以及
　　　　　　分項的冒險性、挑戰性、想像力實驗組學生與控制組學生

未達顯著水準，但是實驗組學生在好奇性表現顯著優於控制組學生。

3. 自然科學業成就方面：接受威廉斯創造思考教學模式教材設計教學實驗組的學生，在自然科學業成就方面顯著優於控制組學生。

4. 自然科學習情形：實驗組的學生對威廉斯創造思考教學模式教材設計教學呈現正向反應，在學生學習活動單、課堂觀察的資料上，發現教學活動中呈現輕鬆、開放、主動、快樂的學習情形。

效果評估：部分有效

研 究 者：許順欽（2003）

對　　象：四年級一個班的學生

教學方案：利用操作「科學玩具」進行毛細現象單元的學習方式，以毛細現象單元的內容進行教材設計與教學活動，進行九週二十六節課的教學。

結　　果：1. 研究者從教學設計與實際的教學情境中，反省歸納教學設計與教學策略改變的歷程，促進教師的專業成長。

2. 科學玩具輔助教學與結合創意思考教學的學習方式，可以促進學生創造性問題解決的能力。

3. 在本行動研究教學活動中，學生有以下的感受、收穫、面臨的困難及解決之道：

(1)學生的感覺：學習輕鬆、有趣，學習自然的興趣提高了，經由教學活動建立自信心，體會團結力量大。

(2)學習的收穫：經由教學活動可以深入瞭解科學知識、觀念及其應用、開發創造力解決問題，經由團隊合作促進同學間友情、增長知識。

(3)面臨的困難：部分學童有找不到資料、實驗計畫與結果

　　　　　　不同、發表、報告很緊張、無法完成作品、學習單太
　　　　　　多、男生和女生同組會吵架等困擾。

效果評估：有效

研　究　者：許維倫（2003）

對　　　象：屏東縣鹽埔國小五年級兩個班級的學童為樣本

教學方案：採取創造性問題解決模式教學。其中一班隨機分派為實驗
　　　　　　組，學童30人，另一班為控制組。

結　　　果：1. 接受創造性問題解決模式教學後，對增進實驗組學童之整
　　　　　　　　體問題解決能力有顯著效果。

　　　　　　2. 接受創造性問題解決模式教學之實驗組學童，其整體問題
　　　　　　　　解決能力有顯著的延宕效果。

　　　　　　3. 創造性問題解決模式教學對不同性別學童問題解決能力之
　　　　　　　　影響沒有顯著差異。

　　　　　　4. 創造性問題解決模式教學對不同學業成就學童問題解決能
　　　　　　　　力之影響沒有顯著差異。

　　　　　　5. 創造性問題解決模式教學對增進中能力學童之問題解決能
　　　　　　　　力有顯著影響。

效果評估：有效

研　究　者：周岱學（2003）

對　　　象：台北市某國中三年級「小班教學精神實驗班」之學生

教學方案：實驗方法是將STS融入教學之時間延長為一個學期。

結　　　果：將STS教學理念融入國中課程中，對於培養國中生的創造力
　　　　　　及解決問題能力是相當有幫助的。這對於九年一貫的課程革
　　　　　　新是一個相當正面的鼓勵。

效果評估：有效

研　究　者：黃金焜（2003）

對　　象：國立大甲高工機械科二、三年級學生

教學方案：按原班級組別建制，分實驗組（採創造思考教學法）及控制
　　　　　組（採傳統教學法）進行實驗。有效學生樣本共 120 名，所
　　　　　得資料以獨立樣本 t 考驗及單因子共變數分析進行統計考驗。

結　　果：1. 高職機械科學生專業實習課程實施創造思考教學方法後，
　　　　　　　實驗組及控制組學生，在吳靜吉新編創造思考測驗後測分
　　　　　　　數獨立樣本 t 考驗中，圖形與語文之流暢力、變通力、獨
　　　　　　　創力均未達顯著差異。參與實驗教學後，學生之創造力並
　　　　　　　沒有顯著提高。

　　　　　2. 高職機械科獲有不同證照（電腦繪圖、數控車床）之學
　　　　　　　生，於專業實習課程實施創造思考教學方法後，在吳靜吉
　　　　　　　新編創造思考測驗後測分數獨立樣本 t 考驗差異顯著性考
　　　　　　　驗中，圖形與語文之流暢力、變通力、獨創力均未達顯著
　　　　　　　差異。

　　　　　3. 在創造實驗教學方法中，高工學生最喜歡的教學單元依序
　　　　　　　為：創意水力火箭設計＞參觀創意發明展＞機械設計創意
　　　　　　　競賽＞創意專家演講＞蒐尋、閱讀創意資料。

效果評估：無效

研 究 者：洪永勝（2003）

對　　象：國立東勢高級工業職業學校九十學年度電機電子群二年級電
　　　　　子科甲班 38 人為實驗組，電機科乙班 37 人為控制組，共 75
　　　　　人為研究對象，實施為期九週共 27 小時的教學實驗

教學方案：控制組採用傳統講法教學，實驗組採用創造思考策略教學，
　　　　　教學實驗前後，實驗組與控制組學生同時實施「學科後
　　　　　測」、「新編創造思考測驗研究」與「威廉斯創造力測驗」
　　　　　等測驗。

結　　果：1. 學生學科前測、學業學習成就、實習成績與創造能力並無

顯著相關。

2. 創造思考教學策略對學生於「數位邏輯實習」課程教學成效，有顯著提昇效果。

3. 實施創造思考教學後學生於「威廉斯創造思考活動」之測驗結果，實驗組在「流暢力」、「開放性」、「變通力」與「標題」等向度優於控制組。

4. 實施創造思考教學後學生於「威廉斯創造傾向量表」之測驗結果，實驗組與控制組無顯著差異。

5. 實施創造思考教學後學生於「新編創造思考測驗研究」之測驗結果，實驗組與控制組在「語文創造思考能力」與「圖形創造思考能力」兩項均無顯著差異。

效果評估：部分有效

研 究 者：戴永鏗（2003）

對　　象：以國立東勢高工九十學年度汽車科三年級乙班42名學生為研究對象，進行為期八週的實驗教學

教學方案：實驗組21人以創造思考教學法實施教學，控制組21人則以傳統的講述法進行教學。

結　　果：1. 創造思考教學對高職汽車科學生創造性思考活動中「精密力」與「標題說明」表現有提昇作用。

2. 創造思考教學對高職汽車科學生創造性思考活動中「流暢力」等方面的表現未能有提昇作用。

3. 創造思考教學對高職汽車科學生之創造性傾向未能有提昇的作用。

4. 高職汽車科學生對創造思考教學的實施普遍持肯定的看法，並認為有助於創造思考能力的提昇。

5. 學校行政的支持應是影響創造思考教學成效的關鍵。

效果評估：部分有效

研 究 者：李世程（2003）

對　　象：以國立東勢高工九十學年度機械科三年級學生為研究對象，
　　　　　進行為期八週 72 小時的實驗教學

教學方案：實驗組人數 20 人實施創造思考教學，控制組人數 18 人實施
　　　　　傳統講述教學。

結　　果：1. 實驗組與控制組學生有顯著差異的向度包括挑戰性、流暢
　　　　　　　力、開放性、變通力、精密力、獨創力、標題說明、機械
　　　　　　　流暢力、機械實用性、機械獨創力及機械變通力等。顯示
　　　　　　　進行創造思考教學，可以提供學生思考的機會，有助於激
　　　　　　　發學生創造潛能，提昇學生創造思考的能力。

　　　　　2. 高職機械科學生學業成就及實習成就與整體創造思考能力
　　　　　　　無顯著相關。

　　　　　3. 本研究運用系統觀念，將分析、設計、發展、執行、評
　　　　　　　估、分析結果及進行改善的流程融入教學活動之中，建立
　　　　　　　高職機械科「機械加工實習」課程創造思考教學基本模
　　　　　　　式。由資料分析結果顯示，本模式有助於增進學生創造思
　　　　　　　考能力的表現。

效果評估：部分有效

研 究 者：陳崇彥（2003）

對　　象：國立彰化師大附工機械科九十學年度二年級學生為研究對象

教學方案：實驗組為機二孝班學生，共計 43 人，以創造思考教學策略進
　　　　　行教學；控制組為機二忠班學生，共計 44 人，以傳統教學法
　　　　　進行教學。教學前後對兩組學生實施威廉斯創造力測驗後測
　　　　　與機械力學學習成就測驗；實驗組學生加施學習滿意度調查
　　　　　問卷。

結　　果：1. 實驗組學生在「創造性思考能力」之開放性、獨創力、精
　　　　　　　密力有顯著提昇。流暢力、變通力、標題等三向度則未顯

著提昇。

2. 實驗組學生在「創造性傾向」之冒險性與想像力有顯著提昇。而在好奇性、挑戰性與總分等三向度則未顯著提昇。

3. 實驗組學生在機械力學學習成就測驗的分數顯著優於控制組。總分等無顯著相關。

4. 學生學業成就與「創造性思考能力」之流暢力、開放性、變通力、獨創力、精密力與標題，以及與「創造性傾向」之好奇性、想像力、挑戰性與總分等無顯著相關。

5. 學生實習成就與「創造性思考能力」之流暢力、開放性、變通力、獨創力、精密力與標題，以及與「創造性傾向」之冒險性、想像力與挑戰性無顯著相關。但與「創造性傾向」之好奇性與總分有顯著正相關，亦即實習成就越高其好奇性與整體創造性傾向也越高。

效果評估：部分有效

研 究 者：劉丙燈（2003）

對　　　象：國立秀水高工機械科九十學年度三年級學生87人為研究對象

教學方案：原建制甲乙二班分為實驗組45人，控制組42人，進行八週每週二小時創造思考教學。

結　　　果：1. 本研究共發展高職機械科「專題製作」課程「創新發明實驗教材」八個單元，包括發明與生活二單元、專利與發明家一單元、創新與發明方法三單元、美夢成真一單元、人人都是發明家一單元。

2. 高職機械科學生創造力表現在流暢力、變通力、標題等有顯著提昇。

3. 高職機械科學生實施創造思考教學後，在創造性傾向等情意方向的創造力沒差異。

4. 高職機械科學生智育、實習成績與各項創造力評量表現皆

未達顯著相關。

5. 高職機械科學生對實施創造思考教學的學習態度持正向態度。

6. 高職機械科「專題製作」課程融入創造思考教學，可以激發學生創造力。

效果評估：部分有效

研 究 者：江之中（2003）

對　　象：台中縣太平市一所國小四年級兩個班級的學童為樣本

教學方案：其中一班隨機分派為實驗組，學童 37 人，另外一班為控制組，學童35 人，實驗組接受為期十週，共計二十節的實驗教學，控制組則接受一般教學。

結　　果：1. 威廉斯認知與情意教學模式適用於國小四年級之童詩教學。

2. 創造性童詩教學對增進國小四年級學童之威廉斯創造性思考活動的得分有顯著效果。實驗組與控制組學童在「開放性」、「精密力」、「標題」之得分有顯著差異。而兩組學童在「流暢力」、「變通力」、「獨創力」的表現雖然沒有顯著差異，但是，實驗組之後測調整平均數均高於控制組，顯示實驗組在「流暢力」、「變通力」、「獨創力」方面雖有進步，但是進步幅度不大，因此沒有達到顯著水準。

3. 創造性童詩教學對增進國小四年級學童之威廉斯創造性量表的得分無顯著效果。實驗組與控制組在「冒險性」上有顯著差異。顯示在接受實驗教學後，實驗組在「冒險性」方面有顯著進步。而兩組在「好奇性」、「想像力」方面則無顯著差異，但是，實驗組在此兩項調整平均數都略高於控制組，不過進步的程度未達顯著。在「挑戰性」因素

　　　　方面，實驗組與控制組雖然沒有顯著差異，但是實驗組之
　　　　調整平均數卻略低於控制組。

4. 不同實驗處理與不同性別之學童，在威廉斯創造性思考活
　　動的得分無顯著交互作用。創造性兒童詩教學有助於提昇
　　實驗組學童之威廉斯創造性思考活動的得分，但是男女學
　　童之間之威廉斯創造性思考活動的得分則無顯著差異。

5. 不同實驗處理與不同性別之學童，在威廉斯創造性傾向量
　　表的得分無顯著交互作用。實驗教學並不影響學童在威廉
　　斯創造思考傾向量表上的得分。

效果評估：部分有效

研 究 者：蔡慶隆（2004）

對　　　象：國立新竹高級工業職業學校日間部電機科一年級甲班及乙班
　　　　　　學生共 50 人

教學方案：探討創造思考教學對高職電機科學生實習課程學習之成效。

結　　　果：1. 實施創造思考教學對高職電機科學生在電機實習的學習成
　　　　　　　　效上，實驗組顯著高於控制組，顯示高職電機科學生藉由
　　　　　　　　創造思考教學的實施，可以提昇電機實習的學習成效。

　　　　　　2. 實施創造思考教學對高職電機科學生在創造力的表現上，
　　　　　　　　包括「流暢力」、「獨創力」、「變通力」與「總分」等
　　　　　　　　項目，實驗組顯著高於控制組，顯示高職電機科學生藉由
　　　　　　　　創造思考教學的實施，可以提昇創造力的表現。

　　　　　　3. 實施創造思考教學，對高職電機科學生在創造力的「精進
　　　　　　　　力」表現方面，兩組間未達顯著水準，並無顯著差異。

　　　　　　4. 經由檢討會議的討論結果，高職電機科學生普遍對創造思
　　　　　　　　考教學的實施，多持正面肯定的態度，並認為有助於提昇
　　　　　　　　創造思考能力。

效果評估：部分有效

研 究 者：曹志隆（2004）

對　　象：對國小三年級資優班學生提供教學，目的在探討該方案對於國小資優生創造思考能力之教學成效。並根據研究發現，提出具體建議以供資優班教學參考。九十三學年度彰化縣兩所國小之一般智能優異班三年級學生共 57 人

教學方案：創造思考訓練方案的實驗性教學，由研究者自編「科學創意遊戲教學訓練方案」以及「威廉斯創造力測驗」。

結　　果：1. 實驗組在各個分測驗之後測平均數皆高於前測，除流暢性分測驗實驗組後測平均分數與對照組後測平均分數相等外，實驗組各分測驗之後測平均數皆高於控制組各分測驗後測平均數。

　　　　　2. 性別因素在科學創意遊戲教學訓練的過程中，並非影響「威廉斯創造思考活動測驗」創造力得分上的主要因素。

　　　　　3. 本實驗教學對於增進學生創造性傾向，在全量表、冒險性、好奇性、想像力或挑戰性等均達顯著差異，顯示出實驗組有進步的情形，科學創意遊戲教學具有一定的效果。

　　　　　4. 本研究中資優生的自然科學期成績與創造思考能力有一定的相關，其開放性、獨創性與精密力等分測驗的相關皆達顯著水準。

　　　　　5. 實驗組有 89.7%的學生對於科學創意遊戲教學訓練方案持肯定態度，表示若還有機會，願意再接受此課程。根據上述研究結果，本研究提出結論與苦干建議，以供未來有心運用科學創意遊戲於教學或研究上，欲培育學童創造力的相關人員之參考。

效果評估：部分有效

───────────────────────────────

研 究 者：洪淑美（2004）

對　　象：自高雄縣美美國小四年級二個班級，實驗組為四年孝班學

生，共計 29 人，以創造思考教學策略進行教學；控制組為四
年忠班學生，共計 30 人，以傳統教學法進行教學，實施每週
二節為期十週的實驗教學

教學方案：藉由實驗教學來探討及驗證，創造思考教學應用於國小視覺
藝術課程對學生「創造思考能力」及「學習反應」方面的影
響，藉由研究發現，提出具體建議。

結　　果：1. 創造思考認知部分：在創造性認知能力方面其整體表現以
及分項的獨創力、精密力，實驗組學生顯著優於控制組學
生，而實驗組學生的流暢力、變通力與控制組學生沒有顯
著差異。

2. 創造思考情意部分：在創造性情意特質方面整體表現以及
分項的冒險性、挑戰性、想像力實驗組學生與控制組學生
未達顯著水準，但是實驗組學生在好奇性表現顯著優於控
制組學生。

3. 學習反應情形部分：實驗組的學生對創造思考教學策略教
材呈現正向反應在學生學習反應問卷、課堂觀察的資料
上，發現教學活動中呈現輕鬆、開放、主動、快樂的學習
情形且具有提高部分學生學習意願的成效。

效果評估：部分有效

研 究 者：郭雅惠（2004）

對　　象：以桃園縣某國中 72 名國二學生為研究對象，實驗組共 35 位
學生，對照組共 37 位學生

教學方案：本研究主要目的是：(1)設計一套國中生適用的「創造思考教
學融入綜合活動學習領域」教學方案；(2)探討「創造思考教
學融入綜合活動學習領域」教學方案，對國中生創造思考能
力的影響；(3)分析「創造思考教學融入綜合活動學習領域」
教學方案對國中生作文創意表現的遷移效果；(4)提出具體建

　　議，作為國中階段推動創造思考教育的參考。

結　　果：1. 創造思考教學策略可以很自然地融入綜合活動各單元。

　　　　　2.「創造思考教學融入綜合活動學習領域」對國中生語文創
　　　　　　 造思考能力之影響：
　　　　　　 (1)本實驗教學能提昇國中生語文流暢力；
　　　　　　 (2)本實驗教學能提昇國中生語文變通力；
　　　　　　 (3)本實驗教學能提昇國中生語文獨創力。

　　　　　3.「創造思考教學融入綜合活動學習領域」對國中生圖形創
　　　　　　 造思考能力之影響：
　　　　　　 (1)本實驗教學能提昇國中生圖形精進力；
　　　　　　 (2)本實驗教學未能提昇國中生圖形流暢力、圖形變通力及
　　　　　　　 圖形獨創力。

　　　　　4.「創造思考教學融入綜合活動學習領域」能提昇學生學習
　　　　　　 動機；實驗教學能激發學生創造潛能；教師在實驗教學中
　　　　　　 獲得成就感。

　　　　　5.「創造思考教學融入綜合活動學習領域」對國中生作文創
　　　　　　 造力遷移的影響：
　　　　　　 (1)本實驗教學能提昇國中生國文寫作獨創性，及整體表
　　　　　　　 現；
　　　　　　 (2)本實驗教學未能提昇國中生國文寫作寫作流暢性、寫作
　　　　　　　 變通性及寫作精進性；
　　　　　　 (3)寫作獨創性表現佳的國中生肯定實驗教學有助於提昇寫
　　　　　　　 作態度及寫作表現。

　　　　　6.「創造思考教學融入綜合活動學習領域」教學獲得大多數
　　　　　　 實驗組學生喜愛，多數實驗組學生認為本課程有助於增進
　　　　　　 創造思考能力，並願意在學習及未來中落實。

效果評估：部分有效

研　究　者：許淑玲（2004）

對　　　象：台北市某國小六年級四個班級

教學方案：以「電動機」和「物體運動」為教學單元，其中二個班級為
　　　　　實驗組，進行「融入生活化情境的創造思考教學模式」，另
　　　　　外二個班級為控制組，進行「一般自然科教學」。研究工具
　　　　　包括：科學概念測驗、科學性創造思考測驗、個人科學創意
　　　　　特質量表和創意作品評鑑，前二者所蒐集的施測資料採用共
　　　　　變數分析，「個人科學創意特質量表」的施測資料使用科─
　　　　　史單一樣本考驗（Kolmogorov-Smironv One-Sample test）和
　　　　　科─史二樣本檢定比較分析（Kolmogorov-Smironv Two-Inde-
　　　　　pendent-sample test），「創意作品評鑑」的分析是使用 A-
　　　　　AHP軟體程式。除了「創意作品評鑑」於教學後實施外，其
　　　　　他工具分別於教學前與教學後進行前、後測。

結　　　果：1. 實驗組在創造性想像思考、擴散思考均顯著優於控制組，
　　　　　　　但在創造性聚斂思考部分，實驗組學童並沒有顯著優於控
　　　　　　　制組。

　　　　　2. 實施「融入生活化情境的創造思考教學模式」的實驗組和
　　　　　　　實施「一般自然科教學」的控制組在創造人格特質和科學
　　　　　　　概念沒有產生顯著的差異。

　　　　　3. 由 A-AHP 排序結果知道，在學童的心目中一件具有創意
　　　　　　　的玩具或物品之特徵依序為：(1)「好玩&有趣」和「實
　　　　　　　用」；(2)「經過思考，才製作出來的作品」；(3)「具有想
　　　　　　　像力」；(4)「構想獨特」；(5)「造型特殊」、「玩法特
　　　　　　　別」和「吸引人注意」；(6)「外表好看&精美」；(7)「環
　　　　　　　保（廢物利用）」；(8)「可愛」；(9)「顏色鮮豔」和「日
　　　　　　　常用品的縮小版」。

　　　　　4. 實驗組的創造人格特質與其想像、擴散、聚斂等方面的創
　　　　　　　造性思考是有顯著相關，但控制組的創造人格特質與其創

造性思考沒有呈現顯著相關。

5. 創造人格特質較強烈的學童，其在創造力產品的表現上會較優異。

6. 無論是實驗組或控制組的學童，其創造人格特質與科學概念間沒有相關性存在。

效果評估：部分有效

研 究 者：林秀吟（2004）

對　　象：本研究以國小五年級學童為研究對象，採「準實驗設計」進行問題解決創造力教學研究

教學方案：研究資料主要採取量的分析，並以質的探討為輔。在研究設計中，實驗組（N＝67）與控制組（N＝68）二者均進行前後測，實驗組採情境式 STS 理念教學，控制組採一般自然科教學，測驗內容包括「國小學童問題解決科學創造力評量」與「國小學童科學創造傾向量表」，研究工具主要為研究者自行開發，並進行信、效度分析。

研究資料包括兩組之前後測結果與實驗組之質性資料——訪談紀錄、教學札記、科學產品照片、教學活動錄影等，量的資料中問題解決規劃與過程兩層面之創造力採用「共變數分析法」，問題解決產品層面之創造力採用「改良式階層分析法（A-AHP）」與「t 考驗」，科學創造傾向則使用「K-S 考驗」來分析資料，而質性資料則進行編碼詮釋、整理分析。

結　　果：1. 在規劃與過程層面之學習成效：規劃—科學性、規劃—精進性、整體規劃（組織性＋精進性）、過程—科學性、過程—變通性、過程—檢核評估、整體過程（收集資料＋檢核評估＋變通性），實驗組顯著優於控制組；而規劃—組織性、過程—蒐集資料，實驗組與控制組沒有顯著差異。

2. 在產品層面之學習成效：整體產品的科學性、實用性、流

暢性、創新性與精進性等項目，顯著優於控制組。

3. 在科學創造傾向 4P 各向度，實驗組並沒有顯著改變。

4. 實驗組學童表現多項科學創造行為表徵，與科學創造力之
擴散思考的正面延宕效應。研究結果顯示「情境學習」結
合「STS 理念」的教學策略，引導學童透過創造性問題解
決歷程，對於學童之科學概念建構、科學過程技能應用與
科學創造力培養確實具有正面的學習效果，可為「自然與
生活科技」領域教師教學之參考。

效果評估：部分有效

研 究 者：李崇城（2004）

對　　象：高職生在商標設計課程中導入創造思考教學法後之學習成效

教學方案：第一部分為調查教師與學生在教學上之問題點，以瞭解商標
設計教學之現況，並擬定改進之創意教學模式。第二部分是
將受測之兩班學生分為創造思考教學法之實驗組與一般傳統
教學法之對照組，實施教學實驗。在實驗前先施以「圖形創
造力同質性檢測」以確認兩組學生之基礎能力，並於教學實
驗後施以「圖形創造力檢測」比較分析兩組之教學成效。第
三部分再以商標實務設計之方式，進行「商標設計能力檢
測」，比較分析兩組之教學成效。

1. 創造思考教學法下圖形創造力之成效：採用創造思考教學
法的學生在「流暢力」、「變通力」、「獨創力」、「精
進力」四種能力的表現均優於一般傳統教學法的學生。

2. 創造思考教學法下商標設計能力之成效：

　(1)創造思考教學法下的學生在總體商標設計能力表現，優
　　於一般傳統教學法的學生。

　(2)創造思考教學法下的學生在「商標造形整合、商標修
　　正、商標篩選、商標完稿、商標配色」等能力表現，皆

優於一般傳統教學法的學生，在「資料分析能力」方
面，兩組則無顯著差異。
(3)創造思考教學法下的大部分學生，對教學法感到滿意，
且覺得依教學中之方法能較有效進行商標設計。

效果評估：部分有效

綜合我國有關創造思考教學效果之研究，大部分都證實可以促進學
生的創造思考能力。在所有五十八篇研究中，有效占 36.2%，部分有效
占 60.3%，無效僅占 3.4%，可知成功率頗高，由此可肯定創造思考教學
有助於學生創造思考能力之增進。如從所有的研究內容加以分析，我們
可獲得下列幾點方向：

1. 就實施對象而言：包括幼稚園至大學各階段學生及小學教師，範
   圍之廣，而以國小階段最容易實施，占全部的55.2%。由此可見，
   創造思考教學可應用在各年級的學生，小學教師也適用，而國小
   階段是最容易實施的。
2. 就實施的科目而言：在國內國中、國小部分有數學、國語、自
   然、社會以及作文和繪畫，幾乎包含各科的教學。而在大學階段
   卻不以科目來實施，而係採訓練教材。創造思考教學顯然可應用
   於各學科。而以實施的領域言之，語文領域最容易實施的，占全
   部的 31%，而健康與體育仍未見實施方案。
3. 就實施時間而言：可分為長期及短期的實驗。短期從數小時到數
   週，長期的由十幾週到一年左右，甚至有追蹤好幾年的研究。
4. 就評量工具而言：在國內的研究大多以陶倫斯的圖形及語文創造
   思考測驗為主，賓州創造思考傾向次之，僅陳榮華（1985）自編
   語意擴散思考測驗，王木榮（1985）新修訂的威廉斯創造思考測
   驗修訂完成後，應用的研究必隨之增加，而很多研究均建議增編
   創造力的評量工具。在國外部分採陶倫斯測驗的研究仍占多數，
   但仍有許多創造力測驗，國內可加以引進修訂。創造力的評量的

表 10-3　國內博碩士論文為主的創造思考教學成效分析表

效果評估 依研究者 及研究對象　　領域	配合特定學科的創造思考教學						其他創造力相關技法	實施對象群數					總計	百分比
	語文	數學	自然與生活科技	社會	藝術與人文	綜合活動		小學	國中	高中職	大專院校	其他		
有效	1.陳榮華(1985)小四 2.劉能賢(2002)小五 3.林建平(1984)小二 4.賴美蓉(1991)小二 5.李佳容(1999)小三 6.陳龍安(1984)小二 7.陳龍安(1990b)		1.張志豪(2000) 2.許順欽(2003)小四 3.曹志隆(2004)小三				1.林幸台(1974)中二 2.王精文(1983)小三、四 教師 3.張玉成(1983)工專 4.林清華(1988)小四 5.張世彗(1988)小二 6.鄭聖敏(1998)小五、六 7.鄭聖敏(1998)國五 8.余咸度(1998)國五 9.許純怡(2003)小五 10.周光璐(2003)國三	13	3	1	2	1	21	34.5%
部分有效	1.李錫津(1987a)高職 2.陳美岑(2000)高職 3.江文中(2003)小四 4.吳靜吉(1976)大學生 5.陳龍安(1984)小四 6.吳明雄(1988)高二 7.陳龍安(1990b)小二 8.陳龍安(1991)小二 9.趙淑美(1998)國二 10.盛秀梅(2002)資源班	1.賈馥茗(1987a)小六 2.陳龍安(1985a)小三、小四、小五	1.唐偉成(1998)小五 2.李彥斌(2002)高職 3.吳美慧(2002) 4.林秀吟(2004)小五 5.許淑玲(2004)小六	1.黃麗貞(1986)小五 2.楊世華(1993)兒童音樂班	1.洪淑美(2004)小四 2.陳冠如(1997)	1.郭雅惠(2004)國二	1.李雄揮(1983)小五資優班 2.許賢(2002)高職 3.劉應蘭(2002)小四 4.洪永凱(2003)高職 5.戴永鑫(2003)高職 6.李世程(2003)高職 7.陳崇彥(2003)高職 8.劉丙燈(2003)高職 9.劉丙燈(2003)國二 10.徐玉琴(1975)國二 11.蕭育青(1993)幼稚園大班 12.陳夌宇(2000)小五、六 13.關惜華(2002)國一 14.蔡慶隆(2004)高職 15.許淑美(2004)小六 16.李榮城(2004)高職	16	3	12	1	3	35	60.3%
無效	1.賈馥茗(1970)小二、五 2.陳龍安(1988)小四、六							2	0	0	0	0	2	3%
實施對象群數　小學	11	2	6	1	3	0	8						31	54%
中學	1	0	1	0	0	1	4						6	10%
高中職	3	0	0	0	0	0	10						14	24%
大專院校	1	0	0	0	0	0	2						3	5%
其他	1	0	0	0	0	0	1						4	7%
總計	17	2	7	2	3	1	25						58	100%
百分比	30%	3%	12.1%	3%	5%	2%	43%							

效度問題一直為國內外學者所爭議，美國學者關特（Guenter,
1985），曾分析 1950 年至 1985 年三十五年間創造力及其評估對
美國教育的歷史性影響，結果發現：在美國教育的創造力評量並
沒有很大的成效，因為其過多的變因導致許多爭議。從許多反覆
的測驗資料中顯示相互衝突。因此創造思考教學效果的評估，創
造力測驗影響很大，不可不慎。

5. 就實驗的方法而言：大部分的研究均採前後測控制組實驗設計，
   採量的研究，而質的研究較少，今後有加強的必要，以補測驗不
   足的因素。

6. 就實驗方案的內容而言：可分發問、教學、視聽媒體（錄音
   帶）、作業簿、補充教材……等。

7. 就實驗結果來說：各研究的結果並不一致，但一般說來對學生創
   造思考能力均有助長的效果。

二、台北市創造思考教學之推展及成效評估

　　創造思考教學在國內的推展，始於 1983 年台北市政府教育局毛連塭
局長的大力倡導，1988 年台北市立師範學院創立全國唯一的創造思考教
育中心，由陳龍安擔任主任，辦理各項創造思考講座、師資研習、親職
活動。由於政府的重視、學術單位的支持，以及各級學校的配合，創造
思考教學才能蓬勃發展，成效逐漸顯著。

　　1983 年 3 月 2 日在台北市中山區吉林國民小學活動中心召開台北市
創造思考教學研討會，由毛連塭局長親自主持，全市各科輔導團、校
長、督學參加並邀請國內創造思考教育學者：師大校長郭為藩教授、師
大吳靜吉教授、師大彭震球教授、高雄師範學院訓練主任陳英豪教授、
彰化教育學院林幸台教授、教育部僑教會張玉成科長、師大研究所方瑞
民教授、政大呂勝瑛教授、市立師專陳龍安教授等人參加，創造思考教
學如何有效推展為主題，探討：(1)對台灣推動創造思考教學應該採用何
種模式？(2)在何種方式下採用創造思考教學？(3)在正課裡實施或另設時

間？(4)學校環境布置如何配合？(5)教學氣氛如何改變？(6)老師與校長之間的教學怎樣安排等問題。會中對創造思考教學之如何推展有很熱烈的討論。一致認為創造思考教學值得在國內全面實施，毛局長並在會議中做了以下結論：

1. 創造思考教學的提倡，直接有助於教學方法的改進，間接有助於科學的創造與工業的升級。

2. 創造思考教學應包括教師教學方法的創新與學生創造能力的培養。

3. 創造思考教學與傳統教學應可相輔相成。

4. 創造思考教學應是全面性的，我們需要創造的人，也需要能欣賞創造的人。

5. 創造思考教學不應是獨立的課程，而是以現行課程為基礎來實施——從限制中求自由。

6. 創造思考教學之推動應以教學環境的布置、教學方法的創新、教學評量的配合、教師態度的改變及教學氣氛活潑為前提。

7. 創造思考教學可在各科的各階段教學過程中實施。

8. 創造思考教學仍應以廣博學識經驗及健全人格為基礎。

9. 本市推動程序：

    (1)以輔導團為基礎。

    (2)各科指定一校實驗——以輔導主任委員所屬學校辦理為原則。

    (3)辦理研習會。

    (4)成立編輯小組。

    (5)成立課程設計小組。

    (6)師專教授研討會。

10. 創造能力的培養有助於教學成績的提高。

11. 創造思考教學的推動，應考慮教師的個別差異。

此次的研討會，確定了台北市推展創造思考教學的方向，也成為我

國教育史上倡導創造思考教學法的里程碑。

　　台北市教育局在毛局長指示下，首先在國民小學全面推展創造思考教學，其實施要點如下。

㈠創造的輔導團

　　台北市為使創造思考教學能順利在各科中實施，特別針對各科輔團辦理各項創造思考教學研討及輔導活動作為種子隊，積極展開播種工作，使創造思考教學由點擴展至面，順利展開，創造的輔導團先後進行了下列活動：

1. 辦理創造思考教學研討會。
　　⑴聘請學者專家以座談方式與國小各科輔導團輔導員（督學）及主任輔導員（校長）溝通「創造思考教學」之觀念，以為推廣創造思考教學之發軔，於 1983 年 3 月 2 日假吉林國小辦理。國中、高中職創造思考教學研討會亦陸續展開。
　　⑵大量印發創造思考教學研討會紀錄，為爾後類似研討之觸媒。

2. 辦理輔導團分科研習會。
　　⑴各科輔導小組分別假教師中心研習一週，自 1983 年 5 月 13 日至 7 月 2 日共六梯次，研習對象為各該科輔導小組全體輔導員及有關教師。
　　⑵邀請創造思考教學研討會資源教授會同本局及教師中心設計研習課程，本課程宜兼顧輔導員或教師創造人格之陶冶及專業知能、專業精神之培養。
　　⑶各科輔導小組應於研習中擬訂各科推廣及輔導創造思考教學計畫，並經充分討論及專家指導。

3. 邀請對該科創造思考教學有專門研究之教授為諮詢輔導資源。

4. 各科輔導小組分至各校輔導。

5. 台北市政府教育局科督學亦配合辦理有關創造思考教學之座談及研習會。

(二)創造的學校

創造思考教學能否落實在學校各科中，校長、主任及教師是最大的關鍵，因此在輔導團進行創造思考教學研習之後，即在七十三年度進行下列工作：

1. 辦理校長創造思考教學研討會。
   (1)配合 1983 年 6 月 7、8 日國小校長會議假教師中心舉行。
   (2)聘請教授專題演講。
   (3)校長研討有關創造思考教學各項問題。
   (4)安排參觀美國學校。
   (5)分發吉林國小創造思考教學研討會紀錄。
   (6)其他各級學校校長會議亦列為主題。

2. 辦理教務主任創造思考教學研習會。
   (1)於 1982 年暑假教師中心辦理二梯次，每次一週，每二十四校編為一梯次。
   (2)設計研習課程（可參考輔導團分科研習課程）。
   (3)各校教務主任擬訂 72 學年度實施創造思考教學之具體計畫。

3. 辦理教師創造思考教學研討會。
   (1)各校利用星期三教師進修時間舉行。
   (2)分發資料或指定書籍供研讀。
   (3)各項教師研習會均應安排創造性人格陶冶及教學專業知能訓練課程。
   (4)配合辦理教育講座。

4. 辦理各科創造思考教學觀摩及研討會。
   (1)由各科輔導小組主任輔導員所在學校或其他適當學校辦理。
   (2)分科分年級辦理，以確實把握個別差異。

5. 辦理學生創造力夏（冬）令營。
   (1)由教育局辦理全市性學生創造力夏（冬）令營。

①各校推薦學生參加。

②配合各科分別辦理，如小小科學家、文學家、音樂家、美術
　家等營隊。

③遴聘優良師資擔任教席。

④安排適當課程及活動。

⑵由各校視條件分別辦理校內學生創造力夏令營，可配合暑期學
　藝活動辦理。

⑶各校課後活動配合辦理。

6. 表揚教師創造思考教學典範。

⑴給予行政獎勵。

⑵配合教師節表揚。

⑶選派出國考察。

7. 表揚學生創造力楷模。

⑴配合兒童節辦理。

⑵予以追蹤特別輔導。

⑶列入模範生表揚範圍。

8. 師資培育機構市立師專也積極注重師資養成時創造思考教學知能
　之培養。

㈢創造的校外環境

為了使創造思考教學能充分有效全面展開，特別要求家庭、社會團
體及傳播機構的配合：

1. 家庭的配合：

⑴在家長參觀教學日中加強溝通觀念，爭取家長之協助。

⑵加強學校、教師與家庭間之聯繫。

⑶配合一家一書運動，輔導家長閱讀有關教育及創造思考教學之
　資料書籍。

⑷表揚創造性家庭。配合父親節、母親節辦理。

⑸各校舉辦創造思考親職講座。

2. 社會團體的配合：

⑴鼓勵校長、教師出席村里民大會，運用影響力。

⑵鼓勵文教基金會或有關財團法人辦理創造思考教育的各項活動、競賽、講座或研習。

3. 傳播機構的配合：

⑴適時妥善提供創造思考教學有關新聞，擴大宣傳。

⑵鼓勵學校教師撰寫心得或專論提供發表。

⑶密集呼籲，造成潮流。

㈣創造的教學資源

創造思考教學之實施，須有較充足的教學資源，台北市政府教育局特為此成立創造思考教學課程設計小組及編輯小組。

1. 成立課程設計小組：

⑴由各科資源教授、各科輔導小組及教師組成之。

⑵精密探究各科課程、設計妥善之創造思考教學指引。

2. 成立編輯小組，出版創造思考教學參考資料。

⑴向專家教授約稿，編印分發各教師參考。

⑵編輯出版各科創造思考教學輔導叢書。

⑶辦理徵文，由教師提供並討論推動創造思考教學之經驗與心得。

⑷翻譯國外有關創造思考教學參考書籍。

⑸編輯出版各科各單元創造思考的發問技巧專輯。

⑹編印各科各單元創造思考作業舉例。

⑺編印各科創造思考成績考查方式舉例或題庫，改進命題技術。

⑻請石牌國小視聽教材製作中心，錄製創造思考教學影片。

⑼購置、發展與製作有關教具或教學資料。

㈤**創造的推廣**

創造思考教學先從國小展開，但仍希望在幼稚園、國中、高中乃至全國各地普遍實施，因此，除台北市幼稚園、國中、高中（職）相繼循國小推展創造思考教學的模式辦理外，更進一步採下列措施。

1. 提供實施創造思考教學之經驗、資料給台灣省教育廳、高雄市教育局參考，並由市立師專組團前往金馬前線辦理創造思考教學研習及輔導。
2. 提供教學觀摩會供其他縣市參觀。
3. 提供教學節目或適當活動錄影供電視台播放。
4. 實施創造思考教學之成效，由毛連塭及陳龍安在世界資優教育會議宣讀。
5. 請研考會實施評鑑。

至此，創造思考教學的觀念已在全國普遍流行，台灣省各縣市及高雄市、金馬地區都相繼舉辦創造思考教學研習會，而台北市的實施成效也由研考會進行評估研究。

台北市政府研究發展考核委員會為評估台北市國民小學創造思考教學之成效，特委託政治大學教育研究所黃炳煌教授（1987）主持專案評估研究。

研究問題包括教材、教法、教師意見、學校行政當局意見及學生的學習成果等方面，分別採用訪問、問卷、教學觀察、內容分析等方法進行研究。研究結果顯示：

㈠**教材與評量的設計**

創造思考教學活動設計在專家指導，各科教師再三反覆斟酌下，皆符合創造思考的原則，但問題在教師使用時是否掌握並發揮其精神。這點將在教師的教學方法中詳加討論。至於學校所用的評量，誠如教師及

學校行政單位的反應所示，目前所用的評量卷實不足以反應創造思考的精神，而能反應創造思考精神的評量卷卻不容易編製及批改。不論重點科目學校或對照學校的試題，多數是從課本、指引、習作中直接引用出來。剩下來的試題也以認知記憶性的為最多。當試題偏重記憶時，課堂的創造思考活動僅成為點綴之休閒活動，事實上仍是講與背，這就違背了推行創造思考的原意。

㈡**教師對創造思考教學活動的看法**

在二百一十一位受訪的教師中，77%的教師皆已使用創造思考教學法。他們多數同意：

1. 教育局所提供的創造思考教學參考資料可用，但教材卻不容易在規定的時數內教完，而且也限制了他們的教學工作。

2. 他們可以自行設計創造思考的課程。

3. 要花較長的時間來批改學生的習作及試卷。

4. 目前學校所使用的評量工具無法有效地評量出學生的學科創造力。

5. 學生喜歡創造思考教學，在表達能力、發問技巧、想像力、解決問題能力及學習興趣上都有進步，唯獨在學業成就上，有將近50%的教師不認為學生進步了。

6. 學校行政上都能配合（除對照學校有將近50%的教師覺得學校對教具的支持不夠）。

7. 在職訓練的機會不夠。

8. 與家長溝通機會不多，無法肯定家長對創造思考教學的看法。

9. 創造思考教學是一特殊的教學方法，會使教室秩序難以控制，使學生胡思亂想，不切實際。但教師們確定它有助於學生學習。

10. 班級人數之眾多及考試成績的激烈競爭不會影響到創造思考教學的進行。

　　上述的結果顯示，教師們看到創造思考教學的效果，他們也有信心自己可以執行這種教學，但也有一些困難，如教材過多、評量不易等。這些意見與學校行政單位的看法相近。可見教材過多、評量不易、在職訓練不足等問題是教育主管單位最該解決的問題。

　　然而從教師的反應中，研究者也看到一些矛盾的現象，那就是他們認為創造思考教學是一種特殊的教學方法，會使學生胡思亂想。這些想法會影響教師去執行，也會成為一種藉口而使教學效果打折扣。因此教育主管單位與教師做觀念上的溝通是迫不及待的事，務使老師徹底瞭解創造思考只是教學過程中教師對教材、對學生、對自己的一種較開放的態度，而學生的胡思亂想是他們邁向創造思考的必要過程，要加以引導而不要因害怕而加以壓抑。這種觀念上的溝通也要配合一些教學技巧的訓練，使教師的態度與行為能全然配合而徹底執行本教學法。

㈢教師的教學方法

　　由觀察教學的結果，研究者發現執行創造思考教學的教師，其教學與其他兩組（對照班與普通班）的教師沒有多大差別，除了他們較常用的問答法外。講解多、問認知記憶性題目多、重複學生答案多，都是三組老師共有的現象。這顯示教師確實需要在職訓練。此與教師、學校行政單位所反應的意見相同。在職訓練的主題應是如何發問、由認知記憶題提昇到創造性及批判性的題目，以及如何處理學生的答案，使學生在答案中再深入、再獲得。有好的創造思考教材之外，也要教師能充分掌握創造思考的精神，如此才能發揮創造思考教學的效果。此外教師如何運用討論技巧，使學生間互相激盪，以及如何運用分組讓學生學習也是在職訓練中應強調的技能。

㈣學生的創造力、學科成就及學習興趣

　　重點科目班學生在創造力上的成績表現，是台北市教育局推行創造思考教學兩年來最引以為傲的事。評量結果明顯指出，大部分重點科目

班學生創造思考能力優於其他兩組學生。在學科成就方面，重點科目班學生的表現不是最優但在學科創造成績方面表現良好，整體而言，重點科目班學生的表現次於普通班學生、優於對照班學生。但重點科目班學生在學科創造成就方面的表現比在一般成就上的表現要好。這些結果反應一件事，也是教師們所反應的：一般性評量不足以評量所謂的創造思考。其結果自會引起誤解，以為創造思考教學沒有效果。因此如何改進評量方式，或是建立題庫或是加強教師出題、批改的訓練，都是必須儘快進行的工作。其次該作的是加強與家長之間觀念的溝通，以免他們的傳統看法成為實施創造評量上的阻力。

至於學生的學習興趣，包括學生所知覺到的教室氣氛及上課意願，三組學生都沒有差異。研究者原先假設學生會喜歡創造思考的教室氣氛，此點顯然在該研究結果中未獲證實。其原因或許是學生尚未習慣此教學法的特色，如他們不喜歡發表、討論；亦可能是上課對學生來說就是上課，他們不感覺任何特殊之處。換句話說，研究者的假設有錯誤。至於真正的原因何在，則須更長的時間，等學生習慣於創造思考的教學模式之後才會明白。

動腦思考

如果讓你主持一個全國性的創造思考教學實驗計畫,你想怎麼做?
請把你的構想寫下來。

第11章
創造思考教學的評量

本章重點摘錄

欲有效培養學生創造力，必須瞭解如何評量；但由於創造力的概念複雜，很難發展出一套適合所有創造力特質的評量工具。

一、創造思考評量的困難

1.創造力的理論敘述紛歧，很難有令人信服的驗證結果。

2.創造力的評量標準往往受到許多主觀因素的影響。

3.創造力絕非單純之擴散思考。

4.創造力評量之效度考驗往往缺乏有力的效標。

5.創造力評量分數的解釋簡單化，易造成誤解。

二、創造力的評量方式

1.擴散思考測驗。

2.人格量表。

3.態度與興趣量表。

4.他人的評定。

5.傳記問答。

6.傑出人士。

7.自陳式創造活動與成就。

8.產品評判。

三、國內創造思考的評量工具

四、創造思考評量的評分指標

㈠認知方面：流暢力、變通力、獨創力、精進力。

㈡情意方面：冒險心、挑戰心、好奇心、想像力。

五、創造思考評量的新方向

創造力乃一複雜的觀念，涉及的層面頗廣，所以欲評量創造力，必須來自多方面觀察，以盡量減少主觀影響。

學習者在學習過程之中，可透過教學評量加以瞭解，並診斷在教學活動中所表現的學習成就，可作為改善教學的重要資訊，經由教學策略的結合，成為整體教學之計畫。創造力的重要性備受矚目，教育界亦逐漸重視創造思考能力的培育，欲瞭解經由培訓後創造思考能力的表現，則須加以評量。因此，如何有效評量創造力，乃今後發展創造力教學的重要課題。

本章擬就創造力評量的緣起、困難、方式加以探討，並蒐集、整理國內現有創造力測驗，加以簡介，以成為使用創造力評量之參考，最後並提出創造力評量的新方向，以瞭解創造力評量之發展趨勢，作為今後修訂創造力測驗之依據。

壹、創造力評量的緣起

心理學家很早就關心個人能力的問題，在心理學發展初期，就有許多心理學家致力於個別差異現象的探討，不過早期的心理學源自物理學，因此研究方法多取自自然科學，而其研究重點偏重於可觀察的生理反應現象，至於人類其他抽象複雜的心理功能更少有人加以研究（Brooks & Weinraub, 1976）。

針對此狀況，法國心理學家比奈（A. Binet, 1857-1911）在其 1895 年創刊的《心理學年刊》（*L'Annel Psychologique*）常撰文批評之。比奈認為智力測驗應評量較複雜的心理功能，如記憶、注意、理解、判斷、審美及想像等（Binet & Henri, 1896；見 Brooks &Weinraub, 1976; Brown, 1989）。比奈曾建議以開放式的題材評量有創意的想像力，例如讓受試者看墨漬圖片後說出一段故事、說出三個押韻的字（詞）、根據三個字詞（如巴黎、幸運、河流）組成一句話等，這種構想可說是創造力評量的雛形（Barron & Harrington, 1981；引自毛連塭等，2001）。

直到 1950 年基爾福特倡議加強創造的研究後，才開始受到廣泛的注意而逐漸有若干正式的測驗問世。基爾福特本人即曾依據其智力結構說

（Structure of Intellect），編製數份與創造力有關的測驗，但真正有系統
地發展創造思考評量工具者，應屬 50 年代即任教於美國明尼蘇達大學的
陶倫斯（Torrance），其所編製的明尼蘇達創造思考測驗〔Minnesota
Tests of Creative Thinking，後改名為陶倫斯創造思考測驗（Torrance Tests
of Creative Thinking, TTCT）〕為眾多創造心理學研究的重要工具，截至
目前為止，與之相關的研究報告已達一千篇以上。唯近年來由於對創造
力的觀點有分歧而趨多元化的情形，加上測驗理論與統計方法的創新，
乃有更多不同觀點、不同形式的評量工具發展出來（引自毛連塭等，
2001）。

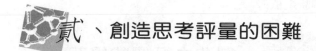 貳、創造思考評量的困難

　　為什麼要評量或測量創造力呢？崔芬格（Treffinger, 1987）指出創造
力測驗有以下七點理由：(1)瞭解個人的優點，可以讓學生表現得更好；
(2)要超越智力及成就測驗之外；(3)進行實驗者要給學校一些基本資料，
以便於他們能夠將自己的學生與常模做比較；(4)學生的基本側面圖要包
括創造力的資料；(5)幫助教師發現他們自己的創造才能；(6)推動有關於
培養及發展創造行為的研究；(7)排除對於創造力的迷思。但在創造力的
研究不斷發展，急遽增加之際，創造力評量的問題一直困擾著許多研究
者（Treffiger & Poggio, 1976）。其主要原因係對於創造力之本質與評量
方法不一所致。由於各學者對於創造力所持觀點的不同，對創造力的定
義亦顯得分歧，山本（Yamamoto, 1965）即綜合許多創造力的定義，而
以「創造力是瞎子摸象的報告」為題，指出創造力本身概念的複雜與不
明確。美國創造力大師陶倫斯（Torrance, 1966）亦指出由於創造力的概
念複雜，很難發展出一套涵括所有創造力特質的評量工具（王木榮，
1985）。

　　創造力的評量至少有下列幾項困擾有待解決：

　　1. 創造力的理論敘述分歧，對於創造力的定義複雜不明確，而大多

數的創造力測驗，均係根據研究者創造理論編製，很難有令人信
服的驗證結果。

2. 創造力的評量大部分係根據作品的特質來評定，但評量的標準往
往受到許多主觀因素的影響，而且標準如何訂定也是件頗難的事。

3. 創造力絕非單純之擴散思考，除認知層面外，非認知的因素，以
及早期的個人經驗、環境因素等均會影響到創造力的表現，在創
造力評量上往往被忽略了。

4. 創造力評量之效度考驗往往缺乏有力的效標，而其預測效度仍須
進一步研究。

5. 創造力評量分數的解釋簡單化，易造成誤解。

 參、創造思考的評量方式

創造力評量的類別有許多，引用最為廣泛是依照 Hocevar（1981）、
Hocevar 和 Bchelor（1989）的八大分類方式（林幸台，2002；張世彗，
2003），分述如下：

㈠**擴散思考測驗**（test of divergent thinking）

主要依據基爾福特「智能結構說」認知運作層面中的「擴散思考」
理念編製而成。

由基爾福特和其他事所發展出的許多擴散思考的測驗。運用擴散思
考（diverfent thinking, D），將圖形（figural, F）、符號（symbolic,
S）、語意（semantic, M）、行為（behavior, B）的材料加以運作，而產
生單位（units, U）、類別（classes, C）、關係（relations, R）、系統
（systems, S）、轉換（transformations, T）及應用（implications, I）的結
果，總共有二十四種組合。例如：DMT：語意轉換的擴散性思考測驗，
給一個故事，描述一個人吃掉了他釣到的魚，因此他失掉了得獎的機
會，請受試者為這個故事訂一個新奇而又幽默的題目（陳龍安，

1984a）。

目前最常使用的為「陶倫斯創造思考測驗」，用來評定流暢力、變通力、獨創力和精密力。

目前國內常使用的「擴散思考測驗」有「威廉斯創造力測驗」的「創造思考活動」（林幸台、王木榮，1987）和「新編創造思考測驗」（吳靜吉，1998）。

不過這種方法也有人認為不是真正評量創造，僅為擴散思考的評量（林幸台，2002），因此這種方式的效度受到很大的質疑。連陶倫斯本身都認為除測驗分數外，還有更多人格與情意方面的特質會影響到個人真正的創意表現（江美惠，2005）。

（二）人格特質量表（personality inventories）

利用人格特質量表來衡鑑創造力。通常所採用的工具主要為傳記式的自陳量表，或較無結構的心理測驗工具，如投射測驗，或為較具結構性的心理測驗工具，如卡氏十六種人格因素測驗和加州心理量表等。亦有學者採用形容詞檢核表的方式來評量。

上述擴散思考測驗主要在評量認知方面的特質，事實上，人格因素對創造行為的表現亦具有重要影響作用，因此評量與創造有關的人格特質（如獨立、冒險、開放、想像等）亦可推知其創造力的高低（毛連塭等，2001）。

陶倫斯歸納了八十四種創造者的特徵，而其中以三十四種最為重要（郭有遹，1992a）：接受凌亂、有冒險精神、熱情、顧及他人、經常受困惑、受凌亂所吸引、受神秘所吸引、害羞、建設性批評、盡責、不拘禮數、有超級的願望、價值分明、受機關困擾、易鬧情緒、挑剔、不以異於常人為懼、愛獨處、獨立判斷、生活失調、永不厭倦、多問、有些狂野之性、對不同意見感到興奮、有自信、有使命感、有幽默感、規避權利、真誠、自動自發、頑固、偶爾退縮、空想、多才多藝。

㈢態度與興趣量表（attitude & interest inventories）

　　根據研究有創造力的人，其顯露的興趣和態度較利於創造思考的活動。例如 Raokey 所編的賓川創造傾向量表（Pennsylvania Assessment of Creative Tendency）所列的題目即代表一個人的生活態度或對事情的看法，讓受試者，依自己同意的程度作答。威廉斯（Williams, 1980）之創造評量組合測驗（Creativity Assessment Packet, CAP）中的創造性傾向量表（林幸台、王木榮，1994）、羅賽浦（E. Raudsepp）創造傾向量表（Creative Scale，見丁興祥等，1991）以及卡替那與陶倫斯（Khatena & Torrance, 1976）所編之創造知覺問卷（Creative Perception Inventory）、大衛氏與瑞姆（Davis & Rimm, 1982）之發掘興趣團體問卷（Group Inventory for Finding Interests, GIFFI）等均是（毛連塭等，2001）。

㈣教師推薦（teacher nomintions）

　　透過教師平時的觀察，提供一些行為特質的參考標準，由教師提名具有創造力特質的學生。

㈤同伴提名（peer nominations）

　　提供一些同伴提名時的效標，如：「在你班上哪一個人說話最多？」「誰的好主意最多？」……等，讓學生提名。

㈥傳記量表（biographical inventories）

　　從一些過去的經驗的陳述，可衡鑑受試的創造力，通常都是設計一些問卷讓受試者填答。藉由個人過去所經歷及家庭或學校的環境狀況等題目來評量創造力。例如，Taylor 等人所編之阿法傳記問卷（Alpha Biographical Inventory）與 Schaefer 的傳記問卷。

㈦名人或傑出人士研究（eminence）

根據個體目前所居之社會地位，身分的顯著卓越作為評量之準據。從研究傑出人士所具有的特質可以提供評量創造力的指標。但是這類研究多以少數傑出人士為對象，與創造為普遍的特質、人人皆有的觀點可能相違背，因此實際運用上有待進一步的探討（林幸台，2002）。

㈧自陳式創造活動與成就（self reported creative activities & achievements）

評定創造力的高低最便捷的方法是依個人陳述其所從事的活動與成就加以評斷，如曾獲得專利權、公開展出個人的作品、參加科學展覽競賽的名次、刊登於全國性報紙或雜誌上的詩或小說等文學作品、參加戲劇表演等。何蘭（J. L. Holland）等人在此方面有甚多研究，並據以列出一檢核清單（checklist）。Hocevar（1979）曾以實證的方法將上述活動與成就編成一份評量問卷，可評出個人在藝術、工藝、文學、音樂、戲劇及數學—科學等六方面的創造性，使用者一檢核個人資料符合所列項目的次數，藉以代表個人創造力的高低。此外，陶倫斯（Torrance, 1969）、阮寇（Runco, 1986）等人亦有類似的表列式清單作為評估之依據。林幸台（2002）認為此種方法雖然不易決定何種活動或成就可視為創造，但其表面效度相當高。

㈨產品評判（judgments of products）

此一評量方式與上述各類均有所不同，若干學者認為一個人所發展或表現的產品是評判其創造性高低最直接的依據，因此以其產品作為衡鑑創造力的高低是最直接的方法。評判產品的人可以是該領域的專家，亦可以是一般人，而評判的標準則視研究者所根據的創造定義而異（林幸台，2002）。

從專利、發明的審查標準，新穎性、實用性及進步性來判斷產品是

表 11-1　創造力評量方式分類與創造力 4P 的關係

測驗	內容	測驗名稱	編製者	年代	測驗目的或結構	創造人格	創造歷程	創造產品	創造環境
擴散思考測驗	由基爾福特和其他人所發展出的許多擴散思考的測驗。運用擴散思考將圖形、符號、語意、行為的材料加以運作,而產生單位、類別、關係、系統、轉換及應用的結果,總共有二十四種組合。	交替用途測驗	Christensen Marrifield & Wilson	1960	要求受試者對尋常之物體舉出各種用途。		√		
		創造力測驗	Wallach & Ko-gan	1965	以遊戲的方式呈現於語文與視覺的創造力測量。				
		圖畫標題測驗	Berger & Guilford	1969	要求受試者對兩個故事想出標題。				
		陶倫斯創造思考測驗	Torrance	1974	以語文及圖畫測驗來測量受試者的流暢力、變通力、獨創力、圖量測驗再加上測量精進力。				
		智力結構學能力測驗	Meeker & Meeker	1975	將創造測驗修正運用至小學階段。				
態度與興趣量表	根據研究有創造力的人,其顯露的興趣和態度較利於創造思考的活動。	潛意識活動量表	Holland & Baird	1968	要求受試者選擇其同意的選項。	√			
		創造知覺量表	Khatene & Baird	1968	分為二個分測驗:(1)我自己;(2)妳是哪種人?要求受試者在強迫選擇下選擇特質。				
		賓州創造傾向量表	Raokey	1982	所列的題目代表一個人的生活態度或對事物的看法,讓受測試者依自己同意的程度作答。				
		發現興趣團體表	Davis & Rimm	1982	要求受試者在活動中指出自己有興趣者。				
創造人格量表	利用人格特質量表來評量創造力。	加州心理量表	Gorgh	1957	測量創造力傾向。	√			
		形容詞檢核表	Gough & Heil-brun	1965	要求受試者選擇其同意的人格形容詞選項。				
		十六種人格因素問卷	Cattel & Eber	1965	要求受試者在問卷中指出自己的人格取向。				
		綜合人格量表	Heist & Yonge	1968	要求受試者選擇其同意的選項。				
		創造人格量表	Gough	1979	要求受試者選擇其同意的人格形容詞選項,使用者代表性之形容詞為:聰明、個人主義的、有洞察力的、獨創的、自信的、不保守的。				

（續）

測驗	內容	測驗名稱	編製者	年代	測驗目的或結構	4P 的關係 創造人格	創造歷程	創造產品	創造環境
傳記量表	從一些過去經驗的陳述，可衡鑑受試者的創造力。	全體自傳量表	Insitute for Behavior Research in creativity	1968	含不同領域共三百個項目，測量創造和學術表現。				
		自傳量表創造力	Schaefer	1970	含一百六十五個題目，評量不同領域的創造表現：(1)物理特徵；(2)家族史；(3)教育史；(4)休閒時間活動；(5)其他。	√			
教師、同伴評定	透過教師平時的觀察，提供一些行為特質的參考標準，由教師提名具有創造力特質的學生。	教師提名	Yamamoto	1963	定義創造力為：流暢性、變通性、獨創性、發明性；建立各項標準以供教師評量學生創造力、瞭解學生創造力最高者和最低者。				
			Harrington, Block & Block	1987	包含十二個項目的創造人格特質檢核表，讓教師推薦具創造力的學生。	√		√	√
		同儕提名	Specher	1964	依據十二項特質確認具創造力的工程師。				
		視導者評定	Torrance	1974	請學生依據給定標準提名有創造力的人。				
			Taylor & Buel	1963 1965	以特質評定科學家的創造力，制定一套幫助視導者斷定具創造力員工的檢核表。				
作品評斷	依據受試者所作的成功是否具有流暢性、變通性、獨創性和精進性。	無	Foster	1971	評量工具包括一系列與中等學校有關的活動，由個體在生活中創造的作品來評斷其創造力。			√	
		無	Amabile	1982	為五等第量表，給予學生材料，依成品來評定創造力。				
名人研究	根據個體目前所居之社會地位、身分的顯著卓越作為評量之準據。	無	Simonton	1976 1977 1979	分析歷史或傳記資料。	√	√	√	√

（續）

測驗	內容	測驗名稱	編製者	年代	測驗目的或結構	4P 的關係			
						創造人格	創造歷程	創造產品	創造環境
創造活動及成就量表	根據個人的創造活動及成就的自述式的報告內容加以分析。	無	Holland & Nichols	1964	曾列出科學、藝術、文學及音樂領域之表，這些成就都是因得獎或出版而得到大眾認可的。				
		無	Hocevar	1976 1979	「創造活動及成就量表」分為六個創造力分量表：(1)美術；(2)工藝；(3)文學；(4)音樂；(5)表現藝術；(6)數學科學。			√	

資料來源：整理自陳淑惠，1996a；Hocevar & Bchelor, 1989。

否有創意，已是國際認可的指標。

㈩視導者評定（supervisor ratings）

在工商業機構中，這種方法常被用來甄造有潛力的員工，接受訓練。

雖然創造思考的觀念非常複雜，評量方式的種類也相當多，涉及的層面也非常的廣，其目的是為瞭解學習效果。但從上述整理可發現，創造力各測驗工具之間常有互通關係，且創造力的表現是一種綜合性的表現，不同研究取向的學者也選擇或運用不同的評量方式或工具。現今量化分析，尚無完整性的創造力測驗評量，故最好配合實際的觀察、記錄、訪談，減少主觀的影響，才能做全面整體性的解釋。並且希望教師透過各種不同的方式，而不是只從單一向度去看學生的創造力增加與否，以期獲得更確切的結果。評量最主要的目的就是在學習過程之中，透過教學評量加以瞭解與診斷所表現的學習成就，讓教學者能憑藉評量所帶給的資訊，提供改善教學方法的參考，達到能與教學策略結合而成為整體之計畫。

肆、國內創造思考的評量工具

　　目前在國內創造力評量的工具為數不多，以修訂美國陶倫斯的創造
力測驗為主，近年來陸續有研究修訂賓州創造傾向量表，威廉斯創造力
測驗⋯⋯等，亦有學者根據創造思考的理論嘗試自編創造力測驗，創造
力的評量尚可從興趣、態度量表及人格特質量表，甚或採質的研究等方
式來評量。但因為時間因素，大環境的變化，皆以修訂原評量者為眾，
但目前國內依照國外學者所改編的創造力評量工具種類仍不算多，大多
是以修訂美國陶倫斯的創造力測驗為主，近年來陸續有研究修訂威廉斯
創造力測驗。以下根據作者從心理出版社及魏金發（2002）的研究，整
理出常見的評量工具，如下表 11-2 所示。

表 11-2　國內常見的創造力評量工具

測驗名稱	修訂者	年代	測量目的	測量結構	適用對象
陶氏創造思考測驗（圖形）修訂	台灣師範大學教育研究所	1973	創造思考能力	修訂陶倫斯所編製的 TTCT 而成，包括三項作業圖畫完成、平行線條、構圖可測得變通力、流暢力、獨創力、精進力。	國民小學生至大學生
托浪斯創造性思考測驗	劉英茂	1974	創造思考過程、創造成果、創造人格	修訂陶倫斯所編製的 TTCT，包括七項：作業發問、猜測原因、猜測結果、產品改進、不平的用途、不平凡的疑問、假想看看。	國民小學生至大學生
賓州創造傾向量表	陳英豪吳裕益	1981	創造傾向（態度與興趣）	修訂羅基所編的 Pennsylvania Assessment of Creative Tendency 而成，共 46 題。	國小四年級以上

（續）

測驗名稱	修訂者	年代	測量目的	測量結構	適用對象
創造性人格量表	吳靜吉	1981	創造人格特質	修訂 Gough 所編製的 CPS 而成，包括 30 個形容詞。	國小四年級至高中三年級
陶倫斯圖形創造思考測驗（乙式）	陳龍安	1986	創造思考能力	修訂陶倫斯所編製的 TTCT 而成，包括三個動作：圖形結構、圖形完成、圓圈。	國民小學生至大學生
我自己量表	洪瑞雲	1986	創造人格特質、創造思考策略、創造物產物	修訂 Kbatena-Torrance Creative Percetion Inventory 的一個分量表 SAM，包括問題解決行為、經驗開放、藝術表現、自信。	12 歲以上青少年至成人
羅塞浦創造傾向量表	丁興祥	1991	創造傾向	修訂羅塞浦的創造傾向量表，包括七個分量表，價值傾向、工作態度、興趣、問題解決行為、人際關係、人格向度、自我知覺檢核，共 161 題。	12 歲以上青少年至成人
拓弄思語文創造思考測驗（乙式）常模	吳靜吉 高泉豐 丁興祥	1992	創造思考過程、創造成果、創造人格	修訂陶倫斯所編製的 TTCT，包括七項：作業發問、猜測原因、猜測結果、產品改進、不平的用途、不平凡的疑問、假想看看。	小學生至大學生
拓弄思圖形創造思考測驗（甲式）常模	吳靜吉 高泉豐 陳甫彥 葉玉珠	1993	創造思考過程、創造成果、創造人格	修訂陶倫斯所編製 TTCT：包括三個活動圖形結構、圖形完成、平行線條。	小學生至大學生

（續）

測驗名稱	修訂者	年代	測量目的	測量結構	適用對象
創意經驗量表	李慧賢 陳淑惠 吳靜吉 郭俊賢 王文中 劉鶴龍	1996	創意活動	包括九個領域活動科學的創新、問題解決、運用新知精益求精、表演藝術創新、運用新知精益求精、表演藝術創新、視覺生活的設計、生活風格的變化、開放心胸、製造驚喜意外、電腦程式設計。	國小五年級至高中職學生
威廉斯創造力測驗	林幸台 王木榮	1998	創造思考能力、人格特質、情意	修正威廉斯所編CAP，包括三種工具：擴散思考測驗、威廉斯創造性傾向量表、擴散性情意測驗。	國小四年級至高中三年級
新編創造思考測驗	吳靜吉	1999	創造思考能力	以基爾福特和陶倫斯的理論基礎而編製，包括語文和圖形二個活動。	小學五年級至研究所學生
問題解決創造力測驗	朱錦鳳編製	2005	以多元化的題型測量學生的問題解決創造能力。	包含語文與圖形兩大部分： ※語文 1.字詞聯想：測量字詞的聯想能力。 2.成語替換：測量成語的聯想能力。 3.情境式問題解決：測量語文方面的問題解決能力及流暢、變通之創造力。 ※圖形 1.創意圖形： (1)點線思考：測量擴散思考的獨創及流	大專學生

（續）

測驗名稱	修訂者	年代	測量目的	測量結構	適用對象
				暢創造能力。 (2)圖形創作：測量開放情境中的獨創及精細創造能力。 (3)形狀思考：測量在侷限情境中的變通及精細創造能力。 2.不合理圖形覺察：測量觀察及變通的創造能力。	
科技創造力測驗	葉玉珠編製	2005	1.融合圖形與語文創造力。 2.評量國小中高年級學生的科技創造能力，使教師能辨識學生的創造力，並創造有利於學生創意發展的情境與條件。 3.測量特定領域，強調科技領域知識的應用。	分成「字詞聯想」與「書包設計」兩個分測驗，評量指標分為五個向度： 1.流暢力。 2.變通力。 3.獨創力。 4.精進力。 5.視覺造型。 並以加權總分代表整體科技創造力。	小三至小六
陶倫斯創造思考測驗語文版（Torrance Tests of	李乙明修訂	2006	1.藉由語文的方式評估學生的創造力表現，以提	讓受試者藉由書寫的方式描述對刺激圖文的反應，有甲乙兩個複本，可交替使用。每個複本均有六個活	小一至高三

（續）

測驗名稱	修訂者	年代	測量目的	測量結構	適用對象
Creative Thinking, TTCT）			供相關研究及教學參考。 2. 篩選具有特殊才能與創造能力的學生。 3. 評估學生三種創造特質的相對優勢能力。	動設計來引發受試者的好奇、想像與興趣，可評估出受試者的流暢、獨創與變通三種創造性特質，其總分代表創造力潛能的整體指標。	
陶倫斯創造思考測驗圖形版（Torrance Tests of Creative Thinking, TTCT）	李乙明修訂	2006	1. 藉由畫圖的方式評估學生的創造力表現，以提供相關研究及教學參考。 2. 評估學生五種創造力特質的相對優勢能力。 3. 藉由創造潛能優異檢核表可具體評量學生的創造特質，提供發展適性課程的參考。	藉由畫圖方式表現出對刺激圖形的反應，有甲乙兩個複本，可交替使用。每個複本均有三個活動設計，評估學生的流暢、獨創、標題、精密與開放五種創造性特質，並有創造潛能優異檢核表，進一步評估學生的優勢能力。	小一至高三

（續）

測驗名稱	修訂者	年代	測量目的	測量結構	適用對象
陶倫斯創造力測驗成人適用精簡版（Abbreviated Torrance Test for Adults, ATTA）	陳長益修訂	2006	施測容易、格式精簡之國內成人創造力評估工具。	結合原 TTCT 的圖形版與語文版測驗，簡化為成人適用之精簡版本。要求受試者分別以書寫與畫圖的方式，表現對刺激圖文的反應，藉此評估受試者的創造力。	十八歲以上成人
行動和動作創造思考測驗（Thinking Creatively in Action and Movement, TCAM）	張世彗修訂	2006	國內第一套測量幼兒的創造力測驗，藉由本測驗可以了解幼兒的特殊才能，篩選出具有創造能力的兒童，並提供他們最大的發展機會。	幼兒的口語和繪畫能力尚未發展成熟，且幼兒最常使用身體動覺形式來表達思考，因此本測驗設計四個活動來引發幼兒創造力表現，可評估學生的流暢性、獨創性與想像性三種創造性特質。包含： 1. 活動一：有多少種方法？ 2. 活動二：你可以像什麼一樣的做動作？ 3. 活動三：有其他的方法嗎？ 4. 活動四：你可以用紙杯做什麼？	四至八歲
情境式創造力測驗（Situation-based Creativity Test, SCT）	葉玉珠編製	2009	了解學生運用所學相關知識與經驗來解決問題之創造力，提供相關研究及教學成效的評估參考。	以富趣味性的故事為主軸，採繪本方式呈現情境式的創造性問題，從三個情境設計九個主要問題，以界定問題表現為基礎，評估下列兩個創造力指標： 1. 價值性：評估解決	四至九年級

（續）

測驗名稱	修訂者	年代	測量目的	測量結構	適用對象
				方法之有效性與適當性。 2. *獨創性：評估解決方法的稀有度。*	

資料來源：魏金發（2002）以及心理出版社網站。

　　綜觀以上所整理的國內外評量工具可發現，一開始所發展的創造力評量，主要是針對孩童所設計編列，後期漸漸走向以大學生、研究生為適用對象。由於創造思考能力的測驗方式眾多，且評量方式與標準也無法統一，而目前國內較常使用修訂自美國陶倫斯創造思考測驗（又分為圖形甲式、乙式及語文甲式、乙式）及修訂威廉斯創造力測驗作為其發展的參考依據，整理其內容及目標如表 11-3。

表 11-3　創造力測驗內容及目標

方式		測驗名稱	修訂者	測驗內容	目標
陶倫斯創造思考測驗	語文思考測驗	托浪斯創造性思考測驗	劉英茂（1974）	包括發問、猜測原因、猜測結果、產品改進、不平常的用途、不平凡的疑問、假想看看等七項作業，目的為了瞭解創造思考過程、創造成果、創造人格，七項作業除作業四、五為十分鐘外，其餘五個作業均為五分鐘。	流暢力 變通力 獨創力
		「拓弄思語文創造思考測驗」（乙式）常模	吳靜吉 高泉豐 丁興祥（1992）		
		新編創造思考測驗（語文）	吳靜吉等人（1999）	竹筷子的不尋常用途，活動為十分鐘。	
		陶氏創造思考測驗（圖形）修訂	台灣師範大學教育研究所（1973）		

（續）

方式		測驗名稱	修訂者	測驗內容	目標
陶倫斯創造思考測驗	圖形思考測驗	「陶倫斯圖形創造思考測驗」（乙式）	陳龍安（1986）	包括三項作業構圖、圖畫完成、線條（平行線或圓圈）等三個活動，三個活動各限時十分鐘。	流暢力變通力獨創力
		「拓弄思圖形創造思考測驗」（甲式）常模	吳靜吉高泉豐葉玉珠陳甫彥（1993）		精密力
威廉斯創造力測驗		威廉斯創造性傾向量表	吳靜吉等人（1999）	「人的圖形」活動限為十分鐘。	
		新編創造思考測驗（圖形）	林幸台王木榮（1994）	有十二題未完成的刺激圖形，受測者須在二十分鐘內完成。	流暢力開放性變通力獨創力精密力標　題
威廉斯創造力測驗		威廉斯創造性思考活動		有五十題四選一的陳述句，讓受試者依自己的行為特質勾選之；可評得和總分，五種分數。本量表有正、反向題，正向題依勾選符合之程度，分別給予3分（完全符合）、2分（部分符合）、1分（完全不符）；反向題則相反。不限填答時間，但希望受試者對每個題目都不要思考太久。	冒險性好奇性想像力挑戰性
		威廉斯創造性思考和傾向評定量表（Williams Scale）		屬觀察評定量表，係供教師或家長觀察受試者的行為檢核表，所得分數代表被觀察者在每一個創造力因素上所具有的程度及教師或家長對其創造力的態度。	流暢力變通力獨創力精密力冒險性好奇性想像力挑戰性

資料來源：林妙玲，2005。

　　總之，無論分類的方式如何，從以上所述的分類之多樣性，可知創造力的評量並無唯一、必定的方法，而且各類評量方式皆有其獨特之

處，因此若要瞭解個人創造力的全貌，應以多重評量的角度、多方面蒐集更廣泛的資料著手。

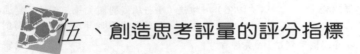

伍、創造思考評量的評分指標

(一)認知方面

1. 流暢力（fluency）

指產生多少個觀念而言，是所有有關反應的總和。例如以「空罐子可以做什麼用途？」如能列舉十個反應，則流暢力為十分。

2. 變通力（flexibility）

指不同分類或不同方式的思考，是所有有關類別的總和。

3. 獨創力（originality）

指反應的獨特性，想出別人所想不到的事物。在評分時是指統計上的稀有次數，依常模給分，反應越少的反應獨創性越高，反應超過 5% 則不統計。

4. 精進力（elaboration）

是指增加細節部分，除了第一個觀念的基本結構外，每增加一個概念則得一分。

(二)情意方面

1. 冒險心（risk taking）

冒險是指有猜測、嘗試、實驗或面對批評的勇氣。包括堅持己見及應付未知情況的能力。

2. 挑戰心（complexity）

挑戰性是指從複雜混亂中理出情緒，主要目的在尋求可行的辦法，是一種處理複雜問題與混亂意見的能力，能將邏輯條理帶入情境中，並洞察出影響變動的因素。

3. 好奇心（curiosity）

好奇心是指想要瞭解未知事物的心理，也就是對某一事物感到懷疑產生問題，然後試著去調查、探詢、雖然感到困惑，卻仍然繼續思索、沉思，以求明白事情的真相。

4. 想像心（imagination）

想像力是指在腦中將各種意象構思出來，並予以視覺化和建立想像。或是幻想尚未發生過的事情、直覺地推測。想像力使我們能超越現實的限制，進入一個無所不能的世界。

創造力評量的指標，由於所持理論之不同，其方式也多，以下再列舉部分學者的看法以作為參考：

Jackson 和 Mednick（1965）提出創造力評量的四個標準為：(1)發生可能率少而獨特者；(2)適合情境需要及創造者的願望者；(3)概念超越限制，不囿於傳統，為推陳出新者；(4)綜合意義、蒐集新資料、新觀念，歸納後能別具一格、清新脫俗者。

Nunnally（1976）提出的標準是：(1)一般能力；(2)人格特質；(3)不尋常用途；(4)特殊事件之獨特反應；(5)流暢性；(6)創造性；(7)對問題之巧妙反應；(8)知覺測驗。

創造力評量的指標往往因各學者所持理論的不同而有所差異。而評量方式的不同也會造成評分標準的不同。

(1)創造力測驗上得分高者，在實際情境中（生活上或工作上）未必有創造的表現，主要原因為測驗的題目（刺激）與真實的情境有相當大的差距，再者，各種測驗皆呈單一行為樣本的評量工具（林幸台，1995）。

(2)創造力依其不同性質，可在不同學科領域或情境有所展現，事實上各學科領域或情境創造表現的能力特質內涵，亦有所差別。（董奇，1995）

陸、創造思考評量的新方向

創造力乃一複雜的觀念，涉及的層面頗廣，包括能力、動機、技術、人格特質，以及環境、過程與結果等諸種因素，絕非目前通用之創造力測驗的計分方式所能代表者。因此，欲正確評量創造力，必須來自多方面觀察，以盡量減少主觀影響（賈馥茗，1979a）。

崔芬格（Treffinger, 1987）注意到會持續發展的測驗有以下六個方向：(1)創造成品的品質；(2)創意人物的人格特質；(3)創意活動的想像力；(4)創造性問題解決；(5)創造力的評分測驗；(6)幼兒的創造力測驗。

陶倫斯綜合多項研究結果與發現，提出衡鑑創造力的新指標共有下列十二項（林幸台，1981）：

1. 突出問題的要點：尋找問題的核心，把握重點關鍵處。
2. 保持開放：面對問題而不急於遽下結論，能「保持開放」，盡量蒐集資料，廣羅眾人意見。
3. 情緒感覺的覺察與涉入：注重人對個己與他人情感的交流，以真誠、溫暖、擬情的態度與方式對待個己及周遭的一切人、事、物。
4. 精確傳達訊息，呈現情境全貌：在與人溝通中能以簡潔的字眼或動作提供充分的訊息，將整個情境呈現出來。
5. 綜合統整：將兩個以上的東西某種排列形式相連在一起，將兩個以上的事物併呈於單一的東西，或概念中；保持原先的模式，但以線條或某種概念將其串連在一起。
6. 多采多姿的想像與幻想：凡任何圖畫或語文敘述顯示變化性、生動、活潑、有趣而異於尋常者。
7. 運用動作與聲音：在圖形或語文的反應中表現出動感或音感，例如：我畫一曲音樂，觸到一輪彩虹、奔跑、敲擊……等均是。
8. 不尋常的視覺觀點：能由不同的角度，以不尋常的觀點分析，探

討問題。

9. 內部透視：能超越外表的限制，穿透至內部，探討真正具有動力
作用的核心。如畫出蛇肚內有顆雞蛋，由鎖孔看透屋內狀況……
等皆是。

10. 突破局限：在心理或實際環境上，跳出設定的囿限，看清問題全
貌。例如對於給予之線條或圓圈之圖形創造測驗，能不拘泥於原
始刺激，僅以之為整個圖形的架構，或一部分，而能突破此局
限，反應出獨特的特質。

11. 幽默：能夠引發「會心的微笑」；揉和不相稱的元素；於成功勝
利之際做機智的調適；帶有驚奇意味地突破舊有的思考或行動例
則；同時經驗兩種以上不相稱的情緒或感覺；由緊張中獲得鬆弛
的經驗；化重要為不重要，化不重要為重要。

12. 投射於無限的未來：能夠保持開放的心態，將個己的世界，投向
無限的未來。例如能問一些涉及未來導向的問題。

美國學者懷斯（Wiles, 1981）認為評量兒童創造力不能以成人的尺
度來衡量，因此他發展出一種以十件物品讓學生在三分鐘內做各種不同
組合的創造力測驗，採用的評量指標為：第一是反應的次數性；第二是
反應的複雜性；第三是反應的獨特性。創造評量的簡化也是一種新趨
勢。

綜合上述的要點，我們在使用創造力評量時，必須考慮選擇較多種
類的測驗，而且也要考慮到創造力評量的多種指標；施測、記分的簡
化，使得創造力的評量更易實行也具「創造性」。

至於在實際教學中如何運用創造的評量，以促進學生的創造力發展
呢？筆者認為可參考以下幾個要點：

1. 命題的內容不僅是課本知識的記憶或現象，而盡可能包含應用、
分析、綜合、評鑑、創造等層次的試題。

2. 命題的方式有變化，不只是傳統的選擇、填充、問題，有時候加

上些創作性的方式，亦可激發學生的思考。

3. 除了具有標準答案的試題外，利用創造性發問技巧，適量的增加部分「不止一個正確答案的試題」，讓學生有機會思考更多答案。

4. 評量的標準多樣化，能發掘學生的流暢性、變通性、獨創性或精進性；也能試著瞭解學生創造的情意特質，如冒險、挑戰、好奇及想像力。

5. 除運用測量、考試等方法外，亦可鼓勵及指導學生自我評量，以增強自發性的動機。

6. 利用觀察、記錄、發表、量表、扮演、……等方式配合筆試的評量。

7. 教師能接受學生不同的正確或有道理的答案，並鼓勵提出不平凡的意見。

8. 不要太早下判斷，讓學生有機會說明其作品或答案的機會。

9. 讓學生從生活中實踐，從做中學習，利用創造的方法解決問題。

10. 師生能共同欣賞學生的作品。

第12章

創造思考教學
活動設計及實例

本章重點摘錄

　　本章主要在介紹創造思考教學活動設計的基本理念、原則與實務，並提供一些實例以供參考。主要內容如下：

壹、創造思考教學活動設計

一、創造思考教學活動設計的涵義與特徵

二、創造思考教學活動設計的原則

三、創造思考教學活動設計的類型

四、創造思考教學活動設計的內容

五、創造思考教學模式的活動設計

貳、創造思考教學活動實例

一、國民中小學各科創造思考教學活動設計

　1. 國語（文）科創造思考教學活動設計

　2. 數學科創造思考教學活動設計

　3. 自然科創造思考教學活動設計

　4. 社會科創造思考教學活動設計

二、腦力奧林匹克創造思考教學活動設計

三、幼兒創造思考教學活動設計

四、舞蹈科創造思考教學活動設計

五、思考技巧教學活動設計

六、情緒輔導創造思考教學活動設計

壹、創造思考教學活動設計

　　創造思考教學活動設計主要源自創造力理論，教師可根據發展創造力的認知和情意層面，擬定學習目標。教師須因應學生的能力、興趣、學習特性和需要，並配以適合的教學實施方式，做為構思教學活動的基本考慮要素。學校可考慮將創造思考教學元素滲透於不同學習領域的正規課程內，並重點發展學生兩種「共通能力」，就是「創造力」及「解決問題能力」；或以分散式課程模式，在課堂外擬定各種啟發創造思考教學的活動，包括採用小組教學或團隊競賽等形式進行活動。此外，實踐創造思考教學亦可以配合學生多元智能的特性來擬定教學活動的內容，為他們提供更多發揮個人不同潛能的機會。

　　當教學模式確立後，再定下學習重點及內容，教師可考慮選取適切的創造思考教學方式及策略，如腦力激盪法、創造性問題解決法等，進行教學活動設計。最後，教師亦需擬定多元的評量方法，在施教期間進行定時的評量，以全面地了解學生從學習中各方面的實際效果，並可供教師作課程檢討及評鑑的參照，以便在實施教學過程中，作出適切的調整及修訂。以下就創造思考教學活動設計的涵義與特徵、原則、方案、內容及模式的運用加於敘述。

一、創造思考教學活動設計的涵義與特徵

　　「設計」是一種「透過思考來完成具體行動的企畫或構想」，創造思考教學活動設計是一種培養學生創造思考能力的具體教學活動計畫或構想，教師運用創造思考的策略或原理透過系列的創造性活動主題來激發學生創造力的計畫。

　　創造思考教學活動設計必須考慮到教學的主題、教材內容、學生的程度及需要、教學策略及評量……等因素。因此創造思考教學活動設計具備下列幾項特徵：

㈠目標：教學活動的目標是為了培養學生的創造力。

㈡策略：教學活動運用了創造思考的策略技法或原則。

㈢方式：教學活動方式靈活彈性、多元化、活潑化與興趣化

㈣角色：教學活動的安排以學生為本，老師扮演引導的角色，並強調師生互動的過程。

㈤評量：教學活動的評量不限紙筆評量，強調多元及適性的評量。

二、創造思考教學活動設計的原則

吳靜吉（2002）指出，學校在安排有關創造力課程或創造知識的傳遞時，通常都是將這些課程內容當作「知識」來傳授，採取的教學方法也多用演繹，而非歸納，而且大多沒有讓學生親身體驗個人或團體的創造歷程與發現。吳靜吉認為創造力是可以教的，並且建議可以透過下列方式進行創造力教學：

1. 認識創意的本質，進行創造力教學首先必須讓教學者與學習者回歸到創意的本質，例如：「到底創造力是大 C 還是小 C？」「是個別的還是團體的？」等問題。

2. 創造力的教學應融入各科的教學，將放諸四海皆準的創造力技巧融入教學與評鑑中；特殊領域的創造力技巧也可以透過師徒經驗等方式來學習。

3. 創造力的教學必須讓教學者和學習者親身體驗創造的歷程。

4. 創造力的學習常是透過非正式的學習管道，因此師徒制是有效的；從參與師傅的研究或其他研究計畫的工作中，學習提出問題、解決問題和創造力等技巧。

5. 創造力的教學以歷程為導向，但卻需要有產品呈現，那就是歷程與結果並重。

6. 創造力的學習，最好透過團隊的分享合作，尤其是異質團體團隊的合作。

7. 提供創造力的典範或實例，是有效的學習方式。

8. 形塑充滿創意氣氛、支持環境的創意文化。

9. 將知識化為可親可近的創意資源。

10. 讓學習者享受福樂經驗（flow），也讓教學者感受教學的福樂經驗。

11. 最直接、最簡單的方法是要求學生表現創造力，而在要求時已經將創造力的技巧與概念闡述清楚，並且要求與評鑑間必須具有一致性。

12. 父母、教師和社會都是創造力學習和表現的守門人，如何培養守門人的判斷能力和支持氣度是非常重要的。

創造思考教學活動設計除了依據上述創造思考教學的建議外，進一步提供下列原則參考：

(一)教學活動的設計應讓師生都能朝創意思考的方向邁進

創造思考教學的主軸在創造思考能力的培養，因此教師對創造思考教學的理念要有所瞭解，能掌握創造思考的特質，例如喜歡有創意的學生，上課時能提供嘗試新點子的機會、允許有充分的時間和機會進行問題解決、能忍受各種不同意見的雅量、允許同儕互動及犯錯。有同理心、熱情、對學生反應的敏感性、自主自信以及心胸開放。而學生也必須要具有提問題、探討問題、綜合歸納不同資訊、應用所學概念及先備知識，建構解決方法解決問題的能力。思考的教學越明確，對學生的影響越大。課室的教學越具有審慎的思考氣氛，學生會越願意開放心胸去接受良好思考的價值性。思考的教學越能與上課內容統合，學生越能思考他們在學些什麼，教師要有責任感的愛才會有創意，也就是把引導學生快樂學習成長當作自己的責任，在設計創造思考教學活動時，應廣泛蒐集資料，使教學活動呈現多采多姿的風貌，如此才會朝創意思考的方向邁進，達到師生共同成長的目標。

㈡教學活動的設計應兼顧學生的興趣及教學的內容的有效性

　　創造思考教學應該是一種讓學生兼顧課程內容、過程及策略學習的
快樂體驗活動。創造思考教學絕非只是讓學生覺得好玩而已，能達到學
科教學的目標，內容的豐富讓學生有所穫也是必要的條件；所以教學的
內容必須是有效且有意義，並能在深度及廣度之間取得一個平衡點。在
教學活動的設計應該瞭解學生的需求及興趣，跳脫傳統的框架，盡量貼
近學生的領域，甚至在設計創造思考教學活動時可徵詢學生的意見，或
讓學生成為活動設計的一環，教學活動可因應學生的經驗、需求和興趣
做適當調整，充分提供學生機會作選擇並自由表達自己的想法。

㈢教學活動的設計應系統化及針對不同層級的學生而有所不同

　　創造思考教學活動的設計不論用任何方式都應系統化、前後呼應，
因此設計整學期的教學大綱及教學系統架構是有必要的。教學活動的設
計也應瞭解不同兒童的發展階段任務，而設計適應不同年齡層學生的活
動。例如學前及國小低年級階段的創造思考活動教學任務在於知識的獲
取及不同秩序的辨認、分類及分組。中高年級兒童的主要發展任務在於
建立他們工作及學習的習慣。中學階段主要發展任務在於發展他們處理
抽象概念的能力，所以學校在推動創造思考教學活動時應安排各學年的
教師作協調交流與研討會，並邀請專家指導。

㈣創造思考教學活動的概念融入生活並能實踐應用

　　創造源自於學生生活，要跟生活產生聯接，教學活動的設計要考慮
到是否幫助學生，將所學內容與本身生活情況產生關聯，使其在生活中
發現創造的美。教學活動內容的安排是逐漸深入概念、課程與教學必須
圍繞著主要的概念加以組織，融入生活並能實踐應用，教學和評量也必
須把焦點放在這些概念上。對學生思考能力提昇的課程設計應融合「課
外情境的思考技巧教學」與「使用教學策略促進課內情境的思考」，就

課外情境而言，教師可有如下做法（葉玉珠，2006）：

1. 在缺乏使用創造思考的教科書中或教科書的結束章節，加入一些需要創造思考的問題。
2. 設計一些目前具有爭議性的問題，並進行討論。
3. 選取一些需要「創造力」的學習單，並每天挪出一點時間給學生練習。
4. 定期地與學生談論創造力的重要性。
5. 設計問題，並促使學生以腦力激盪的方式回答問題。
6. 把有關創造力的概念與創造力的重要性之標示貼於教室中。
7. 談論創造力有多重要，以及教室中每一位學生如何成為創造思考者。

至於課內情境，則強調同時教導創造力技巧以及促進課程內容的學習。教師在進行此類課程設計時應思考下列問題：

1. 統整創造力的教學對你而言是什麼樣子？
2. 如何有計畫地讓學生每天都有機會進行創造思考？
3. 要求學生運用創造力的問題要如何才能變成所學內容的一部分，並與之配合？
4. 讓學生進行創造思考的課程領域之情境活動，要如何與其他領域互補？

㈤創造思考教學活動設計要能充分掌握創造思考教學模式

創造思考教學活動設計可參考套用一些已經研究證實有效的創造思考教學模式與創造思考策略，國內許多研究者研擬許多創造思考教學方案，其教學架構與模式都具體可行，可直接或修正引用。創造思考的教學模式旨在鼓勵學生能以不同角度去思考和探索問題，不受常規所限，發展創造力及培養勇於創新的精神。發展創造思考的教學模式眾多，其中包括基爾福特提倡的「創造思考教學模式」、威廉斯的「創造與情境的教學模式」、帕尼斯的「創造性問題解決教學模式」、心智圖法教

學、曼陀羅教學及陳龍安提出的「愛的」（ATDE）教學模式⋯⋯等，
在設計教學活動時，教師可按學生的特性和需要，選擇適當的創造思考
教學模式，延伸課程內容，彈性處理課程編排，提供支持性的環境，以
開放性的提問技巧及靈活的教學策略，激發學生的創造潛能。

㈥創造思考教學活動設計要多應用創造思考策略

知識就是力量、方法就是智慧，誰懂得方法會利用工具的就是贏
家。在創造思考教學活動中，我們可融入創造思考策略，讓學生熟悉及
運用創造的技法，並引導學生運用這些技法來解決學生在學校所面對的
問題。

事實上創意本無法，真正有創意的人都是發之於心，成之於悟；但
無法法亦法，教師並可適時地引入創造思考策略，協助學生發揮及應用
想像力去突破思考空間，注重擴散性思維和聚斂性思維兼備的培訓，培
養創造思考的習慣。創造思考策略就是一種創造的技法。一般而言，方
法的運用有四：一死法：死守且一成不變的方法。二定法：創作過程中
必須遵守的基本方法、技巧。三活法。活用其法，「活」即靈活、圓
活、活脫。流動、靈活，富於變化，不拘一格。四無法。萬法總歸一
法，一法不如無法。這種「無法」是對「活法」的超越，古人又稱之為
「至法」。

㈦創造思考教學活動要形成創意團隊並注入跨領域思考

創意常發生在領域與領域交界的灰色地帶，注入跨領域思考很自然
會產生與眾不同的觀點，因了解多元價值而超越自己的主觀思考，創造
思考教學活動要依學生不同的興趣形成跨領域的創意團隊，在跨領域的
團隊合作中，讓每位學生懂得學習站在對方立場尊重對方，試著鼓勵學
生多接觸異質性的朋友，多聽異質的建議與聲音，在新人際中找出新方
向。

(八)創造思考教學活動充分運用教學媒體與社會資源

隨著社會日趨資訊化，數位科技對於教學領域中的製作工具、內容、表達方式等多方面都帶來重大的影響，更令人矚目的是許多新的展示平台以及創作形式的誕生，前者諸如互動光碟（CD-ROM）以及網際網路，後者包括互動式多媒體、網路電影、電腦動畫等，它們都具體而微地表現了數位科技與教學整合後的結果。因此進入數位時代，創造思考教學活動充分運用教學媒體，教學可以運用的圖片、聲音、影片等媒材，這些媒材也都越來越容易製作、保存、傳遞。不論自然科學、健康與體育、語文、社會……等領域，都有多媒體教材輔助教學。許多教育網站都特別蒐集與多媒體教材相關的教育出版資源，協助教師了解多媒體教材的應用。而社會資源的運用也是創造思考教學活動中不可少的成功要素，家長及相關領域專家機構的資源，都會加深加廣充實學習內容。

(九)創造思考教學設計中創造力評量採多元化

創造力評量是創造思考教學設計中非常重要的一環。基本上創造力的評量必須多元化是必須遵守的準則，創造力評量的方式很多，過去熟悉的創造力測驗在本質上是擴散性思考測驗，以流暢力、變通力、獨創力及精進力為測驗的核心成分，但創造思考和批判思考都是解決問題必要條件，都應納入創造思考教學的評量範圍。而近年來的「共識評量技巧」運用適當的評量小組，對學生的創造力表現做一個可靠的判斷是可行的方式。而檔案評量及實作評量也是評量創造力的有效方法。當然也可多鼓勵學生作創造力的自我評量，並注意分享與賞識別人的作品。

(十)鼓勵閱讀、蒐集資訊、建立知識管理系統並兼顧創意的倫理

沒有知識背景做基礎談創意的培養是沒意義的，而有創意而沒倫理是在培養有智慧的惡魔，也是有害的。所以知識管理與創意倫理的重視

都是創造思考教學活動設計不可或缺的部分。

　　所謂知識管理就是一種系統性以及整合性的組織活動與學習的過程。將大量資料、文件⋯⋯，妥善整理儲存，需要時能夠取之容易、用之方便，進而能分享、更新、創造、擴散、發展以及運用，以達到最有效的利益。教師在設計創造思考教學活動應同時建立一套創造思考教學活動資料庫，教學時鼓勵學生廣泛閱讀也懂得做檔案及資料管理。

　　所謂創意倫理就是創造思考的方向是積極正面而有意義的學習，是一種「不傷害別人與自己、不違法亂紀」的教育活動；也是在創造思考教學活動中所必須遵守的法則。

三、創造思考教學活動設計的類型

　　創造思考教學活動設計並沒有一定的標準模式，只要能達成培養學生創造思考能力的教學目標，都是一種創造思考教學活動。依據教學的目標、時間的安排以及實際的環境現況而有不同的設計類型，茲說明如下：

㈠獨立課程的創造思考教學活動設計

　　就是常把創造思考當著一門課程來設計，有固定的課程名稱、時間及教材；這種獨立的課程比較系統化。例如在大專院校中常開設有創造技法、創造與生活、創造力理論、創造力評量⋯⋯等。

　　在中小學則鮮有如此的課程，但在創造力教育的受重視、教育政策的逐漸開放，以及課程設計的自由化與自主性，筆者相信未來一定會有學校將培養創造力的課程獨立出來。

　　獨立課程的創造思考教學活動設計強調教材系統化、時間固定化、活動的設計層次分明，學生比較可以從這種課程學到完整的創造力智能。

㈡配合學科的創造思考教學活動設計

　　這是一種融入原有課程的活動設計，又可分為集中式與分散式兩種：

　1. 集中式：將創造思考的活動集中在一節課中實施。
　2. 分散式：將創造思考的活動分散在一星期中每節課只實施一個小活動。

㈢資源教室

　1. 學習中心：在圖書館或教室某個角落設置語文創意角，或將不同類別或主題的資料集中在一個地方，供不同興趣的學生獨立學習。
　2. 小組教學：聚合相同興趣的學生由專業的教師指導。
　3. 個別輔導：對特殊優秀的學生實施個案輔導。

㈣課外活動

　1. 競賽：舉辦發明展、創作比賽。
　2. 營隊：利用週末或寒暑假舉辦創意學習營隊。
　3. 作業：設計創造思考作業單由學生在課堂練習或當做家庭作業。

㈤其他：

　　例如舉辦一系列的親子創意成長工作坊、創意的社區服務活動⋯⋯等。

四、創造思考教學活動設計的內容

　　創造思考教學活動設計的內容或格式究竟包括哪些項目，並無一定的規範，目前常見的有：簡單的創造思考教學活動設計（簡案）、詳細的創造思考教學活動設計（詳案）、及用心智圖設計的圖表式的創造思

考教學活動設計方案（圖案）。平常教師教學殊少寫教案，除非是有教學觀摩或參加比賽，一個有經驗的教師平時如能將創造思考教學活動事先計畫好，寫成大綱、簡案或圖案，必可提昇教學效率及品質。茲將這三種教案簡單介紹如下。

(一)創造思考教學活動設計的簡案

內容以教學活動的主題與內容為主，例如：活動主題：騎腳踏車。
活動一、計畫短程騎車旅行
    1. 讓學生閱讀有關騎車郊遊的圖畫書，看過書後，可以讓孩子自由發表自己最想去哪裡玩，譬如外婆家、附近的公園、同學家，或是較遠的名勝古蹟……。
    2. 拿出地圖，大家一起來尋找自己居住的地方，或認識地理位置、街道名稱、環境。
    3. 計畫腳踏車旅行的路線，也可以計算路程和所需的時間。

(二)創造思考教學活動設計的詳案

詳案則包括下列項目：
    1. 學習領域；2. 學習主題；3. 教學對象；4. 教學節數 ；5. 設計理念；6. 教材架構；7. 教學目標；8. 關鍵能力；9. 教學準備；10. 活動流程；11. 教學評量。茲將其重要內容簡要說明如下：
    1. 學習領域：根據九年一貫課程之規劃與實施分為語文、健康與體育、社會、藝術與人文、數學、自然與生活科技及綜合活動等七大學習領域。由教學設計者選擇其所欲教學的領域。
    2. 學習主題、單元名稱或活動名稱：根據課程的內容或課文名稱或自編，例如：「美麗的花園」、「一個服務生的故事」、「鵝媽媽真漂亮」……等，活動名稱可用精采的或吸引人的名稱，例如文字加減遊戲、對對佳偶、月探月奧妙。
    3. 教學對象：依學生的年級來寫。

4. 教學節數：可以單節或整個單元來安排。

5. 設計理念或活動設計構想：這是活動設計的理論基礎或教學者設計活動的構想，例如：「月探月奧妙」的活動設計構想，作者這麼寫的：

「原擬運用侯老師『體內大合作』之教學加以修改適用於一年級，但考慮用自己多數時間去上科任健康與體育課將影響班級課程進度，乃決定將原已進行之中秋節慶主題教學『中秋月光光』擴大，並統整九年一貫領域課程，希望透過以兒童為主體，以生活為中心的有趣教學，提高孩子主動探索、合作學習、快樂上學的興趣，進而培養『人與自己』、『人與社會』和『人與自然』的互動與關懷。」

6. 教材架構：將整體教學活動的架構系統化並以列表或圖示處理。例如「月探月奧妙」的教材架構如下所列：

數學領域：月拼月漂亮

健康與體育領域

　　(1)星球寶寶大風吹

　　(2)星球寶寶 1.2.3 木頭人

綜合活動領域：分組有獎徵答

生活領域

　　(1)參觀科學中心 3F 天文氣象展場

　　(2)月亮臉譜變變變

　　(3)鳥瞰劇場──宇宙探索

　　(4)月亮童謠教唱

語文領域

　　(1)親子讀書會──閱讀太陽系

　　(2)「月亮像什麼？」童謠寫作

資料來源：http://web2.nmns.edu.tw/Education/Courseware/teacher.php? id=1

7. 教學目標：就是教學所要達成的目標，基本上可依據教學的主題來設計，應包涵學科教學目標及創造力的目標。因係創造思考教學活動所以教學目標的敘寫應有創造力的培養。例如：運用聯想及擴散思考問題訓練學生的流暢力和想像力。學生能分辨相似圖形的細小差異並練習符號及文字之替代情形。或(1)啟迪學生的想像力和組合能力；(2)提昇學生童話寫作的能力和興趣；(3)培養學生冒險患難的精神。

8. 關鍵能力：就是學生必須學會的能力，學以致用的學習、工作、生活的基本能力。九年一貫課程之設計將依據課程目標，培養如下十項基本能力： (1)了解自我與發展潛能；(2)欣賞、表現與創新；(3)生涯規劃與終身學習；(4)表達、溝通與分享；(5)尊重、關懷與團隊合作；(6)文化學習與國際瞭解；(7)規劃、組織與實踐；(8)運用科技與資訊；(9)主動探索與研究；(10)獨立思考與解決問題。

9. 教學準備：準備教具教材……等。

10. 活動流程：就是教學的步驟，這是教學活動設計的重點，教學活動流程也可以下列表格設計：

活動一：

活動內容	說　　　　明 （含教學策略等）	教學時間	情　境　布　置 （含教學資源的運用）	指導要點及注意事項

11. 教學評量：採用多元評量並注意學生的創意表現。

(三)創造思考教學活動設計的圖案

創造思考教學活動設計的圖案係採用圖像或圖表的方式呈現，目前心智圖的繪製十分簡便又容易，下面的例子可供參考，孫易新（2002）：

五、創造思考教學模式的活動設計

依據學者所發展出來的教學模式來規劃創造思考教學活動，例如：心智圖法教學模式、曼陀羅教學模式、腦力激盪教學模式、問想做評創造思考教學模式、創造性問題解決教學模式……等，當然自己也可綜合各種模式設計自己的教學模式，以下僅舉筆者這兩年所指導的研究生江美惠（2005）的創造性問題解決教學方案、黃玉琪（2006）心智圖法教學方案及陳諭蓁（2005）曼陀羅創造性寫作教學方案為例，從其設計的課程架構、課程大綱及選取一個活動設計及學習單……等，讓讀者可以清楚整體架構。茲分別說明如下：

(一)運用創造性問題解決（CPS）模式的創造思考教學方案

江美惠（2005）的創造性問題解決教學方案，主要採用Treffinger等人（2000）的創造性問題解決教學模式，設計適合高年級參與區域性資

賦優異方案學生之方案。實驗教學課程主要目標有六：熟悉創思策略、增進學生創造力、增進學生問題解決能力、培養學生團隊默契、增進教師及學生間情誼及教師教學的專業成長等六項。在理論結合部分，以創造性問題解決模式為主，並結合下列擴散及聚斂技法。

(1)擴散技法：腦力激盪、強迫聯想法、635 腦力激盪及六何法，詳見本書創造思考策略。

(2)聚斂技法：多數決法、配對比較分析法、CARTS 評估矩陣。多數決法（High-Lighting）：直接以投票方式，選出最好的點子。少數服從多數贊成的點子，多數尊重少數提出的意見。配對比較分析法：是一種將選擇依優先順序排序的方法，此種方法可以決定所產生之選擇是否真能解決問題。將選擇作成表格後，兩兩比較，再圈選出較優者。CARTS 評估矩陣：評估選擇時使用，通常應用在有太多選擇而不知如何選擇上。使用「評估矩陣」工具，每一個給 1 至 5 分。其中 C 代表預算（Cost）；A 代表接受度（Acceptance）；R 代表資源（Resources）；T 代表時間（Time）；S 代表空間（Space）。利用上述五者作成表格，並依照每一個選擇給予分數後計算總分，得分高者即採用此選擇。

本創造性問題解決教學方案架構如圖 12-1。採用創造性學習模式設計，共分三個層級，第一個層級為學習並使用基本的技術，第二層級為學習並使用一系統的解題過程，第三層級為運用於實際的問題中。課程主要安排有四個團隊任務和一項個人任務，「60 秒發光秀」（團隊任務）、「生活難題大『繪』串」（團隊任務）、「認識 CPS」（個人任務）及「創意博覽會」（團隊任務），並在準備創意博覽會時穿插一個小任務──創意點心屋。在五次任務中，由於實驗組學生間相互不熟悉，因此安排讓小組自我介紹的「60 秒發光秀」，緊接著透過創思策略的學習，解決生活中小組認為最迫切的問題，安排「生活難題大『繪』串」這個任務；第三個任務為「認識 CPS」，由於學生間已利用創思技法解決生活中問題，認識創造性問題解決模式後，可以此為主要架構解

決問題，第四個任務即為「創意博覽會」，讓小組將九次課程所學成果發表；另外，在準備博覽會時安插一個「創意點心屋」小任務，讓學生能在準備博覽會時不覺得枯燥乏味。以下就各任務介紹如下：

「60 秒發光秀」：結合腦力激盪及 High-Lighting 原則，讓學生於分組後討論如何在六十秒鐘介紹自己的組別，且能介紹組長等工作分配。此任務屬於 Maker 和 Schiever 問題類型 II。在此任務中，教師居於主導的角色，而學生參與問題的解決。

「生活難題大『繪』串」：此任務為 CLM 中的第一層級，學生經由創思策略的習得，並體驗 CPS 的過程。結合腦力激盪、六何法、High-Lighting、PCA、635 腦力激盪、強迫聯想法及 CARTS 評估矩陣等原則，讓學生進行日常生活中難題的解決。先行調查出大部分學生的難題，選擇其中一項最急迫且適合利用 CPS 解決的難題進行問題解決。此任務屬於 Maker 和 Schiever 問題類型 IV。在此任務中，教師居於引導的角色，而學生參與問題的解決。

「認識 CPS」：利用多媒體方式，讓學生更加認識 CPS 的角色及內涵，介紹創意骰的運用，並熟悉創思策略，其中以個人競賽方式——百元大挑戰——形式融入課程設計。創意骰一共有四種，分別為階段篇、角色篇、擴散技法篇、聚斂技法篇四種，讓學生不需背誦其中原則內容，便可以隨機選擇自己想要的選擇。

「創意博覽會」：此任務為 CLM 中的第二及第三層級，學生經由創思策略的習得，並實際體驗 CPS 的過程來舉辦創意博覽會。結合創意骰的運用，讓學生實際舉辦創意博覽會。創意博覽會便是將整體課程所學成果呈現給家人及教師。此任務屬於 Maker 和 Schiever 問題類型 IV。在此任務中，學生居於主導的角色，而教師從旁協助。

創意點心屋：於進行創意博覽會準備時穿插的任務。讓學生自行攜帶一樣白色軟軟的食品，再加上教師提供的有限物品，製作出創意點心。此任務屬於 Maker 和 Schiever 問題類型 III。在此任務中，學生居於主導的角色，教師從旁協助。

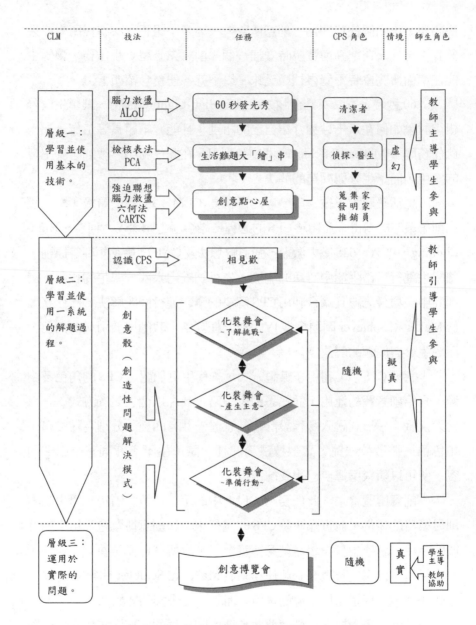

圖 12-1　創造性問題解決教學方案課程架構圖

表 12-1　創造性問題解決教學活動設計

單元名稱	生活難題大「繪」串（一）	設計者	江美惠
適用學員	已分組，每組人數約 4~6 人	教學時間	六節（240 分鐘）
問題類型	IV	師生角色	教師引導、學員參與
運用技法	擴散技法——腦力激盪法、六何法 聚斂技法——High-Lighting、PCA	CPS角色	清潔者（困惑） 偵探（事實） 醫生（問題）

教學目標	1. 利用課程錄影及上次學習單，讓學員簡單複習上次課程。 2. 學員瞭解腦力激盪法使用規則，並能在任務中應用。 3. 學員瞭解 PCA 使用規則，並能在任務中應用。 4. 學員瞭解六何法使用規則，並能在任務中應用。 5. 學員能從日常生活中找出困惑，「瞭解挑戰」的重要性並能獲得練習。 6. 學員有困惑時，「探索事實」的重要性並能獲得練習。 7. 當學員「探索事實」後，能夠「建構問題」——提出許多問題，並選擇最佳問題。 8. 學員分組上台秀出小組的體驗。

	教學環境	教師準備	學員準備
教學準備	1. 座位安排：分組坐 2. 學習氣氛：無壓力 3. 教師態度：親和、包容	1. 電腦、單槍投影機 2. 原本 CD 音樂、封套及廣告 3. 空白海報 4. 檢核表及 PCA 學習單	1. 一顆沒有束縛、愉悅的心 2. 美工用具（彩色筆、剪刀……）

	活動名稱	活動內容	時間	教具
教學流程	【引起動機】 CPS 暖身——瞭解挑戰	1. 教師帶領學員回顧上次課程。 2. 限時五分鐘，以腦力激盪法寫下日常生活中常遭遇的「挑戰」。 3. 進行「挑戰」分類，並貼在繪本第一頁上，類別最少者（最有默契）獲勝。 4. 以 High-Lighting 選出小組一致「挑戰」。 5. 教師以「困惑」及「清潔者」做連結，並加以做結論。 6. 說明「困惑」及「清潔者」的連結。	60 分	剪刀 色筆 繪本 挑戰作業單
	【發展活動-1】 CPS——探索事實	1. 介紹任務——生活難題大「繪」串。 2. 教師說明六何法原則。 3. 將之前公認「挑戰」以六何法探索事實。 4. 將探索事實的過程畫在繪本第二頁上。 5. 說明「事實」及「偵探」的連結。	60 分	六何法 學習單 繪本
	【發展活動-2】 CPS——確定問題	1. 教師說明 PCA 原則。 2. 將所有關於「挑戰」的事實繼續列出問題。 3. 利用 PCA 配對比較、建構問題。 4. 將確定問題的過程畫在繪本第三頁上。 5. 說明「問題」及「醫生」的連結	60 分	PCA 學習單 繪本
	【綜合活動】 生活難題大「繪」串	1. 介紹繪本種類（手工書）。 2. 學員分組展示目前繪本。	60 分	多媒體

作業	個人作業：複習六何法及 PCA 原則。

評量	※ 形成性評量： 　1. 活動中觀察學員上課情形。（認真、專心、融入） ※ 總結性評量： 　1. 六何法及 PCA 學習單。 　2. 繪本展示。

表 12-2　挑戰學習單——困惑篇

組員：＿＿＿＿＿＿

◆請在五分鐘內記錄你平常遇到的難題或挑戰。

◆進行「挑戰」分類，並貼在繪本第一頁上，類別最少者（最有默契）
獲勝。

◆以 High-Lighting 選出小組一致「挑戰」。

◆將結論記錄在繪本第一頁上。

表 12-3　六何法學習單——事實篇

組別：_____　記錄：_____

● 瞭解挑戰的相關事實，請列出相關的人、事物、時間、地點、原因及
　 做法。將探索事實的過程畫在繪本第二頁上。

● 事實清單：

人（Who） 誰和這個挑戰有關？		
事物（What） 和挑戰有關的⋯⋯？		
時（When） 何時會遇到挑戰？		
地（Where） 在哪裡會遇到挑戰？		
為何（Why） 為何會遇到挑戰？		

表 12-4　PCA 學習單——問題篇

組別：＿＿＿＿＿＿＿＿＿＿＿＿＿＿　　記錄：＿＿＿＿＿＿＿＿＿＿

	如何（How）如何不會遇到挑戰？
01	
02	
03	
04	
05	
06	
07	
08	
09	
10	

● PCA：將上面十種方法轉為問題，一起配對分析比較出最佳問題。請
　　自己組別設計以下表格，並將確定問題的過程畫在繪本第三頁上。

	問題 1	問題 2	問題 3	問題 4	問題 5	
問題 1	✕	1-2	1-3	1-4	1-5	問題 1
問題 2		✕	2-3	2-4	2-5	問題 2
問題 3			✕	3-4	3-5	問題 3
問題 4				✕	4-5	問題 4
問題 5					✕	問題 5

表 12-5　635 腦力激盪法——主意篇

組員：＿＿＿＿＿＿＿

請以 635 腦力激盪法，在五分鐘內記錄三個主意，寫好請往右邊傳。

◆請進行「主意」剪下並分類，貼在繪本上。

◆記得分類後，為每一個主意編碼。

表 12-6　強迫聯想學習單——主意篇

組別：＿＿＿＿＿＿＿＿＿＿＿＿　　　記錄：＿＿＿＿＿＿＿＿＿＿＿

● 計時十分鐘，使用強迫聯想法，將所有主意做聯想。可運用「＋」符
　號，將兩種以上主意相加。

運算式	聯想結果	編碼

◆ 請將上方內容貼在繪本第五頁上。

◆ 記得為每一個主意編碼。

表 12-7　評估矩陣（CARTS）學習單──最佳方法篇

組別：＿＿＿＿＿＿＿＿＿＿＿＿＿　　記錄：＿＿＿＿＿＿＿＿＿＿

● 列出主意後，請以 High-Lighting 的方式選出六個不錯的主意。這六個
　主意的編碼為：＿＿＿＿＿＿＿＿＿＿＿＿＿。

● 請將編碼寫在左方，依據 CARTS 列出內容，並給予 0 至 5 分評分。

主意 編碼	C 花費	A 接受度	R 資源	T 時間	S 空間	總分

最佳方法為：

● 請將上方內容貼在繪本第六頁上。

表 12-8　行動計畫學習單──發展接受篇

組員：＿＿＿＿＿＿

◆ 在 CPS 創意秀的課程中，我與小組在一連串的討論中，找到了我最需
解決的問題：＿＿＿＿＿＿＿＿＿＿＿＿＿＿。

◆ 這個問題，以六何法來看，我會遇到的助力及阻力如下：

人（Who） 誰和這個問題有關？	
事物（What） 和問題有關的……？	
時（When） 何時會遇到問題？	
地（Where） 在哪裡會遇到問題？	
為何（Why） 為何會遇到問題？	
如何（How） 如何不會遇到問題？	

◆ 我預計在＿＿＿＿＿＿＿＿＿＿（時間）之內解決完成。

◆ 我＿＿＿＿＿＿＿＿＿＿（姓名）擬定了行動計畫，進度如下：

月份	目標進度	日期	目標進度	見證人

我願意按照上方進度，逐步解決我的問題，若有違約，願＿＿＿＿＿＿＿

立約人：＿＿＿＿＿＿＿＿

見證人：＿＿＿＿＿＿＿＿

㈡心智圖法創造思考教學方案

　　心智圖法教學方案是黃玉琪（2006）採融入自然與生活科技學習領域，針對國小五年級學生所設計之教學方案。本心智圖法教學方案，是以 Tony Buzan（1997）的心智繪圖理論基礎為主，所設計的心智圖法教學方案，教導心智圖的基本概念與製作方法，讓學生能夠實際應用在課業學習與解決問題。

1. **基本架構**
   ⑴課程名稱：心智圖法教學方案——拜訪大自然
   ⑵適用學生：國小五年級普通班學生。
   ⑶教學時間：八週，共計二十四節課（40 分鐘 x 3 節課 x 8 週）。
   ⑷課程目標：
   　　1. 瞭解並熟悉創造技法。
   　　2. 運用心智圖法於自然與生活科技學習領域。
   　　3. 提昇學習動機及興趣。
   　　4. 增進學生的創造力。
   ⑸創造技法結合：腦力激盪（brainstorming）與各類型心智圖法，包含迷你心智圖法、記憶心智圖法、創意心智圖法及團體心智圖法等。
   ⑹設計理念：
   　　1. 教學階段：採「問、想、做、評」教學模式，進行心智圖法教學方案。
   　　2. 實作階段：採「融入」自然與生活科技學習領域的教學方式，讓學生學習如何使用心智圖法，並結合其他創造技法的學習策略。
   　　3. 應用階段：讓學生可以實際運用心智圖法，解決日常生活所面臨的問題。

2.課程大綱及活動設計簡案

表 12-9　心智圖法教學方案課程大綱

週次	節數	主題	學習內容 （T：教師 S：學生/I：個人 G：團體）	結合 創思技法	創造思 考元素
一	3	創意首 部曲	1.團體創意分組 2.（T）實施前測 3.創意隊名、標誌及隊歌（G） 4.（T）介紹腦力激盪法 5.團體創意秀（G）	腦力激盪	獨創力 敏覺力
二	3	魔法校 園巡禮 （一）	1.（T）介紹心智圖法 2.（T）認識植物的身體 3.「魔法校園巡禮」活動（G） 4.進行「大腦體操」（I） 5.成果分享	迷你 心智圖	好奇心 流暢力
三	3	魔法校 園巡禮 （二）	1.（T）介紹心智圖法的種類 2.（T）觀察植物的根 3.心智圖法教學 4.「植物探索家」活動（G） 5.成果分享	迷你 心智圖	觀察力 聯想力
四	3	植物探 索家 （一）	1.（T）介紹 635 腦力激盪法 2.（T）觀察植物的莖 3.心智圖法教學 4.「綠野仙蹤」活動（G） 5.成果分享	記憶 心智圖	聯想力 變通力
五	3	植物探 索家 （二）	1.（T）觀察植物的葉 2.心智圖法教學 3.「葉片大蒐查」（G） 4.「天才小畫家」活動（G） 5.成果分享	團體 心智圖	想像力 獨創力
六	3	綠野 仙蹤	1.（T）觀察植物的花、果實 2.心智圖法教學 3.「花花世界」活動（G） 4.成果分享	創意 心智圖	想像力 聯想力
七	3	天才小 畫家	1.（T）植物面面觀 2.心智圖法教學 3.「種菜高手」活動（G） 4.成果分享	創意 心智圖	觀察力 聯想力
八	3	創意博 覽會	1.回顧上週課程 2.團體創意秀（G） 3.學習檔案分享（I） 4.實施後測	創意 /團體 心智圖	獨創力 精進力

表 12-10 心智圖法教學方案活動設計簡案

單元名稱	奇妙的水（一）	設 計 者	黃玉琪
適用學生	國小三年級學生（已分組）	教學時間	三節課（120 分鐘）
理論結合	心智圖法、問想做評教學模式	教學策略	分組討論、合作學習
教學準備	電腦、單槍投影機、八開圖畫紙等	學生準備	愉悅心情、探索精神、色筆
教學目標	1-1 能透過心智圖法，察覺冰、水和水蒸氣的特性。 1-2 能透過心智圖法，認識水的三態變化。 2-1 能培養細心觀察的態度。 2-2 能培養事物觀察、比較和歸納的能力。 3-1 能認識與練習 7W 法則。 3-2 能以系統思考方式，製作藝術心智圖法。		

教學內容	時間
——教學活動步驟——	
一、準備活動（問） 　　1.教師發問：「你們曾經用水來畫畫嗎？經過一段時間之後水為什麼會不見了呢？」 　　　　　　　　「冰飲料上面的小水珠是從哪裡來的呢？」（引起動機） 　　2.鼓勵學生自由聯想並發表意見。	10分
二、發展活動（想、做） 【活動一：心智圖法教學】 　　1.教師使用「心智圖法」教學投影片，認識水的三態變化。 　　2.教師列舉日常生活中常見的例子：吹乾頭髮、晒衣服或水遇冷的時候，會凝固成冰等，來解說「蒸發現象」和「凝結現象」。 　　3.引導學生察覺到水遇熱會蒸發成水蒸氣；水蒸氣會凝結成冰。 　　4.介紹心智圖法策略 V：*系統思考*，讓學生學會以分層法和分類法，來組織自己的思想，運用邏輯聯想，能夠不斷地創造出新點子。	30分
【活動二：冰塊不見了】 　　1.教師請學生想一想，有哪些方法可以讓水變成冰呢？。 　　2. 教師採用 *7W 法則*（What？Where？When？Why？Who？Which？How？），讓學生自由聯想。 　　2.分組討論並發表意見。 　　3.請各組依照自己的想法，動手操作製冰，也可以課後回家再做。 　　4.引導學生思考如何讓冰變成水，讓學生用自己的想法去實際操作。 　　5.讓學生建立冰遇熱會變成水的概念。	40分
【活動三：大腦動一動IV】 　　1.請學生運用 7W 法則方式。 　　2.以「水的變化」為主題，製作一張個人的「藝術心智圖法」。 　　3.以「心智圖法自我評量表」自評自己的心智圖法。 　　4.與隔壁同學互相交換，欣賞他人所畫的心智圖法。 　　5.以「心智圖法互評量表」，同儕相互評量心智圖法。 　　6.成果分享。	35分
三、綜合活動 　　1.教師歸納整理。 　　2.教師推薦學習網站 http：// kepu.yam.com	5分

教學評量 （評）	多元評量方式（實作評量）	認知方面	能學習 7W 法則與系統思考
		情意方面	學生在課堂中的討論與發表
		技能方面	藝術心智圖法學習單、心智圖法自我評量表、心智圖法互評量表

學習領域	自然與生活科技領域、資訊領域、環境領域、藝術與人文領域

㈢曼陀羅創造性寫作教學方案

　　陳諭蓁（2005）運用曼陀羅創造思考技法的原則與步驟，設計適合國小四年級學童之「曼陀羅創造性寫作教學方案」共有十二單元。

1. 教學模式與方案架構

　⑴教學模式

　　曼陀羅創造思考技法的結構，為一大正方形，內含九個小方格的圖形。使用曼陀羅思考時，將主題放在中心，發散思考到周圍的八個空格。當空格滿了，也可再做整理，保留精華，整體規劃，發揮其最大的效能。因此，曼陀羅思考具有以下特質：圖像思考、兼具擴散思考與聚斂思考、系統化思考、與思考的平衡。

　　陳諭蓁參考文獻中之創造力的本質與寫作教學之循環模式，並模擬陳龍安（1998）之「問想做評」創造思考教學模式，結合曼陀羅的意涵、精神與特質，設計曼陀羅寫作教學模式「感—思↔組—寫」（圖12-2）。

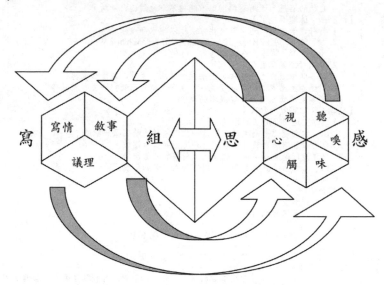

圖 12-2　　曼陀羅創造性寫作模式圖

曼陀羅創造思考技法	曼陀羅創造性寫作教學模式			講授法 討論法 遊戲法 體驗實作 多元教具
始：由教師主導 中：學生主導教師協助 末：由學生完全主導	創思技法	教學模式	教學技巧	1. 曼陀羅創造思考技法的介紹與練習 2. 多感體驗 3. 寫作練習 4. 曼陀羅的應用
	師生角色	曼陀羅創造性寫作	教學流程	
	教學單元	教學評量	寫作題目	
12 單元 （分 12 次實施）	實作評量 卷宗評量 檔案評量 學生自評、互評、師評			適合學生生活經驗之題目

圖 12-3 「曼陀羅創造性寫作教學」方案架構圖

(2)方案架構

此方案透過創思技法、教學模式、教學技巧、教學流程、寫作題目、教學評量、教學時間、師生角色等八大方向，設計本方案架構。架構圖如圖 12-3。

①創思技法

以曼陀羅創造思考技法作為此方案運用之創造思考技法，將此技法融入教學，並做為學生學習寫作的新方法，透過曼陀羅法貫穿整個寫作教學與習寫的流程。

②教學模式

使用「曼陀羅創造性寫作教學模式」，做為本教學方案之教學模式。循著「感— 思↔組 —寫」的過程，將學生多種感官的體驗，引發擴散性思考，並透過聚斂性思考，加以分析、組織，而後進行寫作。

③教學技巧

以多元的教學方式，兼用講授法、討論法、發表法、遊戲法、體驗

法、實作法……，並採用多元化的教具：學習單、實物觀察體驗、文章與故事閱讀、影片欣賞、資訊 power point 檔輔助教學……。以多元的教學技巧，使學生能在學習的過程中，輕鬆愉快，並能達到教學的效能。

④教學流程

先對學生介紹曼陀羅創造思考技法，並做簡易的練習，使學生對曼陀羅法有初步的認識，並能做初步的運用。接著融入曼陀羅創造性寫作「感— 思↔組 —寫」的教學模式，進行多感體驗，引發思考，並以曼陀羅法聚斂出組織架構，而後進行寫作練習，最後能融會貫通曼陀羅的精神，將之運用於生活之中。

⑤寫作題目

寫作是一種有感而發、有情而抒、有理而作的成品，因此由學生的生活環境或實際體驗中採擷的題目，符合學生的生活經驗，才是適合學生習寫的題目。

⑥教學評量：

透過各種方式評量學生的寫作：除了老師以作文評定量表，做分項與總分的評量外，學生自評、學生間互評也是評量方式。並且兼重寫作表現、寫作態度的評量，不只著重認知與技能的評量，也兼重情意的提昇。

⑦教學時間：

本教學方案設計十二個教學單元，分十二次實施，每次兩節課（八十分鐘）。

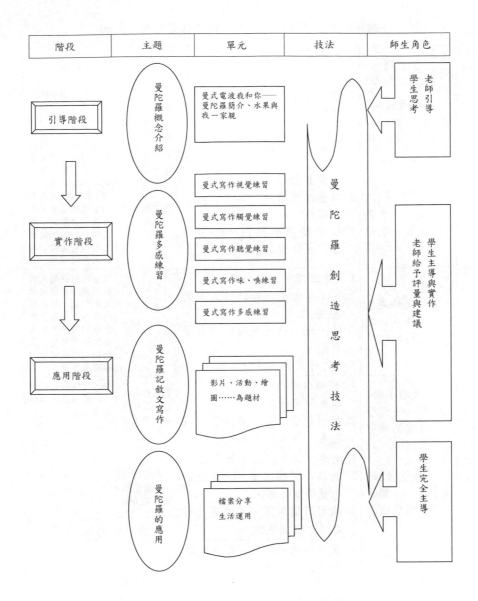

圖 12-4 「曼陀羅創造性寫作教學」方案流程圖

表 12-11　「曼陀羅創造性寫作教學方案」大綱

次別	主題	學習內容	習作	備註
一	曼式電波我和你——曼陀羅初探	1. 曼陀羅法簡介與解說 2. 全班實作 3. 分組實作 4. 個人實作：自我介紹	曼式介紹（小組、個人）	以曼陀羅擴散性思考的編排，激發擴散性思考，並以填入格子強迫思考，透過不斷地擴散思考，增進思考的廣度，並在思考量超過八個後，進行分類整理、去蕪存菁的聚斂性思考，亦再擴散與聚斂不斷流轉的同時，提出更精闢的思考，增加思考的深度。
二	曼陀羅與我——水果與我一家親	1. 練習並熟悉曼陀羅法 2. 以曼陀羅法做「水果與我」的聯想 3. 以曼陀羅聯想圖，練習句型，並練習句子加長。	曼式聯想（小組）	
三	曼式好菜色香味——閱讀與欣賞	1. 文章欣賞——記敘文 2. 小組討論並分析記敘文中的完整敘述，需含人、事、時、地、物、原因與過程等要素。 3. 分析作文的結構與佈局。	曼式文章分析（小組、個人）	以曼陀羅法的九宮格結構，分析記敘文之結構，使其編排有序。並在文章分析的同時，融入曼陀羅的精神，廣納知識形成能量，以產生力量。
四	放眼小世界——視覺摩寫的練習	1. 教師以實物引導（樹葉），學生觀察發表。 2. 練習視覺摩寫，並做曼陀羅思考，敘述成段。	曼式作文——著重視覺摩寫（個人）	融入曼陀羅的精神——善用感官以尋求真理。
五	我愛神秘箱——觸覺摩寫的練習	1. 全班討論：摸摸法大募集 2. 教師以實物試摸，學生體驗感覺後做紀錄。 3. 練習觸覺摩寫，並做曼陀羅思考，許述成段。	曼式作文——著重觸覺摩寫（個人）	
六	我是順風耳——聽覺摩寫的練習	1. 真實的聽的經驗，學生體驗感覺後做紀錄。 2. 練習聽覺摩寫，並做曼陀羅思考，敘述成段。	曼式作文——著重聽覺摩寫（個人）	
七	心心相印——心覺摩寫的練習	1. 分享我的寵物或收藏。 2. 以曼陀羅分析喜愛的原因、保存或照顧的方法、或未來的對待方式。 3. 練習心覺摩寫，做曼陀羅思考，做短文練習。	曼式作文——著重心覺摩寫（個人）	

(續)

八	團結力量大──味覺、嗅覺與多感練習	1. 回顧上週課程。 2. 以吃冰的體驗做成曼式紀錄，做短文練習。	曼式作文（個人）	
九	曼式寫作樂無窮──記敘文的練習1	1. 欣賞影片──五歲的心願。 2. 以「影片欣賞──五歲的心願」，做曼陀羅思考，並完成文章一篇。	曼式作文（個人）	透過多元的評量方式：學生自評、互評、老師評，使學生的作品不僅符合老師的要求，更能自我檢視反思。並且透過同儕的互評方式，達到楷模學習的功效，並結合曼陀羅法廣納知識，產生新能量的精神，並且能透過彼此互助，互相提昇彼此的寫作表現。
十	曼式寫作樂無窮──記敘文的練習2	1. 以「扭蛋妙用多」，做曼陀羅思考。 2. 製作扭蛋飾品，並完成文章一篇。	曼式作文（個人）	
十一	曼式寫作樂無窮──記敘文的練習3	1. 完成我的房間平面圖與曼陀羅思考單一張。 2. 以「我的房間」，做曼陀羅思考，並完成文章一篇。	整理曼式寫作檔案	
十二	我愛曼陀羅	1. 回顧前十一次課程。 2. 分享學習檔案。 3. 討論曼陀羅法的其他生活應用並分享。 4. 發下教學回饋單，並書寫。	珍重再見，曼式生活樂無窮	對曼陀羅法融會貫通，運用於生活之中，使生活更便利、更有效能、更有創造力。

表 12-12　國小學生曼陀羅創造性寫作教學簡案

教學年級	四年級	活動時間	兩節課（80 分鐘）
活動名稱	曼式電波我和你——曼陀羅初探		教師準備
教學技巧	講述法 討論法 發表法 遊戲法 實作法 創造思考教學	教學資源	偶像圖卡、自製圖卡、對開書面紙數張、A4 紙張、磁鐵、麥克筆（彩色筆或蠟筆）、曼陀羅思考單
			學生準備
師生角色	老師引導，學生思考		吸收新知的心

教學目標

1. 能對問題做觀察與思考。
2. 能學習新思考法。
3. 能透過新思考法對主題做擴散性思考。

寫作能力指標

F-2-1 能培養觀察與思考的寫作習慣。
　　2-1-1 能養成觀察周圍事物，並寫下重點的習慣。

能力指標	教學流程	時間	教學資源
	一、暖身（引起動機） 1.拿出「5566」的圖片，問小朋友這是誰？因為知道他們的外表，所以知道他們是誰。 2.再拿出八張圖片，在黑板上畫出九宮格，放入八張圖片，進行遊戲「尋找小明」，請小朋友猜哪一張是「○○○」，小朋友應該無法猜出，因為資料不足，所以大家可以多問一些問題，找出線索。→最快猜對的小朋友有獎品	15'	偶像圖卡 自製圖卡
2-1-1	二、發展活動 活動一：介紹老師 1. 小朋友發表對老師的認識。 2. 可以問一些問題想知道的事情（發下去讓小朋友寫，寫完磁貼到黑板）。 3. 對剛剛大家提出的特徵及問題做分類，並表決出最想知道的八個。→又豐富、又清楚、又簡潔，最好可以選取大家最想聽的部分，或說出最想告訴大家的。 4. 針對表決出的八個類別老師一一解答，並抽小朋友起來講一次。	25'	A4 紙張、磁鐵、色筆
2-1-1 2-1-1	活動二：曼陀創造思考技法介紹 1. 解說曼陀羅（使用曼陀羅圖做介紹）→外型（不需按照順序的放射狀、或按照順序的螺旋狀）、使用（沒有限制）、訣竅（多練習）、想法太多（選擇最好的、或最想表達的）、想法太少（盡量刺激思考、不用顧慮太多）、特色（必與主題關聯）、注意點（使用關鍵字）、優點（不會偏離主題⋯⋯）。 2. 教師以「貓」為示範，在九宮格的中心填入「貓」，只要想到與狗相關的就可發表，超過八格之後，便可選擇是否留下格子內的想法。	30' 10'	

（續）

	三、綜合活動 　1. 每組抽取一主題，進行曼陀羅圖的思考與討論，並將 　　結果在五分鐘內貼到黑板上，進行發表。 　2. 教師針對今天學的曼陀羅創造思考技法再做簡要的複 　　習。		對開書面紙、 色筆、磁鐵
學生 實作	曼陀羅小組主題思考海報		
教學 評量	形成性評量	課堂活動中觀察學生表現（專心度、參與度、 討論與發表）。	
	總結性評量	曼陀羅小組主題思考海報。	

貳、創造思考教學活動設計實例

　　創造思考教學活動設計實例是教師在編寫創造思考教學活動很實用的資料，因為到目前為止並沒有一套放諸四海而皆準的範例，本書所提供的實例有的是筆者所指導的學生所設計，有的是筆者在參加各縣市創造思考教學研討會或教學觀摩時所蒐集的作品，有的是教師所推薦或提供者，筆者選擇的標準是多樣化及設計者的用心，也完全以完整面貌呈現並未做任何修正。近年來國內有許多機構或團體也紛紛舉辦創造思考教學活動設計比賽，有許多優秀的作品待整理後再版時再增列，也歡迎大家推薦有創意的活動設計，非常感謝所有實例的作者，如有修正資料也請提供再版時替換。

一、國民中小學各科創造思考教學活動設計

㈠國語（文）科創造思考教學活動設計

1.台北市延平區永樂國民小學國語科創造思考教學活動設計

單元名稱	美麗的花園		教學年級	二年級（資優班）
教學日期	七十四年五月八日		設計者	陳美麗、洪華美
教學時間	四十分鐘		輔導者	陳龍安教授

教學目標	一、能欣賞影片組織情節（精密）。 二、能應用想像力回答問題（流暢、獨創、變通）。 三、能以擬人法造出句子來（流暢、獨創）。 四、能以擬人法自由創作短文（精密、獨創）。 五、能發表自己作品，共同評鑑欣賞。
教學資源	活動一：卡通錄影帶、錄影機 活動三：計時鈴、圖片、磁鐵 活動四：各色書面紙、錄音機、錄音帶、色筆 活動五：磁鐵

具體目標	教　學　活　動	創造思考策略	教學資源	時間分配	學習效果評量	
					方法	標準
	活動一：我愛卡通 　　老師播放錄影帶，師生共同欣賞 內容介紹： 　　天亮了，花草都醒過來了，大家愉快地做著早操，風鈴草搖動身子，唱出清脆的歌兒，小鳥叫醒了樹王子和樹公主。 　　樹王子拉起榕樹公公的鬍鬚當琴絃，快樂地彈了起來，樹公主隨著節拍跳起舞來，老枯樹站在一旁看不順眼，引起了一場決鬥。 　　結果老枯樹打敗了，很不服氣的使出看家本領！鑽木取火，引起一場大火災，大家同心協力，好不容易撲滅了，而壞心的老枯樹害人害己，被火燒死了。 　　在花草和小鳥們的祝福聲中，樹王子和樹公主快樂的生活在一起。	視像法	錄影帶	6分		

（續）

具體目標	教　學　活　動	創造思考策略	教學資源	時間分配	學習效果評量	
					方法	標準
	活動二：妙語如珠 　　看完影片後，老師引導學生進入卡通世界，並提出下列問題： 1. 請為這卡通片，訂個新奇可愛的片名。 2. 影片中，天亮了，花草樹木、小鳥……醒過來後做些什麼？ 3. 榕樹公公的鬍鬚除了當琴絃，還可做什麼呢？ 4. 如果我們來個卡通表演，你希望擔任影片中哪個角色？為什麼？	視像法 列舉 除了 假如		4 分		
	活動三：藍白對抗 1. 將學生分成兩組進行按鈴搶答比賽。 2. 教師提供圖片，請學生說出擬人法的句子來。	 腦力激盪	題卡 圖片	 10 分		亦可改變形式寫出、畫出、說出、表演出……均可
	活動四：大家一起來 1. 老枯樹用它的看家本領──鑽木取火引起一場森林大火，現在請小朋友用老師剛才教的「擬人法」功夫自由創作短文，題目自訂。 2. 教師播放輕柔音樂引導創作思路。 3. 教師巡視行間，計時十五分。	音樂作文以擬人法表現		 15 分		1. 文體不拘 2. 寫在各色之書面紙上
	活動五：統統有獎（講） 1. 作品完成後展示於黑板。 2. 共同欣賞彼此之創作。 3. 將所有作品陳列展示，把教室點綴成美麗的花園。			 5 分		

2.創造思考訓練效果之研究：國民小學國語科創造思考教學活動設計

單元名稱	一個服務生的故事	教學年級	四年級	設計者	
教學來源	第八冊第十九課	教學時間	四十分鐘		
教學目標	活動一：激發兒童語詞的流暢性。 活動二：激發兒童變通及想像力。 活動三：激發兒童語句的流暢及獨創性。 活動四：激發兒童流暢、變通及獨創性。		教學資源	活動一：「紐約」、「徬徨」、「偏僻」的詞卡。 活動四：小孩爭呼之漫畫透明卡。	

活動內容	可能反應	教師引導策略	時間備註
活動一：字詞練習 ㈠ 1.老師提出紐約詞卡來：「小朋友請你們用『系』部的詞，各自寫在作業紙上，限時1分鐘。」 2.老師抽點學生發表，共2分鐘。 ㈡老師揭示徬徨詞卡，請小朋友寫出同「彳」部的詞，其方法與㈠同。 ㈢老師揭示偏僻詞卡，請小朋友在作業紙上寫出同「人」部的詞，其方法與㈠同。	㈠組織、綢緞、紡紗、繼續、總統、細繩、纏繞。 ㈡往後、往復、徘徊、徐徐、徒行、德行。 ㈢他們、代價、彷彿、仰仗、休假。	適用於生字新詞教學	10分
活動二：腦力激盪 ㈠老師說：「第十九課課文的主要意思是說，我們做人應多替別人著想，發揮同情心，請你想想看，除了服務生能為別人服務，還有哪些工作能為別人服務？」 ㈡以腦力激盪的方式，讓兒童提出各種不同的工作。 ㈢老師就兒童所提工作中，找出數種鼓勵兒童發表，假如他從事這種工作，會如何替人服務。 如：1.假如你是車掌小姐，你如何為別人服務？ 2.假如你是清道夫、送報生、搬運工……	車掌、清道夫、送報生、搬運工、店員、駕駛、理髮師、美容師、廚師。 1.車沒停好不開門，乘客沒站好不按鈴，每站報站名。	適用於內容深究教學	10分

（續）

活 動 內 容	可能反應	教師引導策略	時間備註
活動三：接句練習 ㈠老師對小朋友說：我們來玩一種接句練習的活動，我說：「小華很用功。」你們就接著說：「小華很用功，所以他的成績很好。」 ㈡老師揭示題目向兒童說：「看誰接得最快，最完整。又接最多！請每一位小朋友先寫在自己的作業紙上，限時 5 分鐘，同一句型，要接兩個以上完整的句子」。 　1. 不到幾年功夫，_____。 　　不到幾年功夫，_____。 　2. 你這樣關心我，_____。 　　你這樣關心我，_____。 △指名小朋友起立發表接好的句子，時限是 5 分鐘。		適用於習作指導教學	10 分
活動四：面對問題，解決問題 ㈠教師口述問題，學生自由發表：「如果出外旅行，有一天找不到旅館住，或是旅館客滿了，你要怎麼辦？」請想出解決的方法，越多越好。 ㈡教師揭示小孩「爭吵」的透明片：「小華和小明常常為吃東西而吵架，有一天，媽媽買回一個玩具，為了避免他們搶著玩，請問有什麼好辦法能夠避免他們爭吵？」	1. 找親戚朋友。 2. 找民家、廟宇、學校。 3. 睡車裡、睡袋。 1. 禮讓。 2. 長幼有序，小讓大。 3. 愛護弟妹，大讓小。 4. 以自己的寵物讓對方玩，自己玩媽媽買回來的玩具。	適用於課文欣賞教學	10 分

編者註

以上兩個活動設計皆採充實制的方式，第一個活動設計係以獨立於

原有課程的方式單獨實施語文的創造思考教學。利用一部擬人化的卡通影片的方式作為引起學習的動機，並以創造性的發問技巧，探討影片的內容，進而以藍白對抗方式說出擬人化的句子，再讓學生用擬人法作文，最後師生共同欣賞結束本單元活動。

第二個設計係配合原本課程，以字詞練習、腦力激盪、接句練習及問題解決等活動方式實施創造思考教學。

這兩個活動設計均能把握創造思考教學的原則與策略，不但教學方式多樣化，且生動有趣，相信一定為學生所喜愛。

3. 台北市士林區士東國小思考技巧訓練教學活動設計

設 計 者	林詠惠		教 學 者		林詠惠	
單元名稱	新格列佛遊記	配合課程	三年下學期 國語科 20 課（單元）	思考技巧	型態分析法	
活動目標	1. 啟迪學生的想像力和組合能力。 2. 提昇學生童話寫作的能力和興趣。 3. 培養學生冒險患難的精神。			準備教具	錄音機 稿紙 書面紙	
活動設計 構　　想	本課是描述格列佛在小人國所見的奇異的人物、景物及生活情形，充滿了想像力。因此活動設計時，掌握型態分析法的原則，把人、事、物、地做重新的組合，使得故事產生許多新奇的變化，以激發學生創造思考，提高作文能力。					

活　　動　　內　　容	備　註
活動一：懸疑時間 　　老師說故事，有一次，格列佛又坐船到世界各地旅行，當船行到南太平洋時，遇上了颱風。船在狂風巨浪中左傾右斜，桅桿斷裂，又撞上礁石，一聲轟然巨響，船破碎了，格列佛在黑暗中拚命游呀游……漸漸的因為體力不支，昏迷過去，在一望無際的大海中漂呀漂……不知道過了多久，他終於甦醒過來，突然奇怪的事發生了……（事先錄成錄音帶並加音效，以激發學生的興趣）。 活動二：想像空間 　　老師說：小朋友，你想格列佛又會有什麼奇特的遭遇呢？老師列舉故事的要素，鼓勵學生發揮想像力，踴躍發表（寫在小張書面紙上）。 　　1. 新奇的地方：自動國、水晶宮、冰島、糖果屋、數字鄉、彩虹仙境…… 　　2. 驚訝的事情：做工、旅遊、吃飯、交通、生病、運動、睡覺…… 　　3. 特殊的東西：人、動植物、用具、房屋、車子…… 　　4. 奇特的感覺：害怕、興奮、緊張、厭惡、生氣、寂寞……	團體輔導

（續）

活　　動　　內　　容	備　　註
活動三：強力組合 　　將活動二的故事要素，做任意的組合，可形成各種有趣而新奇的童話故事綱要。如糖果國的河流是源源不絕的鮮奶，屋子是巧克力麵包做成的，肚子餓只要隨意舔一口，每個人的臉上都是笑咪咪的，格列佛又興奮又……水晶宮的火車是大鯨魚拖著一排小魚，只要一招手，火車就左搖右擺…… 活動四：創作天地 　1.學生依個人喜好，選擇適當的故事大綱。 　2.自由創作：根據新編的架構，發揮想像力，習寫作文。 　3.影印個人文章，彙集為「新格列佛遊記」。 　4.師生共同欣賞評析。	團體輔導 （小組輔導）

4.國小國語科創造思考教學活動設計

單元名稱	國父小的時候 先總統　蔣公小的時候	教學範圍	二年級上學期　國語科 第四、五課　第16-19頁
指導者	陳龍安	設計者	蔡芳萍
活動目標	運用聯想及擴散思考問題訓練學生的流暢力和想像力。	準備教具	1.生字卡　2.語詞卡　3.錄音機 4.碼錶　5.彩色筆　6.錄音帶 7.不同顏色書面紙紙片　8.紙箱
活動設計構　想	四、五兩課因皆是敘述中國近代偉人幼時事蹟，故併為一堂課教學。活動設計以聯想為主題，請學生分別就字、詞及情境進行聯想；另強調分類的能力。課文深究部分則請學生思考未來志向及應具備的能力為何？		

模　式	活　　動　　內　　容	備　　註
做 問想 問想	活動一：字詞擴散思考練習 1.閃示生字卡，一邊複習一邊請學生每次用不同的手指在空中書寫，書寫畢閉上眼睛回想該字的模樣及注音。 2.根據字卡造詞，造到「國」時，若有學生說「國父」，則讓學生聯想看看：從「國父」會聯想到什麼？ 3.「難」字擺在最後才造，造詞後可接聯想部分，且此字的聯想可往情意態度方面發展，如：何事會使自己感到困難？	十個生字： 第四課：華　民 　　　國　歲　孫 第五課：努　難 　　　被　為　急
想做	活動二：你說我猜 1.將全班分為兩組後，老師拿出語詞卡，並將之置於紙箱中。 2.兩組成員交替輪流出來抽卡，除自己外不可讓他人看到卡上內容；抽卡者有三十秒的時間表演，解釋所抽卡上之語詞讓同組者猜。但提示時不可用到語詞卡上任何一字，否則不予計分。三十秒之內猜出則得一分，超過三十秒便換人。	語詞： 紅綠燈　魚 牽手　汽車 新生　害怕 前面　教室

（續）

模　　式	活　動　內　容	備　註
	3. 若覺所抽卡片之語詞太難，不易解釋，可以放棄，卡片放回箱中，換下一位表演。但猜出答案之卡則須取出，不再重複。 4. 遊戲正式開始前，老師先示範。以「紅綠燈」為示範題，由老師解釋讓學生猜：是一種交通號誌，行人和車子要停或走都由它決定，三個字的。學生猜出後遊戲才開始。	書架　歡迎 滑梯　秋千 勇敢　淘氣 寫信　學校 國父　鄉村 欺負　灑水 掃地　織布 總統　種菜 游泳　困難 月餅　馬路 圖書館　船 中秋節
	活動三：海之旅	
想做	1. 請學生閉上眼睛，老師營造全班到海邊遊玩的快樂情景：現在我們搭上遊覽車往海邊去，車子開呀開，前面就是大海了。請你仔細看有哪些事物和海是有關係的？盡量想一想。接著請學生口頭發表和「海」有關的事物，發表之前應先充分思考。	
做	2. 發下書面紙，但各組之間顏色皆不同。發表者所發表之詞若不同於其他人，才可用彩色筆寫在紙上，如此可避免重複。	
問想做	3. 全部紙片以磁鐵置於黑板上，看哪一組想得最多。接著請學生加以分類，並說明分類的理由。	
	活動四：我的未來不是夢	
問想	1. 老師先帶領學生唱歌曲：「我的未來不是夢」，接著學生解釋何謂「我的未來不是夢」？再由老師歸納整理。	若老師對此歌不太熟悉，亦可使用錄音機、錄音帶。
做評	2. 老師解釋每個人只要努力，加上有計畫地去做，總能達到某些期望，如運動員的成功並非偶然，再引至　國父立志做大事的胸懷，肯定其對中華民國的貢獻。 3. 請學生想想將來要做什麼工作？為什麼？ 4. 若時間夠可問學生從事某些工作須具備何種能力？又應該有哪些準備？（如果你要當……，那你現在該怎麼做？）	

5. 國小國語科創造思考教學活動設計

單元名稱	鵝媽媽真漂亮	教學範圍	二年級上學期國語科 第十二課　第42-43頁
指 導 者	陳龍安	設 計 者	蔡芳萍
活動目標	學生能分辨相似圖形的細小差異並練習符號及文字之替代情形。	準備教具	1. 鵝媽媽圖片兩張 2. 文字加減遊戲作業單 3. 解碼遊戲作業單 4. 童詩1首
活動設計 構　　想	由圖形的改變訓練學生觀察、記憶及敏覺等能力；再以本課生字訓練學生文字重組及解碼等轉換能力；課文深究部分則以「媽媽」為引，請學生思索相關之擴散思考問題。		

模　式	活　動　內　容	備　註
問想做 問想做	**活動一：哪兒改變了** 1. 先揭示第一張圖片，兩分鐘後取下，再揭示第二張圖片，請學生說說「鵝媽媽哪兒不同了？」 2. 學生兩兩相對觀察對方，兩分鐘後背對背改變身上三項裝扮，看看誰先發現。 3. 參考答案： 　　眼神、帽子、帽帶、戒指、上衣口袋、上衣鈕釦：圓→方、上衣滾邊、項鍊：貓眼石→鑽石、手帕、上衣領、睫毛、右腳蹼離地、鼻旁凹痕。	
想做	**活動二：文字加減遊戲** 1. 中國的文字十分有趣，往往經過加減後，又變成另外一個有意義的字，如：言＋吾＝語。 2. 請學生填寫作業單。 3. 老師檢討答案： 　　(1)我＋鳥＝鵝　(2)女＋馬＝媽　(3)飄－風＋水＝漂 　　(4)頁＋豆＝頭　(5)草－早＋化＝花　(6)十＋人＝什 　　(7)寸＋日＋士＝時	
做 問想	**活動三：媽媽的愛**（參考78年度活動設計） 1. 朗誦童詩「媽媽的愛」： 　　媽媽的愛　像我家的水龍頭　關緊了　它還是流 　　一滴水，看不見　兩滴水，也看不見　水滿了　我看見了 　　我看見了媽媽的愛　媽媽的愛好漂亮哦！ 2. 想想看： 　　(1)媽媽的愛除了像水龍頭外，還像什麼呢？ 　　(2)媽媽對你有哪些愛的表現？ 　　(3)你要如何表達對媽媽的愛？	

（續）

模　式	活　動　內　容	備　註
問想做	活動四：解碼（參考國語科創造思考作業　親代雜誌社） 1. 發下作業單並說明：媽媽寫了信給文文，文文看不懂，請小朋友想想看，媽媽到底告訴文文什麼事？ 2. 讓學生先想如何解，若無人發表老師再解釋。 3. 設計密碼部分，若學生能力不足，亦可以國字或注音直接回信。	參考答案：媽媽好愛你

國小二年級國語科創造思考教學活動設計：作業單㈠

單元名稱	鵝媽媽真漂亮		教學範圍	二年級上學期　國語科 第十二課　第 42-43 頁	
姓　　名		學校班級		日　　期	

《活動名稱》活動二：文字加減

　　中國的文字十分有趣，往往經過加減後，又變成另外一個有意義的字，請你想一想，再填上答案。

1. 我 + ＝（　　　）

2. 女 + ＝（　　　）

3. 飄一風 + ＝（　　　）

4. 頁 + ＝（　　　）

5. 一早 + 化＝（　　　）

6. 十 + ＝（　　　）

7. 寸 + + 士＝（　　　）

8. 出道題目，考考別人吧？＿＿＿＿＿＿＿＿＿＿＿＿＿＿＿＿＿＿＿

教師評語		備註	

國小二年級國語科創造思考教學活動設計：作業單㈡

單元名稱	鵝媽媽真漂亮	教學範圍	二年級上學期　國語科 第十二課　第 42-43 頁
姓　　名		學校班級	日　期

《活動名稱》活動四：解碼

媽媽寫了信給文文，文文看不懂，請小朋友想想看，媽媽寫了些什麼？

1.

例：

1.媽媽寫：

2.請你替文文寫句話給媽媽，好嗎？

教師評語		備註	

6.台北市立國民中學國文科創造思考教學參考資料

單元名稱	古體詩選㈡	教材來源	第三冊第十五課
指導者	陳龍安	設計者	中正國中林義烈

問　題　設　計	教　師　引　導　策　略	備　註
一、想像一下，做什麼事情宜「獨」？	㈠本問題採用「想像」及「六 W」中的「什麼」策略。目的在引導學生正確的體會及享受「獨」的滋味。 ㈡參考答案： (1)唸書；(2)睡覺；(3)痛哭；(4)更衣；(5)洗澡；(6)思考；(7)挖寶藏；(8)吃東西；(9)作白日夢；⑽閉門思過。	
二、什麼時候你會愴然而涕下？	㈠本問題採用「六 W」中的「何時」策略。目的在使學生設身處地感受登臨幽州臺時的陳子昂的心情。 ㈡參考答案： (1)聯考落榜；(2)成績太差；(3)朋友遠去；(4)受了委屈；(5)親人去世；(6)寵物遺失；(7)久病不癒；(8)迷失自己；(9)打架輸了；⑽自甘墮落或無力自拔；⑾失戀；⑿屢次失敗且求助無門。	

（續）

問　　題　　設　　計	教　師　引　導　策　略	備　註
三、在什麼情況之下，你會有孤獨寂寞的感覺？	(一)本問題採用「六 W」中的「什麼」策略。目的在指導學生將抽象的感覺具體化，充實寫作時的「描寫」能力。 (二)參考答案： (1)分班；(2)受欺負；(3)受冷落（熱鬧場合中沒有朋友）；(4)走夜路；(5)單獨看家；(6)落魄無助；(7)生病住院；(8)離鄉背井；(9)放學後留學；(10)考試開夜車；(11)剛睡醒見不到他人；(12)內心苦悶而無處投訴。	
四、一旦登上山頂，你心中會想些什麼？	(一)本問題採用「六 W」中的「什麼」策略。目的在提供學生發揮想像的情境。 (二)參考答案： (1)眼前的美景；(2)畫畫或寫作；(3)親朋好友；(4)長住大自然；(5)保護大自然；(6)美好的山河。	
五、你知道天地之外還有哪些我們所不能肯定的事物？	(一)本問題採用「六 W」中的「什麼」策略。目的在擴展學生思想的領域。 (二)參考答案：生死、鬼神、幽浮、天堂、地獄。	
六、作者在「登幽州臺歌」一詩裡，抒發了什麼樣的情緒？	(一)本問題屬於「六 W」中的「什麼」策略，目的在引展學生思想的領域。 (二)參考答案： (1)天地悠久，人生短暫；(2)宇宙無垠，個人渺小；(3)懷才不遇，黯然神傷；(4)知音難逢，孤獨無侶；(5)世事滄桑，古今變易。	採自課本「問題與討論」
七、軍隊有隊旗，學校有校旗，旗幟對一個單位有哪些作用？	(一)本問題採用「六 W」中的「什麼」策略。目的在使學生知道旗幟對團體的作用。 (二)參考答案： (1)精神的寄託；(2)集合的中心；(3)單位的代表；(4)榮譽的象徵。	
八、你對「馬鳴風蕭蕭」的感覺怎樣？	(一)本問題採用「想像」的策略。目的在引發學生對詩境探討的興趣。 (二)參考答案： 淒涼、酸楚、想哭、悲寂、恐怖、悲傷、悲壯、悽慘、悲哀、雄壯、孤獨、壯美、怪異、窒息、荒涼、陰森、壯盛、刺激、吵、冷、肚子餓、天氣惡劣、黃沙滾滾、殺人味濃、如聞鬼哭神號。	

（續）

問　題　設　計	教　師　引　導　策　略	備　註
九、看到落日，你有什麼樣的聯想？	(一)本問題採用「想像」的策略，目的在培養學生即景抒情的能力。 (二)參考答案： (1)戲劇落幕了；(2)能堅持到底的人才能欣賞到美景；(3)人生至少該留一點絢爛給後世。	
十、落日與旭日給你的感受有什麼不同？	(一)本問題採用「比較」的策略。目的在使學生認清「終」「始」的意義。 (二)參考答案： (1)充滿希望和大勢已去；(2)新生和死亡；(3)上升和沉落；(4)出發和回來。	
十一、看到「平沙列萬幕」的景象，你有什麼樣的感受？	(一)本問題採用「想像」及「六W」中的「什麼」策略。目的在培養學生透過想像欣賞景物的能力。 (二)參考答案： (1)美（徐志摩說：數大便是美）；(2)壯觀；(3)擁擠；(4)熱鬧；(5)整齊；(6)緊張；(7)有趣；(8)想睡；(9)有如劇場布景；(10)與故鄉（本地）景物大異其趣。	
十二、「中天懸明月」使你聯想到什麼人或物？	(一)本問題採用「想像」及「六W」中的「什麼」策略。目的在激發聯想，豐富文意。 (二)參考答案： (1)人：嫦娥、吳剛、林良、李白、友人、母親、王維、阿姆斯壯、王贛俊、太空人、狼人、倪匡、唐明皇、月下老人。 (2)物：月餅、玉兔、月桂、玉盤（銀幣）、柚子、腳印、光頭、鏡子、燈泡、0分、池塘、故鄉、太空梭（船）、天文台、吸血鬼、水、霜、冰。	
十三、假如你是軍人，打了勝仗，你最想做的是什麼事？	(一)本問題採用「假如」及「六W」中的「何事」策略。目的在使學生明瞭戰爭的悲慘。 (二)參考答案： (1)報捷；(2)唱歌；(3)結婚；(4)放鞭炮；(5)痛哭一場；(6)擁吻妻子；(7)大叫萬歲；(8)大睡一場；(9)大吃一頓；(10)拿獎章（受表揚）；(11)感謝上帝（燒香拜拜）；(12)回家找親人；(13)去看好朋友；(14)洗一個熱水澡；(15)去看一場電影；(16)占有敵人的全部東西、喝他們的血、吃他們的肉。	

（續）

問　　題　　設　　計	教　師　引　導　策　略	備　註
十四、根據「後出塞」一詩想像出壯士入營後的感受。	(一)本問題屬於「想像」的策略。目的在使學生體會入營的感覺。採自課本的「問題與討論」 (二)參考答案： (1)初入伍很興奮；(2)置身軍中無聊寂靜； (3)到異地感覺陌生害怕；(4)軍紀嚴格很不自在；(5)懷念故鄉親友，孤獨空虛。	
十五、從「朝」到「暮」有很長的一段時間，作者為什麼不多寫這段時間的情景？	(一)本問題屬於「六W」中的「什麼」策略。目的在使學生設想本詩作者的用意。 (二)參考答案： (1)表示軍隊行動的迅速。 (2)表示初進新環境的緊張。 (3)表示初進新環境的感觸不深。 (4)表示工作忙碌。 (5)表示初入伍興奮。	
十六、「後出塞」一詩哪些句子給你壯美的感覺？為什麼？	(一)本問題屬於「六W」中的「什麼」策略。目的在測驗學生欣賞本詩的能力。 (二)參考答案： (1)落日照大旗：有飄揚的巨大旗影。 (2)平沙列萬幕：整齊眾多的事物。 (3)中天懸明月：空曠的天空，光華四射。	
十七、「後出塞」一詩最後提到「霍驃姚」有什麼作用？	(一)本問題屬於「六W」中的「什麼」策略。目的在使學生進一步瞭解作者的用意。 (二)參考答案： (1)表示作者的強烈信心。 (2)對壯士惶恐心情表示安慰。 (3)對此次戰事的前途充滿希望。 (4)對該將領的期許。	
活動一：馬首是瞻 一、試寫出以「馬」為首的成語。 二、成語的字數不限。 三、每人自行準備紙書寫。 四、以五分鐘為限，不可參閱書籍及其他資料，亦不可交談。 五、共同評閱，教師給寫得又好又多的人口頭鼓勵。 六、例如：馬到成功。	一、本活動的目在測試學生的閱讀能力，並提供有關成語作為寫作的材料。 二、於課後實施，全部約需十分鐘。 三、參考答案： (一)馬耳東風；(二)馬不停蹄；(三)馬革裹屍；(四)馬馬虎虎；(五)馬齒徒增；(六)馬工枚速；(七)馬不知臉長；(八)馬上得天下不能馬上治之；(九)馬上占辭；(十)馬牛襟裾；(十一)馬仰人翻；(十二)馬鹿異形；(十三)馬後砲；(十四)馬拉松賽跑；(十五)馬上打瞌睡；(十六)馬失前蹄。	

（續）

活　　動　　設　　計	教　師　引　導　策　略	備　註
活動二：大天小地 一、將全班學生分成兩組，進行造詞比賽。 二、限造意義相對的詞組，以兩個字為限。 三、按照順序輪流發表，每人造一個詞，只須敘述，獲全體師生認可得一分，不會造或未得認可者不扣分。 四、以五分鐘為限，不可參閱書籍及其他資料，亦不可交談。 五、時間終了，計算勝負，給獲勝的一方口頭獎勵，全體同學再給自己一次「愛的鼓勵」。 六、例如：大小、天地、前後、朝暮。	一、本活動的目的在培養學生造新詞的能力，並從而加深對「反義複詞」的認識。 二、於課後實施，全部約需十分鐘。 三、參考答案：古今、往來、公私、死活、忘懷、去來、胖瘦、男女、哭笑、上下、左右、內外、裏外、長短、高矮、寬窄、日夜、高低、山水、頭尾、本末、動靜、帝后、南北、東西、夫妻、子女、父母、兄姊、弟妹、師生、勝負、輸贏、勝敗、黑白、利鈍、正負、真假、死生。	
活動三：對對佳偶 一、從學過的課文當中，找出對偶的句子，至少五句，越多越好。 二、可以參閱課文。 三、課前通知學生準備資料。 四、不限在韻文中之對偶句：散文中之對偶句亦可。 五、個別或集體作均可。 六、以五分鐘為限。時間終了計算勝負，給勝者口頭獎勵。 七、利用五分鐘將部分學生所找出之對偶句加以分析說明。 八、例：「前不見古人，後不見來者」 　　「朝進東門營，暮上河陽橋」	一、本活動的目的在復習對句的組織方法，並讓學生從實際搜尋活動當中加強其印象。 二、於課後實施，全部需十分鐘。 三、參考答案： ㈠白日依山盡，黃河入海流 ㈡欲窮千里目，更上一層樓 ㈢綠樹村邊合，青山郭外斜 ㈣開軒面場圃，把酒話桑麻 ㈤草枯鷹眼疾，雪盡馬蹄輕 ㈥忽過新豐市，還歸細柳營 ㈦暮雲空磧時騎馬，秋日平原好射雕 ㈧護羌校尉朝乘障，破虜將軍夜渡遼 ㈨卻看妻子愁何在，漫卷詩書喜欲狂 ㈩白日放歌須縱酒，青春作伴好還鄉 ㈣即從巴峽穿巫峽，便下襄陽向洛陽 ㈤矢勤矢勇，必信必忠 ㈥學而不思則罔，思而不學則殆 ㈦祖父長年在風雨裡辛勞，祖母每天在茶飯裡刻苦	

（續）

活　動　設　計	教　師　引　導　策　略	備　註
活動四：寫本詩成散文 一、將本課兩首詩中的一首， 　　改寫成散文，並加以分段 　　及標題。 二、可以配合作文課實施之。 三、改寫不同於翻譯，請事先 　　說明。 四、佳作提出共同欣賞。	一、本活動的目的在評鑑學生的語文運用能 　　力，及對本詩瞭解的程度。 二、本活動約需時間二十五分鐘至五十分鐘 　　（如果使用毛筆，時間稍加延長）。 三、參考答案：略。	

創造思考閱讀與寫作

一、參考資料：

　㈠夏夜　楊喚

　　（取材自國立編譯館國中國文課本第一冊）

　㈡記承天寺一夜遊　〈蘇軾〉

　　（取材自國立編譯館國中國文課本第二冊）

二、找出上列五篇文章裡描述「聲」、「色」的部分。

　　「聲」不一定有「響」，它們分別用了什麼辦法來表示夜的「無響
　　之聲」。「色」也不一定「多樣」，它們又如何從「單調」之中表
　　達出「變化」，請參考這些材料寫作「描述夜晚」的文章。特別注
　　意「聲」、「色」的描述，文長約三至五百字，至少分三段。

㈡數學科創造思考教學活動設計

國民小學數學科創造思考教學活動設計

教學單元	位置的表示		教學年級	五年二、三班		
教學來源	國立編譯館數學課本第十冊第四單元		設 計 者	徐淑敏	教學者	徐淑敏　陳永彬
教學時間	共 200 分鐘分五節；本節演示第一節		指導教授	吳貞祥教授		
教學目標	一、理解行、列表示位置的方法及其坐標。 二、理解兩個數量的對應表及其坐標，並畫成關係圖。					

教　　　學　　　研　　　究

一、教材地位

二、教學指導

　㈠本單元以三年級會仿製解釋長條圖和四年級會仿製解釋折線圖、觀察統計圖為教學基礎，把圖上的位置以坐標方式表示。

　㈡應特別強調「先行後列」的規則，與 Y 軸平行為行序，與 X 軸平行為列序。

　㈢由座位表坐標引入交點坐標時，把一整行（列）視為一體，以虛線（直線）表示座位在交點上，是非常重要的步驟。

　㈣指導分數或小數的坐標時，應將ㄅ 1/2 及ㄇ、5（ㄅ、ㄇ代表整數），視為ㄅ 1/2 行（列）及ㄇ、5 行（或列）。

　㈤教授此單元是要作為以後函數圖形教學的基礎，在此謹要求學生能以對應表方式表示即可。

　㈥此單元之範圍僅限於四象限中的第一象限，即橫軸與縱軸之值均為正值（＞0）。

（續）

教學目標與活動	教師引導策略	教學資源	時間	形成性評量與注意事項
活動一：我在哪裡 <u>目標：能依自己意思說出所居位置</u>			5分	
(一)讓兒童依現有情境，試著說說自己的座位。 可能有如下數種說法： 1.「在這裡。」（後面） 2.「前面算來第幾個，右邊（左邊）算來第幾個。」 3.「門（窗）邊算來第幾個前，（後）算來第幾個？」 4.「坐在某人後面（前面）。」	(一)鼓勵兒童說出各種不同的表示方法。 (二)若兒童說不出來，可暗示他用周圍事物或方位來具體說出自己的位置。 (三)兒童若有如活動中1.的說法，教師必須追問「若在戶外你該如何更清楚的表示」。 (四)兒童若如4.中的說法，教師再追問「若前（後）方不是只一個人時，必須如何說明才更清楚。	應用教室的設備		(一)指導兒童能明確說出自己位置，若說明不夠明瞭時，教師須加以追詢。
活動二： <u>目標：能用行與列表明某人所坐的位置</u>			10分	
(一)利用班級座位，事先標示「行」與「列」的指示牌，讓兒童能清楚看見。	(一)讓兒童先利用行、列指示牌來幫助認識。「行列」指示牌各六面。			(一)行次、列次必需使兒童做到明確而迅速的反應為止。
(二)請兩位兒童在班級座位第一行上拉一長繩，一人持一端，請位於第一行兒童舉手，教師說明他們都坐在第一行；同法一直重複做到最後一行。	(二)對於行之、列次的介紹，剛開始時說明清晰而緩慢。	繩長二條約三公尺		(二)熟練後要求其迅速而正確的反應。
(三)讓兒童熟練「行次」（由拉繩兒童隨意標行，該行兒童很快說出該行數），重複練習再單獨請兒童抽問，直到均能記住每行次為止。	(三)老師可要求第×行拍手、摸頭、點頭。			(三)重複練習直至整行沒有人錯誤為止。

（續）

教學目標與活動	教師引導策略	教學資源	時間	形成性評量與注意事項
㈣如上列步驟，指導兒童熟練「列」次。	㈣教師的板書×××（第×行，第×列）是為加深兒童觀念以導入（ㄅ、ㄆ）的表示方法，不可忽視。			㈣除了單一的行次、列次認識外，進而由交點的發現，會用（第×行，第×列）來說出自己的位置。
㈤指導用行與列表示位座位： 1.讓拉繩兒童在第4行的兒童的座位上，拉繩表示，並唸出第4行，再請兩位兒童同樣在第3列上標明並唸出第3例，教師說明交點位置在「第4行，第3例」，並請該位置兒童舉手表示。 2.同法請兒童反覆練習，此時位置表示由該交點位置兒童說明，教師只板書即可。 3.指名學生說出自己座位，教師並如上法板書。 4.請被「指名」兒童再隨意口述「第幾行，第幾列」，由坐在該位置學生站起來，並說出自己名字，同法連續數次，教師板書。				
活動三： 目標：能用（ㄅ、ㄆ）表明某人的位置 ㈠黑板揭示自製行列小黑板（內亦有空白座位表格可為利用）。	㈠若兒童一時很難接受座位表，教師可實際輔導兒童到講台上實際看一看全班座位，再與小黑板座位表比較。	自製小黑板（內附班級空白座位表，以便活動中兒童填入自己姓名）。		
㈡小黑板上做行列的演示，到兒童能將實際座位觀念遷移到小	㈡教師的板書（第×行，第×列）仍不			

（續）

教學目標與活動	教師引導策略	教學資源	時間	形成性評量與注意事項
黑板上為止。	可忽視。			
㈢指名兒童在小黑板中正確的空白座位表格填入自己位置，並說明第幾行第幾列。	㈢分組報告時要求兒童做說明。			㈢特別強調（4，3）內「4」表行次，「3」表列次。
㈣教師板書×××「第×行第×列」重複練習。	㈣教師操作小黑板上兒童座位表，作為評量練習。	自製小黑板		㈣每位兒童會用（ㄅㄆ）表示法，明確表示自己位置和他人位置。
㈤教師提出問題：除了黑板的表示方法外，還有沒有更簡明的表示方法？	㈤兩人一組實施本活動。	象棋		㈤教師巡視、觀察兒童是否操作正確。
㈥分組討論提出報告。	㈥在棋盤紙上書寫行次和列次名稱。	棋盤放大圖		
㈦教師歸納，並說明某人的位置第4行，第3列，記做×××（4，3）。				
㈧練習簡單記法。				
㈨分組活動：利用棋子的操作，瞭解位置的表示。				
活動四：目標：能說（3，4）（4，3）（3，3）所表示的意義及其間的異同。			5分	
㈠指名兒童上台標出（3，4）（4，3）（3，3）的位置。	㈠兒童一時無法發現異同時，可重複行次、列次的說明由交點的不同讓兒童去發現。	自製小黑板		㈠分組討論結果必須會具體說明之。
㈡分組討論：（3，4）（4，3）（3，3）所表意義為何？三者有何異同？				
㈢提出討論結果。				
㈣師生一起歸納整理。				

（續）

教學目標與活動	教師引導策略	教學資源	時間	形成性評量與注意事項
活動五：認識交通路標 目標：能用（ㄅ，ㄆ）表明連續路標位置並能說出（3，2）（2，3）（0，3）（3，0）的不同 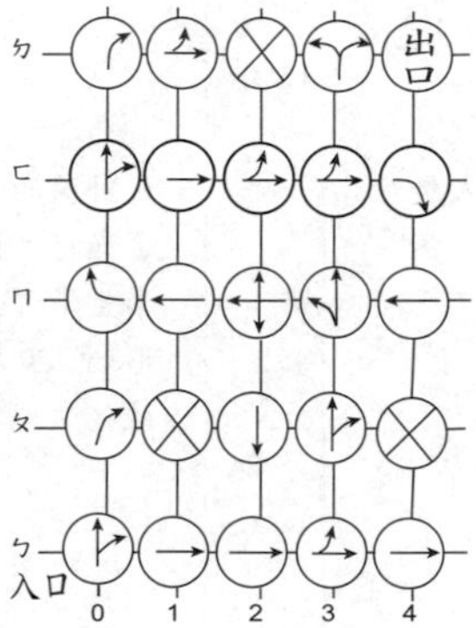			10 分	
㈠提示上圖	㈠遊戲規則必須說明清楚，活動由兒童參與，教師居輔導之位。	迷宮圖小磁鐵	10 分	㈠由路線圖評量其正確的位置表示法。
㈡請學生依路標所示方向，自入口處到出口。	㈡教師可提示（行、列）的觀念，0 行與 0 列的指導應該與數線相聯繫。 0 行與 0 列並非表示 0 為沒有，而是第 0 行與第 0 列。			㈡經由各組討論結果評量其瞭解程度。
㈢將路徑按順序一一寫出坐標。 如： 入口　　　　　　　出口 （0，ㄅ）→（　　）→ （　　）……（4，ㄉ）→				
㈣教師提出問題，由兒童發表（小組討論）： 1. 從以上路徑，你是否經過（3，2），（2，3）兩地兩者有何異不同？ 2. 路徑中經過（0，3）（3，0）			第一節	

（續）

教學目標與活動	教師引導策略	教學資源	時間	形成性評量與注意事項
兩地。 ①（0，3）中的0代表什麼？ ②（0，3）中的3代表什麼？ ③（3，0）中的3代表什麼？ ④（0，3）中的0代表什麼？				
活動一：折線圖的設計 　目標：能看出折線圖中交點位置 ㈠五年乙班家庭人數統計圖如下： 查查看：家裡有 2 人的是幾戶？ 　　　　家裡有 3 人的是幾戶？ 　　　　家裡有4人、5人、6人、7 人、8 人、9人、10人各是幾戶？ ㈡把水加熱後，水溫變化情形如下圖： 查查看：未加熱時水溫是幾度？ 　　　　加熱1分鐘水溫是幾度？ 　　　　加熱到幾分鐘時水才沸騰？	㈠兒童若不能很快查出答案，教師可提出前節（行列）的關係。 ㈡加強交點的引導為下一活動的基礎。	家庭人數統計圖表一張 水溫變化圖	15分	㈠統計圖的複習教材可視學生學習情形予以增減。

（續）

教學目標與活動	教師引導策略	教學資源	時間	形成性評量與注意事項
活動二：以座位表指導交點位置 目標：能指出座位表中交點位置 (一)1. 利用已有座位位置將每行設為一小團體，每列設為一小團體，則每人用時屬於某 X 行，某 Y 列。 2. 教師發令請第 2 行兒童站起來，第 3 列蹲下，藉此導入（2，3）的位置觀念。 (二)利用課本五年忠班座表，把某人座位的行次和行列各以虛線畫出，讓兒童找出自己交點的位置。	(一)兒童居於交點位置此時可能無所適從而發問，教師可趁機會引入主題。 (二)虛線的導引是很重要的觀念，必要時可多做幾次。	兒童座位表、小磁鐵	10 分	
活動三：拿取硬幣認識交點位置 目標：能用（ㄅ，ㄆ）表明方格圖中某一交點位置 				
(一)揭示如上圖板，教師宣布遊戲規則： 1. 兩人比賽，拿取同行或同列相連的硬幣，一次中不限拿取個數。 2. 兩人依序互相記下所拿硬幣位置。 3. 規定拿最後棋子者為輸家。 (二)分組活動：教師事先印好如上圖表格，兒童每 2 人一張。 (三)指導兒童能正確用坐標方式，寫出硬幣位置。	(一)利用行間巡視察看其記錄是否正確。 (二)兒童不能正確做出時，可用虛線對應來提示。	方格圖小磁鐵	10 分	(一)遊戲規則必須清楚並使兒童確實遵守。

（續）

教學目標與活動	教師引導策略	教學資源	時間	形成性評量與注意事項
活動四：連連看？是什麼圖形 目標：能依設定條件在圖中找出其一交點位置 （一）揭示空白方格圖。 （二）教師依序口述：〔（0，4）→（1，3）→（3，3）→（3，1）→（4，0）→（5，1）→（5，3）→（7，3）→（8，4）→（7，5）→（5，5）→（ㄅ，ㄆ）〕 （三）兒童正確畫出來的是何種圖案？並將其位置依序連接後表現。 （四）試作課本 p.27 下半練習，共同評述。	（一）同樣必須把習作規則表達清楚。 （二）本活動亦可作為課後習作，不一定在課堂中完成。	方格釘板 課本練習放大圖	10分 第二節	（一）省察其是否能正確畫出各點位。 （二）釘板（行、列）的行。左邊為起點，直為行，橫為列。 （三）釘板的行列規定：當人面向釘板，以左邊為起點，直　為行，橫　為列。 （四）本活動亦可為課後遊戲複習之用。
活動一：指導由方格圖上一點說出其位置 目標：能看含有分數或小數的坐標，在圖中找出位置 （一）給予兒童一個含有分數或小數的坐標（3.5、2）。	（一）可採分組討論方式或小數的表示方式，並做發表。	方格紙	10分	（一）（3.5，2）中的「3.5」應可視為3.5 行，可在 3.5 位置畫一直線。

（續）

教學目標與活動	教師引導策略	教學資源	時間	形成性評量與注意事項
㈡討論該點在第幾行第幾列。				㈡由圖中找尋位置，評量其正確與否。
㈢在圖中找出位置。 ㈣給予另一坐標（2，3.5）同㈠、㈡、㈢步驟討論。 ㈤指導含有分數的位置表示。				
活動二：指導學生能由坐標而找出其位置 目標：能在坐標圖中正確寫出含有分數或小數的坐標 ㈠教師板書如：ㄅ（$1\frac{1}{2}$，2），ㄆ（$2\frac{1}{2}$，1），ㄇ（1.5，2），ㄈ（2.5，1）等問題	㈠分組討論輔導其發現ㄅ與ㄇ，ㄆ與ㄈ位置相同。	方格紙	20分	㈠評量其是否態說出ㄅ（$1\frac{1}{2}$，2）與ㄇ（1.5，2）實為相同。ㄆ、ㄈ亦是。
㈡由學生在圖上表示出其位置來。 ㈢討論畫出來的點有什麼新發現？				
活動三：尋寶指導含分數或小數的坐標路線圖。 目標：能正確畫出尋寶路線圖 ㈠1.揭示一張方格圖。 2.定出行列次序。 3.設計藏寶圖內容由老師敘述（或由事先錄音故事等方式來進行此活動）。 4.兒童依教師所述，上台標示正確位置。 5.畫出尋寶路線圖。	㈠教師行間巡視，適時輔導。	（事先預錄的配音及故事卡帶、錄音機）	10分	㈠由其正確性及速度來評量其熟練度。
㈡依以上情境，設計完整的藏寶圖（分組進行）。	㈡設計完後可做發表說明。	放大藏寶圖		
㈢試做課本p.28、29練習，並共同訂正。		色筆	第三節	
㈣每人課後設計一張藏寶圖。		小磁鐵		

（續）

教學目標與活動	教師引導策略	教學資源	時間	形成性評量與注意事項
活動一：利用坐標解答有規則數量變化的問題 　目標：能依據數量的變化做出對應表，並畫成關係圖 花布1公尺賣20元，買2公尺，3公尺或4公尺，各要多少元？ ㈠讓兒童思考作成關係坐標圖的方法。 ㈡兒童發表討論結果。 ㈢討論各問題： 　1. 買 1.5 公尺和 $3\frac{1}{2}$ 公尺需要多少元？ 　2. 50 元可買多少公尺？ 　3. 買 6 公尺，$7\frac{1}{2}$ 公尺，6.5 公尺各要多少元？可以預測嗎？ ㈣試作課本 p.30 練習？並共同訂正。	㈠採行分組討論。		20分	
活動二：利用坐標解答無規則性的數量變化問題 　目標：能看出與活動一之異同，並繪製關係圖 ㈠兒童提出方法。 ㈡實際操作驗證，並討論各問題以幫助繪圖。 　1. 滿一個半月小弟體重應是多少？ 　2. 能否預測所列對應表外，其他數據的多少？ ㈢實際繪製。 ㈣討論活動一，活動二的關係圖有何不同？ ㈤試作課本的練習，並共同訂正。	㈠教師引導小組討論活動一與活動二關係圖有何異同。 ㈡請小組做具體說明。	對應表格關係圖 課本圖表之放大圖	20分 第四節	㈠從小組研討評量其是否能說出活動一與活動二關係圖的不同處，並研討其原因。

（續）

教學目標與活動	教師引導策略	教學資源	時間	形成性評量與注意事項
活動：總複習與評量 ㈠做課本練習四 ㈡評量並訂正 ㈢補救教學			40分 本單元完	

資料來源：台北市萬芳國小數學科創造思考教學活動設計

㈢自然科創造思考教學活動設計

自然科學模式單元教學活動設計

模式單元	燈泡的串聯和並聯	教學來源	自然課本第八冊舊第十單元
設計者	林志芬	教學者	林志芬、廖淑敏
教學日期	七十三年四月二十四日	教學地點	西門國小
教學班級	四年十二班、四年十四班	教學時間	40-60分
教學資源	電池、燈泡、電線、電池槽	教學協助者	

單元過程目標	從裝製燈泡的串聯和並聯活動中，建立：「若有一個壞的燈泡在燈泡的並聯、串聯電路中，就會有不同的發光現象」的概念。

概念分析	概　念　地　位	主　要　概　念
	電池的串聯、並聯 ↓ 燈泡的串聯、並聯　本單元	1.燈泡並聯時，若其中一個燈泡壞了或電線沒有接好，另外的燈泡仍然會亮。 2.燈泡並聯時，若其中一個燈泡壞了或電線沒有接好，所有的燈泡都不會亮。

	內　容　敘　述	主要科學方法	科　學　思　考　類　型	
行為目標	1.觀察黑暗電池的兩組電路裝置中，對二組燈泡的亮或滅的現象，作適當的推論。 2.能利用電池、燈泡和電線設計燈泡串聯和並聯的電路。 3.經驗證後，能指出在電路中，有一個燈泡壞了的時候，串聯和並聯有不同的現象。	傳達 推理	推理 設計驗證 解釋	邏輯推理思考 創造性思考 批判性思考

流程符號說明

▽	⊔	▭	▭	◇	△
（本單元開始）	（課前準備）	（教師活動）	（學生活動）	（評量）	（本單元結束）

（續）

探討式的思考階段	活動流程	佈局與探討思考活動
把握問題	課前準備	設計燈泡的串聯和並聯二種電路 說明：①二組電路都使用一個電池、二個燈泡。 　　　②甲、丙燈泡是好的。 　　　③乙、丁燈泡是壞的。 　　　④電池被掩蓋位。 　　　⑤（一）號為並聯。 　　　　（二）號為串聯。
	演示	演示課前準備的兩種不同電路的發光現象。
	觀察	觀察燈泡的發光情形。
	發問	1. 你看到了什麼？ (1)第（一）組的二個燈泡中，一個亮了，一個不亮。 (2)第（二）組的二個燈泡都不亮。 (3)……
	自由反應	
	發問	2. 為什麼有這種現象，可能有哪些原因？ （各組一邊討論，一邊記錄） （各組報告，教師板書）
	分組討論	(1)電池的關係：可能（二）組沒放電池。 (2)燈泡的關係：第（一）組的乙燈泡沒接好。 　　　　　　　　第（二）組的兩個燈泡都是壞的。
	分組發表	(3)連接形式不同，（一）為並聯（二）為串聯。 (4)電線沒有接好。
	問題	3. 這麼多的原因，應該怎麼證實？
	操作	（根據上述推測，逐項試驗後發現；二組電路中的燈泡都是一個好的一個壞的，原來是燈泡連接形式不同，才是唯一的原因）

（續）

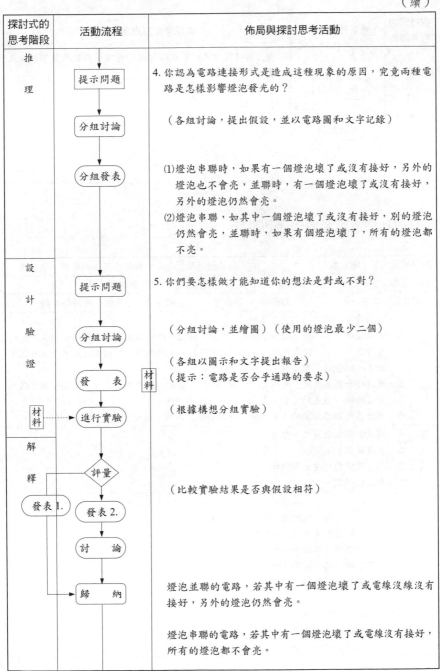

探討式的思考階段	活動流程	佈局與探討思考活動
推理	提示問題	4.你認為電路連接形式是造成這種現象的原因，究竟兩種電路是怎樣影響燈泡發光的？
	分組討論	（各組討論，提出假設，並以電路圖和文字記錄）
	分組發表	(1)燈泡串聯時，如果有一個燈泡壞了或沒有接好，另外的燈泡也不會亮，並聯時，有一個燈泡壞了或沒有接好，另外的燈泡仍然會亮。 (2)燈泡串聯，如其中一個燈泡壞了或沒有接好，別的燈泡仍然會亮，並聯時，如果有個燈泡壞了，所有的燈泡都不亮。
設計驗證	提示問題	5.你們要怎樣做才能知道你的想法是對或不對？
	分組討論	（分組討論，並繪圖）（使用的燈泡最少二個）
	發　表　材料	（各組以圖示和文字提出報告） （提示：電路是否合乎通路的要求）
	材料····▶進行實驗	（根據構想分組實驗）
解釋	評量	
	發表1.　發表2.	（比較實驗結果是否與假設相符）
	討　論	
	歸　納	燈泡並聯的電路，若其中有一個燈泡壞了或電線沒線沒有接好，另外的燈泡仍然會亮。 燈泡串聯的電路，若其中有一個燈泡壞了或電線沒有接好，所有的燈泡都不會亮。

（續）

探討式的思考階段	活動流程	佈局與探討思考活動
發展推廣	發　問 ↓ 自由反應 △	6. 街上的路燈和我們家裡的電燈，應該採串聯或並聯的方式裝設？為什麼？

(四)社會科創造思考教學活動設計

教學單元	參(三)地方戲		教學來源	國立編譯館國小社會課本第三冊
教學日期	七十三年十一月三十日		教學時間	共80分鐘分2節
教學年級	二年一班	教學者　游淑賢	輔導者	嚴錦、陳龍安教授

教材分析	一、每個地方都有不同的民俗藝術。 二、布袋戲也叫木偶戲，或稱掌中戲，是由大陸閩南區隨移民帶來台灣的，現在改進配合布景、音樂、效果，以及表演者的熟練技巧，使戲中人物栩栩如生，予人有真實感，所以能吸引很多觀眾。 三、中國的平劇為國劇，也叫大戲。因中國幅員廣大，各地都有以方言演唱的地方戲。台灣的歌仔戲是地方戲，大多在節目及廟會時演出。 四、歌仔戲起源於宜蘭的民間山歌，傳開於台灣各地，頗受歡迎。
單元目標	一、描述布袋戲的演出和精神。 二、表演布袋戲。 三、描述歌仔戲的演出和精神。 四、表演歌仔戲。
教學資源	老師： △以圖、文介紹地方戲的源流，布置在教室。 △展示各種地方戲的圖片、歌仔戲的戲服，及國劇的初末。 △師生共同製作簡單的布袋戲戲台。 △錄製教學所需的錄音帶（布袋戲的某齣唱詞、歌仔戲的某齣唱詞）。 △蒐集教學的參考資料（中華兒童叢書的相關補充教材）。 學生： △製作演出所需的小道具。 △繪製歌仔戲中人物的面具（男角、女角……）。 △蒐集自己最喜歡的木偶（布偶）帶到班上開個展覽會。

（續）

具 體 目 標	教 學 活 動	時間分配	備 註
能辨別不同的地方戲	一、準備活動 你看過唱戲嗎？你知道的是什麼地方戲？說說看 ㈠師生共同欣賞各種地方戲的圖片是配樂。 　　1.為成人演出： 　　　⑴豫劇　⑵粵劇　⑶川劇　⑷閩劇 　　　⑸平劇　⑹歌仔戲。 　　2.為兒童演出： 　　　⑴傀儡戲　⑵皮影戲　⑶布袋戲。		投影機 投影片 錄音機 音樂帶
能瞭解準備工作、後台，以及演出的情形。	㈡1.準備工作的情形。 　　2.演出的情形。 　　3.後台的情形。 二、發展活動		展示實物 幻燈片 教具
能說出喜歡觀賞的故事性質。 能說出布袋戲演出的時機、場所、戲名。	㈠共同發表： 　　1.你最喜歡哪一種地方戲？為什麼？ 　　2.如果讓你表演布袋戲，你喜歡表演哪一種故事內容的布袋戲？（發展的方向：恐怖、武打、科學、愛國、忠孝、節義、笑話、童話……） 　　3.你在什麼時候看過布袋戲？在哪裡看的？這齣戲的名稱叫什麼？	3分	投影片 投影機
能說出布袋戲演出時，所需準備的事宜。	㈡分組討論、報告： 　　1.你最近在電視上看過哪些布袋戲？ 　　2.布袋戲演出時，要準備哪些東西？ 　　3.布袋戲演出時，要有哪些景色？ 　　4.布袋戲演出時，有哪些配音？ 　　5.表演不同人物的動作。 　　　（老先生、老太太、小孩子、年輕小姐、英雄……） 　　6.模仿不同人物的動作。 　　　（老先生、老太太、小孩子、年輕小姐、英雄……）	12分	投影機
能表演一小段布袋戲	㈢表演活動： 　　大家來表演布袋戲：分六組；以抽籤方式抽出二、三組上台表演。 　　　（1.內容性質不拘：歷史故事、民間故事、冒險、童話、生活與倫理中心德目及規條……） 　　　（2.對小朋友所表演故事內容中，不合	15分	木偶（布偶） 簡易戲台 書面紙 磁鐵

（續）

具 體 目 標	教 學 活 動	時間分配	備 註
能歸納指出布袋戲的演出和劇情	傳統倫常的地方，加以修正） （四）歸納與整理： 　1.你喜歡哪一組演出的布袋戲？為什麼？其中的人物，你最喜歡誰？ 　2.你最不喜歡哪一種人物出場？為什麼？ 　3.假如老師用表演布袋戲的方式上課，你想教室會怎樣？ 第一節（並預告下一課準備事項）	5分	投影機 投影片 書面紙 磁鐵
能指出自己喜歡的角色	（一）共同討論： 　1.你看過電視上的歌仔戲嗎？你最喜歡誰的演出？為什麼？ 　2.假如你來演歌仔戲，你想演什麼角色？ 　3.欣賞歌仔戲演出的圖片。	3分	
能列舉歌仔戲和布袋戲演出的不同點。	（二）分組討論、報告（討論完畢，小組長上台報告，其他組隨時提出補充意見） 　1.歌仔戲和布袋戲演出的方式有什麼不同？ 　2.歌仔戲和布袋戲演出的道具有什麼不同？ 　3.歌仔戲和布袋戲演出的人物有什麼不同？ 　4.歌仔戲和布袋戲演出的布景有什麼不同？ 　5.歌仔戲和布袋戲演出的場地有什麼不同？ 　6.歌仔戲和布袋戲的服裝有什麼不同？	15分	投影片 投影機
	（三）表演活動： 　1.配合錄音帶、由幾個小朋友各自表演某一個角色的動作、身段和唱詞。 　2.放另一段錄音帶唱詞，由全班各自創作表演動作、身段。	10分 5分	錄音帶 錄音機
能說出本地的地方戲 能指出看戲時應有的態度 能判斷歌仔戲的內容性質	三、綜合活動 　1.請說出本地的地方戲有哪些？ 　2.你認為看地方戲時，應該怎樣，才不會影響到別人？ 　3.你認為電視公司，應該演哪一種內容性質的歌仔戲比較好？ 　4.你覺得看地方戲能明白什麼道理？ 第二節完 ——（請預習第四單元「鄉賢故事」）——	7分	投影片 投影機

二、腦力奧林匹克創造思考教學活動設計

㈠活動名稱：

　　閃爍星探險

㈡活動所需時間：

　　五十分鐘至六十分鐘

㈢參加人數：

　　一百六十名（每校三、五年級資優班學生各年級十六名，五校合計
　　一百六十名，其中十位幫助看管物品，實際參加共一百五十名學
　　生，每五人一組分為三十組）。

㈣介紹：

　　你們是一隊太空人，剛登陸在「閃爍星」上，進行一項蒐集有色的
　　樣本的任務，並將之放於顏色相配的太空器中，以供運走。閃爍星
　　是一顆奇異的星球，一切電訊、聲音中斷，太空人唯一溝通的方式
　　是透過視覺。

㈤問題：

　　每隊中兩名隊員擔任「探險太空人」，另外三個為任務管制員。每
　　隊須各自發展其視覺訊號系統，以供任務管制員指引探險者避開坑
　　坑洞洞，以蒐集樣本並將之放入相配的有色太空器中。

㈥正式比賽：

　　兩個探險員須站在登路區（見圖1），任務管制員，則各自站立在
　　一個訊號區內，先引導一個探險者到放有樣本的洞（樣本中五個為
　　彩色的，二個為白色的），令其蒐集其中五個彩色樣本之後，回到
　　登陸區。樣本須轉交給另一位探險員，讓他放在相配合的色容器
　　中。探險員戴著指定的頭盔，故無法看到有色的樣本，也無法看到
　　太空容器的顏色，任務管理員不戴頭盔，故可看見樣本，進行引導
　　工作。

㈦比賽限制：

1. 不得多出任何聲音。

2. 任務管制員不得碰觸探險員，以提供指引。

3. 任務管制員起碼要保持一腳在任務管制區。

4. 各隊的解決方式花費不得超過二百元，包括買來、借來的用具。

5. 整個任務時限為三分鐘。

6. 準備時間及展示獨特性不得超過二分鐘。

7. 探險員必須一直戴著太空盔（太空盔規格見圖3）。

8. 不得使用印刷物，或寫下來的字句指引。

9. 探險員可使用容器盛裝樣本，以將之交給另一位探險員。

10. 如果樣本掉下，就會帶有放射性，不得拾回，除非是掉在原來的
    樣本坑內。

11. 兩個探險員上要標名隊名。

12. 只有裁判才能碰觸太空容器。

13. 任務管制員必須戴袋形手套（類似棒球手套），只有拇指能自由
    活動。

14. 探險員不能彎腰尋找樣本玩。

(八)比賽場地與布置（見圖1）：

1. 太空容器為紙盒子（皆為同一顏色），開口背向著走道，故內所
   裝之有色容器，探險員是無法看到的，但任務管理員，可以看到
   裁判放入任何顏色的容器。

2. 紙盒的上面正中有一個二吋直徑的小洞。

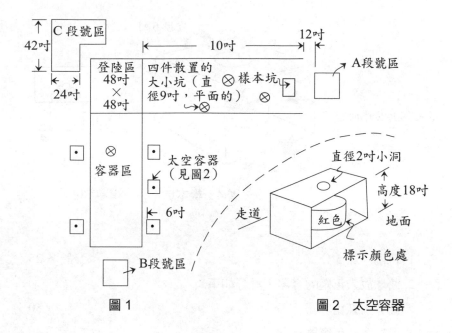

圖 1   圖 2　太空容器

3. 比賽開始前裁判可自由任意調換有色容器的位置，此時探險員要背對著場內，以防看見。

4. 樣本坑內有五個不同顏色的乒乓球，和兩個未著色的，只有色球計分（樣本坑的規格見圖 4）。

5. 每次比賽得有二名裁判在場。

6. 「火山坑」可任意散置，但需有三個與樣本坑同區，另一個在容器區。

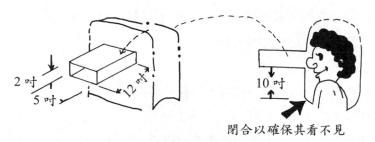

圖 3　太空盔

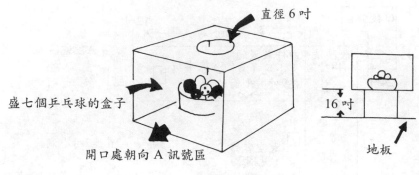

圖4　樣本坑

(九)計分：

1. 每個色球5分　　　　　　　　　　　　　　　　最多25分

2. 將球放入正確的容器，計分如下：

　　紅球入紅色容器　　　　　　　　　　　　　　　50分

　　藍球入藍色容器　　　　　　　　　　　　　　　40分

　　黃球入黃色容器　　　　　　　　　　　　　　　30分

　　綠球入綠色容器　　　　　　　　　　　　　　　20分

　　棕球入棕色容器　　　　　　　　　　　　　　　10分

3. 第一名探險員安然返回登陸區（未犯規）　　　　25分

　　最高總分：200分

4. 若色球已準確無誤地投入適當的有色容器上方之小洞，但又跳出，仍予計分。

　　扣分：

　　(1)採出界外（裁判將探險員送回離其最近的界內，時間繼續計算），每犯一次扣十分。

　　(2)踩上火山坑，每犯一次扣五分。

　　(3)任務管制員跑出訊號區，每犯一次扣十分。

　　(4)樣本掉落，不扣分，但亦不計分。

　　(5)任何一位太空人碰到樣本坑，每犯一次扣二十分。

(6)任務員把樣本拿高以鑑別顏色，每犯一次扣二十分。

(7)任務管制員每碰觸探險員一次扣二十分。

(8)探險員彎腰看火山坑位置每犯一次扣十分。

(9)花費超過五美元扣十五分。

(十)承辦單位須提供：

1. 六個紙盒（五個充當太空容器各打一個二吋直徑之洞，另一個打六吋直徑的洞（見圖４）。

2. 五個更小的盒子或咖啡罐，可以輕易放入紙盒中，並塗上五種顏色，或標明五種顏色。

3. 七個乒乓球，紅、藍、黃、綠、棕色各一，另兩個白色。

4. 太空盔及手套（各隊自備，唯規格必須如圖３所示）。

5. 畫出場地，計時器。

6. 九吋直徑的紙盤，充當火山坑。

7. 兩位裁判。

8. 紙、筆、計分卡。

三、幼兒創造思考教學活動設計

創造家族兒童創造力開發實驗班──教學活動設計

對象	4～5歲	日期	年　月　日	編號	06
指導者	陳龍安			設計者	邱盡滿
名稱	杯子真奇妙	能力	語文流暢力、敏感力、想像力、表達能力		

目 標	1. 會從局部線條聯想猜出物品名稱。 2. 知道常用杯子的名稱及種類。 3. 知道不同杯子的用途。 4. 會用線條設計不同樣式的杯子。 5. 敢於舉手發問問題。 6. 培養大方舉手表達的習慣。
教 學 大 綱	好玩的杯子： 1. 線條像什麼？（猜杯子） 2. 杯子像什麼？杯子有哪些種類？ 3. 杯子可以什麼？變大又可做什麼？縮小又可做什麼？ 4. 杯子如何變高？ 5. 杯子又如何變矮呢？ 6. ─、×、○線條聯想。 7. 杯子裝飾畫。 8. 杯子畫大展。
材 料	塑膠免洗杯 30 個、杯子作業單、玻璃杯、咖啡杯、老人茶杯、塑膠杯、彩色筆、白報紙
教 學 活 動	活動一：猜一猜！線條像什麼？ 　1. 老師先將「杯子作業單」上蓋一層畫面紙，切記不能讓小朋友看到圖片。 　2. 老師及小朋友圍坐於地毯上，拿出「杯子作業單」露出一角讓小朋友看。 　3. 老師用故作神秘的語氣問「咦！這是什麼呀？小朋友猜猜看！」小朋友發表後再露出一角讓小朋友猜猜，猜物時可問問題以便再聯想。 　4. 猜對的小朋友請他說出「是怎麼看出來的？」鼓勵孩子說出自己的方法。 　5. 猜圖片過程中，老師別忘鼓勵小朋友看圖聯想踴躍發表自己所聯想的事物。

（續）

教 學 活 動	**活動二：杯子像？** 1. 老師拿出「免洗杯」問「這是什麼？」再問「這杯子像什麼？」鼓勵發表。 2. 發表後再問「杯子除了免洗杯還有什麼不同的杯子？」 3. 發表時老師拿出準備的各類杯子，一一呈現讓小朋友認識並瞭解其特別的功用，如：老人茶的茶杯、喝咖啡的咖啡杯、喝酒的高腳杯……，讓小朋友明瞭各種杯子的用途。 **活動三：杯子妙用** 1. 老師拿著「免洗杯」說「剛才小朋友說了很多不同杯子的用途，除了那些用途還可以做什麼？」如：當筆筒、小帽子……。 2. 如小朋友都回答「裝東西的用途」老師提示「除了裝東西以外還可以做什麼？」例如：養小動物、面具的鼻子、帽子、望遠鏡……。 3. 發表後老師說「現在老師是個魔術師，把這個杯子變得很大很大了，小朋友想一想很大很大的杯子又可以做什麼？」 4. 發表後老師再說「現在魔術師把杯子變得很小很小時，小朋友再想一想這很小很小的杯子又可以做什麼？」如：胸針、頭飾、髮夾……。 （杯子變得很小時老師的身體要縮小，表演出很小很小的樣子。） 5. 注意小朋友的發表有「與人不同、特異、與事實不合理」的答案，請發表的小朋友說出自己的想法或理由，老師及同學請勿批評，多聽亦別忘鼓勵。 **活動四：杯子真奇妙** 1. 老師說「現在小朋友要做小小魔術師要讓杯子變高？想一想杯子如何變高呢？」說後發給每人兩個「免洗杯」讓小朋友自己操作試試看。 如：杯口對杯口、杯口上斜放另一杯底、放於高處、兩杯重疊……。 2. 操作過程中老師可適時的提示及鼓勵小朋友多動動腦想辦法。 3. 做後收回一個杯子，老師又說「現在小小魔術師要讓杯子變矮？想一想。」 如：將杯子由上往下壓扁、將杯子橫倒的壓扁、放低處……。 **活動五：杯子畫大展** 1. 老師拿出「—」的線條圖片，問小朋友「這像什麼？」鼓勵聯想發表。

（續）

教 學 活 動	2. 老師再拿出「╳」、「○」的線條圖片，一一的問小朋友「這像什麼？」 3. 發表後老師拿出「杯子作業單」說「現要請小朋友用這一、╳、○來將這杯子變成一個很漂亮的杯子。」 4. 發給每人一張作業單及彩色筆讓小朋友自由創作。 5. 小朋友自由創作約十～十五分鐘後，將作品貼於白板上。 6. 創作完成後，作品欣賞並選出自己所喜愛的作品及說出喜愛的理由。 7. 作品被人所喜愛者要對喜愛者說「謝謝」；請作者介紹作品有什麼特色。 8. 老師別忘鼓勵作品沒被喜愛的學生，以增成就感及自信。 **活動六：團討及分享** 　經驗分享：老師將今天的教學活動重述一遍，讓小朋友靜思回憶一番後，請小朋友發表今天最喜歡、不喜歡的遊戲及原因並說出自己表現最好的事情，以便作為老師安排教學活動時的參考。
作 業 單	1. 紙杯的圖畫：用紙筆在杯上作畫。 2. 杯子的替代：問如果沒有杯子可以用甚麼替代？ 3. 杯型作畫：用杯口畫圖形，問：可以用圓形畫成甚麼，越多越好。 4. 不同杯子比大小。 5. 會幫忙洗杯子（至少３次）。
教 學 檢 討	

四、舞蹈創造思考教學活動設計

舞蹈科創造思考教學活動設計

設計者	胡玲玉
教材內容	一、創作元素的探索： ——空間（space）——形狀、水平、尺寸、途徑。 ——時間（time）——快、慢、突然、節奏。 ——力量（force）——強、弱、漸近的、瞬發的。 ——流量（flow）——自由的、束縛的。 ——關係（trelationship）——人與人、人與物、人與團體、人與環境。 二、教材特色：自由、溝通、接納、自覺、自我引發、身體運作。
教學原則	一、身體覺察：身體各部位的瞭解（頭、肩、手臂、軀幹、腿腳等）（呼吸、身體中線、各部位的緊張與放鬆、肌肉反應等）。 二、身體活動：移位動作（走、跑、跳、躍、滾等）。非移位動作（擺動、延長、盪、彎曲等） 三、發表感受：隨著教師指導語的引發到動作完成後，給予學生發表感受的機會。
教學目標	一、學習尋找自己身體的獨特性，並勇於呈現。 二、發現自己與鄰伴同學的動作差異，能與友伴分享。 三、感受怎樣的動作是最舒服與最不舒服。 四、學習將感受發表及研討動作改變的可行性。 五、學習與友伴共處，共享創作過程的喜悅。

活動一：汽球

創作元素：空間

要　素	主　題	教　具	指　導　語	學習重點
1.形狀改變	△漸漸漲大的汽球	模仿吹氣聲音鈴鼓	小朋友：你一定吹過汽球，現在你假想自己就是一個還沒吹氣的汽球，老師把氣灌給你，你要慢慢膨脹起來。……	學習如何接受訊號行動。

(第一列左側標題：教學活動)

（續）

要　素	主　題	教　具	指　導　語	學習重點
2.水平移動	△手中的汽球（高水平→中水平→低水平）	音樂	每一位小朋友都是汽球，而汽球的線都握在老師手中，請跟著音樂、老師的手勢移動不同水平位置。	1.陳述服從的感覺。 2.如何遵守團體規律。
3.尺寸變化	△消氣的汽球 △爆開的汽球	模仿聲音鈴鼓	△你是一個洩了氣的汽球，慢慢消，慢慢消…… △你是一個脹氣的汽球再大、再大……哇爆炸了！	1.洞察每個人情緒抒解的方式。 2.調適自我。
4.舞跡動線	△斷線的汽球	音樂	現在，每個汽球從老師手中脫開，在空中飛呀！飛呀！到處飄到處飛……	1.接納並分享他人自由的愉悅。 2.如何享有自我的自由空間。

鬆弛活動：大巨人技術

指導語：小朋友，你能想像把自己變成一個大巨人嗎？現在讓我們一起來，把自己慢慢變成一個大巨人，再大，再高，再強壯，好，「請巨人不要動」當我說「變」的時候，你就變回你自己。「變」！……

活動二：海

創作元素：時間

要　素	主　題	教　具	指　導　語	學習重點
1.慢	△漸平靜的海浪	錄音帶	海是浩瀚無限廣大無邊的，平靜的浪，慢慢隨風波動。	1.珍惜與感恩。 2.如何敘述自我的情感。
2.快	△洶湧的海浪	錄音帶	大風刮起，海浪起了變化。哇！大浪來了，好大的浪喲！	1.個人對情緒反應的接力。 2.生活上，想改變與不想改變的是什麼？

（續）

要　　素	主　　題	教　具	指　導　語	學習重點
3. 突然	△海浪沖擊 　　岩石	錄音帶	浪花一個接一個，這個大浪好快的沖過來沖到岩石上，激起美麗的浪花。	1. 表達此時此刻的感覺。 2. 如何化危機為轉機。
4. 節奏	△浪退，海上也平靜了，顯得多麼有節奏。			1. 有節奏的律動給人的舒適感。 2. 生活計畫的安排。

鬆弛活動：炸油條技術
指導語：小朋友我們一起來炸油條。五個人組，一個先當油條，躺在
　　　　地上，另外四位，輕輕的將他翻過來，翻過來，來回的炸，
　　　　來回的翻，哇！油條炸好了，再換一個當油條……

活動三：鳥

創作元素：流量

要　　素	主　　題	教　具	指　導　語	學習重點
1. 自由	△空中自由飛翔的鳥	錄音帶絲巾	海中飛翔的鳥多麼優閒，要去哪兒就可以去哪兒，牠飛呀飛的，翱翔在空中自由自在。	1. 自由的感覺。 2. 個人自我追求的表達。
2. 束縛	△籠中鳥	絲巾球網	小鳥被獵人抓住後，把牠關進鳥籠，飛來飛去就是飛不出去，偶爾還撞上籠子，不知何時，才能重獲自由？	1. 束縛的感覺陳述。 2. 如何順應環境。

鬆弛活動：過山洞技術
指導語：1. 小朋友，請自由組合，隨便找一個空間，一起做一個很奇
　　　　　怪的山洞，然後一個一個輪著過山洞，過完洞的小朋友，
　　　　　再回到原來的位置當山洞。
　　　　2. 每個小朋友要想辦法穿過或鑽、爬、跨過山洞。

教
學
活
動

（續）

活動四：動物				
創作元素：力量				
要　素	主　題	教具	指　導　語	學習重點
1.強	△大象走路	音樂鼓	森林中，大象是屬於巨大的動物，牠是怎麼走路的？	自我察覺肢體運作的功能。
2.弱	△小螞蟻走路	音樂鼓	小螞蟻總是喜歡到處爬，尋找食物，牠是怎麼樣的爬呢？	1.如何自我控制肢體運作。 2.輕聲細語的好表現。
3.漸近的	△獅子出巡	音樂鼓	野獸之王獅子從叢林裡慢慢走出來，越來越近，你聽，牠發出了什麼聲音？	1.肢體與聲音的極限發展。 2.預想最近可能發生的事。
4.瞬發的	△獵人出現	音樂鼓	獵人一出現，森林中所有動物全部逃遁，逃得無影無蹤，一點聲音也沒有。	如何面對突發的危險。

（教學活動）

鬆弛活動：小烏龜技術
指導語：小朋友，想像你是一隻烏龜，現在你想休息了，把你的腳、手慢慢縮，再縮，頭也縮進殼裡，慢慢縮，越縮越緊，越緊，縮好了嗎？好好睡一覺……。
　　　　好，天亮了，小烏龜先睜開眼睛，慢慢的，慢慢的再把手伸出來，腳伸出來，小烏龜終於完全醒來了。

活動五：交通				
創作元素：關係				
要　素	主　題	教具	指　導　語	學習重點
1.人與人	1.等候上公車	哨子鼓音樂	現在老師要帶領全體小朋友搭乘公車	如何察覺自我的群性。

（續）

	要　素	主　題	教　具	指　導　語	學習重點
教學活動				到校外參觀，走吧，讓我們一起搭公共汽車！	
	2. 人與群體	2. 擁擠的車廂	哨子鼓音樂	車上人很多，有的站，有的坐，有的靠，人實在好多，好擠喔！	1. 與別人碰觸的感覺。 2. 如何處理壓迫的情緒。
	3. 人與環境	3. 交通大阻塞	哨子鼓音樂	我們的車子進入市區，車速減慢，好慢、好慢，原來是交通大阻塞。	1. 自我發現生活上存在的壓力。 2. 如何面對生活壓力。

鬆弛活動：老背少技術
指導語：1. 小朋友，請你找你的好朋友，兩人在一起輪流背。可以背對背，可以胸對背。
　　　　2. 現在背人的同學要給你的好朋友很安全的感覺。好，背人的小朋友把腳蹲一下，臀部搖一搖，上下振一振；被背的小朋友盡量放鬆，什麼都不去想，完全鬆弛。
　　　　3. 雙方互換。

五、思考技巧教學活動設計

台北市大安區銘傳國小思考技巧訓練實驗教學活動設計

設計及教學	李秀鳳、宋美麗			指導教授	陳龍安
單元名稱	向難題挑戰	教學對象	三～六年級資優生	思考技巧	六 W 檢討法腦力激盪 卡片式腦力激盪
活動目標	1. 培養學生解決問題的能力與技巧。 2. 能動腦思考，提出各種不同問題解決方案。 3. 能評估及選擇解決問題的途徑。 4. 能學以致用，協助他人解決困難。			準備教具	各式卡片、磁鐵、錄音機、磁鐵板、錄音帶、彩色筆、調查表、作業單
活動設計構想	資優生的發表能力、知識理解都較普通學生優秀，但在遇到問題的應變能力，及解決問題的能力方面，仍欠缺有系統的思考訓練，本單元活動設計，即在運用上學期學習過的思考技巧及思考策略做基礎，來導入創性問題解決的步驟，以解決生活及學習中感到困難的問題；並藉此比較不同年級的學生，在解決問題的方式上，有何不同？				

活　動　內　容	備　註
煩惱一籮筐——引起動機 1. 老師的煩惱誰知道？ 　學生向老師提出「是與否」問題，來猜測老師的煩惱是什麼。 2. 各人煩惱知多少？ 　請學生說說自己的煩惱或困擾問題。 3. 化解煩惱有絕招。 　(1)請學生說說自己解決問題的經過。 　(2)請學生歸納出解決問題的步驟。 　(3)老師介紹 CPS 的步驟，並提示以前學習過的思考策略及技巧，都可在解決問題的過程中應用。 　　　　　——第一節完—— 活動一：學生問題知多少？發現困惑的思考訓練 ㈠擴散思考：	長條卡

（續）

活　動　內　容	備　註
1. 讓學生說說自己所知，小學生在生活上及學習中有哪些困擾問題？	
2. 師生共同設計調查表㈠，以三～六年級全體學生為對象，每人填寫五個困擾問題。	調查表㈠見 p. 43 ㈡
3. 師生共同歸納整理調查所得的困擾問題，設計調查表㈡由三～六年級學生選出自己最感困惑的十個問題。	見 p. 44
㈡聚斂思考： 統計各年級調查結果，找出各年級三～六年級學生最感到困惑的十大問題。	統計結果見 p.46

活動二：多方探索，尋求發現——發現事實的思考訓練

㈠擴散思考：

1. 老師問：「你們可以列舉有哪些有關『健忘』的事實？」

2. 師生共同討論，提出和「我很健忘」有關的事實、感覺、結果、可供參考的資訊、知識和其他相關的資料（不只限於自己的健忘，家人、同學、親友的健忘事實也可以提出）。如：

- 答應別人的事，常常忘記做。
- 背書要花很多時間，還是背不起來。
- 父母、老師規定的事，常常沒有做到。
- 常常忘記帶學用品，被老師責備。
- 東西亂放，老是不記得要收拾好。
- 記熟的課文，一到考試就忘掉。
- 要繳費用，老是一再忘記帶，被老師罵。
- 老是忘記看第二天的課表，準備學用品。
- 常常食言而肥，同學都不喜歡我。
- 科任老師交代的事，特別會忘掉。
- 經常忘記蒸飯盒。
- 當值日生時，經常忘記做份內的事。
- 總是需要別人提醒（如父母、老師、同學……）。
- 自己的東西常常忘記放在哪兒？借給誰？
- 向別人（同學、圖書館、班級……）借的東西，老是忘記如期歸還。

（備註欄）

以下是以「十大困擾問題」之一：「我很健忘」做活動設計

卡片
磁鐵板
磁鐵

（續）

活　動　內　容	備　註
●不記得該做的家事。 ●老是忘記關燈。 ●晚上常常忘記整理書包。 ㈡聚斂思考： 　1.將列舉事實的卡片呈現在磁鐵板上，由學生評估選 　　擇較迫切需要解決的問題。 　2.結果：我常常忘記帶學用品。 **活動三：針對事實，提出問題──發現問題的思考訓練** ㈠擴散思考： 　以六 W 檢討法，對「我常常忘記帶學用品」進行擴散 　思考以及更多的問題及次問題，如： 　　●誰能提醒我記得帶學用品？ 　　●學用品放在哪兒，比較不會忘記帶？ 　　●我為什麼老是忘記帶學用品？ 　　●我最容易忘記帶的是哪些學用品？ 　　●有什麼方法可以使我記得帶學用品？ 　　●哪一天的課程所需的學用品，我最容易忘記？ 　　●我能用什麼方式來提醒自己不要忘記帶學用品？ 　　●有什麼方法可以治健忘症？ ㈡聚斂思考： 　1.讓學生對以上問題，想一想： 　　哪些是真正問題？ 　　我該從何處開始進行解決？ 　　我最想解決的是哪一項？ 　　哪一個問題對我最為重要？ 　　由學生共同評估，並決定最迫切需要解決的問題。 　2.結果：我怎樣提醒自己，不要忘記帶學用品？ 　　　　　　──第二節完── **活動四：集思廣益，腦力激盪──發現構想的思考訓練** ㈠擴散思考： 　針對「我怎樣提醒自己，不要忘記帶學用品？」以卡 　片式腦力激盪，要學生提出解決方法。 　1.每生發給 5 張卡片，每張卡片寫一個解決的方法，五	各組卡片顏色不 同

（續）

活　動　內　容	備　註
分鐘內完成。 2. 書寫卡片時，提示兒童先不要批評他人的構想，並且鼓勵異想天開的想法。 3. 各組先在組內出示各人卡片，進行合併、組合、歸納。 4. 各組各將出的卡片揭示在磁鐵板上。 5. 老師或主持的學生引導全班對揭示出的卡片再進行合併，組合或歸納。 如： 　●和同學約好，互相打電話提醒。 　●睡前檢查書包。 　●請爸媽提醒。 　●請老師提醒。 　●寫在手上。 　●寫紙條，放在口袋裡。 　●天天查看備忘錄。 　●準備一本記事簿。 　●寫在卡片上。 　●寫小紙條，放在鉛筆盒內。 　●記在日記上。 　●一回家，馬上把學用品準備好。 　●在書桌上放備忘錄。 　●請兄弟姊妹提醒。 　●在課表上註明該課程的學用品。 　●寫在聯絡簿上。 　●寫在日曆上。 　●將學用品放在教室的櫃子裡。 　●把備忘錄夾在該科課本裡。 　●提早幾天就帶到學校。 　●請父母訂定獎懲辦法。 　●每天固定時間來準備學用品。 　●把學用品放在大門附近顯眼的地方。 　●睡前刷牙時，想一想學用品帶了沒有？ 　●貼紙條在刷牙的地方。 (二)聚斂思考： 1. 各組選出一些一致覺得有效或重要的方法。	

（續）

活　　動　　內　　容	備　　註
2. 各組如何評估、如何決定，可以各自選取可行的方式，如投票、討論……	
——第三節完——	
活動五：靈機一動，茅塞頓開——發現解答的思考訓練 (一)擴散思考： 　1. 用比賽方式，先由各小組腦力激盪，訂出一些評估的標準（也可以用作業單，由個人選擇評估選擇，自行評估）。 　2. 各小組將討論出的標準，同時用卡片呈現出來。	卡片 磁鐵板
(二)聚斂思考： 　1. 師生共同決定，決定哪些標準是使用時最重要而且是必須的，如時間因素、費用、可行性、安全、效果、接受程度、適用……等。 　2. 教師將評估表展示給學生看，並指導學生如何使用。 　3. 師生共同以客觀的態度（不考慮個人是否喜歡），應用所訂的標準，來評估每一個構想。 　4. 從數種構想中，挑選出最能解決問題的方法。 　5. 教師應盡量鼓勵學生在評估時，能將荒謬、奇特的構想，轉換成有用的構想。	評估表附於後
——第四節完——	
活動六：有效思考，達成目標——尋求接納的思考訓練 (一)擴散思考： 　利用六W檢討法，對所決定採用的構想進行擴散式的思考： 　1. 什麼因素會幫助我完成計畫？ 　2. 什麼因素最可能阻礙計畫的完成？ 　3. 誰能協助我？如何得到協助？ 　4. 如何開始做？何時做？何時完成？ 　5. 在哪裡做？ 　6. 如何測知進步的情況？ (二)聚斂思考：	

（續）

活　動　內　容	備　註
1. 針對以上各種情況，討論： 　(1)什麼是可能的有利因素？（助力） 　(2)什麼是可能的不利因素？（阻力） 2. 各組討論解決問題的行動計畫。 3. 擬出行動計畫。 4. 開始試驗預定計畫。 5. 此計畫如被接受，則問題得以解決，否則就要回到活動四：發現構想，選擇其他的方法再用同樣的標準去評估。也可以有所變化或重新安排，以便改變主意。 　　　　——第五節完—— 活動七：細心檢討，精益求精──創造性問題解決訓練 　　　　的檢討 1. 這個活動給我整體的感覺是什麼？ 2. 這個活動給我的最大收穫是什麼？ 3. 請應用所學過的方法，自行找出一個問題試著去解決。 　　　　——本單元完——	書面紙 作業單

附表：問題 7 解決的構想評估表

構想 / 評估標準 (評估結果)	評估標準				評估結果			
					暫時保留	修改	放棄	決定採用
1.								
2.								
3.								
4.								
5.								
6.								
7.								
8.								
9.								
10.								
11.								
12.								
13.								

六、情緒輔導創造思考教學活動設計

單元名稱	做情緒的主人	領域能力	想像、提問、歸納	參考資料	
活動目標	1. 能設計關鍵問題，探求盒中寶物之特徵。 2. 歸納特徵，猜出盒中之物。	準備教具		1. 黑盒子 2. 溫度計	
活動設計構想	由猜寶物的遊戲，帶出「情緒溫度計」進而深思人的情緒有哪些特徵。				

模式	活 動 內 容	備 註
問想做	**活動一：情緒溫度計** ㈠今天有很多貴賓來看各位同學上課，你們心裡有什麼感覺？請幾位同學發表。	
問想 做 問想	㈡我們來玩一個「猜寶物」的遊戲。 這個黑盒子內放了一件寶物，你們來猜猜看，可能是什麼東西？ 請幾位同學猜猜看。 ㈢幾位同學隨意猜，結果都猜中。 　⑴提示：和「天氣」有關。 　⑵提問規則：各組輪流發問，每組最多可問五次。	黑盒子 溫度計
做 問想	⑶小組討論一分鐘後，開始發問。 　⑷還未問完五題，若已知道答案，可直接猜答。 ㈣猜出謎底後，拿出溫度計。 這個溫度計名叫「情緒溫度計」為什麼叫它這個名字，同學們先想一想，等一下老師再問你們。	

單元名稱	做情緒的主人	領域能力	想像、提問、歸納	參考資料	
活動目標	1. 讓小朋友瞭解人的情緒有哪些？ 2. 明白情緒並不一定單一呈現。	準備教具		1. 作業單 2. 空白書面紙 3. 彩色筆	

（續）

活動設計構想	將情緒溫度計分成三區，每一小朋友討論一色區內含之情緒有哪些？並且能上台做單一情緒及一加一情緒之補充。	
模式	活動內容	備註
問想	活動二：情緒偵測站 ㈠將情緒溫度計，分成三個區（如圖）： 　(1)紅色區：溫度最高。 　(2)橘色區：溫度不高不低。 　(3)藍色區：溫度最低。 ㈡分組討論及自我檢視： 　(1)發下作業單。	揭示海報 100° 紅色　紅色 橘色　橘色 藍色　藍色 0° 作業單及色筆
做 評 問想 做 評	(2)各組討論該色區會有哪些情緒？（填在作業單上）。 　(3)將各組討論結果揭示於黑板上，每組派一人上台做報告。 　(4)集體問：老師問學生情緒所屬之色區。 ㈢揭示各類圖卡及其補充： 　(1)揭示生氣、快樂、憂慮、悲傷、恐懼、驕傲等六個情緒圖卡。 　(2)補充：（請小朋友上台畫） 　　①單一情緒之補充圖。 　　②一加一之情緒補充圖。	

單元名稱	做情緒的主人	領域能力		參考資料	
活動目標	1.能依照所指定的情緒，發表印象最深刻的事。 2.能利用六六討論法，和同學分享經驗。	準備教具		1.骰子 2.書面紙	
活動設計構想	學生每六人為一組，按順序擲骰子，並依所擲點數於遊戲圖中找到代表情緒的臉譜，依所指定情緒，發表印象最深刻的事，全組發表完後，各組推派一名代表上台報告，與全體同學分享。				
模式	活動內容			備註	
問	活動三：情緒迷宮 ㈠教師提出人類六種代表性的情緒：快樂、生氣、悲傷、失離、驕傲、害怕。				

（續）

模式	活　動　內　容	備　註
想做 評	(二)揭示臉譜，介紹每一個臉譜所代表的情緒。 (三)揭示大張書面紙（內容如圖1），先徵求自願 　　者示範遊戲規則。 (四)將學生分組，以六六討論法進行小組活動。 (五)每組選出一件大家公認印象最深刻的事向全班 　　報告。	

單元 名稱	做情緒的主人	領域 能力	想像、提問、歸 納	參考 資料	
活動 目標	1.利用角色扮演，把討論的情緒引導出 　來。 2.將平日觀察及感覺發表出來。 3.透過集體討論找出化解情緒的方法。			準備 教具	
活動 設計 構想	透過「角色扮演」讓小朋友瞭解情緒表現所帶來的影響，並利用集 體討論共同找出化解情緒的方法。				

模式	活　動　內　容	備　註
問想 做 評	活動四：情緒魔術棒 (一)①扮演父母生氣的情形。 　　②發表自己的感覺。 　　③集體討論化解的方法。 (二)①扮演老師失望的情形。 　　②發表自己的想法。 　　③集體討論化解的方法。 (三)①扮演同學傷心的情形。 　　②發表自己的想法。 　　③集體討論化解的方法。	

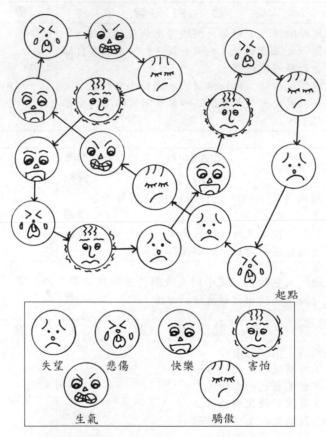

起點

失望　　　悲傷　　　快樂　　　害怕

生氣　　　　　　　驕傲

圖1

參考書目

一、中文部分

丁興祥等（1991）。日塞浦斯創造傾向量表修訂報告。**測驗年刊**，38，189-200。

丁興祥（1992）。**中國傑出創造人才研究：卓越成就的社會心理學**。台北：遠流。

于平凡（譯）（1981）。**文明是怎麼創造的？**台北：大林。

天下雜誌編輯部（1999）。**天下雜誌教育特刊：美的學習**。http://www.cwbook.com.tw/book/book.asp

方炳林（1972a）。作業的評鑑。中國教育學會（主編），**教學研究**（頁208）。台北：商務印書館。

方炳林（1972b）。**普通教學法**。台北：三民。

方炳林（1974）。**普通教學法**（頁188-200）。台北：教學文物。

毛連塭（1983）。台北市國民小學各科實施創造性教學研討會結論報告。**創造性教學研討會紀錄**（頁20）。台北：台北市政府教育局。

毛連塭（1984a）。台北市國民小學推展創造性教學研討會結論報告——創造性教學資料彙編。台北：台北市教師研習中心。

毛連塭（1984b）。台北市國民小學推展創造性體育課程實驗報告。台北市教師研習中心（編），**創造性教學資料彙編**（頁1-12）。

毛連塭（1987）。**資優教育教學模式**。台北：心理。

毛連塭（1988）。**綜合充實制資優教育**。台北：心理。

毛連塭（1989）。實施創造性思考教育的參考架構。**創造思考教育**，創刊號，2-9。

毛連塭（2000）。緒論。載於毛連塭（主編），**創造力研究**（頁

2-53）。台北：心理。

毛連塭、郭有遹、陳龍安、林幸台（2000）。**創造力研究**。台北：心理。

毛連塭、郭有遹、陳龍安、林幸台（2001）。**創造力研究**。台北：心理。

中華民國特教學會（主編）（1983）。**瞭解與支持特殊兒童**。台北：師大特教中心。

王木榮（1985）。**威廉斯創造力測驗修訂研究**。台灣教育學院輔導研究所碩士論文。

王振德（1991）。我國資優教育相關問題及教學狀況調查研究，**特殊教育學刊**，8，頁 249-264。

王文科（1989）。**有效的資優課程規劃方案**。台北：心理。

王文科（1990）。**課程論**。台北：五南。

王國維（1978）。**人間詞話**（第十七版）。台北：台灣開明書店。

王精文（1983）。**創造性問題解決訓練對創造思考，抗拒變革的影響**。國立交通大學管理研究所碩士論文。

王葳真（譯）（2003）。**Asian 創造力**（N. A. Kwang 著）。台北：台灣培生教育。

王鴻仁（譯）（1985，1991）。**發問的智慧**。台北：遠流。

古益靈（譯）（2004）。**絕對的創造力**（Andy Lack 著）。台北：海洋文化。

田長霖（2000）。**新世紀、新契機、新願景**。第二屆全球青年領袖會議講詞。

白玉玲（2002）。**幼兒類比推理能力之研究──年齡、經驗、關係量的影響**。台北市立師範學院國民教育研究所碩士論文。

皮爾托（Piirto, Jane）（1995）。**瞭解創意人**。台北：心理。

多湖輝（1978）。**腦力激盪**。台北，桂冠。

多湖輝（2001）。**腦力激盪術**。台北：成陽。

朱匯森（1983）。我國資賦優異教育的發展。明日世界，106，27。

朱惠瓊（譯）（2012）。C. A. Malchiodi 著。藝術治療：自我工作手冊。
　　台北：心理。

江之中（2003）。創造性兒童詩教學對國小四年級學童創造力之影響
　　——以台中縣太平市一所國小為例。國立屏東師範學院國民教育研
　　究所碩士論文。

江美惠（2005）。創造性問題解決教學方案對資優學童創造力及問題解
　　決能力影響之研究。台北市立教育大學創造思考暨資賦優異教育研
　　究所碩士論文。

江麗美（譯）（1996）。六頂思考帽（Edward de Bono 著）。台北：桂
　　冠。

余瑞虔（1998）。國中理化創造性教學法影響國中學生創造思考能力之
　　研究。國立台灣師範大學化學研究所碩士論文。

吳世清（2002）。國中生活科技課程創造思考教學對學生學習成效之影
　　響。國立台灣師範大學工業教育研究所碩士論文。

吳宗立（1999）。創造思考的激發與教學。高雄：高市文教。

吳明雄（1988）。創造思考與發明實驗課程對高工學生創造發明力之影
　　響。國科會計畫編號：NSC77-0111-S003-24。

吳武典（1982）。羅傑震撼與資優教育。資優教育季刊，6，封面底。

吳武典（1994）。資優教育的研究與課題，載中華民國特教學會編：開
　　創資優教育的新世紀。台北：國立台灣師範大學特教系所。

吳武典（1997）。輔導原理。台北：五南。

吳武典（2002）。教育部創造力教育政策白皮書：子計劃（三）我國中
　　等教育階段創造力政策規劃報告。台北：教育部顧問室。

吳思華（2002）。策略九說：策略思考的本質。台北：臉譜。

吳美慧（2002）。威廉斯創造思考教學模式教材設計對國小學童創造力
　　認知、情意及自然科學業之影響。國立台北師範學院數理教育研究
　　所碩士論文。

吳清山（2002）。創意教學的重要理念與實施策略。**台灣教育，614，**
2-8。

吳盛木（1977）。**心理學**（頁383-384）。台北：三民。

吳靜吉（1976）。分歧式和連鎖式的聯想訓練對創造思考的影響。**國立
政治大學學報，33，**45-71。

吳靜吉（1979）。了解兒童的創造力。**學前教育月刊，**1（10），4。

吳靜吉（1983）。創造性教學研討會問題回答。**創造性教學研討會紀錄**
（頁25）。台北：台北市政府教育局。

吳靜吉（1998）。**心理與人生**。台北：遠流。

吳靜吉（2002）。華人學生創造力的發掘與培育。**應用心理研究，15，**
15-40。

吳靜吉（2004）。**台灣創造力教育實施現況**。教育部創造力教育中程發
展計劃。

吳靜吉、丁興祥、高泉豐（1992）。**建立拓弄思語文創造思考測驗乙式
常模研究報告**。台北：教育部訓委會。

吳靜吉、高泉豐、王敬仁、丁興祥（1981a）。**拓弄思語文創造思考測驗
（甲式）指導及研究手冊**。台北：遠流。

吳靜吉、高泉豐、王敬仁、丁興祥（1981b）。**拓弄思語文創造思考測驗
（乙式）指導及研究手冊**。台北：遠流。

吳靜吉、高泉豐、葉玉珠、陳甫彥（1993）。**建立「拓弄思圖形創造思
考測驗甲式」常模**。台北：教育部訓委會。

吳靜吉、陳甫彥、郭俊賢、林偉文、劉士豪、陳玉樺（1999）。**新編創
造思考測驗研究**。台北：教育部訓委會。

呂勝瑛、翁淑緣（譯）（1982a）。**創造與人生：創造思考的藝術**。台
北：遠流。

呂勝瑛、翁淑緣（1982b）。大腦功能分化與性別、創造力及性別角色的
關係。**中華心理學刊，**24（2），85-100。

呂勝瑛（1983）。資優兒童的創造力與心理特質之研究。**國立政治大學**

學報，47，101-130。

汪榮才（1980）。發展資賦優異學生創造能力的策略。教育部國民教育
　　司（編印），**資賦優異兒童教育研究實驗叢書，6**，87-106。

李乙明、李淑貞（譯）（2005）。**創造力**（Robert J. Sternberg 著）。台
　　北：五南。

李心瑩（譯）（2000）。**再建多元智慧：21 世紀的發展前景與實際應
　　用**。台北：遠流。

李世程（2002）。**高職機械科「機械加工實習」課程實施創造思考教學
　　成效之研究**。國立彰化師範大學工業教育學系碩士論文。

李永熾（譯）（1994）。**天才的心理分析**（宮城音彌著）。台北：水
　　牛。

李育喜（2003）。**國小自然科師生互動行為與學童科學知識、創造力、
　　問題解決能力之關係**。國立中山大學教育研究所碩士論文。

李幸模（1981）。**培養創造力**（頁 165-173）。台北：聯亞。

李佳容（1998）。**創造性英語教學策略對國小學童英語學習態度之影
　　響**。國立台南師範學院國民教育研究所碩士論文。

李彥斌（2002）。**從科學活動過程技能中增進國小學童科學創造潛力**。
　　國立屏東師範學院數理教育研究所碩士論文。

李素滋（1995）。幼稚園創造思考教學實務報告。**教育資料與研究，2**，
　　133-136。

李崇城（2004）。**高職商標設計課程之創意教學研究**。大同大學工業設
　　計研究所碩士班碩士論文。

李德高（1990）。**創造心理學**。台北：五南。

李德高（1991）。**特殊教育名詞彙編**。台北：五南。

李錫津（1987a）。**創造思考教學對高職學生創造力發展之影響**。國立台
　　灣師範大學教育學系研究所碩士論文。

李錫津（1987b）。**創造思考教學研究**。台北：台灣商務。

杜明城（譯）（1999）。**創造力**。台北：時報。

邵一杭（譯）（1972）。**應用想像力**（頁 27-32）。台北：協志工業。

芸生、杜亞琛（譯）（1999）。**教孩子思考**（Edward de Bono 著）。台北：桂冠。

周玉霜（2001）。**國中教師與學生思考風格及其教學互動之關係**。國立中山大學教育研究所碩士論文。

周怜利（譯）（1998）。**創意精靈**（Daniel Goleman, Paul Kaufman, Michael Ray 著）。台北：中天。

周岱學（2003）。**STS 融入教學對國中生創造力與問題解決能力之影響**。國立台灣師範大學化學研究所碩士論文。

林佑齡（譯）（2006）。**教我們的孩子思考**。台北：久周文化。

林妙玲（2005）。**創造力訓練方案對企業人士提升創造力成效之研究**。實踐大學企業創新發展研究所碩士論文。

林秀吟（2004）。**探討情境式 STS 理念教學對國小學童科學創造力之影響**。國立台北師範學院數理教育研究所碩士論文。

林幸台（1974）。**創造性教學對才賦優異者創造力發展的影響**。國立台灣師範大學教育研究所碩士論文。

林幸台（1981）。鑑衡創造力的新指標。**資優教育季刊**，4，24-28。

林幸台（1995）。威廉斯創造力測驗修訂報告。**特殊教育研究學刊**，11，133-150。

林幸台（2002）。創造力評量。載於毛連塭（主編），**創造力研究**（頁 264-303）。台北：心理。

林幸台、王木榮（1987，1994）。**威廉斯創造力測驗指導手冊**。台北：心理。

林幸台、曾淑容（1978）。**智慧的遊戲**。台灣：省立教育學院特教系。

林幸台等（1994）。創造思考教學目標之研究。**特殊教育研究學刊**，10，303-318。

林寶貴等（譯）（1987）。**啟迪資優：發展兒童的潛能**（Barbara Clark 著）。台北：巨流。

林孟宗（1982）。戈爾登的資優創造教學模式。載於中華民國特殊教育學會（主編），**特殊教育的發展**（頁 214-228）。台北：師大特教中心。

林孟逸（2008）。國小創造性問題解決教學應用──以吸管滑翔機為例。**生活科技教育月刊**，41（21），57-79。

林建平（1984）。**作文和繪畫創造性教學方案對國小四年級學生創造力之影響**。國立台灣師範大學輔導研究所碩士論文。

林建隆（2000）。**合作學習的類比學習環境對國中學生壓力概念學習成效之研究**。國立彰化師範大學科學教育研究所博士論文。

林美嬌（2005）。創造性問題解決教學在國小生活科技之應用。**生活科技教育月刊**，38（3），62-79。

林清山（1981）。**心理與教育統計學**。台北：東華。

林清華（1983）。**五專工業設計科「創造性思考」實驗課程對學生創造力發展之研究**。國立台灣師範大學工教研究所碩士論文。

林隆儀（1992）。**創造性思考與腦力激盪應用實例**（J. Geoffrey Rawlinson 著）。台北：超越企管。

林國芳（1999）。**世紀末的氣息──真實、我、我自己：藝術創作過程之藝術理論研究**。台北：國立歷史博物館。

林琬淇（2003）。創造思考教學──以兒童圖畫書為例。載於林生傳（編），**教學新世紀理論與實務**（頁 311-332）。台北：心理。

林偉文、賴美辰、鄭麗齡、江孟鴻（2010）。創造思考技法於海洋教育上之應用。**北縣教育**，73，35-43。

初正平（1973）。**兒童創造能力之研究**。台北：台北女師專兒童研究實驗中心。

初正平、王洵（1975）。修訂拓倫斯創造能力測驗及一些有關的研究：（二）圖書測驗。**測驗年刊**，22，88-94。

初正平、林美惠（1975）。修訂拓倫斯創造能力測驗及一些有關的研究：（一）語文測驗。**測驗年刊**，22，80-87。

官如玉（譯）（1983）。**如何開發你的創造力（頁 65-78）**。台北：哈
　　佛企業管理顧問公司。

邱皓政（2005）。創造力的測量與共事衡鑑。**國立教育資料館教育資料
　　集刊，30，233-256。**

邱雲忠（1983）。**談談兒童詩的創作**。台北：日新國小。

施乃華（2002）。**創造思考教學成效之後設分析**。國立彰化師範大學商
　　業教育學系碩士論文。

馬振基（2002）。**創造力教育政策白皮書：子計畫（四）我國大專院校
　　推展創造力教育現況**，台北：教育部顧問室。

洪文東（2000）。從問題解決的過程培養學生的科學創造力。**屏師科學
　　教育，11，**52-62。

洪永勝（2003）。**高職電機電子群「數位邏輯實習」課程實施創造思考
　　教學成效之研究**。國立彰化師範大學工業教育學系在職進修專班碩
　　士論文。

洪淑美（2004）。**國小視覺藝術課程實施創造性思考教學成效之研究**。
　　國立高雄師範大學工業科技教育學系碩士論文。

洪碧霞（譯）（1983）。**有效的發問技巧**。新竹：新竹師專特教中心。

洪蘭（譯）（1999）。**不同凡想——在一窩蜂文化中開拓創造力**（Robert
　　J. Sternberg & Todd I. Lubart 著）。台北：遠流。

紀淑琴（1998）。**「思考性寫作教學方案」對國中生寫作能力、後設認
　　知、批判思考及創造思考影響之研究**。國立台灣師範大學教育心理
　　與輔導學系碩士論文。

唐偉成（1998）。**開發科學創造力之教學策略研究——應用於國小自然
　　科**。國立高雄師範大學科學教育學系碩士論文。

徐玉琴（1975）。**人格特質和腦力激盪術對創造思考的影響**。國立政治
　　大學教育研究所碩士論文。

徐毓慧（2002）。**利用前置組織因子增進恆定概念學習之研究**。國立台
　　灣師範大學生物研究碩士論文。

孫志誠、嚴貞（2003）。創造力評量的內涵與方法初探。**設計研究**，3，
　　184-192。

孫易新（2002）。**心智圖法進階篇：多元知識管理系統2**。台北：耶魯。

高敬文、朱敬財（1982）。創造與教學。蔡保田（編），**教育發展與心
　　理建設**（頁935-963）。台北：中華。

康軒版國民中學第六冊（3下）第二課情懷（2005）。

張世彗（1988）。**創造性問題解決方案教學對國小資優班與普通班學生
　　創造性問題解決能力，創造力和問題解決能力之影響**。國立台灣師
　　範大學特教研究所碩士論文。

張世彗（2001）。創造力發展的理論。**創造思考教育**，11，1-11。

張世彗（2003）。**創造力**。台北：作者自行出版。

張玉成（1983a）。**創造性發問技巧之研究**。國立台灣師範大學教育研究
　　所博士論文。

張玉成（1983b）。創造性發問技巧之研究（摘要）。中華民國特殊教育
　　學會（主編），**瞭解與支持特殊兒童**（頁56-60）。台北：師大特
　　教中心。

張玉成（1984，1999）。**教師發問技巧**。台北：心理。

張玉成（1988，1991）。**開發腦中金礦的教學策略**。台北：心理。

張玉成（1993）。**思考技巧與教學**。台北：心理。

張玉成（1995，2002）。**思考技巧與教學**。台北：心理。

張玉成（2002）。**教師發問技巧**。台北：心理。

張玉成（2005）。發問技巧與學生創造力之增進。**國立教育資料館教育
　　資料集刊**，30，181-200。

張玉燕（2002）。批判性思考教學探討。**初等教育學刊**，12，211-246。

張志豪（2000）。**高中生活科技課程創造思考教學對學生學習成效之影
　　響**。國立台灣師範大學工業教育研究所碩士論文。

張春興（1996）。**教育心理學：三化取向**。台北：東華。

張春興、林清山（1973，1982，1996）。**教育心理學**（頁181-182）。

台北：東華。

張健豪（2003）。服務性企業盛衰現象之研究——從消中負者觀點。**產業論壇，5**（2），151-168。

教育部重編國語辭典編輯委員會（編）（1982）。**重編國語辭典**（頁4525）。台北：台灣商務印書館。

教育部（2002）。**創造力教育政策白皮書**。台北：教育部。

曹志隆（2004）。**以科學創意遊戲教學訓練方案激發國小資優班學生創造力之研究**。國立嘉義大學特殊教育學系碩士班碩士論文。

曹治中（1996）。創造性思考教學在國民中小學鄉土地理教學上的應用。**教學與研究**，18，223-225。

徐新榮（編譯）（1990）。**創意潛能與構思激發技巧**（佐藤秀德著）。台北：超越企管。

許忠信（2003）。**生活化主題式教學對國中創造力的影響之研究**。國立台灣師範大學物理研究所碩士論文。

許淑玲（2004）。**融入情境式的創造思考教學模式對學生學習成效之研究**。國立台北師範學院數理教育研究所碩士論文。

許貴序（2002）。**創造思考教學對高職邏輯設計課程學習成效之教學實驗研究**。國立彰化師範大學工業教育學系在職進修專班碩士論文。

許順欽（2003）。**科學玩具融入國小自然科教學以促進學童創造性問題解決能力之行動研究**。國立花蓮師範學院國小科學教育研究所碩士論文。

許維倫（2003）。**創造性問題解決模式教學對國小學童問題解決能力之影響——以社會科為例**。國立屏東師範學院國民教育研究所碩士論文。

連啟瑞、盧玉玲（2001）。**創造思考教學在自然與生活科技領域之應用**。中華創造學會 90 年會學術研討會論文。

郭有遹（1977）。**創造心理學**。台北：正中。

郭有遹（1979）。發展問題解決能力的教學範型。**台灣教育**，343，

9-12。

郭有遹（1989）。創造的定義及其所衍生的問題。創造思考教育，1，10-12。

郭有遹（1992a）。發明心理學。台北：遠流。

郭有遹（1992b）。中國天才盛衰史。台北：國立編譯館。

郭有遹（2001）。創造心理學。台北：正中。

郭俊賢、陳淑惠（譯）（2000）。落實多元智慧教學評量（David Lazear 著）。台北：遠流。

郭素蘭（1984）。國小資優兒童與普通兒童在家庭社經背景與父母管教態度上的差異（頁 45）。國立政治大學教育研究所碩士論文。

郭雅惠（2004）。「創造思考教學融入綜合活動學習領域」對國中生創意表現影響之研究。國立台灣師範大學教育心理與輔導研究所碩士論文。

陳玉花（1996）。創造性取向教學對國小兒童繪畫表現之實驗研究。國立台中師範學院國民教育研究所碩士論文。

陳奐宇（2000）。創造思考教學對圖形創造力影響之研究──以國小四年級與六年級普通班為比較。國立台灣師範大學美術研究所碩士論文。

陳昭儀（2000）。傑出理化科學家之人格特質及創造歷程之研究。師大學報，45（科學教育類），27-45。國科會計畫編號：NSC-87-2511-S-003-059。

陳美岑（2000）。高職實用技能班美髮技術科創造思考教學方案之實施成效。國立台灣師範大學家政教育研究所碩士論文。

陳英豪（1981）。新舊測驗理論之比較及其應用。台中：省府教育廳出版；台北：台灣書店。

陳英豪、吳鐵雄、簡真真（1980，1990）。創造思考與情意的教學。高雄：復文。

陳祐加（1997）。創造思考策略教學對國小學童曲調創作學習效果之研

究。國立台中師範學院國民教育研究所碩士論文。

陳偉民（1998）。**創意性機械成品設計與製作課程規劃與實證**。行政院
　　國家科學委員會專題研究計畫成果報告，未出版。

陳崇彥（2003）。**高職機械類科「機械力學」課程實施創造思考教學成
　　效之研究**。國立彰化師範大學工業教育學系在職進修專班碩士論
　　文。

陳淑惠（1996a）。**台灣地區學生創造力發展及相關因素之研究──年
　　級、性別、教師教學創新行為、父母教養態度、社會支持與創意經
　　驗、創造思考能力之關係**。國立政治大學教育研究所碩士論文。

陳淑惠（1996b）。**男女中小學生創造力發展及其相關因素之研究**。國立
　　政治大學教育研究所碩士論文。

陳啟榮（2008）。創造思考之內涵及其教學啟示。**教育資料與研究雙月
　　刊，84**，167-184。

陳榮華（1985）。**國小資優班學生創造思考訓練成效之比較研究**。國立
　　台灣師範大學輔導研究所碩士論文。

陳靜惠（譯）（1983）。**聽：解決問題的新方法**。台北：哈佛企業管理
　　顧問公司出版部。

陳諭蓁（2005）。**曼陀羅創造性寫作教學方案對國小學生寫作表現、寫
　　作態度、創造力的影響**。台北市立教育大學創造思考暨資賦優異教
　　育研究所碩士論文。

陳樹勛（1973）。**創造力發展方法論**。台北：中華企業管理發展中心。

陳龍安（1983a）。**托浪斯圖形創造思考測驗乙式的實施和評分指導**。台
　　北：台北市立師專。

陳龍安（1983b）。**如何實施創造性教學**。台北：台北市立師專。

陳龍安（1984a）。基爾福特創造性教學的策略。**國教月刊，31**（3、
　　4），7-18。

陳龍安（1984b）。啟發創造思考的策略。台北市教師研習中心（編），
　　創造性教學資料彙編（頁 71-112）。台北：台北市教師研習中

心。

陳龍安（1984c）。國內外有關創造力訓練效果之研究。台北市教師研習中心（編），**創造性教學資料彙編**（頁 23-70）。台北：台北市教師研習中心。

陳龍安（1984d）。**創造思考教學對國小資優班與普通班學生創造思考能力之影響**。國立台灣師範大學輔導研究所碩士論文。

陳龍安（1984e）。創造思考教學的模式。台北市華江國小（編），**教師研究專輯**（頁 1-13）。

陳龍安（1985a）。**國民小學資優班學生數學科創造思考訓練之研究**。台北：心理。

陳龍安（1985b）。**創造思考教學的策略：基爾福特的模式**。台北：台北市立師專。

陳龍安（1986a）。**陶倫斯圖形創造思考測驗（乙式）指導手冊**。台北：台北市立師範學院。

陳龍安（1986b）。智能教育與智能活動課程設計。**資優教育季刊**，19，3-8。

陳龍安（1987a）。基爾福特：智力結構模式。載於毛連塭（編），**資優教育教學模式**（頁 84-138）。台北：心理。

陳龍安（1987b）。**七十五學年度特殊教育測驗工具檢討會參考資料㈢，創造力的評量**。高雄：國立高雄師範學院特殊教育中心。

陳龍安（1988a）。創造思考電視教學對國小學生創造力之影響。**台北市立師院學報**，19，115-147。

陳龍安（1988b）。**做個聰明人──創造與批判思考的自我訓練**。台北：心理。

陳龍安（1988c）。**不花錢的智慧──如何啟發孩子的創造力**。台北：啊哈文化。

陳龍安（1988d）。智能結構模式的發問技巧。**資優教育季刊**，29，7-14。

陳龍安（1988e）。創造思考教學之研究。**台灣區省市立師範學院七十六學年度教學研究學術研討論文集**，103-211。

陳龍安（1988f）。智力結構初探。**資優教育季刊，27**，16-25。

陳龍安（1988g）。**創造思考教學的理論與實際**。台北：心理。

陳龍安（1988h）。創造思考教學及其人文教育理念。**創造思考教學研究專輯**。台北：台北市教育局。

陳龍安（1989a）。激發智能的四種資訊：圖形、語意符號及行為。**國教月刊，35**（90），45-49。

陳龍安（1989b）。腦力的資源——談智力的因素。**台北市立師範學院特教學會會刊**。

陳龍安（1989，1998）。**創造思考教學的理論與實際**。台北：心理。

陳龍安（1990a）。智能結構模式在幼兒教育的應用。**科學啟蒙學報，79**，59-85。

陳龍安（1990b）。「問想做評」創造思考教學模式的建立與驗證。國立台灣師範大學教育研究所博士論文。

陳龍安（1991a）。**智能結構理論在國語科創造思考數學的應用**。台北：台北市立師範學院。

陳龍安（1991b）。智能結構模式的思考教學策略。**創造思考教育，3**，19-31。

陳龍安（1992）。**創意的父母、快樂的孩子**。台北：小暢書房。

陳龍安（1997）。**創造思考教學**。台北：師大書苑。

陳龍安（1998）。**啟發孩子的創造力**。台北：師大書苑。

陳龍安（2002）。創造力教育的落實。**回饋，67**。

陳龍安（2003）。**師範學院創造力訓練課程設計與成究研究**。行政院國科會專題研究計畫報告 NSCPI-MOE-S-133-003-X3。

陳龍安（2004）。台灣的創造力教育發展。**青年研究學報，7-1**，102-116。

陳龍安（2005）。創造思考技法與策略。**國立教育資料館教育資料集**

刊，30，200-232。

陳龍安、毛連塭（主編）（1992）。**智能結構基本學習能力測驗：指導手冊**。台北：心理。

陳龍安、朱湘吉（1994）。**創造與生活**。台北：空大。

陳龍安、朱湘吉（1998）。**創造與生活**。台北：五南。

陳龍安、蔡偉琪（2004）。臺灣及香港創造力發展綜合調查報告。**創造思考教育，14**，50-72。

創造力百科檢核系統 http://ccaweb.creativity.edu.tw/creapedia

創造力智庫 http://39.tmtc.edu.tw.tw/creativity

游健弘（2003）。**CoRT 創造思考教學對國小資優班學生語文創造能力學習成效之研究**。國立台灣師範大學特殊教育學系碩士論文。

湯偉君、邱美虹（1999）。創造性問題解決（CPS）模式的沿革與應用。**科學教育，223**，2-20。

湯誌龍（1999）。**高工機械科學生專業創造力及其相關因素之研究**。國立台灣師範大學工業教育研究所博士論文。

黃玉琪（2006）。**自然科心智圖法創造思考教學方案對國小學生創造力與自然科學業成就之影響研究**。台北市立教育大學創造思考暨資賦優異教育研究所碩士論文。

黃光雄等（1983）。**培養國小資優兒童自然學科創造能力教學之實驗研究**。新竹：新竹師專特教中心。

黃秀媛（譯）（2005）。**藍海策略**。台北：天下文化。

黃宏義（譯）（1983）。**當頭棒喝**。台北：長河。

黃金焜（2003）。**創造思考教學方法對高職機械科學生創造力影響之研究——以實習課程為例**。國立彰化師範大學教育研究所碩士論文。

黃炳煌（1987）。**台北市國民小學創造思考教學成效之研究**。台北：台北市政府研究展考核委員會。

黃基博（1975a）。**童話世界**。台北：將軍。

黃基博（1975b）。**媽媽的心**。台北：洪建全文教基金會。

黃惇勝（2000）。**台灣式 KJ 法原理與技術**。台北：中國生產力中心。

黃瑞溟、洪碧霞（1983）。**資賦優異兒童與創造能力的教學**。新竹：新
　　竹師專特教中心。

黃麗貞（1986）。**社會科創造思考教學對國小兒童創造思考能力及社會
　　科學業成就之影響**。國立台灣教育學院特殊教育研究所碩士論文。

黃麗貞、陳明終（1990）。**教育診斷工具彙編**。台北：教育局。

黃馨慧（2002）。創造思考教學對高職美容科學生創造力影響之研究，
　　中華家政學刊，32，111-114。

新一代（2001）。創造力教育高峰論壇。**香港新一代協會會訊**。

甄立豪（譯）（2004）。**有意義的創造力**（Steve Rivkin 著）（頁
　　212-213）。台北：梅霖。

楊世華（1993）。**奧福（Orff）與高大宜（Kodaly）教學法於音樂行為
　　與創造行為比較之研究──二個小團體之觀察**。國立台灣師範大學
　　音樂學系碩士論文。

楊坤原（1999）。問題解決在科學學習成就評量上的應用。**科學教育月
　　刊，216**，3-16。

楊軍（譯）（1998）。**解讀天才的心靈**（赫斯曼・利寶著）。台北：桂
　　冠。

楊晨輝（2001）。**隱喻之哲學內涵**。國立中正大學哲學研究所碩士論
　　文。

楊景堯譯（1982）。資優兒童創造能力之研究。**台灣教育輔導月刊，32**
　　（1）。

葉玉珠（2006）。**創造力教學──過去、現在與未來**。台北：心理。

董奇（1995）。**兒童創造力發展心理**。台北：五南。

詹志禹（1998）。**新加坡的「思考方案」**（thinking program）。技術創
　　造力研討活動（二）報告。

詹志禹（1999）。**知識創造的本質與脈絡：演化論觀點**。國科會專題研
　　究報告，計畫編號：NSC88-2519-S-004-004-C。

詹志禹（2000）。**創造力教育政策白皮書：子計畫「小學教育創造力教育政策規劃」成果報告**，台北：教育部顧問室。

詹秀美（1990）。影響創造力的環境因素。**資優教育季刊，34**，15-20。

詹秀美、吳武典（1991）。**問題解決測驗指導手冊**。台北：心理。

詹瓊華（2004）。**高中家政課程實施創造思考教學之成效**。國立台灣師範大學人類發展與家庭研究所碩士論文。

賈德（Gardner, Howard）（1997）。**創造心靈：七位大師創造力剖析**。台北：牛頓。

賈馥茗（1970）。創造能力發展之實驗研究。**師大教育研究所集刊，12**，149-240。

賈馥茗（1971）。數學（題解）創造能力發展之實驗研究。**師大教育研究所集刊，13**，1-78。

賈馥茗（1979a）。**英才教育**。台北：開明。

賈馥茗（1979b）。**教育概論**。台北：五南。

葛昌平（1983）。**國小資賦優異兒童低成就相關特質之研究**（頁26-27）。國立台灣師範大學輔導研究所碩士論文。

瑪丹娜（2003）。**英倫玫瑰**。台北：格林。

劉丙燈（2003）。**高職機械科「專題製作」課程實施創造思考教學成效之研究**。國立彰化師範大學工業教育學系在職進修專班碩士論文。

劉世南、郭誌光（2002）。創造力理論的發展：一個心理構念演進的省思。**資優教育季刊，85**，20-30。

劉英茂（1979）。**托浪斯創造性思考測驗（語文甲式）**。台北：中國行為科學社。

劉能賢（2002）。**國小五年級創造思考閱讀教學之行動研究——以「冒險」主題為例**。國立台北師範學院課程與教學研究所碩士論文。

劉聰穎（2002）。**從二元編碼理論與創造力聯想理論探討國小學童的科學創造力表現**。國立屏東師範學院數理教育研究所碩士論文。

劉曜源（1999）。國小學生問題解決能力之探討。**國教天地，136**，

24-29。

蔡明宏、李文豪、徐銘宏、饒瑞霖、周惠卿（1999）。**技術創造力投資
的策略權變觀點：學童科學創作與產業創新情境之間的定性比較。**
行政院國家科學委員會 88 年度專題研究計畫成果報告。

蔡東鐘（1994）。創造性思考策略及其在技巧教學上的運用。**教與愛，
44**，29-33。

蔡慶隆（2004）。**創造思考教學對高職電機科實習課程學習成效之研
究**。國立彰化師範大學工業教育學系在職進修專班碩士論文。

鄭金謀（1976）。**產序、社經地位、父母教養方式與兒童創造行為的關
係**。國立政治大學教育研究所碩士論文。

鄭青青（1993）。**蒙特梭利實驗教學法與單元設計教學法對幼兒創造力
發展影響之比較研究**。國立台灣師範大學家政教育研究所碩士論
文。

鄭英耀、桂慶中、翁秋玲、葉明芬、陳雅文（2001）。高中學生思考風
格之研究：台灣與香港的比較。 社會科學季刊，2（3），97-112。

鄭聖敏（1998）。**兒童哲學方案對國小資優學生批判思考能力及創造思
考能力之影響**。國立台灣師範大學特殊教育研究所碩士論文。

盧雪梅（1990）。創造性的人格特質。**創造思考教育，2**，33-39。

蕭富峰、李田樹（譯）（2005）。**創新與創業精神**（F. D. Peter 著）。台
北：臉譜。

賴艾如（2003）。**平面廣告中隱喻之基底域與目標域相似性類型探討**。
銘傳大學設計管理研究所碩士論文。

賴美蓉（1991）。**創造性英語教學策略對國小資優學生創造力和學業成
績之影響**。國立彰化師範大學特殊教育研究所碩士論文。

賴雅靜（譯）（1997）。**和大自然捉迷藏**（John Norris Wood 著）。台
北：上人文化。

錢秀梅（1990）。創造思考的幾個觀點。**創造思考教育，2**。

錢秀梅（2002）。**心智圖法教學方案對身心障礙資源班學生創造力影響**

之研究。國立台北師範學院特殊教育學系碩士論文。

閻蕙群、張美惠、陳正芬（譯）（2004）。**先革新，再談創新**（瑟吉歐‧柴曼、艾明‧布洛特著）。台北：商智。

戴永鏗（2003）。**高職汽車科「汽車實習」課程實施創造思考教學成效之研究**。國立彰化師範大學工業教育學系在職進修專班碩士論文。

謝水南（2003）。**實用彈性思考法**。台北：心理。

謝君白（譯）（1995）。**水平思考法**（Edward de Bono 著）。台北：桂冠。

簡楚瑛（2002）。**創造力教育政策白皮書：子計畫「幼兒教育創造力教育政策規劃」成果報告**。台北：教育部顧問室。

簡茂發（1982）。我國資賦優異兒童創造思考能力之研究。**師大教育心理學報，15**，97-110。

簡真真（1981）。**國小資優實驗班學生創造力與問題解決能力發展之研究**。省立高雄師範學院教育研究所碩士論文。

魏正本（1978）。**頭腦的突破**。台北：國際文化。

魏秀恬（2001）。**國中科技教育實施創造性問題解決教學之研究**。國立台灣師範大學工業科技教育研究所碩士論文。

魏金發（2002）。**高職機械類科學生實習課程實施創造思考教學學習成效之研究**。國立彰化師範大學工業教育研究所碩士論文。

魏俊華（1995）。創造思考教學與教學策略在國小輔導活動的應用。**國教之聲，29**（1），39-56。

魏美惠（1996）。**近代幼兒教育思潮**。台北：心理。

魏靜雯（2003）。**心智縮圖與摘要教學對國小五年級學生閱讀理解與摘要能力之影響**。國立台灣師範大學教育心理與輔導學系碩士論文。

關惜華（2002）。**生活化主題式教學對學生科學創造力影響之分析**。國立台灣師範大學物理研究所碩士論文。

羅玲妃（譯）（1997）。**心智繪圖：思想整合利器**（Buzan, Buzan 著）。台北：一智。

蘇玉枝（2004）。台灣民間組織推動創造力教育現況。香港國際創新教
　育研討會報告。
蘇芳柳（1990）。增進創造力的技能。創造思考教育，2，40-43。

二、英文部分

Alencar, E., Feldhusen, J. F., & Widlak, F. W. (1967). Creativity training in ele-
　mentary schools in Brazil. *Journal of Experimental Eduction, 44*(4),
　23-27.

Amabile, T. M. (1983). *The social psychology of creativity*. New York:Spring-
　er-Verlag.

Amabile, T. M. (1987). *The motivation to be creativity*. In S. C. Isaksen (Ed.),
　Frontiers of Creativity Research (pp. 223-254). New York: Bearly Limi-
　ted.

Amabile, T. M. (1988). A model of creativity and innovation in organization.
　Research in Organizational Behavior, 10, 123-167.

Amabile, T. M. (1989). *Drowning up creativity*. N.Y.: Hawthorn.

Amabile, T. M. (1996). *Creativity in context: Update to the social psychology
　of creativity.* Oxford: Westview Press, Inc.

Amabile, T. M., Conti, R., Lazenby, J., & Herron, M. (1996). Assessing the
　work environment for creativity. *Academy of Management Journal, 39*
　(5), 1154-1184.

Anderson, W., & Krathwohl, D. R. (Eds.) (2001). *A taxonomy for learning tea-
　ching and assessing: A revision of Bloom's educational objectives.* New
　York, NY: Longman.

Arieti, S. (1976). *Creativity: The magic sythesis.* New York: Basic Books.

Bahlke. S. J. (1967). *A study of the enhancement of creative abilities in ele-
　mentary school children.* Unpublished master's thesis, Purdue University.

Bahlke, S.J. (1969). Componential evaluation of creativity instructional materials (Doctoral dissertation, Purdue University, 1969). *Dissertation Abstracts-International*, so. 1426 A. (University Microfilms No. 69-17, 140)

Baldwin, A. J. (1997). Fostering creativity in the classroom: General principles. In M. A. Runco (Ed.), *The creativity research handbook* (pp. 83-114).

Baldwin, A.Y. (2001). Understanding the Challenge of Creative Among African Americans. *Journal of Secondry Gifted Education, 11*, 121-126.

Barron, F. (1969). *Creative person and creative process*. New York: Holt, Rinehart and Winston.

Barron, F. & Harrington, D. M. (1981). Creativity, intelligence, and personality. *Annual Review of Psychology, 32*, 439-476.

Bear (1994). Divergent thinking is not a general trait: A multi-domain training experiment. *Creativity Research Journal, 7*, 35-36.

Benack, S., Basseches, M., & Swan, T. (1989). Dialectical thinking and adult creativity. In J. A. Glover, R. R. Ronning, & C. R. Reynolds (Eds.), *Handbook of creativity* (pp.199-210). New York: Plenum Press.

Boden (1999). *Handbook of creativity*. Cambridge, U.K New York: Cambridge University Press.

Boden, M. A. (1999). Computer models of creativity. In R. J. Sternberg (Ed.), *Handbook of creativity* (pp. 351-372). Cambridge: Cambridge University Press.

Britton, R. J. (1968). A study of creativity in selected sixth grade groups (Doctoral dissertation, University of Virginia, 1967). *Dissertation Abstracts*, 28, 3546A-3547A. (University Microfilms No. 68-3133)

Brooks, J. & Weinraub, M. (1976). A history of infant intelligence testing. In M. Lewis (Ed.), *Origins of intelligence*. NY: Plenum Press.

Brown, R. T. (1989). Creativity: What are We to Measure? In J. A. Glover, R. R. Ronning, & C. R. Reynolds (Eds.), *Handbook of creativity* (pp. 3-32).

New York: Plenum Press.

Busse, T. V. & Mansfield, R. S. (1980). Theoties of the creative process: A review and a perspective. *Journal of Creative Behavior, 14*, 91-103, 132.

Buzan T. (1993 ,1997). *The Mind Map Book*. BBC.

Callahan, C. M. (1978). *Developing creativity in the gifted and talented*. Virginia: The Council for Exceptional Children.

Cherry, B. S. (1973). A strategy for developing creative thinking (Torrance model) in trainable mentally reatarded children through a program of attention and concentration and open-ended methods (Doctoral dissertation, University of Miami, 1972). *Dissertation Abstracts International, 33*, 4975A-4976A. (University Microfilms No. 73-5818)

Clark, B. (1983). *Growing up gifted* (3rd ed.). Columbus, OH: Merrill.

Clark, J. & Guy, K. (1988). Innovation and Competitiveness: A Review. *Technology Analysis and Strategic Management, 10*(3), pp. 363-395.

Covington, M.V., Crutchfield, R.S., Davies, L. & Olton, R. M. (1974) *The productive thinking program: A course in learning to think*. Columbus, Ohio: Merrill.

Crawford, R. P. (1954). *The technigues of creative thinking*. New York: Hawthorn.

Cropley, A. J. (1997). Fostering creativity in classroom:General principles. In M. A. Runco(Ed.), *Creativity research handbook* (Vol.I). Cresskill, NJ: Hampton Press.

Csikzentmihalyi, M. (1988). Society, culture, and person: A systems view of creativity. In R. J. Sternberg (Ed.), *The nature of creativity* (pp.325-339). New York: Cambridge University Press.

Csikzentimihalyi, M. (1996). *Creativity: Flow and the psychology of discovery and invention*. New York: Harper Collins.

Dacey, J. S. (1971). Programmed instruction in creativity and its effects on eighth grade students (Doctoral dissertation, Cornell University, 1967.) *Dissertation Abstracts International*, s 2, 2479A. (University Microfilms No. 71-29, 252)

David, B. (1982). Can creativity be taugh? *Britist Journal of Educational Studies, Vo 1*. XXX, No. 3 October, pp. 280-284.

Davis, G. A. (1986). *Creativity is forever*. Dubuque, IA: Kendall/Hunt Publishing Company.

Davis, G. A. & Scott, J. A. (1971). *Training creative thinking*. New York: Holt, Rinehart and Winston, Inc. pp. 1-42.

Davis, G. & Rimm, S. (1982). (GIFFI) I and II: Instruments for identifying creative potential in the junior and senior high school. *Journal of Creative Behavior, 16*, 50-57.

Davidson, J. & Sternberg, R. J. (1984). The role of insight in intellectual giftness. *Gifted Child Quarterly, 28*, 58-64.

Dellas, M. (1971). Effects of creativity training, defensiveness, and intelligence on divergent thinking (Doctoral dissertation, State University of New York at Buffalo, 1970). *Dissertation Abstracts International*, sl, 4540A-4541A. (University Microfilms No. 71-6064)

Dillard, G. H. (1983). The effect of a fine arts program on the intelligence, achievement, creativity and personality test scores of young gifted and talented students. *Dissertation Abstracts International vo 1*. 43, No. 07, 2309A.

Duit, R. (1991). On the role of analogies and metaphors in learning science. *Science Education, 75*(6), 649-672.

Eberle, R. F. (1971). *Scamper: games for imagination development*. NY: D. O. K. Publisher.

Eberle, B. (1982). *Visual Think: A " SCAMPER" tool for useful imaging*. NY. D. O. K. Publisher, Inc.

Edward, B. (1979). *Drawing on the right side of the brain*. Los Angeles: J. P. Tarcher, Inc.

Evans, I. M. & Smith, P. A. (1970). *Psychology for a changing world*. New York: Wiley.

Feist, G. J. (1999). The influence of personality on artistic and scientific creativity. In R. J. Sternberg (Ed.), *Handbook of creativity* (pp. 237-296). Cambridge: Cambridge University Press.

Feldhusen, J. F., Bahlke, S. J., & Treffinger, D. J. (1969). Teaching creative thinking. *Elementary School Journal, 70*, 48-53.

Feldhusen, J. F., Speedie, S. M., & Treffinger, D. J. (1971). The Purdue Creative Thinking Program: Research and evaluation. *NSPI Journal, 10*(3), 5-9.

Feldhusen, J. F., Treffinger, D. J., & Bahlke, S. J. (1970). Developing creative thinking: The Purdue creativity program. *Journal of Creative Behavior, 4*, 85-90.

Feldhusen, J. F., Treffinger, D. J., & Thomas, S. J. (1971). *Global and componential evaluation of creativity instructional materials*. Buffalo, New York: The Creative Education Foundation.

Feldhusen, J. F. & Treffinger, D. J. (1980). *Creativity thinking and problem solving in gifted edu cation*. Texas: Kendall/Hunt Publishing Company.

Feldman, D. H., Csikzentmihalyi, M., & Gardner, H. (1984). *Changing the World: A framework for the study of creativity*. Connecticut: Westport.

Feldman, D. H. (1986). *Nature's gambit: Child prodigies and the development of human potential*. New York: Basic.

Firestien, R. L. & Trefinger, D. J. (1983). Ownership and coverging: Essential ingredients of creative problem solving. *The Journal of Creative Bahavior, 17*, 32-38.

Forrester, M. A. (2000). *Psychology of the image*. London: Routledge; Philadelphia, PA: Taylor & Francis.

Fox, H. H. (1963). A critique on creativity in science. In M. A. Coler (Ed.), *Essays on creativity in the sciences* (pp. 123-152). New York: New York University Press.

Freeman, C.(1982). *The economics of industrial innovation.* Cambridge, MA: MIT Press.

Gagne (1985). *The conditions of learning and theory of instruction.* New York: Holt, Rinehart and Winston.

Gallagher, J. J. (1985). *Teaching the gifted child* (3rd ed.). Boston: Allyn and Bacon.

Gallahan, C. M. (1978). *Developing creativity in the gifted and talented.* Virginia: The Council for Exeptional Children.

Gallahan, C. M. (1978). *Developing creativity in the gifted and talented.* Virginia: The Council for Exeptional Children.

Gardner, H. (1983). *Frams of mind: The theory of multiple intelligence.* New York: Basic Books.

Gardner, H. (1989). *To open minds.* New York: Basic Books.

Gardner, H. (1993). *Creating minds: An anatomy of creativity seen throught the lives of Freud, Einstein, Picasso, Stravinsky, Eliot, Graham, and Gandhi.* New York: Basic Books.

Getzels, J. W. & Csiksentimihalyi, M. (1976). *The creative vision: A longitudinal study of problem finding in art.* New York: Wiley.

Getzels, J. W. & Jakson, P.W. (1962). *Creativity and intelligence: Exploration with gifted children.* New York: Wiley.

Gilchrist, M. B. & Taft, R. (1972). Originality on demand. *Psychological Reports, sl*, 579-582.

Golann, S. E. (1963). Psychological Study of Creativity. *Psychological Bulletin, 60*, 6548-565.

Goldman, R. J. (1967). *The Minnesota tests of creative thinking*. In Exportation in creativity, by Mooney & Razik, 267-280.

Gordon, W. J. (1961). *Synetics: The development of creativity*. New York: Harper and Row.

Gove, P. B. (Ed.) (1973). *Webster's third new international dictionary*. （台北市：新月圖書公司翻版）

Gowan, J. C.(1981). The use of development stage theory in helping gifted children become creative. In J. C. Gowan, J. Khatena, & E. P. Torrance (Eds.), *Creativity: Its educational implications* (2nd ed.). (pp.72-88). Dubuque, IA: Kendall/Hunt.

Gruber, H. E. (1981). *Darwin on man: A psychological study of scientific creativity*. (2nd ed.). Chicago: University of Chicago Press.

Gruber, H. E. (1988). The evoling systems approach to creative work. In D. B. Wallace & H. E. Gruber (Eds.), *Creative people at work: Twelve cognitive case studies*. New York: Oxford University Press.

Gruber, H. E. & Wallace, D. B. (1993). Special issue: Creativity in the moral domain. *Creativity Research Journal, 6* (1&2), 1-200.

Gruber, H. E. & Wallace, D. B. (1999). The case study method and evolving systems approach for understanding unique creative people at work. In R. J. Sternberg (Ed.), *Handbook of creativity* (pp. 93-115). Cambridge: Cambridge University Press.

Guenter, E. (1985). *The historical influences of creativity and its measurement in American education: 1950-1985*. Michigan: UMI.

Guilford, J. P. (1950). Creatvitity. *American Psychologist, 9*, 444-454.

Guilford, J.P. (1956). The structure of intellect. *Psychological Bulletin, 52*, 267-293.

Guilford, J. P. (1967). *The nature of human intelligence*. New York: McGraw-Hill, Inc.

Guilford, J. P. (1968). *Intelligence, creativity and their educational implica-tions*. San Diego: Robert R. Knapp.

Guilford, J. P. (1976). Creativity: Yesterday, Today and Tomorrow. *Journal of Creative Behavior, 1*, 3-13.

Guilford, J. P. (1977). *Way beyond the IQ*. Buffalo, NY: Creative Education Foundation, Inc.

Guilford, J. P. (1986). *Creative talents: Their nature, uses and development*. NY: Bearly.

Guilford, J. P. & Hoepfner, R. (1971) *The anaysis of intelligence*. New York: McGraw-Hill.

Hausman, C. R. (1987). Philosophical Perspectives on the Study of Creativity. In S. C. Isaksen (Ed.), *Frontiers of creativity research* (pp. 380-389). New York: Bearly Limited.

Hocevar, D. (1979). The development of the Creative Behavior Inventory (ERIC Document Reproduction Service No. ED 170-350).

Hocevar, D. (1981). Measurment of creativity review and critique. *Journal of Personality Assessement, 45* (5), 450-464.

Hocevar, D. & Bchelor, P. (1989). A taxonomy and critique of measurement used in the study of creativity. In J. A. Glover, R. R. Ronning, & C. R. Reynolds (Eds.), *Handbook of creativity*. NY: Plenum Press.

Hollingworth, L. S. (1942). *Childqen above 180 I. Q.* Stanford-Binet: Origin and Development. New York: Word book Company.

Howe Michael, J. A. (1997). *IQ in question: The truth about intelligence*. London Thousand Oaks, Calif.: Sage Publications.

Huber, J., Treffinger, D., Tracy, D., & Rand, D. (1979). Self-Instructional Use of Programmed Creativity-Training Materials with Gifted and Regular Students. *J. of Educational Psychology, vol 17*. No. 3, 303-309.

Hullfish, H. G. & Smith, P. G. (1961). *Reflective thinking: The method of edu-*

cation. New York: Dodd, Mead and Company.

Isaksen, S. G., Dorval, K. B., Noller, R. B., & Firestien, R. L. (1993). Dynamic Nature of CreativeProblem Solving. In Gryskiewicz, S. S. Discovering Creativity. Proceeding of the International Creativity & Innovation Networking Conference.

Isaksen, S. G. & Treffinger, D. J. (1985). *Creative problem solving: The basic course*. Buffalo, New York: Bearly.

Jackson, P., & Messick, S. (1965). The person, the product and response: Conceptual problems in the assessment of creativity. *Journal of Personality, 22*, 309-329.

James Webb Young (1975). *A technique for producing ideas*. Lincolnwood, Ill. : NTC Business Books.

Joan Steiner (1998). *Look-Alikes*. Walker Books.

Johnson-Laird, P. N. (1988). Freedom and constraint in creativity. In R. J. Sternberg (Ed.), *The nature of creativity* (pp. 202-219). New York: Cambridge University Press.

Joyce, B. & Weil, M. (1972). *Models of teaching*. Englewood Cliffs New Jersy: Prentice-Hall Inc.

Kaufman & Baer (2005). The amusement park theory In J. C. Kaufman & J. Baer (Eds.), *Creativity across domains: Faces of the muse* (pp. 321-328). Mahwash, NJ: Lawrence Erlbaum Associates.

Kaufman, J. C. & Baer, J. (2005). The amusement Park Heory of creativity. In J. C. Kaufman & J. Baer (Eds.), *Creativity across domain: Faces of the muse* (pp. 321-328). Mahwah, NJ: Lawrence Erlbaum Associates.

Kaufman, J. C., & Beghetto, R. A. (2009). Beyond big and little: The four C model of creativity. *Review of General Psychology, 13*(1), 1-12.

Khatena, J. (1970). Training college adults to think creatively words. *Psychological Reports, 27*, 279-281.

Khatena, J. (1971a). A second study training college adults to think creatively with words. *Psychological Reports, 28*, 385-386.

Khatena, J. (1971b). Teaching disadvantaged preschool children to think creatively with pictures. *Journal of Educatinal Psychology, 62*, 384-386.

Khatena, J. (1973). Creative level and its effects on training college adults to think creatively with words. *Psychological Reports, s2*, 336.

Khatena, J. (1978). *The creatively gifted child*. New York: Vantage Press, Inc.

Khatena, J. & Dickerson, E. C. (1973). Training sixth grade children to think creatively with words. *Psychological Reports, s2*, 841-842.

Khatena, J. & Torrance, E. P. (1976). *Manual for Khatena Torrance Creative Perception Inventory*. Chicago: Stoelting.

Klem, R. D. (1982). An inquiry into the factors related to creativity. *The Elementary School Journal, 82* (3), 256-265.

Kneller, G. F. (1965). *The art and science of creativity*. New York: Holt, Rinehart and Winston.

Korth, W. L. (1973). Training in creative thinking: The effect on the individual of training in the "synectics" method of group problem solving (Doctoral dissertation, University of North Carolina at Chapel Hill, 1972). *Dissertation Abstracts International*, 33, 3947B. (University Microfilms No. 73-4849)

Kraft, M. B. (1979). Conceptualization Training: For Creativity and Academic Achievement. *Dissertation Abstracts International, vol. 40*, No. 7, 3895-A.

Kris, E. (1952). *Psychoanalytic explorations in art*. New York: International University Press.

Lederman, A.W. & Lederman, J.C. (1983). *Mission: Serendipity! (An adventure in creative problem-solving)*. New York: D. O. K. Publishers, Inc.

Leonard, D. A. & Swap, W. C. (1999). *When sparks fly: Igniting creativity in groups*. Boston, Mass.: Harvard Business School Press.

Lingeman, L. S. (1982). *Assessing creativity from a diagnostie persepsctive: The creative attvibute profile*. Unpublished Ph. D Thesis, Vniversity of Wistonsin, Madison.

Lowery, J. (1982). Developing creativity in gifted children. *Gifted Child Quarterly, 26*, 133-139.

Lubart, T. I. (1999). Creativity across cultures. In R. J. Sternberg (Ed.), *Handbook of creativity* (pp. 339-350). Cambridge: Cambridge University Press.

Lumsden, C. J. (1999). Evolving creative minds: Stories and mechanisms. In R. J. Sternberg (Ed.), *Handbook of creativity* (pp. 339-350). Cambridge: Cambridge University Press.

Lynn, Gray S, J.G., Morone & A.S.Paulson.(1997). Marketing and discontinuous Innovation: The probe and learn process. In Tushman & Anderson (Eds.), *Managing strategic innovation and change*. Oxford University Press.

Lytton, H. (1971). *Creativity and Education*. published by Routlede & Kegan paul Ltd.

Mackinnon, D. W. (1976). Assessing creative personality. In A. M. Biondi & S. J. Parnes (Eds.), *Assessing creative growth: The tests book two*. NY: The Creative Education Foundation.

Maker, C. J. (1982). *Teaching models in education of the gifted*. Maryland: An Aspen Publication.

Mansfield, R. S., Busse, T. V., & Krepelka, E. J. (1978). The Effectiveness of Creativity Training. *Review of Educational Researzh, Fall*, Vol. 48, No. 4, 517-536.

Mark A. Runco(1996). *Creativity from childhood through adulthood: The developmental issues: new directions for child and adolescent development*.

Jossey-Bass

Martin Handford (1997). *Where's Wally Now*? Walker Vbooks.

Martindale, C. (1999). Biological bases of creativity. In R. J. Sternberg (Ed.), *Handbook of creativity* (pp. 137-152). Cambridge: Cambridge University Press.

Maslow, A. H. (1968). A holistic approach to creativity. Reprinted from Tylor, C. W. (Ed.), *A Climate for creativity: Reports of the Seventh National Research Conference on creativity*. University of Utah.

Maslow, A. H. (1970). *Motivation and personality*. New York: Harper & Row.

Mayer, R. E. (1999). Fifty years of creativity research. In R. J. Sternberg (Ed.), *Handbook of creativity* (pp. 449-460). Cambridge: Cambridge University Press.

McMullan, (1975). Creative individuals: Paradoxical personages. *The Journal of Creative Behavior, 10*(4), 265-275.

Mednick, S. A. (1962). The associative basis of the creative process. *Psychological Review, 69*, 220-32.

Meadow, A., & Parnes, S. J. (1959). Evaluation of training in creative problem solving. *Journal of Applied Psychology, 43*, 189-194.

Meeker, M. (1974). *A beginner's reader about Guilford's structure of intellect*. CA: SOI Institute.

Meeker, M. (1981). *How to ask SOI questions*. El Segundo, CA: SOI Systems.

Meichenbaum, D. (1975). Enhancing creativity by modifying what subjects say to themselves. *American Educational Research Journal, 12*, 129-145.

Myers, R. E., & Torrance, E. P. (1964). *Invitations to thinking and doing*. Boston, massachusetts: Ginn.

Myers, R. E., & Torrance, E. P. (1965a). *Can you inagine?* Boston, Massachusetts: Ginn.

Myers, R. E., & Torrance, E. P. (1965b). *Invitataions to speaking and writing creatively*. Boston, massachusetts: Ginn.

Myers, R. E., & Torrance, E. P. (1966a). *For those who wonder*. Boston, Massachusetts: Ginn.

Myers, R. E., & Torrance, E. P. (1966b). *Plots, puzzles, and plays*. Boston, Massachusetts: Ginn.

Myers, R. E., & Torrance, E. P. (1968). *Stretch*. Minneapolis, Minnesota: Perceptive Publishing Company.

Newell, A. & Simon, H. A. (1972). *Human problem solving*. Englewood Cliffs,N.J.: Prentice-Hall.

Nickerson, R. S. (1999). Enhancing creativity. In R. J. Sternberg (Ed.), *Handbook of creativity* (pp. 392-430). Cambridge: Cambridge University Press.

Noller, R. B. & Parnes, S. J. (1972). Applied creativity: The Creative Studies Project. Part III-The curriculum. *Journal of Creative Behavior, 6*, 275-293.

Nunnally, J. C. (1976). *Psychometric theory* (2nd ed.). New York:McGraw-Hill.

Olson, M. B. (1977). Right or left hemispheric information processing in gifted students. *Gifted Child Quarterly, XXI*, 116-121.

Olton, R. M. & Crutchfield, R.S. (1969). Developing the skills of productive thinking. In P. Mussen, J. Langer, and M. Covington (Eds)., *Trends and issues in developmental psychology*. New York: Holt, Rinehart and Winston.

O'Relly III, Charles, A., & Tushman, M.L. (1997). Using Culture for Strategic Advantage: Promoting Innovation Through Social Control. In Tushman & Anderson (Eds.), *Managing strategic innovation and change* (pp. 200-216). Oxford University Press.

Osborn, A. F. (1953, 1963). *Applied imagination* (3rd ed.). New York:

Scribner.

Paivio, A. (1971). *Imagery and verbal process*. New York: Holt, Rinehart & Winston.

Parnes Robert M. (1977). *Guide to creative action*. New York: Scribner.

Parnes, S. J. (1967). *Creative behavior guidebook*. New York: Scribner's.

Parnes, S. J. (1977). CPS I: The general system. *The Journal of Creative Behavior, 11*, 1-11.

Parnes, S. J. & Meadow, A. (1959). Effects of "brainstorming" instructions on creative problem solving by trained and untrained subjects. *Journal of Educational Psychology, 50*, 171-176.

Parnes, S. J. & Meadow, A. (1960). Evaluation of persistence of effects produced by a creative problemsolving course, *Psychological Reports, 7*, 357-361.

Parnes, S. J., & Noller, R. B. (1972a). Applied creativity: The Creative Studies Project. Part I-The development. *Journal of Creative Behavior, 6*, 11-20.

Parnes, S. J., & Noller, R. B. (1972b). Applied creativity: The Creative Studies Project. Part II-Results of the two-year program. *Journal of Creative Behavior, 6*, 164-186.

Parnes, S. J., & Noller, R.B. (1973). Applied creativity: The Creative Studies Project. Part IV-Personality The Creative studies Project. Part IV-Personality findings and conclusions. *Journal of Creative Behavior, 7*, 15-36.

Paul Clark & Guy Ryecart (1998). *Watch: An appreciation*. Diane Pub Co.

Prince, G. M. (1970). *The practice of creativity*. New York: Harper and Row.

Raudsepp, E. (1981). *How creative are you?* New York: G. P. Putnam's Sons, pp. 96-99.

Reber, A. S. (1985). *The penguin dictionary of psychology*. Harmondsworth, Middlesex: Penguin.

Reese, H. W., & Parnes, S. J. (1970). Programming creative behavior. *Child*

Development, 41, 413-423.

Reese, H. W., Parnes, S. J., Treffinger, D. J., & Kaltsounis, G. (1976). Effects of a creative studies program on structure-of -intellect factors. *Journal of Educational Psychology, 68,* 401-410.

Renner, V. & Renner, J. C. (1971). Effects of a creativity training program on stimulus preferences. *Perceptual and Motor Skills, 33,* 872-874.

Renzulli, J. S. (1977). *The enrichment triad model: A guide for developing defensible programs for the gifted and talented.* Wethersfiedld, Conn.: Creative Learning Press.

Rhodes, M. (1961). An analysis of creativity. *Phi Delta Kappan, 42,* 305-310.

Ridley, D. R., & Birney, R. C. (1967). Effects of training procedures on creativity test scores. *Journal of Educational Psychology, 58,* 158-164.

Ripple, R. E. & Dacey, J. (1967). The facilitation of problem solving and verbal creativity by exposure to programmed instruction. *Psychology in the Schools, 4,* 240-245.

Rogers, C. R. (1954). Towards a theory of creativity. In P. E. Vernon (Ed.) (1970). *Creativity* (pp. 137-152). Middlesex, England: Penguin.

Rogers, C. R. (1959). Towards a theory of creativity. In H. H. Anderson (Ed.), *Creativity and its cultivation.* New York: Harper & Row.

Runco, M. A. (1986). Divergent thinking and creative performance in gifted and nongifted children. *Educational & Psychological Measurement, 46,* 375-384.

Sanders, Morris M (1966). *Classroom questions: What kinds?* New York. Harper Row.

Schaefter, C. (1970). *Manual for the biographical inventory: Creativity (BIC).* San Diego, CA: Educational & Industrial Testing Service.

Scott G. Isaksen, K. Brian Dorval, Donald J. Treffinger; foreword by Ruth B. Noller. *Creative approaches to problem solving: A framework for change.*

Creative Problem Solving Group-Buffalo.

Scott, S. G., & Bruce, R. A. (1994). Determinants of innovative behavior:A path model of individual innovation in the workplace. *Academy of Management Journal, 37*(3), pp. 580-607.

Shackel, D. S. J. & Lawrence, P. J. (1969). Improving creativity through programmed instruction. *New zealand Journal of Educational Studies, 4*, 41-56.

Shepard, R. N. (1981). Psychophysical complimentarity. In Kubory Pomerantz,. J. (Eds.), *Perceptual Organization*. N. J. Earbaum.

Shively, J. E., Feldhusen, J.F., & Treffinger, D.J. (1972). Developing creativity and related attitudes. *Journal of Experimental Education, 41*, 63-69.

Simonton, D. K. (1984). *Genius, creativity and leadership: Historiometric inquiries*. Cambridge, MA: Harvard University Press.

Simonton, D. K. (1988). *Scientific genius*. New York: Cambridge University Press.

Simonton, D. K. (1990a). *Psychology, science, & history: An introduction to historiometry*. New Haven and London:Yale University Press.

Simonton, D. K. (1990b). Motivation and personal histories. In M. A. Runco & R.S. Albert (Eds.), *Theories of creativity*. California: Sage.

Simonton, D. K. (1996). *Genius and creativity: Selected papers*. Greenwich: Ablex Publishing Corporation. http://psychology.ucdavis.edu/simonton/ onton, D. K. (1984). *Genius, creativity, and leadership*. Cambridge, Mass: Harvard University Press.

Starko, A. J. (1995). *Creativity in the classroom: Schools of curious delight*. New York: Longman.

Stein, M. I. (1953). Creativity and culture. *Journal of Psychology, 36*, 311-322.

Stein, M. I. (1974). *Stimulating creativity: Vol.1: Individual procedures*. New York: Academic Press.

Sternberg, R. J. (1986). *Intelligence applied: Understanding and increasing your intellectual skill*. San Diego: Harcourt Brace Jovanovich.

Sternberg, R. J. (1988). *The nature of creativity: Contemporary psychological perspectives*. New York: Cambridge University Press.

Sternberg, R. J. (1997). *Thinking styles*. New York: Cambridge University Press.

Sternberg, R. J. (1999). The concept of creativity: Prospects and paradigms. In R. J. Sternberg (Ed.), *Handbook of creativity* (pp. 3-15). N.Y.: Cambridge.

Sternberg, R. J. & Lubart, T. I. (1995). *Defying the crowd: Cultivating creativity in a culture of conformity*. New York: Free Press.

Sternberg, R. J. & Lubart, T. I. (1999). *The concept of creativity: Prospects and paradigms*. In R. J. Sternberg(Ed.), Handbook of Creativity (pp. 3-15). NY: Cambridge University Press.

Sternberg, R. J., O'Hara, L. A. (1999). Creativity and intelligence. In R. J. Sternberg (Ed.), *Handbook of creativity* (pp. 251-272). New York: Cambridge University Press.

Sternberg, R. J., O'Hara, L. A., & Lubart, T. I. (1997). Creativity as Investment. *California Management Review, 40*(1), 8-21.

Stewart, G. W. (1950). Can productive thinking be taught? *Journal of Higher Education, 21,* 411-414.

Taylor, C. W. & Barron, F. (1963). *Scientific creativity: Its recognition and development*. New York: John Wiley & Sons, Inc.

Teeling, T. K. (1979). The effect of the multiple talent approach to teaching on the creative thinking performance of elementary students. *Dissertation Abstracts International*, vol. 40, No. 1. 3751-A

Thames, Hudson. (2005). *The Doodle Book*.

Thurstone, E. P. (1952). Creative talent. In L. L. Thurstone (Ed.), *Applications of psychology* (pp. 18-37). New York: Harper & Row.

Tiedt, S. W. (1976). *Creativity. Morristown.* N.J.: General Learning Press.

Timberlake, P. (1982). 15 ways to cultivate creativity in your classroom. *Childhood Education*, Sep./Oct., 19-21.

Torrance (1984). *Pupil experience*. London: Croon Helm.

Torrance, E. (1979). *The search for satori and creativity*. Buffalo, NY: Bearly Ltd.

Torrance, E. P. (1964). Education and creativity. In Taylor, C. W. (Ed.), *Creativity: Progress and potential*. New York: McGraw-Hill.

Torrance, E. P. (1965). *Rewarding creative behavior*. NJ: Prentice-Hall.

Torrance, E. P. (1966). *The Minnesota studies of creative thinking in the early school years*. Univ. of Minnesota Research Memorandum (No. 59-4). Minneapolis, Minn: Univ. of Minnesota Bureau of Educational Redearch.

Torrance, E. P. (1969). Prediction of adult creative achievement among high school seniors. *Gifted Child Quarterly, 13*, 223-229.

Torrance, E. P. (1972). Can we teach children to think creatively? *Journal of Creative Behavior, 6*, 114-143.

Torrandce, E. P. (1974). *Torrance Test of Creative Thinking: Norms-Aechnical Manual*, Princeton, N. J Personnel Press, Inc.

Torrance, E. P. (1975). Assessing children, teachers and parents against the ideal child criterion. *Gifted Child Quarteriy, 24*. 130-139.

Torrance, E. P. & Myers, R. E. (1965). *Creative learning and teaching*. New York: Dodd, Mead.

Torrance, E. P. & Orlow, E. B. (1984). *Torrance Tests of Creative Thinking Streamlined (Revised) Manual*. Illinois: Scholastic Testing Service. Inc.

Torrandce, E. P. & Torrance, J. P. (1973). *Is Creativity Teachable?* Bloomington, indiana: the Phi Delta Kappa Educational Foundation.

Treffinger, D. J. (1971). Improving childen's creative problem solving ability: Effects of distribution of training, teacher involvement, and teacher's divergent thinking ability on instruction (Final Report, Office of Education, Bureau Number BR-8-A-042, Grant Number OEG-5-70-0029(509)). West lafayette, Indiana: Purdue University. (ERIC Document Reproduction Serivice No. ED 063 268) in Mansfield, R. S., Busse, T.V., & Krepelka, E. J. (1978), The effectiveness of creativity training. *Review of Educational Research, 4*, 517-536.

Treffinger, D. J. (1979). 50,000 Ways to create a gifted program. *G/C/T Magazine, January-February*, 18-19.

Treffinger, D. J. (1987). Research on creativity assessment. In S. G. Isaksen (Ed.), *Frontiers of creativity research: Beyond the basics* (pp. 204-215). New York: Plenum Press.

Treffinger, Isaksen, & Dorval, (1992). *Creative problem solving: An introduction*. Sarasota: center for creative learning.

Treffinger, D. J., Isaksen, S. G., & Dorval, K. B. (2000). *Creative problem solving: An introduction* (3rd ed.). Waco, TX: Prufrock Press.

Treffinger, D. J., & Poggio. J. P. (1976). Needed research on the measurement of creativity. In A. M. Biondi & S. J. Parnes (Eds), *Assessing creative growth: The tests-book two* (pp. 207-224.). NY: The Creative Education Foundation.

Treffinger, D. J., & Ripple, R. E. (1969). Developing creative problem solving abilities and related attitudes through programmed instruction. *Journal of Creative Behavior*, S, 105-110; 127.

Treffinger, D. J., & Ripple, R. E. (1970). The effect of programmed instruction on creative problem solving and attitudes. *Irish Journal of Education, 4*, 47-59.

Treffinger, D. J., Speedie, S. M. & Brunner, W. D. (1974). Improving children' s creative problem solving ability: The Prudue Creativity Project. *Journal of Creative Behavior, 8*, 20-30.

Treagust, D. F., Duit, R., Joslin, P., & Lindauer, l. (1992). Science teacher's use of analogies: observations from classroom practice. *Journal of Science Education, 14*(4), 413-422.

True, S. (1996). A study of the relation of general semantics and creativity. *Journal of Experimental. Education, 84*, 34-40.

Tweet, C. A. C. (1980). The effects of the implementation of creativity training in the elementary school social studies curriculum. *Dessertation Abstract International*, Vol. 41, No. 3, September, 1017.

Wallace, B. (1982). Giftendness: Definition and identification. *Gifted Education International, 1*, 3-5.

Wallach, M., & Kogan, N. (1965). *Modes of thinking in young children*. Westport, CT: Creenwod Press.

Wallas, G. (1926). *The art of thought*. New York: Harcour Brace and World.

Wardrop, J. L., Olton, R. M., Goodwin, W. L., Covington, M. V., Klausmeier, H.J., Crutchfied, R. S., & Ronda, T. (1976). The development of productive thinking skillsion fifth-grade children. *Journal of Experimental Education, 37*, 67-77.

Wiles, J. & Bondi, J. (1980). Teaching for creative thinking in the intermediate grades. Roeper Review. *A Journal on Giffted Education, Vol. 3*, No. 1, September-October, pp. 4-6.

Wiles, J. & Bondi, J. (1981). *Skill clusters for cteative thinking activity book*. Wiles, Bondi and Associates.

Williams. (1972a, 1972b, 1972c). *Hematology*. New York: McGraw-Hill.

Williams, F. E. (1970). *Classroom ideas for encouraging thinking and feeling* (2nd ed.). NY: D.O.K. Publishers Inc.

Williams, F. E. (1972). *Encouraging creative potential*. NJ: Educational Technology Publications.

Williams, F. E. (1982). Developing Children's Creativity At Home and In school. *G/C/T. Sep./Oct.*, 2-5.

Winner, E. (1996). *Gifted children: Myths and realities*. New York: Basic Books.

Woodliffe, Helen Mae. (1970). *A study of change in the creative thinking ability of grade V children*. Ph.D., University of Toronto (Canada).

Woodman, R.W. (1981). Creativity as a construct in personality theory. *The Journal of Creative Behavior, 15*, 43-66.

Yamamoto, K. (1965). "Creativity-A Bling Man's Report on the Elephant." *Journal of Counseling Psychology, 12*, 428-34; winter.

Yardley, C. R., & Bolen, L. M. (1986). Relationship of locus of control to figural creativity in second grade students. In *The Journal of Creative Behavior, 14*, 276-277.

漢英名詞索引

二十五畫

英漢名詞索引

中文人名索引

英文人名索引

後記

本書的修訂過程及參與修訂者

　　本書得以完成感謝下列的夥伴，由於他（她）們的熱心與全力的參與修訂、校稿與討論，使得修訂的工作超越原本的進度，由衷的感激！

　　首先由錢秀梅、錢劍秋兩位老師閱讀一次提出修訂意見並與作者討論修訂方向，然後進行下列修訂過程：

　　第一次修訂由國立台北護理學院醫護教育研究所的十三位研究生，就初次接觸創造思考教學的角度做廣泛的閱讀與調整：

　　劉雅婷、王金淑、朱雯、王怡萍、李淑媛、黃曉玲、藍玉珍、賴思妤、吳明娟、陳昱光、李慶玟、陳振德、林淑芬。

　　第二次修訂由國立台灣師大創造力發展研究所十六位研究生，從實務工作者的立場對本書提供修正意見後送交出版社打字：

　　方廷彰、方瑀、林佳慧、林潔如、龍瑛、洪慧軒、彭偲懿、許純如、陳燕芬、楊舒百、蔡巨鵬、蘇月霞、蘇靜怡、黃雅卿、張素紋、蔡欣裕。

　　第三次由台北市立教育大學創造思考與資優教育研究所七位研究生，在寒假期間的三整天與作者共同對每章深入探討，並徹底將各章的文獻全盤查詢核對後，送交出版社重新排版：

　　江美惠、謝怡君、陳思穎、曾子瑛、張巧燕、蘇芷玄、陳雅茹。

　　第四次由出版社編輯詳細校正提出一些編排及內容的疑問後，作者邀請實踐大學家庭研究所五位研究生共同將各章疑問排除並以KJ法編排中英文名詞及人名索引：鄭諭澤、許瑜珍、謝文慧、李姿佳、胡育瑄。

　　全書最後再由作者親自閱讀一次，歷時年餘修訂工作終告完成，再次感謝上述研究夥伴，有你們的參與使本書更具價值！

國家圖書館出版品預行編目資料

創造思考教學的理論與實際（第六版）／陳龍安著.
--六版.--臺北市：心理, 2006（民 95）
　　面；　公分.--（創造力系列；62023）
參考書目：面
含索引

ISBN 978-957-702-940-9（平裝）

1. 教學法　2. 創造　3. 思考

521.4　　　　　　　　　　　　　　95016671

創造力系列 62023

創造思考教學的理論與實際（第六版）

作　　者：陳龍安
執行編輯：李　晶
總　編　輯：林敬堯
發　行　人：洪有義
出　版　者：心理出版社股份有限公司
地　　址：231 新北市新店區光明街 288 號 7 樓
電　　話：(02) 29150566
傳　　真：(02) 29152928
郵撥帳號：19293172 心理出版社股份有限公司
網　　址：http://www.psy.com.tw
電子信箱：psychoco@ms15.hinet.net
駐美代表：Lisa Wu（lisawu99@optonline.net）
排　版　者：龍虎電腦排版股份有限公司
印　刷　者：龍虎電腦排版股份有限公司
初版一刷：1988 年 4 月
六版一刷：2006 年 9 月
六版五刷：2018 年 1 月
Ｉ Ｓ Ｂ Ｎ：978-957-702-940-9
定　　價：新台幣 600 元